漢魏兩晉南北朝佛教史卷

張雪松 著

戰亂時代佛教思想、制度與信仰的多元展開

從東漢譯經初傳到北朝佛寺林立，
佛教在中國的根系由此扎下

南朝義學清談，北朝造像誦經，佛教思想與實踐開始分化成型

目錄

《中華佛教史》總序…………………………………………………005

緒論………………………………………………………………007

第一章　佛法初傳中土之歷史考述……………………………051

第二章　東漢與三國時期的佛教………………………………073

第三章　東晉時期義學的興起…………………………………085

第四章　不順化以求宗的廬山僧團與慧遠……………………131

第五章　孤明先發竺道生………………………………………151

第六章　謝靈運〈辨宗論〉的思想脈絡………………………177

第七章　東晉至南朝的僧人學風的變遷………………………189

第八章　晉宋時期般若學邁向涅槃學的多元發展……………205

第九章　北魏時期的佛教與政治關係…………………………229

目錄

第十章　南朝時期佛教的發展與政教衝突……………………251

第十一章　六朝時期僧人尺牘書信文化………………………285

第十二章　民間佛教徒對死後世界的信仰……………………299

第十三章　魏晉南北朝時期的佛教講經制度…………………343

第十四章　南北朝中後期的佛教演變…………………………377

第十五章　結語：漢魏兩晉南北朝的佛教史…………………433

參考文獻……………………………………………………………463

《中華佛教史》後記………………………………………………489

《中華佛教史》總序

◎季羨林

　　此叢書名曰《中華佛教史》，為什麼我們不按老規矩，稱此書為《中國佛教史》呢？用意其實簡單明瞭，就是想糾正一個偏頗。我們慣於說中國什麼史，實際往往就是漢族什麼史。現在改用「中華」這個詞，意思是不只漢族一家之言，而是全中國許多個有佛教信仰的民族大家之言。

　　談到中華佛教史，我們必須首先提到湯用彤先生的《漢魏兩晉南北朝佛教史》，此書取材豐富，分析細緻，確是扛鼎之作，已成為不朽的名著。但是，人類社會總是在不停地前進，學術也是日新月異，與時俱進。到了今天，古代西域（今新疆一帶）考古發掘隨時有新的考古材料出土，比如，吐火羅語就是在新疆發現的，過去任何書上都沒有這種語言的記載。所以我們感覺到，現在有必要再寫一部書。

　　在中國古代佛教的著述中，有幾種實際上帶有佛教史的性質，比如《佛祖歷代通載》等。佛教以及其他學科而冠以史之名稱（如文學史之類），是晚近才出現的，其中恐怕有一些外來的影響。

　　近代以來，頗有幾種佛教史的著作，這些書為時代所限，各有短長，我在這裡不一一加以評論。

　　我們現在有膽量寫這一套中華佛教史，就是為了趕上學術前進的步伐。

　　總而言之，歸納起來我們這套書有幾個特點：第一，就是我們不只說漢族的事情，也介紹中國其他有關的少數民族的情況；第二，我們對古代西域佛教史的發展有比較詳細的論述；第三，現在寫這部書不僅有學術意義，而且還有現實意義。佛教發源於印度，傳入中國後，經過兩千多年的

《中華佛教史》總序

演變，最終已成為中華文化的一部分。在現實生活中，佛教仍然是一個有生命的團體。大眾不管信佛教與不信佛教的，都必須了解佛教的真相，這會大大地促進社會的發展。

在另一方面，也有利於世界各國對中華精神生活的了解。我們現在所需要的正是互相了解。

我是不信任何宗教的，但是，對世界上所有的堂堂正正的宗教，我都有真摯的敬意。因為這些宗教，不管它的教義是什麼，也不管它是如何發展起來的，這些宗教總是教人們做好事，不做惡事，它們在道德上都有一些好的作用。因此，現代世界上，宗教的存在有它的必要性。專就佛教與中國而論，佛教的原生地印度和尼泊爾，現在佛教已經幾乎絕跡，但在中國，佛教得到了很大的發展。原因是中華民族幾千年來，大度包容。從當前世界來看，希望全世界各個國家各個民族之間互相了解、互相促進，共同達到人類社會更高的層次。

所以，我們研究佛教寫佛教史，不但有其學術意義，還有更深刻的現實意義。

緒論

▍一、漢魏兩晉南北朝佛教史之格局

　　漢魏兩晉南北朝，戰亂頻仍，統序混亂。東漢滅亡，群雄逐鹿，終成魏、蜀、吳三國鼎立之勢，而後三家歸晉，西晉旋即而亡，晉室南遷，東晉、宋、齊、梁、陳相繼禪進。北方則是所謂的「五胡亂華」，最終統一於北魏，不久北魏分裂為東魏、西魏，一變為北齊、北周。北周滅北齊，旋即為隋室篡奪，隋滅陳而一統天下。洪邁在《容齋隨筆》卷九中言：「蓋以宋繼晉，則至陳而無所終；由隋而推之，則周為魏，則上無所起。」這種「南謂北為索虜，北謂南為島夷」的局面，造成後世作史紀年的很大困難。皇甫湜《東晉元魏正閏論》云：「晉為宋，宋為齊，齊為梁，江陵之滅，則為周矣。陳氏自樹而奪，無容於言……故推而上，我（唐）受之隋，隋得之周，周取之梁。推梁而上，以至於堯舜，得天下統矣。則陳奸（僭）於南，元閏於北，其不昭昭乎！」此說即認為漢晉、宋齊，相續禪進，梁代終於在江陵稱帝的梁武帝第七子梁元帝，梁元帝被西魏所滅，西魏旋即為北周，此後隋唐相承，由此而建立起一以貫之的漢唐治統。南朝陳並非承自蕭梁，不過是僭越而已；而北方的元魏（北魏）政權，只是「閏」，亦非正統。

　　史學史一般認為後世嚴格意義上的「正統論」肇始於東晉習鑿齒的《晉承漢統論》，以蜀漢而非曹魏為天下正統；東晉僧團領袖道安，與習鑿齒交好，「初魏晉沙門依師為姓，故姓各不同。安以為大師之本，莫尊釋迦，乃以釋命氏。後獲《增一阿含》，果稱四河入海，無復河名，四姓為

沙門，皆稱釋種。既懸與經符，遂為永式」[001]。中國佛教勃興之始，亦體現出濃厚的正統意識。隋代費長房《歷代三寶紀》尊南朝齊梁而黜北魏，梁之後繼以周、隋，以周承梁而為正統，此與前引皇甫湜說同。此後佛教史正朔觀念歷代迭有變遷，近代以來漢魏兩晉南北朝佛教史大體以東晉道安、鳩摩羅什之時為大宗，鳩摩羅什之後遂分為南北二統，此說最有代表性者，當為湯用彤先生的名著《漢魏兩晉南北朝佛教史》，其中第十三章為「佛教之南統」敘述南朝佛教，第十四章為「佛教之北統」敘述北朝佛教，認為南方偏尚玄學義理，上承魏晉以來之系統，北方重在宗教行為，下接隋唐以後之宗派。

　　中國人素有「載史」與「載道」密不可分的傳統，宋代鄭思肖謂「史書尤訟款，經書尤法令；憑史斷史，亦流於史；視經斷史，庶合於理」（《心史·古今正統大論》），作史須先明「正統」，文天祥謂「留取丹心照汗青」，寫入正史成為古人的道德理想追求，亦說明中國史學「正統論」之深入人心。饒宗頤先生《國史上之正統論》[002]對中國觀念史中的「正統論」有開創性研究，新史學重要代表人物楊念群教授進一步指出，近代梁啟超「史學革命」之後，「正統論」仍在中國現代史學界有諸多「蠻性遺留」[003]。毋庸諱言，由於思想觀念乃至宗教信仰的影響，前現代史學的正朔觀念，在今日的佛教史研究中仍有一定影響。本書力求對漢魏兩晉南北朝佛教史的發展脈絡進行客觀描述，將某一佛教人物、佛教觀點寫入歷史，主要以其在當時及對後世的影響而定，絕非有在道義上對其肯定的意味；學者更不應越俎代庖，替佛教信徒區分教理教義之正統與異端。唯其如此，學術方為天下之公器，佛教史才非一家一派之師說，並能進一步將菁英思想史

---

[001]　［梁］釋慧皎撰，湯用彤校注：《高僧傳》，中華書局 2004 年版，第 181 頁。
[002]　參見《饒宗頤二十世紀學術文集》卷六史學（上），中國人民大學出版社 2009 年版。
[003]　楊念群：〈中國歷史上的「正統觀」及其「蠻性遺留」〉，見《楊念群自選集》，廣西師範大學出版社 2000 年版，第 3～27 頁。

的視域擴大，引入社會生活史，講述普通民眾的信仰歷史。

　　當然，放棄正朔觀念，並非否定對佛教歷史人物理想追求的同情理解；同時，撰寫歷史也須有一個「寫法」，必須選定某一視角、正規化作為切入點。筆者在此將進行必要的交代。

一、漢魏兩晉南北朝佛教史的研究座標

　　漢魏兩晉南北朝佛教史屬斷代佛教史，要做好這一斷代的佛教史研究，通常需在通史中找好定位，確立座標。近百年來，中外學者在此方面多有貢獻，大體來講，前人研究漢魏兩晉南北朝佛教史有三種座標：（1）以中國哲學史、思想史演進為座標，自湯用彤先生起，中國學人大都按此路徑前進；（2）以隋唐佛教宗派（主要是三論、天台、華嚴、唯識、禪宗和淨土宗）為座標，以日本學者居多，中國學者、教內人士亦兼有之；（3）以印度、西域佛教史地為座標，歐美等西方學者常有採取此種取向者。

　　（一）以中國哲學史、思想史演進為座標

　　魏晉清談誤國之說，唐以後頗為盛行，尤其是明清之際的士大夫感同身受，幾成定論；然「自乾嘉學者以至章炳麟、劉師培，為了打破支配學術的宋學程朱經義，大都在漢魏古人中尋求重言，漢學與魏晉學重新在當時提倡起來。漢學重在『由詞以通道』的訓詁，魏晉學重在『天人之際』的義理，前者是宋代『心傳』之學的死敵，後者是宋代『理學』的祖宗，在反對宋學的人看來，漢魏之學，宋人皆未能或之先也。錢大昕、章炳麟都以為何晏、王弼對於《論語》、《易經》所發揮的義理之玄遠，後人莫及。照這樣講來，所謂宋學就成了陳舊不堪的貨色，不足以『理學』宗派自豪了。即令說義理之學是新的，它的淵源也發生於魏人，而不能說始自宋人。」[004]

---

[004]　侯外廬等著：《中國思想史》第三卷，人民出版社 1957 年版，第 95 頁。

言魏晉玄學為宋明理學之先導，與魏晉南北朝佛學為隋唐佛學之先導，在近代學術史上可謂異曲同工。迄今為止，魏晉南北朝佛教史，無疑以湯用彤先生的研究最為重要。簡而言之，湯用彤先生的魏晉南北朝佛教史研究是以中國哲學發展為座標，即透過漢代經學、魏晉玄學、宋明理學的演進視角而看待中國佛學的貢獻。在湯公看來：漢學是複雜而具體之學問，一事一理，不重抽象；玄學則是簡單抽象之學問，以為找到一最高原則即可解釋諸事。「漢末佛教約分二派：康僧會一派重祭祀、服食、吐納、昇天，摻雜一些禪法，講小乘法數。支謙一派為大乘空宗之學，掃除一切相數。前一派總結舊漢學，後一派則下啟新玄學。」、「漢魏之際，其時當新舊交替，佛教分為兩個系：安世高之佛學為小乘，重禪學，其再傳弟子為三國時之康僧會；支讖之佛學則為大乘般若，其弟子為支亮，再傳弟子為支謙。前一系為漢朝佛道最重要者，而後一系則為佛玄之開始。」[005] 在筆者看來，湯用彤先生對魏晉南北朝佛教史，有兩大判斷：（1）從佛道到佛玄，即從與中國本土方術雜糅的小乘毗曇禪數，到大乘般若空宗，類似於中國思想史上從漢學到魏晉玄學的演變；（2）從般若學到涅槃學，即從大乘般若空宗，到大乘涅槃佛性有宗，這一轉變過程，以竺道生為關鍵人物，其倡導「理為佛性」、「頓悟成佛」，實開宋明理學之先河，「自生公以後，超凡入聖，當下即是，不須遠求，因而玄遠之學乃轉一新方向，由禪宗而下接宋明之學，此中雖經過久長，然生公立此新義實此變遷之大關鍵也」[006]。

以湯用彤先生的名著《漢魏兩晉南北朝佛教史》為代表，漢魏兩晉南北朝佛教史研究，可以說徹底突破了佛教宗派法統的陳陳相因，帶來了中國佛教史研究的新氣象。正如湯用彤先生在 1937 年 12 月《燕京學報》第

---

[005] 湯用彤：《湯用彤魏晉玄學講義》，天津古籍出版社 2009 年版，第 92、114 頁。
[006] 湯用彤：〈謝靈運「辨宗論」書後〉，湯一介選編：《湯用彤選集》，天津人民出版社 1995 年版，第 313 頁。該文原發表於《大公報》文史週刊，1945 年 10 月 23 日。

22 期發表的《中國佛教史零篇》說明（*Notes On The History Of Chinese Buddhism*）一文中所指出的那樣：「佛教學者習慣於關注唐宋以來佛教十三宗的歷史，而忽視南北朝以前之早期歷史，對於唐朝已經發展起來的禪宗亦作如是觀。本文基於探究佛教原始資料，發現溯自 4 世紀末竺道生已倡導頓悟說。這比通常所知禪宗影響要早 170 年或 180 年。此論與胡適博士主張菩提達摩作為《楞伽經》權威並未提倡頓悟說具有同等意義。」[007]

湯用彤先生的《漢魏兩晉南北朝佛教史》由商務印書館在 1938 年出版[008]，而此前不久湯先生發表論文，強調「佛教學者習慣於關注唐宋以來佛教十三宗的歷史，而忽視南北朝以前之早期歷史」，體現了湯用彤先生在中國佛教史研究選題中的見識和整體思路，值得我們深入探討。當然，一般來說，寫佛教史總是由佛教傳入中國，從頭寫起，因此先寫「漢魏兩晉南北朝」，之後再以此寫唐宋元明清，並不稀奇。但如果我們結合湯用彤先生晚年發表的〈論中國佛教無「十宗」〉，以及〈中國佛教宗派補論〉來看[009]，跳出中國傳統佛教的八宗、十宗或十三宗模式，可以說是湯用彤先生始終堅持的主張，其意義至少有兩點。第一，中國佛教研究受日本

---

[007]　趙建永譯，見湯用彤：《隋唐佛教史稿》附錄三，江蘇教育出版社 2007 年版，第 277 頁。

[008]　該書首次出版於抗戰期間，初版年代尚有異議：「臺灣商務印書館曾據此『重慶印本』（由胡適之先生借出）作『臺灣影印』初版，然其版權頁謂民國二十七年（1938 年）六月初版，1962 年 2 月臺一版，此說誤。1999 年 1 月中旬，閱謝泳《逝去的年代 —— 中國自由知識分子的命運》（北京：文化藝術出版社，1999 年版）之〈湯用彤的顧慮〉（58 頁），謂於『1944 年在重慶翻印』，則此『重慶印本』似係 1944 年印行者。唯謝氏又謂此『重慶印』本『所據初版本為 1938 年 6 月商務版』，此說亦誤。湯氏民國二十七年（1938 年）之商務版，在長沙印行（以下簡稱『長沙印本』），上下冊頁數相連，『重慶印本』則否；二者每頁之行數亦異。北京中華書局 1955 年 9 月據民國二十七年（1938 年）初版重印湯書，1963 年 11 月再印，末附湯先生之『重印再版小記』（寫於 1962 年 11 月 1 日），謂其書『初版係一九三八年夏商務印書館在長沙印行』。然 1983 年 3 月北京中華書局將湯書改成簡體字橫排印時，末附之湯先生『重印再版小記』，上引一句卻作『初版後一九三八年商務印書館在長沙印行』。若『後』字不誤，則 1938 年 6 月之『長沙印本』尚非『初版』，疑 1944 年之『重慶印本』即以『初版』翻印，故『重慶印本』較『長沙印本』粗拙。」（嚴耕望著、李啟文整理：《魏晉南北朝佛教地理稿》，上海古籍出版社 2007 年版，第 7 頁『校記』）

[009]　湯用彤：〈論中國佛教無「十宗」〉，《哲學研究》1962 年第 3 期；〈中國佛教宗派補論〉，《北京大學人文科學學報》1963 年第 5 期。

影響很多，當時日本佛教受「宗學」影響很深[010]，而湯用彤先生極力避免用日本的十三宗模式來梳理中國佛教史，就使得中國佛教史研究從草創之初，就超越了宗學階段，而直接採取客觀的學術研究立場，實現了中國佛教史研究的跨越式發展。第二，也正因為如此，湯用彤先生等人開創的中國佛教史研究，與民國年間持一家一派觀點的講經僧，或力圖八宗兼弘的義理僧，有了根本性的區別，確立了中國佛教史研究的現代學科地位，可謂功莫大焉。

但也正因為湯用彤先生意在打破中國佛教傳統八宗、十宗或十三宗模式，著力漢魏兩晉南北朝的佛教義理研究，也為日後的中國佛教史研究帶來兩個瓶頸：第一，漢魏兩晉南北佛教史之後，如何跟隋唐佛教宗派銜接。湯用彤先生自1938年出版《漢魏兩晉南北朝佛教史》後，一直沒能完成《隋唐佛教史》的寫作，雖然有很多客觀上的原因，但如何從現代學術的研究路徑攻克中國佛教宗派問題，不能不說一直是一大難題。今日佛教宗派的專門史已出多種，但如何避免不開返回「宗學」的「倒車」，確實是值得認真思考的問題。第二，湯用彤先生在研究漢魏兩晉南北朝佛教史時，避免了單純從信仰出發的宗派之見，強調義理研究，以及佛學義理如

---

[010] 近年來，日本佛教研究界出現了許多對早期佛教研究中「宗學」影響的反思。例如日本學者花野充道2005年5月在北京訪問期間，在中國人民大學佛教與宗教學理論研究所演講時指出：近代日本佛教的學術研究大約可以分為三期：首先，是「宗學」研究，即佛學研究者往往有自己的宗派立場，在不違背祖師的情況下，研究佛教，帶有明顯的主觀性。第二，是純粹客觀的研究，由於受到西方社會科學研究方法的影響，日本佛教學術研究者力圖完全不帶自己的主觀觀念；但這樣一來，使得日本佛教研究越做越細，失去了研究的「意義」。第三，出現了批判佛教，是對以往純粹客觀研究的一種反對，想賦予研究意義，但又不是簡單地回到宗學研究，是一種主——客觀相結合的研究方法。（花野本人不大贊同批判佛教，認為批判佛教很難做到主——客觀相結合；他個人比較看好「思想史」的研究方法）伊吹敦教授在2010年春季學期於中央民族大學開設日本宗教學研究方面課程時指出：傳統的日本「佛教學」研究，其前提是對佛教的信仰，認為佛教雖然傳播地域廣泛，存在很多表面性的差異，但佛教的根本思想（教理）一直得到維持（也就是說日本佛教雖然跟佛陀時代的佛教表現不盡相同，但日本佛教就是真正的佛教）；根據上述立場，「佛教的歷史」就是不變性的「教理」的歷史性表現。伊吹敦教授認為，明治時代以後的「佛教學」興隆的原因：一是日本帝國主義的進展和國家政策的一致，二是面對新時代的僧人對於佛教的危機意識和為了護法的強烈願望。

何被中國本土知識分子接受，佛學同玄學等本土思想的交涉，是其著作的一大優點；但是佛學義理的演進，並不能等同於佛教史的全部。一個時代的佛學義理與這個時代的佛教信仰，兩者關係密切，但並不能相互取代。某類經典的傳入，某項義理主張的提出，可能會對當時信仰者產生重大影響，但也可能並不被世人所重視。我們了解一個時代的佛教史，如果對當時廣大信徒最為流行的信仰內容不甚了解，不能不說是一個遺憾。

（二）以隋唐佛教宗派為座標

當然，以隋唐佛教宗派為座標研究漢魏兩晉南北朝佛學義理，也並非完全過時。日本佛教以宗派為中心，傳統上一直使用成實宗、地論宗、攝論宗等稱呼，但近代以來越來越多的學者開始使用論師、學派等術語，認為魏晉南北朝的學派是隋唐宗派的先導，並以此切入三論師、地論師、攝論師等魏晉南北朝佛教學派的研究，取得了不少成果；同時，日本學者尤其重視南北朝末期智顗、吉藏等被後世公認為中國佛教宗派創始人的佛學大師的研究。在中國傳統佛教中，三論宗存在時間較短，對後世影響不大，吉藏的著作也大都散佚，而日本三論宗相續不斷，保存了眾多吉藏的著作，晚清民國以來，吉藏著作大量回流中土。由於吉藏著作中有大量前人注疏，因此依據這批從日本回傳的吉藏文獻，幾乎重構了東晉以來的般若學，「什肇山門義」遂成定論。南北朝各論師的研究，也主要依附於對吉藏、智顗等創宗大師的研究，並以這些佛學大師的批評性引用為主要資料。[011]

以中國哲學史、思想史演進為主要座標，與以後世佛教宗派為主要座標，所呈現出來的漢魏兩晉南北朝佛教史，是大異其趣的。如東晉六家七宗的般若學，若以前者為座標，比附的是魏晉玄學「貴無」、「崇有」、「獨

---

[011] 近年來這種情況也發生了許多變化，特別是日本學界「批判佛教」的興起（如伊藤隆壽），對佛教「生活實踐」的重視（如下田正宏），以及敦煌遺書中南北朝論師大量文獻的發現與整理。

化」等學說；而以後者為座標，則將其視為三論宗的史前史，中土佛學發展的必然走向。再如前文提到的道生研究，以前者為座標，重視其透過禪宗而開宋明理學之先河；而以後者為座標，則重視道生對《法華經》的義疏，重點在中國僧人對《法華經》的理解變遷，旨在天台宗的肇始。[012]

以隋唐佛教宗派為座標而探討漢魏兩晉南北朝佛教史，對佛教大師的思想體系尤為重視。平井俊榮先生《關於法華文句成立之研究》（春秋社，1987年）是一部劃時代的著作，平井先生論證了灌頂等後人在整理智顗講經注釋時，大量參考了吉藏的思想和文字，原本許多被認為是天台宗首創的內容，實則是三論宗的說法。平井先生此說也引起頗多爭議，至今還在日本學術界不斷發酵。從這些爭議中，我們亦可以看出，許多日本學人在對漢魏兩晉南北朝佛教史的研究中，是以隋唐佛教宗派為標準，透過「成熟」的佛教宗派宗學，來判別漢魏兩晉南北朝佛教義理的價值與意義。

（三）以印度、西域佛教史地為座標

與日本學界非常重視南北朝末期佛學大師不同，歐美等西方學者，涉足漢魏兩晉南北朝佛教史時，比較重視早期的譯經。這與西方學者常有印度佛學、語言學研究背景有關，他們常常希望藉助中國佛教的早期譯經，來重塑印度、西域佛教史地。以印度、西域佛教史地為座標，不少西方學者以及致力於中西交通史的中日學者，常常重視安世高等許多不大為一般中日佛教學者特別重視的早期來華譯經僧侶，以及西行求法者（如法顯等）。

當然，佛教畢竟產生於印度，最終傳入中國，廣義來講，對中國佛教的研究，都或多或少、自覺不自覺地以印度佛教為座標，最常見的是印度佛教由小乘到大乘，而中土佛教在漢魏時期也開始經歷類似的過程，至東晉南朝而最終完成。但近年來，由於以蕭本（Gregory Schopen）為代表的

---

[012]　可參考菅野博史：《中國法華思想の研究》，〔日本〕春秋社1994年版。

印度佛教研究取得突破性進展，以往印度佛教史上大小乘觀等一系列基本觀念都遭到顛覆，那麼以傳統樣態的印度佛教為座標的中國佛教史，特別是漢魏兩晉南北朝佛教史，就很值得懷疑。

蕭本認為，「現代學者研究印度佛教歷史的方法無疑是怪異的（peculiar）」。這種怪異在於只重視佛教經典文獻的研究，而對考古材料極不重視。「考古必須是文獻資料的婢女，它必須在『由文獻支持』的情況下，才能被『完全理解』；它必須去支援和擴充文獻資料，同時也必須被文獻資料所支援和擴充；否則它將毫無用處。考古不能成為獨立的證據，它不能講述獨立的歷史。」而實際上，巴利語經典文獻的年代要比眾多考古資料晚得多。造成當代學者過於看重經典，注意力集中在觀念上（ideal）的而不是現實中的資料的原因，蕭本認為是由於當代學者頭腦中有一種「正確宗教」（true religion）的觀念，而這種觀念來自於基督新教的影響。[013]

綜上所述，三種座標，各有其優勢，也都取得了多方面的研究成果，但同時也都有其局限性。那麼，隨著漢魏兩晉南北朝佛教史研究的深入，我們以哪種座標、哪種研究方法切入漢魏兩晉南北朝佛教史研究，尚須進一步探討。

二、漢魏兩晉南北朝佛教史的研究正規化

1949年以來，中國流行的漢魏兩晉南北朝佛教史研究正規化，大體可分為三種：1.「上層建築」正規化（傳統唯物史觀正規化）；2.「中國化」正規化；3.「知識考古」正規化（新社會文化史正規化）。

（一）「上層建築」正規化

「上層建築」正規化，將佛教視為一種上層建築，力圖透過社會經濟基礎加以說明。該正規化十分關注社會歷史與佛教的互動關係，尤其關注

---

[013] Gregory Schopen，*Bones, Stones, and Buddhist Monks*，University of Hawaii Press, 1997, p1,p2, p13.

緒論

政治史對佛教思想發展的直接影響，以及佛教對其的反作用，力圖從社會歷史原因出發來探討佛教思想變遷。「歷史唯物主義告訴我們，社會的精神生活所由形成的來源，社會觀念，並不是要到觀念、理論、觀點本身去找，而是要到社會的物質生活條件、階級鬥爭中去找。因為理論、觀點等，是社會存在的反映。離開了基礎，空談上層建築，是講不清楚的。」[014] 這種研究方法，對於以前研究者常常「以經解經」或「六經注我」式的研究方法是有所突破的。正如任繼愈先生指出：「今人敘述古人，往往有兩種毛病，一是站在古人的立場來重述古人的話頭，所謂以經解經。這種轉手販運的辦法，看起來沒有走樣，卻並不能真正把古人的精神表達出來，使今人看不懂。一是任意發揮，或者把古人所沒有的思想說成古已有之，也有人用現代西洋哲學某一學派來比附。這樣做，看起來條理清晰，可是由於發揮過多，把不屬於古人的思想說成古人的思想，缺少科學性。用這兩種辦法研究歷史都是有害的。」[015]

「上層建築」正規化在一定意義上對上述兩種缺失，是有所裨益的。「文化大革命」前，「上層建築」正規化，以任繼愈先生的《漢唐佛教思想論集》為最典型的代表，該書是新中國出版的第一部佛教史論著，收錄了任先生 1955 年與湯用彤先生合著的〈南朝晉宋佛教「般若」、「涅槃」學說的政治作用〉，直到 1964 年撰寫的〈從佛教經典的翻譯看上層建築與基礎的關係〉[016] 等近十篇論文。當時還作為青年學者的方立天先生指出：「馬克思主義經典作家一再強調，包括宗教和哲學在內的上層建築是以經濟為基礎的，並且也教導我們不要把世俗問題化為神學問題，而要把神學問題化為世俗問題，不要用迷信來說明歷史，而要用歷史來說明迷信。可以說，

---

[014]　任繼愈：《漢唐佛教思想論集》，人民出版社 1981 年第三版，第 266 頁。
[015]　任繼愈：《佛教與中國思想文化：〈中國佛教史〉第一卷序》，見《漢唐佛教思想論集》第三版，第 16～27 頁。這是該序的首次發表。
[016]　《漢唐佛教思想論集》1963 年初版，1973 年再版時增收該文。

《論集》作者正是遵循這個原則去探索中國佛教哲學思想發展的內在根源和基本線索的。」[017] 此後很長一段歷史時期,「上層建築」正規化,是各類中國思想史、哲學史中最為流行的中國佛教研究方法。

當時唯一的例外可能是呂澂先生,他在1960年代前期編寫的研究生講稿〈中國佛學源流略講〉中,對當時業已出版且頗有影響的任繼愈先生的佛學論著隻字不提。不過呂先生對同是在「上層建築」正規化指導下編寫而成的侯外廬先生主編的《中國思想通史》多有肯定,「《中國思想通史》,採用新的觀點方法講到一些佛學方面的內容,如對漢、魏、晉、隋、唐的佛教都談到了,作者們是下過一番工夫的,儘管有些議論還可商酌,但總算是開荒了」,將《中國思想通史》和湯用彤先生的《漢魏兩晉南北朝佛教史》列為學習中國佛教史的兩部「主要參考書」。[018]

「上層建築」正規化,並非完全是1950、60年代政治風氣的產物,也是中國學者研究佛教長期經驗的總結和理論提升的結果。多年過去,我們可以看到一些比較有趣的現象,當時在大陸遭到批判的胡適,在1953年與鈴木大拙關於禪學研究方法的爭論中,很多言論是與「上層建築」正規化旨趣相近的:「禪是中國佛教運動的一部分,而中國佛教是中國思想史的一部分,只有把禪宗放在歷史的確當地位中,才能確當了解。」[019] 也是要用歷史說明宗教,而不是相反。

客觀來講,「上層建築」正規化在1950、60年代佛教研究中,是有歷史貢獻的。正如哲學史家石峻先生所言,「中國過去一段時期內,由於受到極『左』思潮的影響,凡是號稱馬克思主義的哲學家,多不肯深入地研究各種唯心主義體系,特別是所謂『宗教哲學』。其結果是,或則陷於背

---

[017]　方立天:〈讀《漢唐中國佛教思想論集》〉,《哲學研究》1964年第2期,第58頁。
[018]　《呂澂佛學論著選集》五,齊魯書社1991年版,第2462頁。
[019]　當時鈴木批評胡適:「胡適知道禪的歷史環境,但卻不知道禪本身,大致上說,他未能認識到禪有其獨立於歷史的生命。」參見 *Philosophy East and West*, Vol. III, No. 1, *Hawaii University Press*,1953. 以及柳田聖山編《胡適禪學案》,(臺北)正中書局1975年版。

誦教條，致使理論脫離實際，成了『無的放矢』；或則由於缺乏正確理論的指導，難免誤入歧途。這兩種具體情況雖然很不相同，但在客觀事實上都會妨礙有關佛教思想史的科學研究的健康發展，影響到開創一種實事求是的學術新風尚」[020]。而「上層建築」正規化，在「文化大革命」前學術界對佛教研究的推動作用，為日後佛教研究奠定了基礎，這是必須肯定的。

（二）「中國化」正規化

「中國化」正規化是改革開放以來，逐漸興盛而漸趨主流的一種研究漢魏兩晉南北朝佛教的學術正規化。按照方立天先生的界定，「所謂佛教中國化是指，在印度佛教輸入過程中，佛教學者一方面從大量經典文獻中精煉、篩選出佛教思想的精神、核心，確定出適應國情的禮儀制度和修持方式，另一方面使之與固有的文化相融合，並深入中國人民的生活之中，也就是佛教日益與中國社會的政治、經濟和文化相適應、結合，形成獨具本地區特色的宗教，表現出有別於印度佛教的特殊精神面貌和中華民族傳統精神的特徵。佛教是一種系統結構，由信仰、哲學、禮儀、制度、修持、信徒等構成，佛教中國化並不只限於佛教信仰思想的中國化，也應包括佛教禮儀制度、修持方式的中國化，以及信徒宗教生活的中國化」[021]。

漢魏兩晉南北朝佛教史研究中的中國化正規化，關心的核心問題是從印度、中亞傳入的佛教，如何一步步融入中國文化之中，佛教在哪些方面發生了變化，而中國人在促使佛教面貌發生重要改變時做出了哪些傑出的貢獻。在這一正規化指引下，翻譯的取捨、格義、般若與玄學的關係、三教關係、學派與中國特色佛教宗派的形成等，成為漢魏兩晉南北朝佛教史的重要選題。

筆者使用的「正規化」一詞，並非庫恩所謂正規化之間完全不能通

---

[020]　《石峻文存》，華夏出版社 2006 年版，第 141 頁。

[021]　方立天：〈佛教中國化的歷程〉，《魏晉南北朝佛教》，《方立天文集》，第 1 卷，中國人民大學出版社 2012 年版，第 104 頁。該文原刊於《世界宗教研究》1989 年第 3 期。

約，實際上在「上層建築」正規化中的一些研究，已經可以看到「中國化」正規化的影子，如任繼愈先生指出：「學習歷史唯物主義，進一步明確上層建築與基礎的關係。不但可以懂得基礎決定上層建築，也可看出上層建築對基礎的反作用。我們從佛教的輸入和傳播，可以看到光靠外來思想本身不會對當時的社會產生重大的作用，只有當它（思想）與當時社會的歷史具體情況相結合，才能引起深刻而廣泛的影響。與中國的社會條件相適應的宗派（如天台、華嚴、禪宗），它就得到發展，生搬硬套的外來學說（如法相宗）即使得到統治者一度大力支持，仍舊生不了根，終歸枯萎。」[022] 像方立天先生對廬山慧遠的研究，從 1960 年代撰寫的〈慧遠佛教因果報應說批判〉（《新建設》，1964 年第 8～9 期）和〈試論慧遠的佛教哲學思想〉（《哲學研究》，1965 年第 5 期），到半個世紀後撰寫的〈慧遠與佛教中國化〉（《中國人民大學學報》，2005 年第 1 期），研究角度側重就有所變化。從方先生研究佛教的學術歷程，我們可以感覺到中國主流佛教史學界從「上層建築」到「中國化」正規化的自然過渡。

　　佛教中國化問題，在中西文化交流視野下，是一個非常重大的問題，很早就引起了國際學術界的重視，20 世紀中葉荷蘭學者許理和的《佛教征服中國》和美籍華裔學者陳觀勝的《中國改變佛教》，就體現了這方面的思考。中國有佛教信仰背景的一些學者，出於梳理什麼是正統佛教等原因，也很早就表現出對佛教中國化問題的關心，如呂澂先生在《中國佛學源流略講》中強調：「中國佛學來源於印度，而又不同於印度，這一特點，也就規定了它的特殊研究方法。其基本點是，在理解中國佛學時，首先要注意到中國佛學同印度佛學的關係。印度佛學在不斷變化，我們就要注意到這些變化給中國佛學以怎樣的影響；注意中國佛學在這個過程中，與印度佛學保持了多大的距離。總之，要以印度佛學的發展為尺子，用來衡量

---

[022]　任繼愈：〈漢唐時期佛教哲學思想在中國的傳播和發展〉，《漢唐佛教思想論集》第三版，第 21 頁。

中國佛學發展的各階段，並藉以看出兩者之間的異同以及中國佛學的實質。」[023] 主流的佛教「中國化」正規化，對佛教的中國化多持讚揚態度；但也有學者對此持批評意見，認為遠離乃至歪曲了印度原本的「正統」佛教這把「尺子」，從支那內學院到臺灣的印順法師，以及近年來日本興起的批評佛教思想，都有這方面的傾向。

（三）「知識考古」正規化

陳寅恪先生在給馮友蘭先生《中國哲學史》的審查報告中說：「其言論愈有條理統系，則去古人學說之真相愈遠。」[024] 近年來，隨著學術界對傳統思想史、佛教史的一些經典學術研究的反思，傅柯的《知識考古學》（The Archaeology of Knowledge）的影響也越來越大。一些學者開始嘗試利用新社會文化史的研究思路和方法，重視以往常被人忽視的資料與問題視角，清理傳統佛教史中的一些成說（層層疊加的偽史）。筆者在這裡姑且將這種努力稱之為「知識考古」正規化。

「知識考古」正規化目前尚不成熟，但已表現出一些不同於以往「上層建築」正規化和「中國化」正規化的特點。「上層建築」正規化和「中國化」正規化，研究立場常常是從一般民眾出發，但在實際研究過程中卻更關心統治菁英和佛教思想菁英；而「知識考古」正規化則更偏愛「一般思想史」，乃至邊緣人群。「上層建築」正規化和「中國化」正規化，都長於宏大敘事，特別關注重大歷史事件，或有起承轉合意義的思潮、重要人物具有獨特貢獻的觀點；而「知識考古」範式，現階段所做的工作，則解構多於建構，對於思想史上的「進化論」持強烈的懷疑態度，更傾向於差異、斷裂等碎片化特徵。

「知識考古」正規化，在佛教領域中的應用，最突出的成果在禪宗研

---

[023]　《呂澂佛學論著選集》五，第 2454 頁。
[024]　陳寅恪：《金明館叢稿二編》，上海古籍出版社 1980 年版，第 247 頁。

究，特別是對燈錄譜系的研究，但也逐漸對漢魏兩晉南北朝佛教史研究產生了潛移默化的影響，例如對《高僧傳》中高僧形象建構的研究，就是一個明顯的例子。[025] 隨著漢魏兩晉南北朝佛教史的深入研究，大量碑刻、應驗記等資料的普遍使用，各種邑社等佛教團體、各種師說學派、修行團體研究的展開，都會對傳統的思想史敘事模式產生巨大的衝擊，學術界所呈現的漢魏兩晉南北朝佛教史很可能在很長一段時間內是一個斷裂、碎片化的面貌。當然，當「碎片」足夠多的時候，「知識考古」正規化或許也可能重建起另外一種形式的漢魏兩晉南北朝佛教史的宏大敘事，但這在短期內還是難以完成的。

「知識考古」正規化，無疑受到後現代主義的深刻影響，但這一正規化應用於漢魏兩晉南北朝佛教史研究，筆者以為卻有著一種天然的傳統優勢。因為自湯用彤先生以來，漢魏兩晉南北朝佛教史研究成為中國佛教史研究的重點，這本身就是對教內幾大宗派傳統敘事的一種解構。我們在前文提到的湯用彤先生對竺道生頓悟說等課題的重視，雖然不是完全意義上的對「頓悟」進行「知識考古」，卻無疑在客觀上有這一層意蘊。

「上層建築」正規化、「中國化」正規化，在一定程度上，都是對流行已久的教內成說，進行突破乃至解構。筆者認為，它們與新興的「知識考古」正規化，將會長期並存，相得益彰，不斷繁榮漢魏兩晉南北朝佛教研究事業。

---

[025] 例如：(1) 佛爾：《禪學研究：走向「行事」的「學術」》〔法〕佛爾著，蔣海怒譯：《正統性的意欲》附錄一，上海古籍出版社 2010 年版）中對達摩傳記的解讀。(2) 陸揚：〈解讀《鳩摩羅什傳》：兼談中國中古早期的佛教文化與史學〉（《中國學術》2006 年第 23 輯，商務印書館，2006 年）中對鳩摩羅什傳記的解讀；他對道安的解讀也屬此類，陸揚：〈中國佛教文學中祖師形象的演變——以道安、慧能和孫悟空為中心〉（刊於《文史》2009 年第 4 輯）。(3) 宣方：〈支遁：禪學史肖像的重塑〉（方立天、學愚主編：《佛教傳統與當代文化》，中華書局 2006 年版）對支道林傳記的解讀。

二、漢魏兩晉南北朝佛教史料概說

傅斯年先生有句備受爭議的名言「史學便是史料學」，此話雖不盡然，然巧婦難為無米之炊，史料對於著史的重要意義是毋庸置疑的。史料的整理爬梳，以及如何理解和運用，是極其重要的問題，因此在正式進入漢魏兩晉南北朝佛教史敘述之前，有必要對這一時段的佛教歷史文獻進行簡單的梳理。

一、漢魏兩晉南北朝佛教史史料概述

1. 佛教外部史料

漢魏兩晉南北朝佛教史料，大體來講，可以分為佛教內部史料與佛教外部史料。佛教外部史料為正史[026]、時人文集、志書、類書、金石等[027]，除了道教文獻的應用外，與一般史學研究的情況近似。下面就時人文集和新出墓誌銘資料略加說明。現存時人文集以南朝為主，而墓誌銘則以北朝出土為多，在漢魏兩晉南北朝佛教史研究中，這兩類史料一南一北，正好配合使用。

唐前文獻，最著名者當屬清人嚴可均輯《全上古三代秦漢三國六朝文》[028]，十五集中《全晉文》、《全宋文》、《全齊文》、《全梁文》、《全陳文》、《全後魏文》、《全北齊文》、《全後周文》、《全隋文》等多有佛教史料

---

[026] 可參考杜斗城編：《正史佛教資料類編》，甘肅文化出版社 2006 年版。

[027] 從《後漢書》至《隋書》，在二十四史中占了十三部（《後漢書》、《三國志》及裴松之注、《晉書》、《宋書》、《南齊書》、《梁書》、《陳書》、《魏書》、《北齊書》、《周書》、《南史》、《北史》、《隋書》），可以說正史資料是非常龐大的。除了正史和《資治通鑒》外，還有《通典》、《通志》、《太平御覽》、《冊府元龜》、《文苑英華》、《太平廣記》、《文獻通考》等書中的相關記載；以及《華陽國志》、《世說新語》、《顏氏家訓》、《建康實錄》、《水經注》、《洛陽伽藍記》等魏晉南北朝史籍。魏晉南北朝涉及佛教的碑字石刻為數也不少，如《金石粹編》、《漢魏南北朝墓誌集釋》等。此外，唐長孺主編《中國通史參考資料》（第二冊，魏晉南北朝）、張澤咸、朱大渭主編《魏晉南北朝農民戰爭史料彙編》等史料選集，亦可參考。

[028] 嚴可均輯：《全上古三代秦漢三國六朝文》，上海古籍出版社 2009 年版。

內容，《全上古三代秦漢三國六朝文》每集常有外國、釋氏、仙道、鬼神等科目，便於檢索。此外，明人張溥《漢魏六朝百三家集》也應引起高度重視，《漢魏六朝百三家集》[029]是在張燮《七十二家集》基礎上進一步擴編而成，其中不乏六朝佛教史料。就筆者所閱，其中《孫廷尉集》、《何衡陽集》、《謝康樂集》、《顏光祿集》、《蕭竟陵集》、《王寧朔集》、《張長史集》、《孔詹事集》、《梁武帝集》、《梁昭明集》、《梁元帝集》、《沈隱侯集》、《王左丞集》、《劉曹戶集》、《庾度支集》、《徐僕射集》、《江令君集》、《溫侍讀集》等，多有涉及佛教的內容。如南朝佛教史中評價頗高的周顒，亦被許多文學史家認定為「四聲」的發明人，但在時人文集中卻是另一種形象，孔稚珪〈北山移文〉：「世有周子，雋俗之士，既文既博，亦玄亦史。然而學遁東魯，習隱南郭，偶吹草堂，濫巾北嶽。誘我松桂，欺我雲壑。雖假容於江皋，乃纓情於好爵。」〈北山移文〉是入選《古文觀止》的名篇，而部分周顒研究者似未寓目。應該說是「文、史、哲」學科分家的後果，今後六朝佛教研究者應盡量避免對六朝文史資料的忽視。殷孟倫先生著有《漢魏六朝百三家集題辭注》[030]，可方便讀者按圖索驥。

  墓誌銘近年來引起了中古史學界的高度重視，部分佛教研究者對此也有關注。特別是日本東洋大學伊吹敦教授〈墓誌銘所見之初期禪宗〉[031]，發現唐人墓誌銘對佛教、南宗禪記載頗少，與以往我們對唐代佛教鼎盛的印象有較大差距。前文提到的蕭本利用金石資料對印度佛教史的研究，也得出了許多與以往不同的結論。這一方面可以提醒我們從新的視角來考察佛教歷史，另一方面也提醒我們墓誌銘等這類金石史料本身可能帶有一定的特殊性。現存大量六朝墓誌銘涉及佛教的內容甚少，與以往我們從傳世

---

[029]　張溥：《漢魏六朝百三家集》，吉林出版集團 2005 年版。
[030]　張溥著，殷孟倫注：《漢魏六朝百三家集題辭注》，中華書局 2007 年版。
[031]　伊吹敦著，王征譯：〈墓誌銘所見之初期禪宗〉，中國人民大學佛教與宗教學理論研究所《宗教研究》2010 年刊，第 191 ～ 225 頁。

文獻中得出的對六朝佛教社會影響力巨大的結論有較大差距。墓誌銘這類史料的特點，還需要進一步的探索。漢魏以來，屢有禁碑令（參見《宋書‧禮志二》），不得私自立碑，這不僅限制了碑刻的數量，可能對碑文涉及的內容，亦有較大的影響。

梁元帝蕭繹曾經編輯《內典碑銘集林序》收錄佛教碑銘，合三十卷，但早已亡佚，僅在《廣弘明集》中存有序言一篇。魏晉南北朝墓誌銘主要收錄在趙萬里《漢魏南北朝墓誌銘集釋》，趙超《漢魏南北朝墓誌彙編》，羅新、葉煒《新出魏晉南北朝墓誌疏證》之中，[032] 特別是後兩種書為近年來新出，錄文清楚，特別是《疏證》考證頗詳，兩者配合使用，有事半功倍的效果。

六朝墓誌銘中不乏高僧、男女居士傳記、修寺塔紀錄等傳統史料，如趙超《漢魏南北朝墓誌彙編》中的〈孫遼浮屠之銘記（正光五年七月廿五日）〉、〈魏故昭玄沙門大統僧令法師墓誌銘（永熙三年二月三日）〉、〈大魏比丘淨智圓寂塔銘（元象元年四月十一日）〉、〈居士諱道明墓誌（天保三年正月十五日）〉、〈雲門寺法勤禪師墓誌（大寧二年正月五日）〉、〈魏故□玄沙門都維那法師惠猛之墓誌銘〉，羅新、葉煒《新出魏晉南北朝墓誌疏證》中的〈劉賓及妻王氏墓誌〉、〈志修塔記〉等。

此外，六朝墓誌銘中有一類比丘尼的墓誌銘，尤其值得關注。這類比丘尼或原為貴族女性幼小出家，或為皇帝或貴冑嬪妃妻妾在丈夫死後出家為尼，如《漢魏南北朝墓誌彙編》中的〈魏瑤光寺尼慈義墓誌銘（神龜元年十月十五日）〉、〈魏故比丘尼慈慶墓誌銘（正光五年五月七日）〉、〈魏故車騎大將軍平舒文定邢公繼夫人大覺寺比丘尼墓誌銘（永安二年十一月七日）〉、《新出魏晉南北朝墓誌疏證》中的〈高殷妻李難勝墓誌〉、〈陳宣帝

---

[032] 趙萬里：《漢魏南北朝墓誌銘集釋》，科學出版社 1956 年版；趙超：《漢魏南北朝墓誌彙編》，天津古籍出版社 2008 年版（初版 1992 年）；羅新、葉煒：《新出魏晉南北朝墓誌疏證》，中華書局 2005 年版。

夫人施氏墓誌〉、〈李靜訓墓誌〉、〈丁那提墓誌〉等。

趙和平教授在〈武則天出家寺院考〉指出，北周大象二年（580 年）北周形成了皇帝去世後立別廟，其旁建尼寺以處先帝嬪妃的制度。[033] 此實際在儒家的太廟體制（每年冬至等六次祭祀）外，另立了佛道教的家廟（生日忌日、七七等祭祀），影響到唐宋，是皇帝中央集權、政權關係、三教關係史上的大課題。北朝後宮出家甚多 [034]，後形成定製；而南朝從東晉司馬道子與比丘尼支妙音到梁元帝後宮「徐娘半老」的典故 [035]，都與尼僧有著密切的關係。出家為僧尼或暫居佛門不僅為皇室嬪妃的一種出路選擇，也是官僚妻子救貧或避禍的方法之一。[036] 墓誌銘中貴婦出家的紀錄不少，輔之傳世文獻，對於揭示南北朝中後期佛教史不為後人熟知的一面，當大有裨益。

---

[033] 趙和平：〈武則天出家寺院考〉，2012 年 5 月 31 日在中國人民大學發表的學術報告；同一題目趙教授也在北京大學、北京師範大學等高校進行過講演。有史可稽的：北周大象二年（西元 580 年）立弘聖宮及萬善尼寺；隋大業元年（西元 605 年）立仙都宮及勝光寺；唐貞觀元年（西元 627 年）立通義宮及興聖尼寺；唐貞觀九年（西元 635 年）立靜安宮及證果尼寺；唐貞觀二十三年（西元 649 年）立崇聖宮及靈寶尼寺；弘道元年（西元 683 年）立崇敬宮及崇敬尼寺。

[034] 據夏毅輝統計，從北魏拓跋氏入主中原至隋滅北周，有史料記載的，共有 17 位元后妃出家，其中北魏 31 位皇后中 7 位出家為尼，北齊 14 位后妃中 4 位出家為尼，北周 12 位皇后中 6 位出家為尼。（夏毅輝：〈北朝皇后與佛教〉，《學術月刊》1994 年第 11 期）亦可參考尚永琪：《3～6 世紀佛教傳播背景下的北方社會群體研究》第六章、《4～6 世紀佛教傳播背景下的北方婦女》，科學出版社 2008 年版，第 116～139 頁；魏晉南北朝比丘尼的一般情況，可參考唐嘉：《東晉宋齊梁陳比丘尼研究》，齊魯書社 2012 年版。

[035] 《南史卷十二·列傳第二·后妃下》：「元帝徐妃諱昭佩……與荊州後堂瑤光寺智遠道人私通……帝左右暨季江有姿容，又與淫通。季江每歎曰：『柏直狗雖老猶能獵，蕭溧陽馬雖老猶駿，徐娘雖老猶尚多情。』時有賀徽者美色，妃要之於普賢尼寺，書白角枕為詩相贈答。既而貞惠世子方諸母王氏寵愛，未幾而終，元帝歸咎於妃；及方等死，愈見疾。太清三年，遂逼令自殺。妃知不免，乃投井死。帝以屍還徐氏，謂之出妻。葬江陵瓦官寺。帝制《金樓子》述其淫行。」今本《金樓子》無此內容。唐代以後，對後宮出家頗多訾議，常有涉嫌淫亂之譏。北宋僧人文瑩《湘山野錄》：「中國長公主為尼，掖廷隨出者二十餘人。詔兩禁送至寺，賜傳齋。傳旨令多賦詩，唯文儒公都喬年尚有記者云。」又清人宋長白《柳亭詩話》：「李義山詩〈碧城〉三首，蓋詠公主入道事也。唐之公主，多請出家。義山同時，如文安、潯陽、平梁、邵陽、永嘉、永安、義昌、安康（諸公主）先後乞為女道士，築觀於外，頗失防閑。」

[036] 如《南史·劉峻傳》劉孝標「居貧，不自立，與母並出家為尼僧。既而還俗」。《魏書·劉休賓傳》亦提到此事：「休賓叔父泛之，其妻許氏，二子法鳳、法武（後改名峻，字孝標），而旋之早亡。東陽平，許氏攜二子入國，孤貧不自立，並疏薄不倫，為時人所棄，母子皆出家為尼，既而還俗。」

（二）佛教內部史料

佛教內部的史料可以分為兩大部分：

1. 傳世史料。佛教傳世史料，大體可以分為：(1) 佛教史書；(2) 經錄；(3) 文集等著述；(4) 經典注疏；(5) 類書等佛教百科；(6) 應驗記等「釋氏輔教之書」。

2. 近代以來的出土史料：(1) 造像記、陀羅尼等各地經幢、石窟碑刻；(2) 敦煌遺書。此外佛教影像等非文字資料亦應引起研究者的注意。

近幾十年來，佛教出土文獻的研究是一個熱點。以往魏碑、陀羅尼的研究是海外學者的強項，近年來華語學者劉淑芬、侯旭東等人的研究也趕超了國際一流水準，[037] 在下一節我們將對此略有敘述。而近十餘年，敦煌遺書研究將北朝佛教學派研究引入了新階段。[038] 特別是 2009 年 8 月韓國金剛大校佛教文化研究所召開了「地論思想的形成與嬗變」國際學術研討會，2010 年編輯出版了研究論文集《地論思想的形成與嬗變》的日文版和韓文版，是漢魏兩晉南北朝佛學研究的重要突破。2012 年，該研究所又出版了《藏外地論宗文獻整合》。[039] 利用敦煌遺書研究南北朝佛教學派問題，在今後若干年內都將是一個重要的學術增長點。

在佛教傳世文獻中，佛教史書是最為重要的一類，為後世佛教史研究提供了基本的史料乃至於研究的框架。漢魏兩晉南北朝佛教史書，以紀傳體為主，梁慧皎的《高僧傳》、唐道宣的《續高僧傳》最為重要，此外存世

---

[037]　參見侯旭東：《五六世紀北方民眾佛教信仰：以造像記為中心的考察》，中國社會科學出版社 1998 年版；劉淑芬：《中古的佛教與社會》，上海古籍出版社 2008 年版。

[038]　參見石井公成：〈敦煌發現的地論宗文獻研究現狀〉，見中國人民大學佛教與宗教學理論研究所主辦《宗教研究》2011 年刊。

[039]　青木隆等整理：《藏外地論宗文獻集成》，〔韓國〕金剛大學校佛教文化研究所 2012 年版。

的還有寶唱的《比丘尼傳》[040]、《名僧傳抄》[041]等，以及今人的補遺。[042]編年體在漢魏兩晉南北朝佛教史籍中雖不發達，但亦存在，最典型的代表是隋代費長房《歷代三寶紀》卷一至卷三的「帝年」，自周秦至隋，按照帝王世系年號編寫佛、法、僧「三寶」大事記。[043]《歷代三寶紀》屬經錄，歷代學者對其頗多訾議、穢評[044]，然畢竟保存許多史實、「傳說」以及當時人們對佛教的理解，亦是不可或缺的重要史料。相比《歷代三寶紀》，梁僧祐的《出三藏記集》[045]是更為嚴謹的著作。經錄除了提供佛教傳譯方面的重要史料，其收錄的譯經僧侶傳記、佛經序跋，亦是研究當時佛教歷史與思想的重要依據，而疑偽經的紀錄也為民間佛教的研究提示了重要的線索，例如《出三藏記集》中記有「《慧達經》一卷」，慧達即是六朝時著名的神異僧，俗名劉薩訶，被信徒尊稱劉師佛。僧祐說：「《大涅槃經》云：『我滅度後，諸比丘輩抄造經典，令法淡薄。』種智所照，驗於今矣。自像運澆季，浮競者多，或憑真以構偽，或飾虛以亂實。昔安法師，摘出

---

[040] 《比丘尼傳》是否為寶唱所撰，或者說《比丘尼傳》與《名僧傳》是否為同一作者，近年來學術界也有不同看法，參見曹仕邦：《比丘釋寶唱是否〈比丘尼傳〉撰人的疑問》，見釋恒清主編：《佛教思想的傳承與發展：印順導師九秩華誕祝壽文集》，臺北：東大圖書1995年版，第455～466頁。

[041] 《名僧傳》久佚，《名僧傳抄》是日本竺置寺沙門宗性於文曆二年（西元1235年）抄自東大寺東南院之經藏本。

[042] 例如：趙超主編：《新編續補歷代高僧傳》，社會科學文獻出版社2011年版。

[043] 隋開皇十七年（西元597年）以後至唐高宗時用干支紀年記事，《房錄》成書於開皇十七年，此後紀錄當係後人所加。

[044] 對《房錄》批判最激烈的當屬譚世保：《漢唐佛史探真》上編《〈房錄〉及其所載諸經錄考》，中山大學出版社1991年版。

[045] 明代以降，多有學者謂《出三藏記集》出自劉勰之手。如明代曹學佺的《文心雕龍》序謂：「竊恐祐《高僧傳》，乃勰手筆耳。」明徐勃跋引曹氏之說並加案語：「今觀其《法集目錄序》及《釋迦譜序》、《世界序》等篇，全類勰作，則能始之論，不誣矣。」（見楊明照：《文心雕龍校注拾遺》附錄序跋第七，上海古籍出版社1982年版）日本學者興膳宏的長文：《〈文心雕龍〉與〈出三藏記集〉》（彭恩華編譯：《興膳宏〈文心雕龍〉論文集》，齊魯書社1984年版，第5～108頁；日文原刊於福永光司編：《中國中世の宗教と文化》，〔日〕京都大學人文科學研究所1982年版）將兩書在語體風格的相似性做了非常詳細的對比論證。而饒宗頤先生在〈論僧祐〉（《中國文化研究所學報》第6期，1997年，第405～416頁）中則認為：「我人苟細心咀嚼《祐錄》諸書自序，每每自標『祐』之名，『當由自撰，非他人所能捉刀，斷斷然也。」

偽經二十六部，又指慧達道人以為深戒。古既有之。今亦宜然矣。」[046] 慧達出家前曾假死而遊地府，《慧達經》應是出自這段神祕的宗教體驗。

　　魏晉南北朝佛教文集，可以分為合集和個人專集。合集是為某一主題而編輯的諸多佛教僧侶、居士乃至與教外人士的論辯文章，現存合集大都與護教有關，如梁僧祐編輯的《弘明集》，唐初道宣編輯的《廣弘明集》、《集古今佛道論衡》，智升《續集古今佛道論衡》等；也有圍繞某一佛教領袖人物或某一學派教團的合集，如隋灌頂編輯的《國清百錄》。個人專集、僧傳等史籍中常稱某僧人有文集若干卷，如《出三藏記集》記載，廬山慧遠「所著論序銘贊詩書，集為十卷五十餘篇，並見重於世」。蔣山靈畹寺的餘姚人道慧（西元451至481年）在十四歲時讀到《廬山慧遠集》，「說明慧遠歿後五十年左右，江南已有《慧遠文集》流傳」[047]。但這類專集現今大都散佚；魏晉南北朝現存僧人文集中最為著名的當屬僧肇的《肇論》等。《大乘大義章》是東晉名僧廬山慧遠與鳩摩羅什之間的問答集，是比較特殊的一類文集。此外，篇幅較長的佛教論文亦有獨立成書而流傳的，比較重要的如吉藏的《二諦論》等。一般來講，佛教文集等著述是相比佛教史籍更為第一手的資料，但文集常常晚出，而且許多編撰者的目的在於護教弘法，難免有偽託之作，故反倒常須依僧傳等史籍進行考辨。

　　經典注疏是題材比較特殊的著述，且數量龐大，在漢魏兩晉南北朝佛教史料中是篇幅最大的，故單列一類。經典注疏也可以分為集注和個人獨立注疏。集注中比較著名的是鳩摩羅什、僧肇、道生的《維摩詰經》「三家注」，梁代寶亮編的《大涅槃經集解》亦是研究南朝佛教思想的寶庫。個人獨立注疏按內容可以分為「玄義」（義疏）與「文句」兩類。[048]「玄義」

---

[046]　僧祐著，蘇晉仁、蕭煉子點校：《出三藏記集》，中華書局1995年版，第224頁。
[047]　牧田諦亮著，曹虹譯：〈關於慧遠著作的流傳〉，《古典文獻研究》2002年刊，第162頁。
[048]　參見菅野博史著，楊曾文譯：〈中國佛教早期經典注釋書的性格〉，《世界宗教研究》，2004年增刊，第15～20頁。

主要是發揮經文大意,如智顗的《法華玄義》、吉藏的《三論玄義》;「文句」是逐句解釋經文,最典型的代表是智顗的《法華文句》。存世的漢魏兩晉南北朝佛教經典注疏,保留了注釋者諸多重要的思想創新,但亦有不少注疏是沿襲成說,乃至於假後世弟子之手完成。這就為我們辨別佛教人物思想、觀點主張出現年代造成了一定的困難。自1970年代,日本著名學者平井俊榮指出傳統上認為出自智顗筆下的許多注疏,是沿襲自吉藏[049],引起了天台學人與三論學人持久的論辯,但這也為我們重新理解佛教典籍注疏這一題材的史料性質,開啟了一個新的視角。

早期的佛經常出自經抄,即有佛教類書、佛教百科全書的性質,如《四十二章經》、《六度集經》等;《大智度論》在一定意義上也可以看做是鳩摩羅什編譯的大乘佛教百科全書。南朝時,在政府的支持下,佛教徒編輯了許多大型類書,如《眾經要抄》、《經律異相》、《法寶聯璧》、《內典博要》等,但大都散佚,現存最為完好的是《經律異相》。[050] 唐初《法苑珠林》等後世佛教類書,亦對研究漢魏兩晉南北朝佛教史有重要參考價值。此外,漢魏兩晉南北朝僧人的獨立撰述,也有類似佛教百科性質的作品,如淨影寺慧遠的《大乘義章》。

應驗記等「釋氏輔教之書」,有些出自僧侶之手,如唐初道宣編纂的《集神州三寶感通錄》等,但絕大部分是出自居士俗人之手,甚至帶有筆記小說性質。由於六朝筆記小說很多都已散佚,現存筆記資料大都是從後世佛教應驗記或《法苑珠林》等佛教類書中輯佚出來,故筆者將「釋氏輔教之書」納入佛教內部史料加以探討。

六朝志怪小說輯本,魯迅《古小說鉤沉》[051] 是最為重要的基本參考資

---

[049] 參見平井俊榮:《中國般若思想史研究:吉藏と三論學派》,〔日本〕春秋社1976年版。

[050] 目前最好的整理標點本是董志翹編:《〈經律異相〉整理與研究》,巴蜀書社2011年版。

[051] 《古小說鉤沉》最初見於《魯迅全集》第八卷,人民文學出版社1973年版。《古小說鉤沉》是魯迅的未定稿,雖還有些疏失和不完善的地方,但不失為一善本,周次吉《六朝志怪小說研究》(臺北:文津出版社,1986年)列該書六條優點(第21～22頁),所論比較公允。

料。另外，當代大陸學者李劍國《唐前志怪小說輯釋》[052]的相關研究也值得重視，臺灣學者王國良的許多輯本也比較全面，再有就是近年來中華書局陸續出版的「古小說叢刊」今人校注本值得重視。就筆者所見，現將東晉六朝釋氏輔教之書列於下：

（1）晉‧王延秀《感應傳》，今存《太平廣記》二條（卷一一一「齊建安王條」和卷一一四「張逸」條），《辨正論》卷六卷七陳子良注引《感應傳》四事（《廣記》所存兩條也在其中），《續高僧傳》卷一一「慧海傳」有「見《感應傳》」。然所記事件與作者年代有不相符的情況，李劍國認為以上五條可能出自隋釋淨辯《感應傳》。[053]不過所記依舊為六朝事，保留。計五條。

晉‧謝敷《光世音應驗記》，董志翹《〈觀世音應驗記三種〉譯注》[054]七條。

宋‧劉義慶《宣驗記》，《古小說鉤沉》三十五條。

宋‧張演《續光世音應驗記》，《〈觀世音應驗記三種〉譯注》十條。

齊‧陸杲《繫觀世音應驗記》，《〈觀世音應驗記三種〉譯注》六十九條。

梁‧王琰《冥祥記》，《古小說鉤沉》序一條，一百三十一條，其中有兩條「竺長舒」內容雷同，實得一百三十條。《法苑珠林》載《冥祥記》一百四十一條，十九條魯迅未錄，此十九條王國良斷為《冤魂志》，今從其說。[055]另據《釋門自鏡錄》中可補入一條「宋龍華寺法宗不勤修造得病（事出《冥祥記》）」，該條《法苑珠林》誤記為出自《唐高僧傳》（即《續高僧傳》），今據《佛祖統紀》卷三十三等資料，知其出自《冥祥記》無

---

[052] 李劍國：《唐前志怪小說輯釋》，（臺北）文史哲出版社 1987 年版。
[053] 李劍國：《唐前志怪小說史》，天津教育出版社 2005 年版，第 480 頁。
[054] 董志翹：《〈觀世音應驗記三種〉譯注》，江西古籍出版社 2002 年版。較早的版本還有：牧田諦亮《六朝古逸觀世音應驗記の研究》，〔日本〕平樂書店 1970 年版；孫昌武《觀世音應驗記三種》，中華書局 1994 年版。然董本是較新的研究成果。
[055] 王國良：《顏之推冤魂志研究》，（臺北）文史哲出版社 1995 年版，第 16 頁。

疑。[056]故《冥祥記》仍共計一百三十一條。

隋·侯白《旌異記》,《古小說鉤沉》十條。

(2) 至於第二類六朝佛教志怪,或說六朝志怪小說中所見佛教內容者,據筆者統計：

魯迅《古小說鉤沉》：《裴子語林》與佛教有關者七條；《郭子》二條；《俗說》四條；《小說》二條；《述異記》二條；《荀氏靈鬼志》六條；《曹毗志怪》一條；《雜鬼神志怪》二條；《幽明錄》十九條,《唐前志怪小說輯釋》所補與佛教相關的有二條,總計二十一條。在第二類中《幽明錄》條目最多,內容也最長,須充分重視。

《拾遺記》,齊治平校注本[057],與佛教相關一條。

《續齊諧記》,王國良《續齊諧記研究》[058]所輯最多,收二十二條,《續齊諧記》與佛教關係並不明確,但含有因果報應等外來佛教思想影響。

《異苑》,范甯校點本[059],與佛教相關的有十八條。

《搜神後記》,汪紹楹校注《搜神後記》[060]和王國良《搜神後記研究》[061]兩本可參看,與佛教相關的有十條。

北魏·曇永《搜神論》。范甯先生認為,在明萬曆年間出現在商濬《稗海》的八卷本干寶《搜神後記》,可能是趙宋以後人據北魏曇永《搜神論》殘卷增補而成的[062],今從其說。《稗海》八卷本《搜神後記》,汪紹楹校注《搜神後記》有收錄,其中卷七「僧志玄」一條與佛教有關。

---

[056] 參見鄭勇：《〈冥祥記〉補輯》,《文獻》2007 年第 3 期。
[057] 齊治平校注：《拾遺記》,中華書局 1981 年版。
[058] 王國良：《續齊諧記研究》,(臺北) 文史哲出版社 1987 年版。
[059] 范甯校點：《異苑》,中華書局 1996 年版。
[060] 汪紹楹校注：《搜神後記》,中華書局 1981 年版。
[061] 王國良：《搜神後記研究》,(臺北) 文史哲出版社 1978 年版。
[062] 范甯：〈關於《搜神記》〉,見《文學評論》1964 年第 1 期。

北齊・陽松玠《談藪》，程毅中、程有慶輯校本[063]，與佛教相關九條。

隋・顏之推《冤魂志》，王國良《顏之推冤魂志研究》六十五條。羅國威《〈冤魂志〉校注》[064]六十條。經筆者核對，兩書相重者五十九條，唯羅書「庚申」條（出《太平廣記》卷三八三）為王書所無。羅書附錄一[065]認為，《法苑珠林》卷73引《弘明雜傳》六條，當出《冤魂志》，現從其說。以上共七十二條。

（3）另外：

隋・王劭《舍利感應記》，《廣弘明集》卷十七全文有錄，然其體例與志怪小說「叢殘小語」不類，從略。

齊・蕭子良《冥驗記》，亡。「北宋吳淑《事類賦》卷一九《燕賦》注、卷二三《鹿賦》注引有《冥驗記》二事。⋯⋯此二事《太平御覽》卷九二二、卷九零六引作《宣驗記》。『宣』、『冥』形似，必有一訛，但無法判定屬於《宣驗記》還是《冥驗記》。魯迅輯為《宣驗記》佚文。」[066]《燕賦》注為「沛國周氏」條，亦見於宋《碧巖錄》卷十，引為「冥驗記」，筆者以為屬《冥驗記》的可能性更大一些，但已難詳考。

《陰德傳》，《太平廣記》卷117「唐彭城劉弘敬」條注出《陰德傳》，但為唐朝事，「唐」字或誤題，存疑。

晉・朱君臺《徵應傳》，亡。《高僧傳》或有採用，但已不可辨。

梁・王曼穎《補續冥祥記》，亡。

六朝「釋氏輔教之書」內容非常豐富，對於研究漢魏兩晉南北朝佛教史十分重要，但以往佛教史研究對此重視不足，迄今雖有不少專門性研

---

[063] 程毅中、程有慶輯校：《談藪》，中華書局1996年版。
[064] 羅國威：《〈冤魂志〉校注》，巴蜀書社2001年版。
[065] 《〈冤魂志〉校注》，第107～109頁。
[066] 《唐前志怪小說史》，第481頁。

究[067]，但大都是文學史方面的研究成果，可以說「釋氏輔教之書」對於佛教史研究者還是尚待開發的「新」資料。

不重視筆記小說，認為筆記小說不過是稗官野史、不足為憑的看法，已經被學界普遍拋棄。康儒博（Robert Company）對中古早期志怪小說史料，有過精闢的論述，已為國際學界所公認。[068] 韓森（Valerie Hansen）利用宋代筆記小說《夷堅志》所寫的《變遷之神：南宋時期的民間信仰》[069]，為宋代民間信仰研究開拓了一片新天地。在很多學者看來，《夷堅志》這類筆記小說，並非是虛構的故事，而是一種「與傳記、墓表和墓誌銘等公開檔案相反的主觀經驗紀錄、私人生活檔案」[070]。

筆者認為，上面這段對宋代筆記小說《夷堅志》的評價，也是適用於《冥祥記》等六朝釋氏輔教之書的。兩漢時代，史學只附於經學「春秋」之下；魏晉時期，史學勃興，開始成為經學之外的一個獨立科目。在史學這個獨立科目之下，《史記》、《漢書》等紀傳體為「正史」第一，而原本是春秋經學正宗的編年體，則降為「古史」第二。在正史、古史之外，第三類則是「雜史」，逯耀東先生「據《隋書・經籍志》的《史部・雜傳》類與劉知幾《史通・雜述》的分類方法，並核以《隋志・史部・雜傳》所著錄傳記的性質，稍予調整，可劃分為：一、郡書；二、家史；三、類傳；四、別傳；五、佛道；六、誌異」[071]。

「釋氏輔教之書」面世之初，與《高僧傳》等，實為雜史中的一類，並非演繹虛構，而是當時採訪見聞所錄。故魯迅先生嘗言：「中國本信巫，秦漢以來，神仙之說盛行，漢末又大暢巫風，而鬼道愈熾；會小乘佛教亦

---

[067] 例如王國良：《冥祥記研究》，（臺北）文史哲出版社，1999 年。
[068] Company, Robert F. *Strange Writing : Anomaly Accounts in Early Medieval China*. State University of New York Press, 1996.
[069] 韓森著，包偉民譯：《變遷之神：南宋時期的民間信仰》，浙江人民出版社 1999 年版。
[070] Davis, Edward L. *Society and Supernatural in Song China*, University of Hawaii Press, 2000, p19.
[071] 《魏晉史學的思想與社會基礎》，第 63 頁。

入中土，漸見流傳。凡此，皆張皇鬼神，稱道靈異，故自晉迄隋，特多鬼神志怪之書。其書有出於文人者，有出於教徒者。文人之作，雖非如釋道二家，意在自神其教，然亦非有意為小說，蓋當時以為幽明雖殊途，而人鬼乃皆實有，故其敘述異事，與記載人間常事，自視無誠妄之別矣。」[072]

言筆記小說，「釋氏輔教之書」可信，並非說其內容真實不虛，而是說這些故事確實在當時社會中流傳，反映了當時人們的普遍心態和信仰心理、習俗，故可作當時佛教信仰研究之用。

除部分「釋氏輔教之書」作為文學史資料被標點整理之外，上述佛教內部史料大都未經系統整理。僅梁《高僧傳》（湯用彤點校本）、《出三藏記集》（蘇晉仁等點校本）、《牟子理惑論》（周叔迦注釋本）、《經律異相》（董志翹點校本）、《法苑珠林》（周叔迦等校注本）等少數經典文獻有現代校注本；另外魏晉南北朝一些重要僧人的作品，日本學者多有集體性研究著作，如塚本善隆主編的《肇論研究》（法藏館，1955年）、木村英一主編的《慧遠研究》「遺文篇」與「研究篇」（創文社，1962年）、牧田諦亮主編的《弘明集研究》上中下三冊（京都大學人文科學研究所，1974年、1975年）等。

漢魏兩晉南北朝佛教史料文獻，大都可以在《大正藏》與《續藏經》中找到，這為研究者帶來極大便利。但須注意的是，有時《大正藏》與《續藏經》所收並非最好版本，如《大正藏》所收《續高僧傳》為三十卷本，比明清教內通行的四十卷本內容要少。「金陵刻經處」本、「四部叢刊」本，常優於《大正藏》本；另外近年出版的《中華大藏經》，校對甚為精良，亦足參考。石峻等編《中國佛教思想數據選編》第一卷（中華書局，1981年）具有漢魏兩晉南北朝佛教思想史史料的綱要性質，應引起足夠重視。

---

[072]　《中國小說史略》，東方出版社1996年版，第28頁。

二、史料的甄別與解讀利用

面對如此雜多的史料，怎樣入手、如何運用這些史料，就成為我們所要討論的重點。

智升《開元釋教錄》序云：「夫目錄之興也，蓋所以別真偽，明是非，記人代之古今，標卷部之多少，撮拾遺漏，刪夷駢贅，欲使正教綸理，金言有緒，提綱舉要，歷然可觀也。」[073] 一般來講，目錄學是治學的門徑，這一原則適用於佛教研究；但佛教研究有其特殊性，就在於佛教目錄的特殊性質。首先，佛教經錄以記錄外域傳入的佛典為主（少數未翻譯為漢文的佛典也記錄在冊），本土著述只是第二位的。經錄對於研究早期中國佛教有較大的參考價值，但對於研究逐漸發展成熟後的中國佛教，則難以滿足需求。其次，經錄的編纂常常受到信仰者對佛教理解的影響，「欲使正教綸理，金言有緒」，有建構理想型佛經體系的傾向，不僅夾雜傳說和疑偽經，甚至出現「偽錄」，因此常常需要藉助其他史籍進行考辨。

僧祐在《胡漢譯經音義同異記》中說：

夫神理無聲，因言辭以寫意。言辭無跡，緣文字以圖音。故字為言蹄，言為理筌，音義合符，不可偏失。是以文字應用，彌綸宇宙，雖跡繫翰墨，而理契乎神。昔造書之主，凡有三人：長名曰梵，其書右行；次曰佉樓，其書左行；少者蒼頡，其書下行。梵及佉樓，居於天竺；黃史蒼頡，在於中夏。梵、佉取法於淨天，蒼頡因華於鳥跡。文畫誠異，傳理則同矣。仰尋先覺所說，有六十四書，鹿輪轉眼，筆制區分，龍鬼八部，字型殊式。唯梵及佉樓，為世勝文。故天竺諸國，謂之天書。西方寫經，雖同祖梵文，然三十六國，往往有異。譬諸中土，猶篆籀之變體乎。案蒼頡古文，沿世代變，古移為籀，籀遷至篆，篆改成隸，其轉易多矣。[074]

---

[073] 《大正藏》第 55 卷，第 477 頁上。
[074] 《出三藏記集》，第 12～13 頁。

南北朝時，佛教信徒認為讀寫佛教的梵語、梵文都具有神聖的宗教意義，前輩學者對佛教的這種「天書」觀念多有討論。[075] 實則不僅佛教典籍的語言文字具有神聖性質，佛教典籍本身的經典體系也具有宗教意涵。如北朝甄鸞《笑道論》三十一條「道經未出言出謬」：

> 按玄都觀道士等所上一切經目云，取宋人陸修靜所撰之者，……檢修靜舊目，注：《上清經》有一百八十六卷，其一百一十七卷已行於世，從《始清》以下四十部，合六十九卷，未行於世。檢今經目，並云見存。修靜經目，又云：《洞玄經》有三十六卷，其二十一卷，已行於世。大小劫以下有十一部，合一十五卷，猶隱天宮未出。今檢其目，並注見在。
>
> 陸修靜者宋明人，太始七年，因敕而上此經目。修靜注云：隱在天宮，未出於世，從此以來，二百許年，不聞天人下降，又不見道士上升，不知此經何因而來？昔文成以書飯牛，詐言王母命至；而黃庭元陽以道換佛；張陵創造《靈寶》，以吳赤烏之年始出；《上清》起於葛玄，宋齊之間乃行；鮑靜造《三皇經》，當時事露而寢；文成致戮於漢朝。鮑氏滅族於往昔，今之學者，仍蹈其術，良可悲矣！漢劉焉傳稱：張魯祖父陵，桓帝時，客於蜀學道，鶴鳴山中，造作符書以惑百姓，受其道者，出米五斗，故謂之米賊。陵傳其子衡，衡為繼師，衡傳子魯，魯為嗣師，號曰三師。其來學者，初名鬼卒，後號祭酒。[076]

在上述甄鸞抨擊中，並未對大批道經隱匿天宮、真人降授這一邏輯模式進行質疑，只是認為「二百許年，不聞天人下降，又不見道士上升」，僅對當時部分流行的道經是否為真人所降提出了懷疑，而實際認可了大批道經隱匿天宮、真人降授這一模式。大批道經存於天宮，時人根據自己的信仰理解，而認可一個理想中的道經目錄體系，而真人也不斷按照這一目

---

[075] 參見謝世維：〈聖典與傳譯：六朝道教經典中的「翻譯」〉，臺灣中央研究院中央文哲研究所《中國文哲研究集刊》第三十一期，2007年9月，第196～202頁。

[076] 《大正藏》第52冊，第545頁中、下。

錄體系而講授經典。這一思考模式,有漢代讖緯神學的遺跡,亦為普通佛教徒所熟悉:大批大乘佛教經典隱祕龍宮,由龍樹摘其要而誦出,是中國佛教徒很早就熟悉的傳說;元魏李廓的《眾經目錄》就有「有目未得經目錄第七」。而且在六朝,這種模式也確實被運用到經典造作之中,例如《出三藏記集》中記載了二十一種三十五卷「僧法尼所誦出經入疑錄」:

齊末太學博士江泌處女尼子所出。初尼子年在齠齔,有時閉目靜坐,誦出此經。或說上天,或稱神授,發言通利,有如宿習。令人寫出,俄而還止,經歷旬朔,續復如前。京都道俗,咸傳其異。今上敕見,面問所以,其依事奉答,不異常人。然篤信正法,少修梵行,父母欲嫁之,誓而弗許。後遂出家,名僧法,住青園寺。祐既收集正典,撿括異聞,事接耳目,就求省視。其家祕隱,不以見示,唯得《妙音師子吼經》三卷,以備疑經之錄。此尼以天監四年三月亡。有好事者,得其文疏,前後所出經二十餘卷。厥舅孫質以為真經,行疏勸化,收拾傳寫。既染毫牘,必存於世。昔漢建安末,濟陰丁氏之妻,忽如中疾,便能胡語,又求紙筆,自為胡書。復有西域胡人,見其此書,云是經莂。推尋往古,不無此事。但義非金口,又無師譯,取捨兼懷,故附之疑例。[077]

一中國女子,口中誦出經典,「或說上天,或稱神授」,如道教上清派降真一般,若按現代人的觀點,此定非印度傳入之佛經,但在南朝當時「京都道俗,咸傳其異」,「行疏勸化,收合傳寫」,廣為傳頌。甚至還驚動了皇帝,著名律師僧祐也親自訪尋。雖然僧祐也知道這些經典「義非金口,又無師譯」,但卻不敢直接斥為偽經,而只是列入「疑錄」,這是值得我們反思的。

又,《法顯傳》亦載:

法顯在此國(師子國),聞天竺道人於高座上誦經,云:「佛缽本在毗

---

[077] 《出三藏記集》,第 230～231 頁。

舍離，今在捷陀衛。竟若千百年（法顯聞誦時有定歲數。但今忘耳），當復至西月氏國。若千百年，當至于闐國。住若千百年，當至屈茨國。若千百年，當復來到漢地。若千百年，當復至師子國。若千百年，當還中天竺。到中天竺已，當上兜術天上。彌勒菩薩見而嘆曰：『釋迦文佛缽至。』即共諸天華香供養七日。七日已，還閻浮提，海龍王將入龍宮。至彌勒將成道時，缽還分為四，複本頞那山上。彌勒成道已，四天王當復應念佛如先佛法，賢劫千佛，共用一缽。缽去已，佛法漸滅。佛法滅後，人壽轉短，乃至五歲。五歲之時，粳米、酥油，皆悉化滅。人民極惡，捉草木則變成刀杖，共相傷割。其中有福者，逃避入山。惡人相殺盡已，還復來出。共相謂言：『昔人壽極長，但為惡甚，作非法故，我等壽命，遂爾短促，乃至五歲。我今共行諸善，起慈悲心，修行信義。』如是各行信義，展轉壽倍，乃至八萬歲。彌勒出世，初轉法輪時，先度釋迦遺法中弟子、出家人及受三歸、五戒、齋法，供養三寶者。第二、第三次度有緣者。」法顯爾時欲寫此經，其人云：「此無經本，我心口誦耳。」[078]

法顯若是當時將此「佛缽經」梵文記錄下來，傳入中國，肯定會被認為是「真經」；而《出三藏記集》卷五「新集疑經偽撰雜錄」則列入了「《佛缽經》一卷（或云《佛缽記》，甲申年大水及月光菩薩出事）」，此經融入具有末法信仰因素的月光童子信仰[079]，「甲申年」很可能是西元444年，北魏太武帝在西元438年、西元444年都下詔滅佛，這可能是《佛缽經》出現的時代背景，該經也應被認定為中國撰述的疑偽經了。但實則佛缽信仰一度在中亞、印度廣為流行，《佛缽經》並非完全沒有外來信仰依據。[080]

「天竺道人」的誦經方式，其實與中國女子並無實質性差異。在天上

---

[078] 章巽：《法顯傳校注》，上海古籍出版社1985年版，第162頁。

[079] 月光童子信仰可以參考許理和的名篇，E. Zürcher, "Prince Moonlight: Messianism and Eschatology in Early Medieval Chinese Buddhism", T'oung Pao, V68, 1982, p1～p75.

[080] 關於佛缽信仰的考察，可以參見李靜傑：〈佛缽信仰與傳法思想及其圖像〉，中國人民大學複印報刊資料《宗教》，2011年第5期，第51～63頁。原刊於《敦煌研究》，2011年第2期，第41～52頁。

的經典經神人降授而傳寫人間,這套道教或中國本土信仰中常見的模式,在當時是深入人心的;而且漢魏以來的佛經翻譯在形式上也是與此類似的,當時文獻記錄的西域某僧「出」某經,並非翻譯,而只是口誦出梵文或胡文,人們再依據其口誦而翻譯傳寫出漢文佛典加以流通。例如《高僧傳‧僧伽跋澄傳》記載:「跋澄口誦經本,外國沙門曇摩難提筆受為梵文,佛圖羅剎宣譯,秦沙門敏智筆受為晉本。以偽秦建元十九年譯出,自孟夏至仲秋方訖。」[081]「齊末太學博士江泌處女尼子」、「昔漢建安末濟陰丁氏之妻」,實際上就是體現僧伽跋澄「出」經這類角色。而這類「出」經者,類似靈媒,在信徒眼中地位尊崇,實高於真正從事翻譯工作的譯者;因為正是這種「出」經者才真正有溝通凡聖,將聖「轉譯」為凡(普通人能夠理解的文獻)的作用,而這種轉化也是最為困難的,稍不注意,就會走形,而淹沒原本的宗教神聖資訊。

  我們在當時佛教經典的大量序跋中常常看到漢譯轉繁為簡的記載,以魏晉時期影響甚大的般若經為例,當時佛教領袖道安認為:「佛泥曰後,外國高士,抄九十章,為《道行品》。桓靈之世,朔佛齎詣京師,譯為漢文,因本順旨,轉音如已,敬順聖言,了不加飾也。然經既抄撮合成章指,音殊俗異,譯人口傳,自非三達,胡能一一得本緣故乎?由是《道行》頗有首尾隱者,古賢論之,往往有滯。仕行恥此,尋求其本,到于闐乃得,送詣倉垣,出為《放光品》。斥重省刪,務令婉便,若其悉文,將過三倍。善出無生,論空特巧,傳譯如是,難為繼矣。二家所出,足令大智煥爾闡幽。支讖全本,其亦應然。何者?抄經刪削,所害必多。委本從聖,乃佛之至誠也。」[082] 此類例子甚多,再如鳩摩羅什所譯百卷《大智度論》,傳說梵文原本有上千卷。並認為這種化繁為簡,隱匿了佛經的本意,由此成為後世人們西出取經求法,乃至構造、追捧偽經的動力。

---

[081] 《高僧傳》,第 33 頁。
[082] 《出三藏記集》,第 263～264 頁。

道安有著名的五失本、三不易之說：

譯胡為秦，有五失本也：一者，胡語盡倒，而使從秦，一失本也；二者，胡經尚質，而秦人好文，傳可眾心，非文不合，斯二失本也；三者，胡經委悉，至於嘆詠，叮嚀反覆，或三或四，不嫌其煩，而今裁斥，三失本也；四者，胡有義說，正似亂辭，尋說向語，文無以異，或千五百，刈而不存，四失本也；五者，事已全成，將更傍及，反騰前辭，已乃後說，而悉除此，五失本也。然般若經三達之心，覆面所演，聖必因時，時俗有易，而刪雅古以適今時，一不易也；愚智天隔，聖人叵階，乃欲以千歲之上微言，傳使合百王之下末俗，二不易也；阿難出經，去佛未久，尊者大迦葉令五百六通，迭察迭書，今離千年，而以近意量裁，彼阿羅漢乃兢兢若此，此生死人而平平若此，豈將不知法者勇乎？斯三不易也。涉茲五失，經三不易，譯胡為秦，詎可不慎乎！[083]

此說是針對翻譯所說，但並非一般意義的翻譯技巧與原則，而是強調翻譯會將原本的「真經」文句顛倒錯亂，乃至刪減裁斥。宗教典籍及其目錄，相對世俗文獻，有其特殊性，強調凡聖之別，努力營造典籍的神聖莊嚴、不可褻瀆的氣氛。南北朝對經典的判教，實際上就是對理想化的佛經體系的追求。

當時這種心態可以說是普遍存在的，而非是道安一人對翻譯佛典的獨特心得。而且就道安傳記本身來看，最早提出五失本、三不易原則雛形的，可能是苻秦時支持佛典翻譯的重要官員趙政（也作「趙正」）。道安在《鞞婆沙序》中明確說：「有祕書郎趙政文業者，好古索隱之士也……趙郎謂譯人曰：『《爾雅》有〈釋古〉、〈釋言〉者，明古今不同也。昔來出經者，多嫌胡言方質，而改適今俗，此政所不取也。何者？傳胡為秦，以不聞方言，求知辭趣耳，何嫌文質？文質是時，幸勿易之，經之巧質，有自

---

[083]　《出三藏記集》，第 290 頁。

來矣。唯傳事不盡,乃譯人之咎耳。』眾咸稱善,斯真實言也。遂案本而傳,不令有損言遊字,時改倒句,餘盡實錄也。」[084] 趙政的主張,體現的是虔誠信徒對神聖典籍在凡間傳譯的真實性要求,力圖避免在傳譯過程中,喪失神聖的訊息,小心翼翼地杜絕在譯梵為漢的過程中出現的變聖為俗的可能。

由於上述兩大原因,若以經目為主要史料框架建構佛教史,很容易固化為一靜態的理想佛典教理概論,而難以反映佛教歷史的動態變遷。筆者以為,相對來說,僧傳是建構漢魏兩晉南北朝佛教史更為基本的素材。

民國劉咸炘《道教徵略》中云:「凡考學術源流,尤資傳記之書。故考經論宗門者,必讀三《高僧傳》,而《道藏》傳記,則遠不如《釋藏》之明確,此亦道家衰黷之一因也。……蓋其所失乃在以仙為名。既以仙為名,則最近之道流,不敢質定為仙矣。故隱夫玉簡,名其書為《疑仙傳》也。夫儒家傳記,止云儒林,不云聖賢;佛家傳記,止云高僧,不云佛菩薩。且佛家傳記,高僧、居士、善女人區以別焉。而道家乃以道士及俗間男女之得道者,混為一編,何怪源流授受之不明乎。六朝有《道學傳》一書,其名以該俗間男女,不直名仙,甚為穩當。」參見劉咸炘:《道教徵略》,上海科學技術文獻出版社 2010 年版。此說頗有道理。單就佛家言,《高僧傳》雖有神異,畢竟傳寫僧侶,故不會全無憑藉,如來無影去無蹤的大羅神仙;然其畢竟有演繹刻劃成分,從其演繹刻劃,可以知後世乃至當時的風尚。

《高僧傳》在中國有很長的傳統,梁代慧皎《高僧傳》、唐初道宣《續高僧傳》、宋初贊寧《宋高僧傳》都是品質很高的僧傳,可謂中國佛教的「正史」,其歷史地位直到兩宋,僧傳史學傳統才被禪宗的燈錄以及天台宗的編年史取代。僧傳有秉筆直書的優良傳統,但也常摻雜野史傳說(這對

[084] 《出三藏記集》,第 382 頁。

於宗教史研究未必是壞事），乃至為尊者諱，對僧人的評價多有溢美，茲舉二例，略作說明。《高僧傳》卷四的支道林傳云：

郗超問謝安：「林公談何如嵇中散。」安曰：「嵇努力裁得去耳。」又問：「何如殷浩。」安曰：「亹亹論辯，恐殷制支；超拔直上淵源，浩實有慚德。」[085]

《世說新語》中有相應的文字：

郗嘉賓問謝太傅曰：「林公談何如嵇公？」謝云：「嵇公勤著腳，裁可得去耳。」又問：「殷何如支？」謝曰：「正爾有超拔，支乃過殷；然亹亹論辯，恐□（殷）欲制支。」[086]

《高僧傳》和《世說新語》兩段文字相比，謝安對殷浩與支道林的評語，前後語序顛倒，重心顯然不同，《世說》實在貶支道林，而《高僧傳》則在抬高支道林。《高僧傳》晚出，顯係僧傳有意為之。

再如《出三藏記集》記載：曇無讖「嘗告蒙遜云：『有鬼入聚落，必多災疫。』遜不信，欲躬見為驗。讖即以術加遜，遜見而駭怖。讖曰：『宜潔誠齋戒，神咒驅之。』乃讀咒三日，謂遜曰：『鬼北去矣。』既而北境之外疫死萬數」[087]。而《高僧傳》則云：「讖嘗告蒙遜云：『有鬼入聚落，必多災疫。』遜不信，欲躬見為驗。讖即以術加遜，遜見而駭怖。讖曰：『宜潔誠齋戒，神咒驅之。』乃讀咒三日，謂遜曰：『鬼已去矣。』時境首有見鬼者云：『見數百疫鬼奔驟而逝。』境內獲安，讖之力也，遜益加敬事。」[088]將「既而北境之外疫死萬數」刪去，而強調「境內獲安」，出於慈悲等佛教正統觀念的影響，淡化了曇無讖咒師、巫師形象。此類例子甚多，但多細節問題，屬一般史料考據皆須注意的常識，故不再詳論。

---

[085]　《高僧傳》，第 161 頁。
[086]　劉義慶著，劉孝標注，余嘉錫箋疏：《世說新語箋疏》中冊，中華書局 2007 年版，第 633 頁。
[087]　《出三藏記集》，第 40 頁。
[088]　《高僧傳》，第 78 頁。

比較值得關注的是僧傳的體例問題，因為僧傳屬於列傳，梁《高僧傳》建立「十科」（十類），為歷代承續。[089] 後世作史，須依所能獲取的資料說話，唐代以前往往原始史料匱乏，僧傳的體例與取捨，無疑極大地局限了後人取得資料的性質與內容，有意無意間為後人敘述漢魏兩晉南北朝佛教史奠定了一個敘述框架，後世佛教史不得不依據高僧傳所列人物，做出自己的評判，羅列章節詳略，最多再點綴一些《弘明集》、《廣弘明集》等護教文獻提到的俗人居士。

　　《高僧傳》強調名僧未必高，高僧未必名，實有其一套取捨標準。梁寶唱《名僧傳》十八科分類，425 位僧人傳記，後梁慧皎《高僧傳》進一步提高標準，精簡為十科 290 位僧人傳記。這些僧傳，雖成一家之說，但在佛教史料方面的局限性是比較明顯的，如《出三藏記集》中〈小乘迷學竺法度造異儀記〉提到「昔慧導拘滯，疑惑《大品》；曇樂偏執，非撥《法華》」，「彭城僧淵，誹謗《涅槃》，舌根銷爛」。[090] 〈喻疑論〉：「三十六國，小乘人也，此釁流於秦地，慧導之徒，遂復不信《大品》。既蒙什公入關，開託真照，般若之明，復得揮光末俗，朗茲實化。尋出《法華》，開方便門，令一實究竟，廣其津途，欣樂之家，景仰沐浴，真復不知老之將至。而曇樂道人，以偏執之，見而復非之，自畢幽途，永不可誨。」[091] 以上所列慧導、曇樂等人，無論就當時的社會影響還是思想史意義，都是十分重要的，但在梁代佛教徒的眼中，他們絕非「高僧」，故其僧傳史料，只能闕如，類似情況可能為數不少。劉知幾在《史通・人物第三十》中言：「夫人之生也，有賢、不肖焉。若乃其惡可以誡世，其善可以示後，而死

---

[089] 《高僧傳》的相關研究甚多，讀者可參考柯嘉豪（John H. Kieschnick, *The Eminent Monk: Buddhist Ideals in Medieval Chinese Hagiography*, University of Hawaii Press, 1997）等人的研究成果。

[090] 《出三藏記集》，第 232～233 頁。

[091] 《出三藏記集》，第 235 頁。

之日名無得而聞焉,是誰之過歟?蓋史官之責也。」[092]《高僧傳》只記載「高僧」,固然有其維護宗教信仰的益處,但對於真實而完整的宗教歷史紀錄,則不能不說是一個遺憾。

梁《高僧傳》按譯經、義解、神異等內容分為十科,屬列傳性質。史學家逯耀東教授指出:

> 肇始於司馬遷的《史記》列傳,和流行於魏晉間別傳,是中國傳統史學兩種不同的寫作形式。雖然列傳和別傳表面上都以人物為主體,但表現的意義卻不同,列傳以人繫事,和以時繫事的編年體本紀相結合,形成中國傳統正史紀傳體的版型。雖然紀傳體的寫作還有表、志,但列傳卻是紀傳體的主體結構,並且依附本紀而存在。列傳人物的功能,環繞本紀而敘事與闡釋,表現這些人物在其生存的歷史時期中,對他們生活的社會群體所做的貢獻。這個社會群體以儒家的價值結構而成,個人局促在結構之中,除了為這個群體服務或貢獻之外,並無獨立施展的餘地。所以,列傳基本上是以人繫事。但以人敘事是沒有個人獨立的個性可言的。[093]

僧傳作為紀傳體史籍,大體上也符合上述的描述,只是並非以儒家而是以編者對正統佛教的理解作為最終的價值依歸。作為列傳的僧傳,在每科結束之後,會有這一類僧人的總論,體現作者的價值判斷;但僧傳,特別是早期僧傳,畢竟與後世「主題鮮明」的禪宗燈譜、蓮宗往生傳不同,許多傳主都被描繪得個性鮮明。一則,此是魏晉以來社會風氣使然;二則,此時的僧傳並無「本紀」作為綱要,亦便於自由發揮。當時亦有許多作為「別傳」的單篇僧人傳記流傳,如現存的隋灌頂撰《隋天台智者大師別傳》,梁《高僧傳》引用過安世高的《別傳》[094]。《高僧傳》、《續高僧傳》這類列傳常取材於這些別傳,如《續高僧傳》記載釋明徹:「遇客讀《釋道

---

[092] 劉知幾著,姚松、朱恒夫譯注:《史通全譯》,貴州人民出版社1997年版,第470~471頁。
[093] 逯耀東:《魏晉史學的思想與社會基礎》,中華書局2006年版,第6頁。
[094] 《高僧傳》,第7頁。

安傳》云，聞安少孤，為外兄所養，便歔欷嗚咽，良久乃止。他日借《傳》究尋，見安弘法之美，因撫膝嘆曰：人生居世，復那可不爾乎。自是專務道學，功不棄日。」[095] 梁《高僧傳》道安傳有「早失覆蔭，為外兄孔氏所養」的記載，與此相合；然釋明徹為齊梁間僧人，其早年遇客讀《釋道安傳》，應在梁《高僧傳》成書之前。

　　著名文學史家朱東潤先生認為，高僧傳之類的傳敘文學是史，但是和一般史學有一種重大的差異，其中存在著寫作對象由事到人的轉移。並且認為，敘一人之始末者，為傳之屬，敘一事之始末者，為記之屬，應將二者分判來看。其中，高僧傳又富於人性的描寫，因此具有很大的價值。[096]《高僧傳》、《續高僧傳》十科列傳，為我們提供了一個理解漢魏兩晉南北朝佛教史的框架，但我們亦可將這個框架打破，將體系化的「列傳」拆散為單篇的「別傳」來研究使用，新的解讀史料思路值得借鑑和學習。

　　打破列傳的框架，而採取別傳的解讀方式；甚至再將別傳拆散，逐句細細考證，將以往的教內成說、傳統觀點，都歷史化，納入具體而微的社會歷史背景之中去，實際上是力圖將思想史問題在社會史範疇內予以解答。或隱或現，力圖用社會史研究取代思想史研究，中外學者都不乏見；甚至有魏晉南北朝佛教史學者抱有這樣的學術理念：「一個常識性的企圖：佛教社會史的建構能否走出哲學史大廈的陰影。」[097]

　　漢魏兩晉南北朝佛教社會史研究無疑是必要的，對於推動佛教史研究的縱深發展具有不可估量的意義，本書也在此領域多有探求。但筆者以為，思想史的路徑實則是不可能完全被社會史拋棄的，即便只是對史料的甄別，下「歷史化」工夫，也不可能完全拋開思想史的視角。李零先生在《中國方術正考》指出：

---

[095]　《大正藏》第 50 卷，第 473 頁上、中。
[096]　參見朱東潤：《八代傳敘文學論述》，復旦大學出版社 2006 年版，第 1、19、155 頁。
[097]　參見《3～6 世紀佛教傳播背景下的北方社會群體研究》，第 2～4 頁。

現存史料，只有少數檔案性質的東西，勉強可以說是即時性的紀錄。除此之外，絕大多數都帶有追憶的性質。即使再客觀不過的歷史描述，也會像純屬虛構的小說（如一個人自殺前躲在屋子裡想什麼、他死時的感覺如何，等等），所以追究起來，「故事」的背後肯定要有個「第三者」，即「說話人」，他的生命又必然很短（通常在 100 年之內），當他涉及較大的歷史跨度時，不可避免會帶有「追溯的誤差」（環節跳躍、情景誤植，甚至倒果為因）。我們在閱讀前代的歷史時，不僅要注意這種誤差，還要注意我們自己與「說話人」和「故事角色」在內心理解上也有很大差異。從這個意義上講，我們也可以說，任何歷史研究同時也都是思想史的研究。（R. H. Collingwood, *The Idea of History, D. R Hillman & Son*. Ltd., Frome, 1962. 該書曾強調過這一點，但與這裡所說含義不同。）[098]

每一代人書寫前代的歷史，都肯定會帶上自己時代的烙印，我們在熟悉前代的思想史，同時也在為後代書寫我們這個時代的思想史提供素材。對於漢魏兩晉南北朝佛教思想走勢的判斷，思想史價值大小的評價，自然會受制於我們這個時代的思想；即便是相對外在的歷史，對佛教制度的重視、對普通民眾信仰的關切，也都受制於我們這個時代的視野。美國佛教學者任布魯克（Brook Ziporyn）曾言：

最後一個問題關涉「這一切對我們意味著什麼」，這是公然的「現在主義者」（presentist），在一定意義上，同樣可以對這一全部工作如是而說⋯⋯這一「現在主義」態度能採取許多方式。我要表明的是，即使是對這樣純粹歷史的素材，我們也是從它對我們的影響方面來處理 —— 即作為有案可查的歷史事實，它能用於支持或懷疑一些目前我們的交流夥伴接受或反對的歷史理論。即便現行學術規範的程序與證據也必須包含於這個「對我們」之中。[099]

---

[098]　李零：《中國方術正考》，中華書局 2006 年版，第 1～2 頁。
[099]　布魯克著，吳偉忠譯：《善與惡：天台佛教思想中的遍中整體論、交互主體性與價值吊詭》，

當然，這並非說歷史是任人打扮的小姑娘，對前代歷史敘述框架的突破，建構我們對漢魏兩晉南北朝歷史的理解，也都是建立在客觀史實基礎上的，是必須有史料依據的。當然新的思想、新的視角會讓我們對傳統史料有新的取捨，以往沒有重視的史料得到發掘。在初步探討了漢魏兩晉南北朝佛教史的史料之後，在本章結尾，筆者將簡單交代一下以上述史料為基礎的本書寫作結構。

三、本書的結構與章節安排

本書為季羨林、湯一介兩位先生主編的《中國佛教通史》第一卷，兩位先生在主持召開編寫會時，要求本書須跳出湯公名著《漢魏兩晉南北朝佛教史》的框架，於「大傳統」外，尤其要注意所謂「小傳統」。本書力圖貫徹兩位主編的要求，在思想史之外，尤重探討佛教制度及普通民眾的佛教信仰活動，這也是本書的最大特色。現今海內外以《漢魏兩晉南北朝佛教史》命名的著作已有多種，筆者希望本書能藉此特色，成一家之言，向廣大讀者請益。

佛教制度及普通民眾的佛教信仰活動的發展變化，屬於中長時段的歷史，與有明確年代的諸多佛學家及其思想著作不同，更與佛教相關的重大歷史事件不同，有時很難釐定具體的時間段，這就帶給本書的章節安排一定困難。同時，筆者若完全打亂時間順序，採取字典詞條式的編寫方法，則失去寫史的意義。

本書的章節安排大體以時間為順序，以漢魏兩晉南北朝時期與佛教發展相關的重大歷史時間為經緯，以佛教思想史、制度與民眾信仰實踐為主要內容，盡量彰顯佛教史發展的歷史脈絡與因果關係。除緒論外，本書主體部分為十五章：

上海古籍出版社 2006 年版，第 23 頁。

（1）第一、二章，敘述佛教傳入中國的早期歷史，主要探討後漢三國時期佛教怎樣進入中國、當時的中國人是怎樣接受和理解佛教的、老子化胡說有著怎樣的歷史作用，以及早期以西域僑民為主體的中國佛教歷史。

（2）第三至六章，探討中國佛教義理在 4 世紀中葉至 5 世紀初的興起。佛教在中國歷史上首次產生較大影響是東晉般若學的興起。與魏晉玄學交涉很深的般若學「六家七宗」在中國南方繁榮一時，「格義」也在中國北方的後趙政權中興起並迅速傳播，「六家」與「格義」共同造就了中國般若學第一階段的繁榮。5 世紀初，鳩摩羅什來華後，高品質地翻譯了大量佛典，將中土般若學帶入了一個新階段。隨著般若學義理的傳播和興盛，以廬山慧遠、竺道生為代表的中國本土僧人也開始了在佛教哲學上的獨立思考。般若學與中土玄學思潮相互激盪，謝靈運的〈辨宗論〉是其中的一個縮影。

（3）第七、八章，主要論述發生在 5 世紀初東晉南朝佛學思想的變革。隨著近百年佛教般若學的發展，在晉宋之際，受到魏晉清談深刻影響的佛教般若學，以及與之相適應、提倡獨立思考、「孤明先發」的學風，都發生了根本性的轉變；涅槃佛性說在社會上興起，循規蹈矩的學問僧、大部頭的佛教注疏日趨占據主流。這種變化背後有著深刻的思想史和社會史原因，需要挖掘。

（4）第九、十章，主要探討南北朝時期的佛教與社會政治文化各方面的關係。西元 447 年在北方爆發了中國歷史上第一次大規模滅佛 —— 北魏太武帝滅佛。北魏太武帝滅佛是各方面矛盾激化的結果，之後不久佛教得以復興。北魏佛教依附王權，宣傳北魏皇帝是當今如來，僧曹體系也納入北魏官僚系統之內，浮圖戶和僧祇戶制度的建立對北魏佛教的長足發展奠定了物質基礎。與北魏出現滅佛不同，南朝佛教的發展雖然也激化了與社會各階層的矛盾，但這些矛盾主要表現在佛道論衡、神不滅的爭議等思

想領域；在與各方不斷論辯之中，南朝佛教得到持續而穩定的發展。

（5）第十一至十三章，主要探討佛教在魏晉南北朝不同階層的表現形式。在掌握文字權力的僧團領袖與王國貴族、知識分子中，穩固的書信制度成為佛學交流論辯、左右國家宗教政策、建構交際網路的重要手段。而普通民眾則透過死後信仰（地府、淨土）的重建，打造了自己對佛教體系的理解。南北朝僧（尼）講、俗講制度的日益完善，對佛教宣教、學僧組織、學派形成都有極其重要的意義。

（6）第十四、十五章，進一步探討南北朝中後期佛教的發展，並在最後一章對全書做了總結。6世紀上半葉，隨著北朝均田制的破壞，佛教寺院隱匿了大批人口，直接導致北朝僧侶數目暴增，北周武帝出於對時局的考慮，西元574年開始了中國歷史上第二次大規模滅佛運動。但由於適合佛教發展的社會基礎並沒有發生根本性改變，佛教依然在南北朝中後期有所發展。隨著佛教深入民間，禪修在南北朝得到長足發展，門徒眾多；神僧崇拜也成為南北朝民眾佛教信仰的特色之一。在思想史方面，南朝末年地論學派的主導地位逐漸被三論學派取代；在北朝最為興盛的是地論學和攝論學。本書最後一章，以大、小乘，佛教學派、宗派為視角，總結了漢魏兩晉南北朝時期，在思想層面與實踐層面建構有中國特色佛教信仰體系的努力。

緒論

第一章

佛法初傳中土之歷史考述

第一章　佛法初傳中土之歷史考述

第一節　佛與帝王師

　　1935年，郭沫若先生寫作了《先秦天道觀之進展》[100]，認為殷商已有以「帝」或「上帝」為至上神的觀念，這是一種有意志的人格神。周人因襲了殷人的文化，並加以改造，「事鬼敬神而遠之」(《禮記·表記》)，周人在「帝」之外又補充了「天」的觀念，並將兩者融合起來。到了春秋，老子取消了殷周以來人格神的天或天帝、上帝這一至上權威，建立了一個超絕時空的形而上學的本體「道」。老子提出了一個解釋宇宙的新根元，但尚不能完全突破商周以來的宇宙觀，故此老子只能說宇宙的本原是「道」，但「道」又是不可言說的。老子之後，包括儒家在內的先秦諸子，都是在「天（帝）」與「道」這新、舊兩種宇宙觀中排比綜合。

　　劉屹教授在《敬天與崇道》中進一步指出，秦漢帝國的大一統，也使人們的思想趨於一統，特別是「天」的理論經過董仲舒站在儒家立場上的重新修飾，再度被統治階級認可；而先秦諸子乃至漢代知識分子對「道」的探索，基本停留在哲學思想層面，沒有宗教化、神格化的「道」，自然不能吸引民眾，更無法與強大的國家意識形態對抗。只有到了南北朝時，當哲學概念上的「道」完全轉化成宗教神學概念上的「道」，「道」被人格化為宗教信徒所崇拜的主神（大道真君、太上老君、元始天尊等等)，道家才真正轉化為道教，真正意義上的道教（或說「經教道教」）才真正產生。[101]

　　漢末佛教的傳入，正是中國思想史、宗教史上，從「敬天」向「崇道」轉化的大背景下發生的。兩漢無論民間還是帝王，都以天帝為至高的崇拜對象，為道者最高的成就，不過是輔佐天帝，成人間帝王之師，向歷代聖王傳授治國與養生之道；而歷代聖王，無不有帝王師。《呂氏春秋·尊師》：

---

[100]　《先秦天道觀之進展》，日文原為《天之思想》，稍後作者自譯為中文，出版單行本，並收入《青銅時代》。
[101]　參見劉屹：《敬天與崇道：中古經教道教形成的思想史背景》，中華書局2005年版。

神農師悉諸，黃帝師大撓，帝顓頊師伯夷父，帝嚳師伯招，帝堯師子州支父，帝舜師許由，禹師大成贄，湯師小臣，文王、武王師呂望、周公旦，齊桓公師管夷吾，晉文公師咎犯、隨會，秦穆公師百里奚、公孫枝，楚莊王師孫叔敖、沈尹巫，吳王闔閭師伍子胥、文之儀，越王勾踐師范蠡、大夫種。此十聖人六賢者，未有不尊師者也。今尊不至於帝，智不至於聖，而欲無尊師，奚由至哉？此五帝之所以絕，三代之所以滅。

　　此外，《韓詩外傳》、緯書《論語比考》、王符《潛夫論·讚學》等文獻中，都有類似的歷代聖王的帝師名單。出於這種觀念，如果有真正的帝師出現，也可反證君主為一代聖王。後漢桓帝「延熹八年（西元165年）八月甲子，皇上尚德弘道，含閎光大，存神養性，意在凌雲。是以潛心黃軒，同符高宗，夢見老子，尊而祀之」（洪适《隸釋》本〈老子銘〉）。漢桓帝祭祀老子，顯然是將自己夢見老子，比附殷高宗武丁夢得傅說的典故（「同符高宗，夢見老子」），透過祭祀老子，漢桓帝可自比武丁，而老子的地位，則是傳說之類帶有一定神祕色彩、業已得道的帝王師。

　　漢桓帝在祭祀老子的同時，也祭祀浮屠（佛陀），《後漢書·襄楷傳》記載，延熹九年（西元166年），襄楷上書漢桓帝：「又聞宮中立黃老浮屠之祠。此道清虛，貴尚無為，好生惡殺，省欲去奢。今陛下嗜欲不去，殺罰過理，既乖其道，豈獲其祚。」同書桓帝《本紀》也提到「飾芳林而考濯龍之宮，設華蓋以祠浮圖老子」。湯用彤先生對上述資料的解讀，是漢代「佛道未分，浮屠且自附於老子」，並進一步提出魏晉以來佛教徒有意迴避漢代這段歷史，謂「安公（道安）博洽精審，知之甚悉，而為佛教諱之耳」。不過今日，隨著道教等其他相關學科研究究的進展，我們可以對上述資料換一個思路，重新考察。漢桓帝將老子作為帝王師進行祭祀（漢代老子一直未能代替天帝而取得至上神的地位），而將佛陀與老子並列祭祀，是有可能也將佛陀同樣視為帝王師的。古代聖王都有其師，而漢

末時局動盪，漢桓帝也急於尋找自己的帝王師，否則正如《呂氏春秋》所言「今尊不至於帝，智不至於聖，而欲無尊師，奚由至哉？此五帝之所以絕，三代之所以滅」。漢桓帝選中新的帝王師，很可能就是老子與浮屠，而要向他們學習的，正是「貴尚無為，好生惡殺，省欲去奢」的清虛之道，老子與浮屠所傳之道，既可以用來治國，也可以用來修身養性，與中國兩漢傳統觀念非常契合。漢桓帝祭祀帝王師形象的老子、浮屠，目的是「獲其祚」，穩固自己帝王的地位。襄楷反對的也不是作為帝王師的老子、浮屠向桓帝傳授的清虛無為之道，而是反對桓帝對此道不認真執行。從現有資料來看，老子與浮屠並列，或前或後（「黃老浮屠」、「浮屠老子」），似無誰依附誰的意思。我們應該把老子、浮屠的祭祀，放到漢代大的時代背景中去理解，才可能得到較為貼近歷史史實的結論。

如果漢代宮中是以帝王師的形象來祭祀浮屠，那麼在後世非常有影響的漢明帝夜夢神人（金人）而遣使求法的傳說，其產生的文化背景應該也是「同符高宗，夢見老子，尊而祀之」之類，敷衍而成；即皇帝夢見輔佐他的帝王師，而加以尋訪祭祀，這與桓帝夢老子，而派使者前往老子故里苦縣祭祀相彷彿。只是由於後代佛道論衡，故事重心轉入佛教傳入時間，而將其原本的祭祀文化意義隱而不彰了。

不過，這裡需要強調的是，直到漢末，帝王師也只是得道之人、有道之士，而非道本身或道的人格化，在一定意義上說他們也是神，但絕非至上神，遠非天神天帝可比。《後漢書·陳湣王寵傳》：

熹平二年（西元173年），國相師遷追奏前相魏愔與寵共祭天神，希幸非冀，罪至不道。有司奏遣使者案驗。是時，新誅勃海王悝，靈帝不忍復加法……愔辭與王共祭黃老君，求長生福而已，無他冀幸。醋等奏愔，職在匡正，而所為不端，遷誣告其王，罔以不道，皆誅死。有詔敕寵不案。

陳湣王劉寵與魏愔共祭天神，遭到彈劾；這裡的「天神」應為至上神，

第一節　佛與帝王師

只能由皇帝祭祀,故陳湣王劉寵僭越而「罪至不道」,魏愔爭辯說他與陳湣王劉寵祭祀的只是「黃老君」。由此可見「黃老君」與「天神」尚有本質區別。老子雖不是至上神,但他還是「帝王師」,故陳湣王祭祀黃老君還是有忌諱,所以殺魏愔而免陳湣王劉寵之罪。佛教史上有名的楚王英祭祀黃老浮屠,應該也可以按這個模式來理解:

英少時好遊俠,交通賓客,晚節更喜黃老,學為浮屠,齋戒祭祀。八年(西元 65 年),詔令天下死罪入縑贖。英遣郎中令奉黃縑白紈三十匹詣國相曰:「託在蕃輔,過惡累積,歡喜大恩,奉送縑帛,以贖愆罪。」國相以聞,詔報曰:「楚王誦黃老之微言,尚浮屠之仁祠,潔齋三月,與神為誓,何嫌何疑,當有悔吝?其還贖,以助伊蒲塞桑門之盛饌。」因以班示諸國中傅。英後遂大交通方士,作金龜玉鶴,刻文字以為符瑞。十三年(西元 70 年),男子燕廣告英與漁陽王平、顏忠等造作圖書,有逆謀,事下案驗。有司奏英招聚奸猾,造作圖讖,擅相官秩,置諸侯王公將軍二千石,大逆不道,請誅之。……明年,英至丹陽,自殺。立三十三年,國除。

永平八年(西元 65 年),楚王英遣郎中令奉黃縑白紈三十匹謝罪,而漢明帝認為楚王英「誦黃老之微言,尚浮屠之仁祠」,並無什麼謀逆的嫌疑,下詔予以安慰。從中我們可以看出,首先,黃老、浮屠都不是至上神,所以祭祀老子、浮屠並非皇帝的特權;同時,由前文所述,老子浮屠帶有帝王師的色彩,祭祀他們與祭祀一般神明還是有所不同的,因此是有忌諱的,否則楚王英不會將此作為「死罪」而來謝罪的,而且數年後楚王英最終還是落得自殺國除的下場。

這種矛盾張力,說明在漢代後期,有道之人,雖位不及天帝,然亦具有特別微妙的地位。特別是老子,被認為「自羲農以來,世為聖者作師」(〈老子銘〉)。而老子可以為歷代聖人師,最質樸的解釋是他已得道,故

壽命綿長，可以在不同時代「變易姓名」，歷代帝王師的真實身分都是老子。這種觀念，在漢末並不罕見，如東漢末《風俗通義》：「俗言：東方朔，太白星精，黃帝時為風後，堯時為務成子，周時為老聃，在越為范蠡，在齊為鴟夷子皮，言其神聖能興王霸之業，變化無常。」再如東漢前期緯書《詩緯・含神霧》：「風后，黃帝師，又化為老子，以書授張良。」在人們的觀念中，有道之人，實際上已經逐漸與道為一，成為道的化身。至南北朝時，老子逐漸成為道之化身，「老子者，道也」這類觀念的出現，也是水到渠成之事。而在這個文化背景下，我們可以重新理解「老子化胡」的問題了。老子世世為帝王師，而佛陀在漢末也被認為是可以為帝王提供治國養生之道的帝王師，這樣老子自然也可以化為浮屠（佛陀），故此最早的老子化胡版本，應該是老子化身為浮屠；而後世爭論最為集中的老子為浮屠師，則是佛道爭先，是另一個文化背景下的問題了。

　　老子世世為帝王師，不少前輩學人認為是受佛教輪迴觀和變化思想影響；不過把老子這種「道成身化，蟬蛻渡世」（〈老子銘〉）看做是道教神仙屍解的濫觴，可能更符合漢代中國人的思考習慣。反觀之，老子世世為帝王師，成為道的人格化，應該對佛教「法身」觀念在中國的流行，有著重要的啟示作用。劉屹先生以西元 433 年徐副墓券（原本敕令群神的「天帝」被「無極大道、太上道君、地下女青」代替）等資料，作為部分民間信仰從「敬天」向「崇道」轉變的體現；而略早於此的《大道家令集》（取唐長孺先生符秦、姚秦、北魏初成書之說）也指出：「道乃世世為帝王師，而王者不能遵奉⋯⋯漢世既定，未嗣從橫，民人趣利，強弱忿爭。道傷民命，一去難還，故使天授氣治民，曰：新出老君。言鬼者何？人但畏鬼，不通道，故老君授張道陵為天師，至尊至神，而乃為人之師。」道本世世為帝王師，但王者不能奉道，故此道「使天授氣治民」，在這裡「道」已經完全人格化，而且可以驅使「天」，應該說已經徹底完成了從敬天到崇道的轉

化，道已經取代了天，而成為至上神。道（或其化身老子）也不僅僅是帝王師，帝王不聽話，道或其化身老君，就會親自授權「天師」（張道陵），替天行道。約與此同時，劉宋初年產生的《三天內解經》，稱劉宋皇室繼承漢室而興，該經也基本上採取了與《大道家令集》相同的敘述方式。

天的地位下降，與漢末以來大一統分崩離析有直接的關係，但也應該看到佛教帶來對「天」的重新思考。佛教中「天」雖為神明，但只是六道輪迴中的一道，地位並不高，佛教帶來關於「天」的新概念，對於以道代天的思想史新走向，是會有促進作用的（或者說印度佛教等沙門思想，對印度固有婆羅門梵天至上觀念的衝擊，對中國類似情況的發生，產生了直接的示範作用）。道教的主神，道的人格化至上神（上清經中的「道君」），也同時取得了類似於佛陀「世尊」的「天尊」稱號（靈寶經中）。

佛教在這場中國思想史、宗教史的大革新中，應該說是道教的同盟軍，並引為同道。「老君因沖和氣化為九國，置九人，三男六女。至伏羲、女媧時，各作姓名，因出三道以教天民：中國陽氣純正，使奉無為大道；外胡國八十一域，陰氣強盛，使奉佛道，禁戒甚嚴，以抑陰氣；楚越陰陽氣薄，使奉清約大道。」（《三天內解經》）老君以「三教」教天民，即北方（中國）的「無為大道」、西域的「佛道」、南方（楚越）的「清約大道」。由此看來，佛教史傳統看法認為漢魏「佛道未分」也有一定道理，但相當程度上並非佛教主動依附道教，而是道教在確立「道」的至高無上地位時，一種必然的反映，倒不一定是要貶低佛教。而佛教在這種思潮的影響下，也開始將佛陀視為像世世為帝王師的老子那樣變得「佛壽無量」，晉宋之際中國僧人僧肇、慧遠等，都對此有所思考。

晉宋之際，對於經教道教的形成，確實意義重大；而此時中國佛教也經歷了從般若學向涅槃學的重大轉變。東晉末年還半遮半掩的佛壽無量，以劉宋初年北本《涅槃經》傳入為契機，最終確立了法身常住的思想，

在「神滅神不滅」思想史大辯論的外圍背景中，法性佛身的理論也日趨成熟。湯用彤先生與呂澂先生，在理解東晉名僧道安思想上，有重要差異，前者認為道安思想是「本無宗」代表人物，後者則認為是「性空之宗」，這實際上牽扯到了如何理解漢晉佛教般若學的重大問題。翻譯於漢末，在般若學初傳中影響最大的《道行般若經》，確實有很明顯的「本無」思想，但這並非是以無為本、無中生有的宇宙生成論模式，而是說「本」（根本、基礎，或「底」）無所得，般若波羅蜜本無所底，底無所底，故無無底。般若波羅蜜的核心思想是「無所得」，故此般若波羅蜜才是諸佛母。「無所得」破除了對以天帝為代表的舊式宇宙觀的一切執著，而其所彰顯的般若波羅蜜，本就是成佛的根據，故此般若學向涅槃學轉變，並非由「空」入「有」那樣突兀，而是有佛學自身發展的邏輯，也契合了中國思想史、宗教史發展的大潮流。

老子與佛陀，由載道者、得道者，或覺悟者，而一躍成為宗教化、人格化的道本身，佛法本身；從傳授治國、養生之道的聖人、帝王師，而一躍成為教主，最終的崇拜對象。中國佛教與道教，在同一歷史時期內，大體經歷了一個近似的歷程。與道教「道」的人格化、宗教化過程相似，佛教的「法」也在與佛陀崇拜的相互結合中，完成了其神格化的歷程。方立天教授曾經把佛教初傳時期《牟子理惑論》、《大明度無極經》等佛教文獻中體現出來的佛陀觀，概括為「體道者是佛」；而到了晉宋之際，竺道生等人的佛陀觀則變成「法即佛」、「理者是佛」。竺道生在《注維摩詰經》卷八中說：「以體法者為佛，不可離法有佛也。若不離法，有佛是法也。然則佛亦法矣。」《大般涅槃經集解》卷五十四：「體法為佛，法即佛矣。」

當然我們並不是說，佛教與道教完成了從「敬天」到「崇道」或崇尚佛法的過程，中國本土「敬天」的信仰就消失了，恰恰相反，最為政治主流意識形態的「敬天」觀念貫穿了中國封建社會的始終。對內，佛教的佛陀

第一節　佛與帝王師

或道教的老君,是佛法或道的人格化身,具有崇高的地位,是無上的教主,在這個意義上說,是西方語境下完全意義的「宗教」;而對外,佛教、道教,則還是被視為一種教化,與儒教一起,為帝王提供治國、修身、養生之道,並惠及百姓,神道設教,因此在中國傳統語境下,「三教」還是「教化」之教,雖有變化,但依舊大體延續著帝王師的傳統角色。正是這種差異,中國傳統「三教」的內涵極其豐富而複雜,現今從西方學術背景下產生的「宗教學」的角度來研究三教、研究佛教,更為我們帶來許多困擾,有很多似是而非的概念需要我們去梳理清楚。

由帝王「師」而出三種聖人「教」化,中國自南北朝而出現的儒釋道「三教」概念,邏輯上是順理成章的;但三教內部,各自對這一格局都不甚滿意,雖在政治上不能撼動「天」這一主流意識形態,但在三教各自思想和信仰內部體系中,早已用佛法、道等觀念,用佛陀、老君突破了敬「天」信仰的樊籬。這一潛在的矛盾,到唐宋轉變時期,再度彰顯出來,取代「敬天」而提倡「崇道」的中國傳統宗教,使之再變為注重「性理」之學,試圖將外在作為世界秩序本原之天,內化為內在之心性(正心誠意),從而符合於道或符合於佛法,試圖以此解決以往之矛盾。中晚唐韓愈提出的「師說」與「道統說」,頗有象徵意味,「仁與義為定名,道與德為虛位」,天道之傳承,最終依靠的是歷代聖人排除異端、正心誠意而有作為。晚唐以來佛教中直指人心的南宗禪、道教中的內丹運動,特別是全真教的勃興,而最終集大成的宋明理學,都是新時期「三教」發展的集中體現。

當然,中國宗教史的發展,絕非僅僅是哲學史、思想史的演進。上層統治者、知識分子、宗教高層的宗教觀念,也與普通百姓有不少差異。帝王師變為天師,在上層菁英中,有從敬天轉向崇道的重要意義;而在普通老百姓的墓券中「天帝使者」、「天帝神師」本意不過是天帝手下的使臣或者巫師。「師」有多種涵義,既可以為教化他人的老師之師,也可以是掌

握某項技藝的人,如巫師。這樣道教、佛教中的宗教職業者,天師、法師,在不同人心目中就有了不同的涵義,這也使中國的「三教」觀念越發複雜。

漢魏時期,宗教職業者,很多都是為帝王、大族服務的家巫類型的角色,一般儒生的角色也往往如同方士,「可憐夜半虛前席,不問蒼生問鬼神」。張修、張魯原本的角色,很似劉焉倚重的隨軍巫師;所謂的北方天師道世家常有信賴的靈媒,而南方上清派在這方面表現得最為明顯。佛教初傳,《高僧傳》中記載的這類以佛圖澄為代表的帝王大族家巫類型的僧人極多。佛教這些家巫類型的宗教職業者,其組織形態,可能與漢魏時期的方仙道類似,如1991年新出土〈肥致碑〉記載的那樣,也有少數師徒技藝相傳的小團體,類似於私學,受熱衷此道的大族供養。早期僧人有為數不多的弟子,受到周圍少數較為富裕的世俗大族供養,這一情形可以從現存一些漢魏時期翻譯傳抄經典的後記中,得到不同程度的印證。但這種小團體還不是後世有組織的教團。

東晉道安以來,中國僧團漸成規模,雖然道安曾經講過,「今遭凶年,不依國主,則法事難立」,但這種情況只是凶年的特例,從反面說明從此僧團在平日已經有不依附當權者而獨立生存的可能性,道安的弟子廬山慧遠便強烈主張「沙門不敬王者」。南北朝時期,許多僧團規模龐大,儼然是一方割據勢力,甚至可以被封王封地,調數縣賦稅,如南燕主慕容德授予僧朗東齊王的稱號,並賜予奉高、山茌兩縣的封祿。當時汰揀沙門的政策發表,往往是配合「斷喬」等加強中央集權的措施,由此可見僧團的勢力很大。應該說,中國佛教在晉唐間,利用印度原有戒律制度,結合中國固有門閥士族莊園管理模式,在教團組織、吸引流民等方面,比道教成功,這也是僧團在人數與影響力方面,長期領先於道教的重要原因之一。北朝僧侶人數,動輒上百萬,就可見一斑。

第二節「永平求法」的再討論

一、漢明夢佛與永平求法之不同

佛教至遲在西元 1 世紀後，逐漸被中國人所知，先時佛教主要依附黃老神仙方術，有老子入夷狄為浮屠之說。上層貴族多有立「浮屠之祠」，齋戒、設宴饌僧，士人對佛教的了解主要在於節欲戒色。東漢佛教主要集中在作為政治、經濟中心的大城市，如洛陽、彭城（徐州）等地。

關於佛教何時傳入中國，從古至今爭論頗多。佛教內部長期流行的說法，是東漢明帝，夜夢金人，派人西域求法，得《四十二章經》，為佛教入華之始。近代學人對此事頗有疑義，與此相關，附帶爭論《四十二章經》及最早記錄此事的《牟子理惑論》之真偽。

《理惑論》第二十章：

昔孝明皇帝，夢見神人，身有日光，飛在殿前，欣然悅之。明日，博問群臣：「此為何神？」有通人傅毅曰：「臣聞天竺有得道者，號之曰佛，飛行虛空，身有日光，殆將其神也。」於是上悟，遣使者張騫、羽林郎中秦景、博士弟子王遵等十二人，於大月氏寫佛經四十二章，藏在蘭臺石室第十四間。時於洛陽城西雍門外起佛寺。於其壁畫千乘萬騎，繞塔三匝。又於南宮清涼臺及開陽城門上作佛像。明帝存時，預修造壽陵，陵曰顯節，亦於其上作佛圖像，時國豐民寧，遠夷慕義，學者由此而滋。[102]

《四十二章經》序及《牟子理惑論》都未言永平求法的具體年分，後來的文獻則說法不一，如西晉道士王浮所作《老子化胡經》說，明帝於永平七年感夢遣使，十八年始還；《法本內傳》說是永平三年感夢遣使；隋費長房《歷代三寶記》又說是七年感夢，十年還漢，此說後世最為流行。選擇

---

[102] 石峻等編：《中國佛教思想資料選編》第一卷，中華書局 1981 年版，第 10 頁。

永平七年，筆者以為很可能是因為永平七年為「甲子」年，甄鸞《笑道論》將「漢明永平七年甲子，歲星晝現，西方夜明」描述成漢明帝感夢的背景。後漢以來，從太平道的「歲在甲子，天下大吉」，到上清派女仙魏夫人第一次降真給靈媒楊曦的時間有意定在東晉哀帝興寧二年「甲子」[103]，都喜將「甲子」作為重要事件的開端。

《後漢紀》孝明皇帝紀下卷第十：

> 浮屠者，佛也，西域天竺（國）有佛道焉。佛者，漢言覺，將（以覺）悟群生也。其教以修善慈心為主，不殺生，專務清淨。其精者號為沙門。沙門者，漢言息心，蓋息意去欲而歸於無為也。又以為人死精神不滅，隨復受形，生時所行，善惡皆有報應。故所貴行善修道，以煉精神而不已，以至無為而得為佛也。佛身長一丈六尺，黃金色，項中佩日月光，變化無方，無所不入，故能化通萬物而大濟群生。
>
> 初，帝夢見金人長大，項有日月光，以問群臣。或曰：「西方有神，其名曰佛，其形長大。（陛下所夢，得無是乎？）」（於是遣使天竺，）而問其道術，遂於中國而圖其形象焉。有經數千萬（言），以虛無為宗，苞羅精粗，無所不統，善為宏闊勝大之言，所求在一體之內，而所明在視聽之外，世俗之人，以為虛誕，然歸於玄微深遠，難得而測，故王公大人觀死生報應之際，莫不矍然自失。[104]

括號中文字為《後漢紀》原書所無，用後世書補；用後世書補，難免摻雜後人的觀念，即便是引用，由於古人引用並不如今人規範，亦常用己意增消，因為我們除去用他書所補的文字，《後漢紀》上述引文意思也是連貫的，故筆者以為還是以不增補為宜。從現存《後漢紀》本身的文字來看，有兩點非常值得注意：(1) 漢明帝夢佛後，問起道術，隨圖其（所夢）

---

[103] 參見程樂松：《即神即心：真人之誥與陶弘景的信仰世界》，中國人民大學出版社 2010 年版，第 112～114 頁。
[104] 袁宏撰，周天遊校注：《後漢紀校注》，天津古籍出版社 1987 年版，第 276～277 頁。

形象，而未言西去求法之事。(2) 沒有西去求法取經之事，《四十二章經》自屬無稽。

占夢盛行於先秦，「《左傳》對於王侯將相之夢的記載，完全作為一種重要史實或史料來看待。凡是前文記夢，後文必述其驗」[105]。秦漢之後，占夢地位衰落，主要在民間廣泛流傳，一般已難登大雅之堂，官制中也無占夢之職；況且夢境只是作為一種預兆，史官還要事後記錄是否靈驗。漢唐以來，僧人亦多參與占夢，但見於佛教史籍的還是傳統的預示吉凶和祈求好夢，前者如「元嘉將末，譙王屢有怪夢，跋陀答云：『京都將有禍亂。』未及一年，元兇構逆」；再如曇摩蜜多「周曆諸國，遂適龜茲。未至一日，王夢神告王曰：『有大福德人，明當入國，汝應供養。』明旦，即敕外司，若有異人入境，必馳奏聞。俄而蜜多果至，王自出郊迎，延請入宮，遂從稟戒，盡四事之禮。蜜多安而能遷，不拘利養。居數載，蜜有去心。神又降夢曰：『福德人捨王去矣。』王惕然驚覺，既而君臣固留，莫之能止」[106]。後者如「子良啟進沙門於殿戶前誦經，世祖為感夢，見優曇缽花」（《南齊書‧竟陵王傳》）。而永平求法傳說中由夢佛而遣人西行求法，並不符合傳統占夢的慣例。

筆者以為，《後漢紀》可能呈現了永平求法傳說的雛形，即漢明夢佛原本的記載或傳說，只是漢明帝夢佛而圖寫其所夢之佛的形象，而未涉及西行求法；後來逐漸演變出了西行取經的故事，但沒有涉及《四十二章經》，例如《笑道論》引西晉道士王浮《老子化胡經》：「至漢明永平七年甲子歲，星晝現西方夜，明帝夢神人長一丈六尺，項有日光，旦問群臣。傅毅曰：『西方胡王太子成道，佛號佛。』明帝即遣張騫等，窮河源，經三十六國，

---

[105] 劉文英：《夢的迷信與夢的探索》，中國社會科學出版社 2000 年版，第 19 頁。《左傳》中亦有記載統治者夢見神明的例子，例如昭公四年，穆子「夢天壓己，弗勝」，穆子之夢似吉，「夢天壓己，君臨寵也」，但「天不可勝，勝天不祥」，最終被牛助余所餓死。
[106] 《高僧傳》，第 132、121 頁。

至舍衛。佛已涅槃，寫經六十萬五千言，至永平十八年乃還。」[107]《三洞珠囊》卷九《老子化西胡品》亦引《老子化胡經》，「六十四萬言經，無上正真之道」，也沒有涉及《四十二章經》，此外《後漢書》、《冥祥記》（《法苑珠林》卷十三引）、《水經注》、《洛陽伽藍記》等書都是如此。

南朝劉宋天師道士徐氏撰《三天內解經》，卷上講道氣在不同時代化身為不同的天真聖人：

> 今世人上章書太清，正謂此諸天真也。從此之後，幽冥之中，生乎空洞。空洞之中，生乎太無。太無變化玄氣、元氣、始氣，三氣混沌相因，而化生玄妙玉女。玉女生後，混氣凝結，化生老子⋯⋯至周幽王時，老子知周祚當衰，被髮佯狂，辭周而去。至關，乘青牛車與尹喜相遇，授喜上下中經一卷，五千文二卷，合三卷。尹喜受此書，其道得成。道眼見西國胡人強梁難化，因與尹喜共西入罽賓國，神變彌加大人，化伏胡王，為作佛經六千四萬言。王舉國皆共奉事。此國去漢國四萬里。罽賓國土並順從大法。老子又西入天竺國，去罽賓國又四萬里。國王妃名清妙，晝寢，老子遂令尹喜乘白象化為黃雀，飛入清妙口中，狀如流星。後年四月八日，剖右脅而生，墮地而行七步，舉右手指天而吟：天上天下，唯我為尊。三界皆苦，何可樂焉。生便精苦，即為佛身。佛道於此而更興焉。[108]

這裡實際上也是將「浮屠」與「佛」分為兩人，即罽賓國「彌加大人」（恐指釋迦，老子化身）與天竺國的「佛」（尹喜化身），而且這裡的道氣化生的意味更為濃重；同時值得注意的是，《三天內解經》的這一敘述，也未提到《四十二章經》，而依舊是「為作佛經六千四萬言」。

甚至晚至法顯西行求法，在北天竺陀歷國聽聞「其國昔有羅漢，以神足力，將一巧匠上兜率天，觀彌勒菩薩長短、色貌，還下，刻木作像。前

---

[107] 《大正藏》第 52 卷，第 147 頁下。參見日本京都大學六朝隋唐時代的佛道論證研究班：〈《笑道論》譯注〉，《東方學報》，60 卷，1988 年版，第 575～576 頁。

[108] 湯一介主編：《道書集成》第四冊，九州圖書出版社 1999 年版，第 291 頁中～292 頁上。

後三上觀，然後乃成。像長八丈，足趺八尺，齋日常有光明，諸國王競興供養，今故現在於此……眾僧問法顯：『佛法東過，其始可知耶？』顯云：『訪問彼土人，皆云古老相傳，自立彌勒菩薩像後，便有天竺沙門齎經、律，過此河者。像立在佛泥洹後三百許年，計於周氏平王時。由茲而言，大教宣流，始自此像，非夫彌勒大士繼軌釋迦，孰能令三寶宣通，邊人識法。固知冥運之開，本非人事，則漢明帝之夢，有由而然矣』」[109]。在這裡法顯將漢明之夢的背景，認定為感於「彌勒大士繼軌釋迦」，可能還有中國傳統「化胡說」中道氣化生、世世為帝王師模式（「浮屠」與「佛」）的部分遺跡。至少我們可以明確的是，在這裡法顯最強調的還是佛像，雖然提到一句「有天竺沙門齎經、律，過此河」，但未涉及《四十二章經》。

由此，筆者推測最初只有漢明帝夢佛畫像的記載或傳說；至遲到西晉，在漢明夢佛的基礎上，增加了西行求法的情節，但並未涉及《四十二章經》；晉宋之後，《四十二章經》方才加入這一傳說，構成後世定型的漢明求法傳說，東晉道安制定經錄可能尚不知道該傳說，直到劉宋時面世的《四十二章經》序，以及《牟子理惑論》，才將漢明求法故事廣泛傳播開來。而後齊梁間道士陶弘景亦在《真誥》卷九中採用了此種說法。

《四十二章經》是古抄經，後漢襄楷所上書、三國時的《法句經》序、郗超的《奉法要》等漢晉文獻都有部分內容與現行《四十二章經》類似；但這不等於說當時《四十二章經》已經定型。東晉道安並未見《四十二章經》，最早著錄該經的是《舊錄》，《出三藏記集》還提到，「《五十二章經》一卷（《舊錄》所載，有別於《孝明四十二章》）」[110]，實則在《四十二章經》定型前，至少還有《孝明四十二章》、《五十二章經》等數種抄本。

---

[109]　《法顯傳校注》，第 26～27 頁。
[110]　《出三藏記集》，第 208 頁。

二、楚王英好佛

漢明帝時中國已有佛教,本不成問題,漢明帝的異母弟楚王英即好佛教,最早提到此事的文獻,一是袁宏(西元328年至376年)的《後漢紀》:

「英好遊俠,交通賓客,晚節喜黃老,修浮屠祠」。

二是范曄(西元?年至445年)的《後漢書・光武十王列傳》:

英少時好遊俠,交通賓客,晚節更喜黃老,學為浮屠齋戒祭祀。八年,詔令天下死罪入縑贖。英遣郎中令奉黃縑白紈三十匹詣國相曰:「託在蕃輔,過惡累積,歡喜大恩,奉送縑帛,以贖愆罪。」國相以聞,詔報曰:「楚王誦黃老之微言,尚浮屠之仁祠,潔齋三月,與神為誓,何嫌何疑,當有悔吝?其還贖,以助伊蒲塞桑門之盛饌。」因以班示諸國中傅。英後遂大交通方士,作金龜玉鶴,刻文字以為符瑞。

《後漢書・西域傳》已將永平求法與楚王英好佛連繫起來,認為永平求法後楚王英始信:「世傳明帝夢見金人,長大,項有光明,以問群臣。或曰:『西方有神,名曰佛,其形長丈六尺而黃金色。』帝於是遣使天竺問佛道法,遂於中國圖畫形象焉。楚王英始信其術,中國因此頗有奉其道者。後桓帝好神,數祀佛圖老子,百姓稍有奉者,後遂轉盛。」周叔迦先生則認為:「如若將漢明帝求法與楚王英奉佛二事連繫起來看,便可了解故事的原委。漢明帝夜夢金人,正是日有所思而夜有所夢。可見當時由於楚王交結豪俠,崇奉佛教,得到群眾的擁護,聲勢浩大,有凌逼帝位之勢,引起明帝的深刻憂慮,以致夜夢金人,也就不得不遣使求法,藉此以與楚王爭取群眾。畢竟這種辦法緩不濟急。所以在永平十三年(西元70年)便以謀反的罪名貶遷了楚王,結果楚王自殺。同時,還興起大獄,楚王門下賓客和親戚被殺和判刑的千餘人,繫獄的有三千餘人,楚王門下的桑門、伊蒲塞當也在其中。明帝的政敵既除,求法之舉便無必要,因此譯出的經典也就緘之蘭臺石室而不向社會流傳,並且有鑒於楚王的利用佛教,因而禁

第二節 「永平求法」的再討論

止漢人出家奉佛（《高僧傳・佛圖澄傳》王度語）。佛教受此打擊，所以此後八十年中寂然無聞。」（《中國佛教史》第一章「齋懺祭祀時期」）周先生此說頗近情理，然需進一步的證據。

其實，「永平求法」之說是真是假，已經跟佛教何時傳入中國關係不大；若楚王英好佛之事不是捏造[111]，則明帝時國人已知佛法當屬無疑。南朝以來，之所以教內一度熱衷於佛教的討論，實與華夷之辨、佛道爭先等問題相關，利用各種似是而非的史料，提出周、戰國、秦、西漢等時，中國已知佛教。「漢明何德，而獨昭靈彩？」（宗炳〈明佛論〉）將佛教入華事件從漢明帝時向前推，這樣做固然可以在某種意義上抬高佛教的身價，否定老子化胡說。但若將佛教入華時間提前太多，則會出現為何中國人長期以來沒有接受佛教等種種疑問。

佛教在先秦西漢傳入中國的種種傳說，多是佛道論衡或三教論衡這種背景下提出，皆難成立，實與佛教初傳無涉，而是南朝以來世人思想的反映。而永平求法之說，最終被大多數人接受，一方面固然在於帶有較多神話色彩，可以自神其教，另一方面也在於明帝時佛教傳入比較接近事實，可以減少許多三教論辯中的破綻。

《四十二章經》和《牟子理惑論》的最終定型大體也是在南朝初期，當以上述這些爭論為背景。我們並不否認，兩者包含了許多東漢以來的佛教早期史料，但後人摻入者亦甚多。《牟子理惑論》恐非出自東漢蒼梧太守之筆，其序應是漢人手筆，似本與正文無涉。筆者以為，《四十二章經》原本可能是東漢以來佛教研習者的入門之書，由初學之經逐漸「變為」初傳之經。由於被認定為初傳之經，《四十二章經》在後世頗受重視，不斷

---

[111] 不過也有日本學者提出懷疑，但並沒有提出有力的反駁證據。無非是說曹沖秤象、華佗開刀，本出印度故事，范曄作為信史編入《後漢書》，楚王英好佛之事或許也是取材於後世佛教傳說，況且，楚王信佛是後漢初期佛教入華唯一有力事例，孤證不舉。但我們認為楚王英好佛之事，偽造的可能性很小，佛教界編造並傳播一個謀反的楚王好佛，實在沒有什麼必要，若要以此證明永平求法，還不如編造一個明帝派人求法的詔書更為直接。

被「修訂」，甚至直到「唐以後宗門教下之佞人」還在增修該經。總而言之，《四十二章經》和《牟子理惑論》確有可作為早期佛教史料的內容，但其中關於永平求法的部分，則真偽參半。

現今學術界一般接受「伊存授經」之說，進而認為佛教初傳中國的時間是西元前 2 年，即西漢哀帝元壽元年。該說最早出自《三國志・魏志》卷三十裴松之注，引魚豢《魏略・西戎傳》：「昔漢哀帝元壽元年，博士弟子景盧受大月氏王使伊存口授《浮屠經》。……《浮屠》所載臨蒲塞、桑門、伯聞、疏問、白疏問、比丘、晨門，皆弟子號。」該段資料《魏書・釋老志》即已採信，並與永平求法說並列，綜合立論：

> 哀帝元壽元年，博士弟子秦景憲受大月氏王使伊存口授浮屠經。中土聞之，未之信了也。後孝明帝夜夢金人，項有日光，飛行殿庭，乃訪群臣，傅毅始以佛對。帝遣郎中蔡愔、博士弟子秦景等使於天竺，寫浮屠遺範。愔仍與沙門攝摩騰、竺法蘭東還洛陽。中國有沙門及跪拜之法，自此始也。

「伊存授經」之說，也並非全無異議，特別是授經的地點各種記載不一，法國漢學家馬伯樂認為在西域，而湯用彤先生則定在中國；另外當時月支是否已經信佛，尚有爭論。[112] 況「中土聞之，未之信了」，也很難將「伊存授經」視為佛教傳入中國的證據，但至少後漢時期中國內地已經存在佛教，當無疑問。

三、老子化胡與西行求法

漢代關於佛教的紀錄，最為可信的資料有兩條「無心史料」，一是張衡（西元 78 年至 139 年）的名篇〈西京賦〉：「眳藐流眄，一顧傾城；展季

---

[112] 如有學者認為西域在班勇時尚不信佛，甚至進而認為佛教在內地傳播先於西域，只是西域「後來居上」。筆者認為這種看法還有待商榷，班勇未記西域佛教之事，恐與當時貴霜帝國排佛有關，參見古正美的相關著作《貴霜佛教政治傳統與大乘佛教》，（臺北）允晨叢刊 1993 年版。

桑門，誰能不營？」展季即柳下惠，桑門即沙門，賦中用典，意在說明戒色慾，且沙門與柳下惠兩者並列，說明當時人們已經比較熟悉沙門不近女色的特點。

二是《後漢書・襄楷傳》襄楷延熹九年（西元 166 年）上書：

又聞宮中立黃老、浮屠之祠。此道清虛，貴尚無為，好生惡殺，省慾去奢。今陛下嗜慾不去，殺罰過理，既乖其道，豈獲其祚哉！或言老子入夷狄為浮屠。浮屠不三宿桑下，不欲久生恩愛，精之至也。天神遺以好女，浮屠曰：「此但革囊盛血。」遂不眄之。其守一如此，乃能成道。今陛下淫女艷婦，極天下之麗，甘肥飲美，單天下之味，奈何欲如黃、老乎？

上述兩條史料可相互印證，可信性較高，說明佛陀苦行，天神遣美女試探的故事已經為人熟知，也反映了東漢佛教讓人留下的大體印象。至於「或言老子入夷狄為浮屠」，則是歷代爭議頗多的老子化胡說的濫觴。《高僧傳》帛法祖傳記載：「昔祖平素之日，與浮（祭酒王浮）每爭邪正，浮屢屈，既瞋不自忍，乃作《老子化胡經》，以誣謗佛法。」[113] 系統的《老子化胡經》可能成書於西晉，但老子化胡之說，起源甚早，筆者認為，漢明夢佛傳說中首次加入西行求法情節的很可能是《老子化胡經》，而新增這一西行求法情節的目的或背後的思想背景，恐與老子化胡說有著密切的關係。我們還是先看《笑道論》對《老子化胡經》的引用：

《化胡經》曰：迦葉菩薩云：如來滅後五百歲，吾來東遊，以道授韓平子，白日昇天；又二百年，以道授張陵；又二百年，以道授建平子；又二百年，以授干室；爾後漢末陵遲，不奉吾道。至漢明永平七年甲子，歲星晝現西方。夜，明帝夢神人長一丈六尺，項有日光，旦問群臣。傅毅

---

[113]　《高僧傳》，第 27 頁。

曰：「西方胡王太子成道，佛號佛。」明帝即遣張騫等，窮河源，經三十六國，至舍衛。佛已涅槃，寫經六十萬五千言，至永平十八年乃還。[114]

引文中迦葉菩薩即為老子。值得注意的是《化胡經》中，「如來」與「佛」分為二人，「如來」在前，「佛」是「西方胡王太子」，成道後被稱為佛。季羨林先生透過語言學考證，認為佛教從印度經大夏（大月支）傳入中國，使用「浮屠」一詞；經中亞新疆小國傳入中國稱「佛」。[115] 早期關於老子化胡的史料，都使用「浮屠」一詞，如《後漢書》記載的襄楷上書：「老子入夷狄為浮屠」；三國時魏郎中魚豢《魏略·西戎傳》：「臨兒國《浮屠經》云：其國王生浮屠。浮屠，太子也。」而《笑道論》所引《老子化胡經》將如來、韓平子、張陵、午室、佛（西方胡王太子）並舉，是我們在前文已經討論過的道氣化成，世世為帝王師的一種體現；也是透過多種途徑，佛教經西域不同種族、不同語言傳入中國後，中國人整合佛教的一種方式。而道氣流行中外，老子西去道化胡人，中國人再從胡人那裡將道取回，在一元世界觀下，也順理成章，故漢明夢佛轉變為永明求法，這一神話傳說的改變，具有思想史的文化意義。

5世紀早期的《晉世雜錄》和裴子野（西元467年至528年）的《高僧傳》分別提到王浮「遂改換《西域傳》為《化胡經》」，「乃託《西域傳》為《化胡經》」。[116] 可見《西域傳》與原始的《化胡經》關係密切。這裡的《西域傳》應指《魏略·西域傳》，原書亡佚，但陳子良注法琳《辯證論》有軼文：

《魏略·西域傳》云：「臨倪國王無子，因在浮圖，其妃莫耶夢白象而孕。及太子生，亦從右脅而出，自然有髻，墮地能行七步，其形相似佛。

---

[114] 《大正藏》第52卷，第147頁下。
[115] 參見季羨林：〈再談「浮屠」與「佛」〉，《季羨林文集》第七卷，江西教育出版社1998年版，第357頁。
[116] 參見許理和著，李四龍等譯：《佛教征服中國：佛教在中國中古早期的傳播與適應》，江蘇人民出版社1998年版，第379頁。

第二節 「永平求法」的再討論

以祀浮圖得兒,故名太子為浮圖也。國有神人,名曰沙律,年老髮白狀似老子,常教民為浮圖。」近世黃巾,見其頭白,改彼沙律題此老聃,曲能安隱,誑惑天下。前漢哀帝時秦景至月氏國,其王令太子口授《浮圖經》。還漢,《浮圖》所載,略與道經相出入也。皇甫之言,未究其本。《化胡經》云:「罽賓國王,疑老子妖魅,以火焚之,安然不死。王知神人,舉國悔過。老子云:『我師名佛,若能出家,當免汝罪。』其國奉教,昔為沙門也。」佛若先無,老聃豈知變身為佛。良以罽賓舊來信佛,老氏因推佛以化之。非起尹、聃,始有佛也。隋僕射楊素,從駕至竹林宮。經過樓觀,見老廟壁上畫,作老子化罽賓國度人剃髮出家之狀。問道士云:「道若大佛,老子化胡,應為道士。何故乃為沙門?將知佛力大能化得胡,道力小不能化胡。此是佛化胡,何關道化胡?」於時道士無言以對也。[117]

從上面的引文可以看出,所謂《化胡經》的《西域傳》顯然也是將浮屠(浮圖)與佛作為兩人;後世佛道論衡,佛教徒還抓住這一點「發揮」出:老子化浮屠,是在佛的啟發而為之,所以究竟而言還是「佛化胡」(佛透過老子化浮屠而化胡),而非「老子化胡」。由此,我們可以進一步印證老子化胡實與世世為帝王師的思考模式有關。

陳觀勝先生曾嘗試探討永明求法的歷史背景,他推測漢代中國已經有了幾個佛教中心,洛陽顯然是其中一個,洛陽佛教中心的信徒為了增加本地的權威性,彰顯其優越地位,在 2 世紀後半期建構了漢明帝夢佛的故事;但他同時也不敢肯定自己的假設,因為最早傳入永平求法故事的卻是南方的佛教文獻《牟子理惑論》。[118] 筆者以為,永平求法故事中加入白馬馱經的情節,確實有可能是為了彰顯洛陽白馬寺,白馬馱經,確立了白馬寺中國佛教第一寺的地位。不過白馬馱經的故事可能晚出(白馬原本可能

---

[117]　《大正藏》第 52 卷,第 522 頁中。
[118]　Kenneth K.S. Chen, *Buddhism in China: A Historical Survey*, Princeton University Press, 1972,p31.

是蓮花 padma 的音譯,而後梵文原名逐漸被遺忘,民間誤傳為白馬)[119],則可進一步旁證永平西域求法(求得《四十二章經》等佛經)較晚才進入漢明夢佛的傳說之中。

---

[119] 近年來關於該問題值得一提的是王士元先生的〈白馬非馬:一個俗語源的考察〉(見《上海佛教》,2002 年第 6 期)一文,《佛經音義與漢語詞彙研究》(梁曉虹等著,商務印書館 2005 年版)一書在王先生研究的基礎上,有進一步的分析。不過學界也有所謂「白馬」傳說源於印度的看法。

第二章

東漢與三國時期的佛教

第二章　東漢與三國時期的佛教

▎第一節　僑民佛教

　　漢代絲綢之路開通，西域各國商人、使節、質子紛紛來到中國，甚至還有因避難等原因，合族遷入漢境的。這些西域胡人也將自己的宗教信仰帶入中國，中國境內最早出現的佛教信仰，便是傳布在這些西域僑民中。「往漢明夢佛，初傳其道。唯聽西域人得立寺都邑，以奉其神，其漢人皆不得出家。魏承漢制，亦修前軌。」[120]佛教在初入中國時，是典型的僑民宗教，初期著名佛教人物、譯經師幾乎都是西域胡人及其後代，一般民眾則稱之為「胡道人」，出家弟子也都隨各自師父，多姓支（月支）、安（安息）、竺（天竺）、于（于闐）、康（康居）、帛（龜茲）等。

　　外國佛教僧侶是中國人接觸佛法的重要媒介，外國僧侶主要是透過陸路和海路來華。陸路主要是經過中亞、中國新疆地區，進入中原腹地，進而再向其他地方輻射；海路主要是經南海，過越南到達中國嶺南地區，甚至由山東等沿海地區登陸。海路要晚於陸路，「就海路佛僧的傳法活動而論，見諸文獻者始於魏晉。第一個沿海路入華傳教的梵僧，為東吳孫亮五鳳二年（西元255年）入華的支疆梁接」[121]。

　　梵僧來華，則主要依靠普通信徒，特別是商人的支持。雖然有學者認為：「佛教初入中國，不是在百姓中扎根，而是得到皇帝和王公的垂青。這同佛教在印度最初受到商人的支持是完全不同的。在中國，佛教與商人風馬牛不相及。因此，要談中國古代商人與佛教的關係，實在無從談起，因為二者根本沒有關係。」[122]但是梵僧與商人的關係卻是不容忽視的，許多來華僧侶本身就是商人的後代。在眾多筆記小說等文獻記載中，我們

---

[120]　《高僧傳》，第352頁。
[121]　何方耀：《晉唐時期南海求法高僧群體研究》，宗教文化出版社2008年版，第5頁。
[122]　參見季羨林：〈商人與佛教〉，《季羨林文集》第七卷，江西教育出版社1998年版，第197～205頁。

第一節　僑民佛教

可以看到漢魏兩晉南北朝有許多做生意的僧人，更不要說對佛教有重大貢獻的在家居士，例如「安玄，安息國人……為優婆塞，秉持法戒……漢靈帝末，遊賈洛陽……性虛靜溫恭，常以法事為己務」，即是具有西域商人（遊賈）身分的佛教居士。

僑民佛教在漢地初傳，對中國固有社會的影響，主要有以下層面值得關注：

一、「佛是大神」

佛教初傳，一般人還是將佛陀視為一種神明，但卻是比一般地方神法力更大的神，故在許多傳說中，梵僧一般都能降服中國各地的地方神明鬼怪。湯用彤等前輩學者，比較重視佛教初期在宮廷中，依附黃老道教傳播；而佛教進入廣大民間社會，則無時無刻不與各種民間神明信仰打交道。

孫吳時期，康僧會立建初寺，「時寺側有淫祀者。（張）昱曰：玄化既孚，此輩何故近而不革。會曰：雷霆破山，聾者不聞，非音之細，苟在理通，則萬里懸應；如其阻塞，則肝膽楚越。昱還，嘆會才明，非臣所測，願天鑑察之」[123]。康僧會這番言論，反映出佛教初傳與各種地方神明信仰雜處的情形，而在雜處中，佛教還是希望突出佛教的優勝地位，強調其比一般神明信仰要高超得多。

《出三藏記集》卷十三記載，四月八日吳主孫皓在佛像上便溺，云「灌佛」，「未暮，陰囊腫痛，叫呼不可堪忍。太史占言：犯大神所為，群臣禱祀諸廟，無所不至，而苦痛彌劇，求死不得。綵女先有奉法者，聞皓病，因問訊云：陛下就佛圖中求福不？皓舉頭問：佛神大耶？綵女答：佛為大聖。天神所尊」[124]。這從佛教信仰者的角度，說明了佛比一般神明法力

[123]　《高僧傳》，第17頁。
[124]　《出三藏記集》，第514頁。

高超,是「大神」;在印度佛教中,「天(神)」尚在六道之中,尚屬「凡」的範疇,而佛是「大聖」,自然不可同日而語。

梵僧來華,應該向中國信眾灌注了中國各種神明不過是「天」,遠不及「大聖」佛陀的思想;進而掌握佛法的梵僧,也可以降服中國各地的神明鬼怪,如《高僧傳》中記錄安世高降服並超跋「宮亭湖廟」蛇精;曇摩蜜多「乃於鄮縣之山,建立塔寺,東境舊俗,多趣巫祝。及妙化所移,比屋歸正,自西徂東,無思不服」。《高僧傳》以及當時的許多應驗記中記錄的此類傳說很多,反映了佛教入華初期,強調自己信仰對象法力超群,「佛是大神」,僧侶可以降服鬼怪,這是當時信徒的重要信仰內容,也是佛教能夠成功進入中國各地方社會的一個重要原因。

正如慧皎在《高僧傳》卷三所發議論:「振丹之與迦維,雖路絕蔥河,里踰數萬……及其緣運將感,名教潛洽,或稱為浮圖之主,或號為西域大神。故漢明帝詔楚王英云:王誦黃老之微言,尚浮圖之仁祠。及通夢金人,遣使西域,乃有攝摩騰、竺法蘭,懷道來化……傳法宣經,初化東土,後學而聞,蓋其力也。」作為大神的佛陀崇拜,是佛教最初吸引中國人的重要緣由。

二、宿命思想

漢末以來,中國局勢動盪,人命朝夕不保,佛教傳入中國,視仇殺枉死為宿命的觀念,成為中國人理解佛教業報輪迴的最常見方式,由此演化出的說教靈異傳說頗多,如相傳安世高晚年前往會稽,「至,便入市,正直市有鬥者,亂相毆擊,誤中世高,應時命終」。據說這是安世高「明三世之有徵」,事前意識到「吾猶有餘報,今當往會稽畢對」。帛法祖被張輔所殺,傳說也是帛法祖事先覺知,「我來此畢對,此宿命久結,非今事也」,乃呼:「十方佛祖,前身罪緣,歡喜畢對,願從此以後,與輔為善知

識,無令受殺人之罪。」又如彭城比丘懷度聞鳩摩羅什在長安,乃嘆曰:「吾與此子戲別三百歲,杳然未期,遲有遇於來生耳。」我們以往比較重視佛教因果報應思想傳入,結合「積善之家,必有餘慶」等中國傳統思想,勸善止惡;但同時我們更應該看到,佛教因果報應思想,更重要的一方面是宣傳宿命思想,能夠較好地解釋在門閥氏族等級森嚴的社會中,解釋人的命運好壞、性情賢愚,以及產生這些差異的緣由。

與此同時的道教承負說,主要以家族為單位:「夫先人但為小小誤失道,行有之耳,不足以罪也。後生人者承負之,蓄積為過也。」(《太平經·災病症書欲藏訣》)甚至人們還要為帝王、乃至自然界承負,「本由先王治,小小失其綱紀,災害不絕,更相承負,稍積為多,因生大奸,為害甚深」(《太平經·來善集三道文書訣》)。「天地生凡物,無德而傷之,天下雲亂,家貧不足,老弱飢寒,縣官無收,倉庫更空,此過乃本在地傷物,而人反承負之。」(《太平經·五事解承負法》)兩漢讖緯重要主題之一「三命說」,認為人有受命、遭命和隨命,「命有三科,有受命以保慶,有遭命以謫暴,有隨命以督行。受命謂年壽也;遭命謂行善遇凶也,隨命謂隨善惡而報之」(《援神契》)。善惡報應相符,屬於中國傳統上說的「隨命」;而善惡報應不符,則歸之為「遭命」。道教承負說,實際上主要是在用外力(家族祖先,社會帝王,乃至自然界)來解釋遭命;而外來佛教引入的因果報應觀念,引入前生後世的「三世」觀念,力圖將其轉化為「內因」來解釋飛來橫禍,更加讓人面對災禍不公,心安理得而安之若命。

第二節　早期漢地佛教中心與譯經

在後漢,中國至少存在兩大佛教傳播中心,首先是中部的洛陽,洛陽是東漢的首都,是西域僑民的重要聚集地,東漢宮廷亦將佛陀作為祠廟祭祀的對象;漢末安世高等人在洛陽譯經,對日後佛教發展影響深遠。其次是東部的彭城（今江蘇徐州）,彭城是楚王英的封地。楚王英本寵信佛教,他謀反被殺後,佛教依然在此流行,《三國志・吳志卷・劉繇傳》載:

笮融者,丹楊人,初聚眾數百,往依徐州牧陶謙。謙使督廣陵、彭城運漕,遂放縱擅殺,坐斷三郡委輸以自入。乃大起浮圖祠,以銅為人,黃金塗身,衣以錦採,垂銅槃九重,下為重樓閣道,可容三千餘人。悉課讀佛經,令界內及旁郡人有好佛者聽受道,復其他役,以招致之,由此遠近前後至者,五千餘人戶。每浴佛,多設酒飯,布席於路,經數十里,民人來觀及就食,且萬人,費以巨億計。

由此可見,2 世紀末時彭城的佛教仍具有相當大的規模。

佛教傳入中國中東部腹地,不外陸路、海路兩條路線,在稍晚的史料中,我們還可以明確見到中國南部和西北的佛教傳播中心。交趾是中國與東南亞各國的海運樞紐,也成為中國南部的佛教中心,出現了一部中國人撰寫的重要佛教著作《牟子理惑論》;而在西北部,敦煌是重要的陸路交通樞紐,在 3 世紀出現了一位重要的佛教翻譯家「敦煌菩薩」竺法護。

一、以安世高系為代表的洛陽佛教中心及其向江南的傳播

安清,字世高,安息國王子。當時安息國即帕提亞國 (Parthia),有學者懷疑安世高為安息國王 Pacarus 二世之子 Parthamasiris,或 Mithridatcs 四世之子。也有學者認為安世高並非安息國宗室,而是安息王國中 Mar-

第二節　早期漢地佛教中心與譯經

giana 之類的半獨立附屬國的王族。[125]

　　安世高的出家僧侶身分，在佛教僧傳中非常明確，「讓國與叔，出家修道」。但後世常有安姓胡人將其祖先追溯到安世高，如「安同，遼東胡人也。其先祖曰世高，漢時以安息王侍子入洛」（《魏書》、《北史》「安同傳」）。「武威李氏，本安氏……後漢末，遣子世高入朝，因居洛陽。」（《新唐書》「李抱玉傳」）又《元和姓纂》：「《廬山記》：安高，安息王子，入侍姑臧涼州，出自安國，漢代遣子朝。」《元和姓纂》成書於唐代，為避李世民之諱，故稱安世高為安高。

　　佛教史料，亦常稱安世高為「安侯」或「安侯世高」。早期入華僧侶，據僧傳記載，出身西域王族者實多，但皆不稱「侯」，河西王沮渠蒙遜的從弟沮渠京聲南下後稱「安陽侯」，然其為居士身分。

　　從現有教內外史料來看，大體可以肯定安世高來華的身分是「質子」，當然我們不排除其在華晚年出家的可能性（出家前或有子嗣）。《後漢書·和帝紀》：「和帝六年（西元 94 年）西域都護班超大破焉耆、尉梨，斬其王，自是西域降服，納質者五十餘國」，後漢「質子」留京的情況是比較普遍的；質子具有官方身分，故又稱隨侍朝廷的「侍子」，他們平日應該居住在「蠻夷邸」，待遇優厚。安世高在漢桓帝建和二年（西元 148 年）至漢靈帝建寧二年（西元 169 年），二十多年時間裡，在十分優越的環境中翻譯了三十餘部佛經。安世高翻譯的經典主要有「禪」、「數」兩大類，即關於禪觀方面的譯經，以及關於佛教事數概念方面的譯經，前者以《安般守意經》為代表，後者以《陰持入經》為代表。安世高在翻譯經典的同時，也進行講述，圍繞他有一批弟子。

　　比安世高略晚來到洛陽的譯經師還有：支婁迦讖，月支人，於漢靈帝光和（西元 178 年至 183 年）、中平（西元 184 年至 189 年）年間在洛陽翻

---

[125]　參見孔慧怡：〈從安世高的背景看早期佛經漢譯〉，《中國翻譯》2001 年第 3 期，第 54 頁。

譯了《道行經》等般若類經典，孟福、張蓮擔任支婁迦讖口譯的紀錄整理工作；安玄，安息國商人，佛教居士，與嚴佛調共譯佛典，《古維摩詰經》即二人在西元188年於洛陽譯出；此外支曜、康巨、康孟詳等人，亦是漢靈帝、獻帝時的著名佛經翻譯家。

漢靈帝末年，關、洛動盪，西元190年董卓火焚洛陽，遷都長安。洛陽佛教遭到嚴重打擊，安世高一系主要弟子，應在此前後南下。安世高逐漸在江南被神化，他作為神僧的形象和傳奇故事亦沿長江水系南下，在廬山、洞庭湖一線傳播開來。三國吳康僧會曾從安世高弟子南陽韓林、潁川皮業、會稽陳慧學習，並與陳慧共注《安般守意經》。康僧會在江南頗有名望，曾於吳國宮廷顯現神蹟。

支婁迦讖一系弟子也在吳國有較大影響，吳國著名佛經翻譯家支謙跟從支婁迦讖弟子支亮學習，世稱「天下博知，不出三支」，《出三藏記集》記載吳主孫權拜支謙為博士，輔導東宮。支謙從黃武二年（西元223年）至建興三年（西元253年），翻譯了《大明度無極經》（《道行般若經》的改譯）等三十多部佛典，支謙譯經提倡意譯，迎合了漢人的語言習慣，對三國、西晉時的譯風有很大影響。

二、《牟子理惑論》

《牟子理惑論》首次收錄於劉宋陸澄的《法論》中，不著撰人，只注云：「一云蒼梧太守牟子博傳。」《隋書·經籍志》子部儒家內有「《牟子》二卷」，並注：「後漢太尉牟融撰。」牟子題牟融，此為首現；後世遂多謂《理惑論》作者為蒼梧太守牟融。然《隋書·經籍志》中的二卷《牟子》恐非《理惑論》，余嘉錫先生論之甚詳。[126]

《牟子理惑論》是第一部由中國人撰寫的系統性很強的佛教論著，採

---

[126]　參見余嘉錫：〈牟子理惑論檢討〉，《余嘉錫文史論集》，嶽麓書社1997年版，第100～120頁。

用問答的形式，回應了中國人對佛教的各種質疑，例如：如何為佛；若佛教至尊至大，為何上古三代聖人不修不傳；剃髮出家是否為不孝；死後輪迴是否可信。《牟子理惑論》的回答常常十分巧妙，有些內容表現了當時中國佛教徒有較為開闊的視野和胸襟：「書不必孔丘之言，藥不必扁鵲之方，合義者從，愈病者良，君子博取眾善以輔其身……五經事義，或有所闕，佛不見記，何足怪疑哉？」有解放思想，開拓當時中國人世界觀的啟發意義。

三、「敦煌菩薩」竺法護

竺法護（曇摩羅剎，約西元229年至306年），僧傳謂其月支人，「世居敦煌」；早期史料也稱其為「支法護」。榮新江在〈小月氏考〉中提出：「一般來講，由貴霜帝國而來的大月氏僧人都以支為姓，法護改支為竺姓，可見其不是來自大月氏，應是世居敦煌的小月氏無疑。」[127] 不過僧傳中謂法護的師父為「竺高座」，法護隨師改姓竺，亦可說通。

陳世良在〈敦煌菩薩竺法護與于闐和尚無羅叉〉一文中提出無羅叉與法護為一人，法護的出生地應該是于闐。[128] 但如果無羅叉與竺法護為一人，則其將大品般若經分別翻譯為《放光般若經》與《光讚般若經》差異很大的兩個版本，殊不可信。

王惠民則認為，從文獻記載看，竺法護似不懂漢語，如翻譯《須真天子經》時，「太始二年十一月八日，於長安青門內白馬寺中，天竺菩薩曇摩羅剎口授出之。時傳言者，安文惠、帛元信。手受者，聶承遠、張玄泊、孫休達，十二月三十日未時訖。」竺法護需要傳言翻譯，所以他很可

---

[127]　參見榮新江：〈小月氏考〉，《中亞學刊》1990年第3期，第47～62頁。日本學者河野訓在其專著《初期漢訳仏典の研究：竺法護を中心として》（伊勢：皇學館大學出版部，2006年）中，亦持此說（參見該書第51頁）。

[128]　參見陳世良：〈敦煌菩薩竺法護與于闐和尚無羅叉〉，《1990年敦煌學國際研討會文集》（石窟史地、語文編），遼寧美術出版社1995年版；又載《新疆文物》1991年第4期。

能來自西域。合理的推測是，法護是天竺人，自幼出家，後來於西元260年代到中原，最早翻譯的一部經是西元265年譯出《無盡意經》。由於所帶佛經有限，「是時晉武帝之世（西元265年至290年），寺廟影像雖崇京邑，而方等深經蘊在西域。護乃慨然發憤，志弘大道」。於西元270年代返回西域，「遊歷諸國」，西行求法十餘年，「遂大齎胡本，還歸中夏」，「所獲大小乘經，《賢劫》、《大哀》、《法華》、《普曜》等，凡一百四十九部」。於西元284年到達敦煌，「來達玉門，因居敦煌」（《歷代三寶紀》卷六，《古今譯經圖紀》卷二為「先居敦煌」），不久前往中原，「自敦煌至長安，沿路傳譯，寫以晉文」。這就可以解釋法護譯經為何集中在西元284年至291年間，並且是在中斷譯經十多年後，首先從敦煌開始譯經的。《出三藏記集》說法護「孜孜所務，唯以弘通為業，終身譯寫，勞不告倦」，「宣隆佛化二十餘年」。法護卒於西元306年，從西元284年至卒，正是二十餘年。可以看出《出三藏記集》也是以西元284年為界來敘述的，否則從西元265年到西元306年，就是「宣隆佛化四十餘年」了。[129]

王惠民研究員的推測，具有一定的說服力。無論是傳統觀點，竺法護世居敦煌—西域取經—敦煌、長安一帶傳譯；還是王惠民推測的出生西域—前往中原—返回西域求經—再回中國於敦煌、長安一帶傳譯，敦煌都是西域與中原非常重要的交通樞紐。

在較早前洛陽譯經時，就有相當一批漢地的佛教居士參與了譯經工作，擔任了「度語」、「筆受」等工作；竺法護在敦煌、長安一帶譯經時，這種情況就更加突出。除了前面引文中提到協助竺法護翻譯《須真天子經》的數人外，張仕明、張仲政、陳世倫、孫佰虎、虞世雅等人，還參與了《正法華》等經典的翻譯。特別是聶承遠、聶道真父子，「清悟皆以度語為業」，「護公出經，（承遠）多參正文句」。這些漢地居士，不僅是文字編

---

[129] 參見王惠民：〈竺法護「世居敦煌」辨析〉，《蘭州大學學報（社科版）》，2008年第4期。

輯，也參與內容的刪定稽核，後世道安曾稱讚聶氏「護公所出，若審得此公手目，綱領必正，凡所譯經，雖不辯妙婉顯，而宏達欣暢，特善無生，依慧不文，樸則近本」[130]。這些都說明中國人佛教知識水準已有大幅度提高，此時的中國佛教已不完全是西域胡人的僑民佛教。

同時，我們應該看到，竺法護教團規模很大，立寺長安青門外，僧徒千人；「關中有甲族欲奉大法，試（法）護道德，偽往告急，求錢二十萬」[131]，亦可見竺法護教團的經濟實力。所以說，到竺法護圓寂的4世紀初，中國佛教教團無論從知識儲備，還是從教團實力，都邁上了一個新的臺階，中國佛教即將進入一個新的時代。

---

[130]　《高僧傳》，第24頁。
[131]　《出三藏記集》，第518頁。

第二章　東漢與三國時期的佛教

第三章

東晉時期義學的興起

第三章　東晉時期義學的興起

中國佛學自東晉勃興，僧叡〈毘摩羅詰提經義疏序〉：「自慧風東扇，法言流詠已來，雖日講肆，格義迂而乖本，六家偏而不即。」[132] 從《出三藏記集》等早期經錄來看，西晉太康年間（西元3世紀末）之前所譯各種經典，每經皆為一卷或二卷，除了三國時康僧會在東吳所譯彙集九十一則本生譚故事的《六度集經》為九卷外，只有般若類經典篇幅最多，特別是漢末所譯《道行般若經》，有十卷之多，所以說最早比較系統地介紹入中國的佛學思想當推佛教的般若思想。東晉時，中國人對般若思想的講習，主要分為「格義」與「六家」。

（一）格義

最常見的解釋是依據《高僧傳》卷四竺法雅傳：「以經中事數，擬配外書，為生解之例，謂之格義。」[133] 即認為，竺法雅等人用老莊等中國典籍術語，去比附佛經中的術語概念（事數），並固定下來，「並隨條注之為例」[134]（本書以下引文均以此書為準。），有「經過刊定的統一格式」[135]，作為教授學徒的範例。後湯用彤先生又提出，格義可能與漢代講經制度，特別是「都講」制度有關。[136] 而陳寅恪先生則認為，格義是一種「合本子注」的形式。[137]

筆者認為，湯、陳兩位先生的看法，都有一定道理，格義的形成，顯

---

[132]　僧叡：〈毗摩羅詰提經義疏序〉，《出三藏記集》第311頁。
[133]　《高僧傳》，第152頁。
[134]　《漢魏兩晉南北朝佛教史》（增訂本），崑崙出版社2006年版，上冊，第212頁。
[135]　《中國佛學源流略講》，第2504頁。
[136]　湯用彤先生1948年在美國講學期間用英文寫成的〈論「格義」：最早一種融合印度佛教和中國思想的方法〉，至今仍是佛教研究者這方面最為重要的論文，1990年石峻先生將該文翻譯為中文，刊於湯用彤《理學・佛學・玄學》（北京大學出版社1991年版）一書中。
[137]　參見萬繩楠整理：《魏晉南北朝史演講錄》，黃山書社1987年版，第61頁。早在1933年陳寅恪先生便於《支湣度學說考》中提出「合本子注」的概念。值得關注的是，不僅佛典如此，陳先生在讀史札記中也將《三國志注》、《水經注》、《世說新語注》都視為廣義的合本子注，這對我們理解「格義」的意義和背景，頗有啟發作用。陳先生治史「廣搜群籍，考訂解釋」，合本子注是其一個重要研究方法，讀者可參考盧向前：《敦煌吐魯番文書論稿》，江西人民出版社1992年版，第272～273頁。

然是受到中土多種文化制度的影響。但就僧叡的引文來看，格義是屬於「講肆」的一種形式，而非直接文字的翻譯注疏等寫作工作，故說格義是合本子注的一種形式，恐難完全成立，當然我們也不排除講論之後形成文字。而就佛教本身成熟的都講制度來說，發問的「都講」人，地位較低，似只是起過渡引導作用，並不能充分參與辯論，齊代僧人釋僧慧，「性強記，不煩都講」[138]；再如《高僧傳》卷七記載，僧導年十八，「僧叡見而奇之。問曰：君於佛法，且欲何願？導曰：且願為法師作都講。叡曰：君方當為萬人法主，豈肯對揚小師乎！」[139] 當然，在東晉，都講有時地位也很高，如《世說新語》文學第四十條：「支道林、許掾諸人共在會稽王齋頭。支為法師，許為都講。支通一義，四坐莫不厭心。許送一難，眾人莫不抃舞。但共嗟詠二家之美，不辯其理之所在。」[140] 不過這已近於清談辯論了，我們在前文討論過南方類型的新格義（「連類」）。

就格義本身的操作施行來看，筆者認為可能跟清談的關係更為密切，即便在狹義的格義中，也呈現了這一特點。格義從本質上說，是一種對某個佛教義理主題的清談，竺法雅與康法朗等人在清談過程中，用中土的概念義理討論佛教的概念義理，取得的結論，即作為清談中的「勝理」固定下來，以訓門徒，成為後人、門徒效法的典範，這在清談中也是十分常見的。僧傳中說：「（竺法）雅風采灑落，善於樞機，外典佛經，遞互講說，與道安、法汰每披釋湊疑，共盡經要。」[141] 應該說頗有清談的風雅，而並非拘泥的對譯手冊。

（二）六家

《高僧傳・道安傳》提道：「初，經出已久，而舊譯時謬，致使深藏，

---

[138]　《高僧傳》，第321頁。
[139]　《高僧傳》，第280～281頁。
[140]　《世說新語箋疏》上冊，第268～269頁。
[141]　《高僧傳》，第152～153頁。

第三章　東晉時期義學的興起

隱沒未通；每至講說，唯敘大意轉讀而已。安窮覽經典，鉤深致遠，其所注《般若道行》、《密跡》、《安般》諸經，並尋文比句，為起盡之義，乃析疑甄解，凡二十二卷。序致淵富，妙盡深旨，條貫既敘，文理會通，經義克明，自安始也。」[142] 早期佛教講經，「唯敘大意」，講經法師常可根據自己的理解而進行發揮，而並不完全拘泥文字，「尋文比句」。如《高僧傳·支孝龍傳》：「時竺叔蘭初譯《放光經》。龍既素樂無相，得即披閱，旬有餘日，便就開講。」[143]《放光般若經》元康元年譯出，二十卷九十品，支孝龍閱讀十幾天便可開講，恐主要是根據自己往昔對「無相」理解基礎上的發揮新義。

《世說新語》記載：「郗嘉賓問謝太傅曰：林公談何如嵇公？謝云：嵇公勤著腳，裁可得去耳。又問：殷何如支？謝曰：正爾有超拔，支乃過殷；然亹亹論辯，恐（殷）欲制支。」[144] 支道林喜觀其大略，故這也是他「時為守文者所陋」的原因。但這恰好從另一個側面說明了「大抵南人簡約，得其英華」：「褚季野語孫安云：北人學問，淵綜廣博。孫答曰：南人學問，清通簡要。支道林聞之曰：聖賢故所忘言。自中人以還，北人看書，如顯處視月，南人學問，如牖中窺日。（支所言，但譬孫、褚之理也。然則學廣則難周，難周則識闇，故如顯處視月；學寡則易核，易核則智明，故如牖中窺日也。）」[145]

支道林是「六家」中「即色」的代表人物，六家各義，皆彼此不同，標新立異，為時人所羨。清通簡要、孤明先發、標新立異，可博得世人矚

---

[142]　《高僧傳》，第 179 頁。
[143]　《高僧傳》，第 149 頁。
[144]　《世說新語箋疏》中冊，第 633 頁。《高僧傳》卷四支道林傳中有相應的文字：「郗超問謝安：林公談何如嵇中散？安曰：嵇努力裁得去耳。又問：何如殷浩？安曰：亹亹論辯，恐殷制支；超拔直上淵源，浩實有慚德。」（《高僧傳》，第 161 頁）《高僧傳》和《世說新語》兩段文字相比，謝安對殷浩與支道林的評語，前後語序顛倒，重心不同，《世說》實在貶支道林，而《高僧傳》則在抬高支道林。《高僧傳》晚出，顯係僧傳有意為之。
[145]　《世說新語箋疏》上冊，第 255 頁。

目，贏得聲望，這是魏晉崇尚玄風的社會風氣所致。如當時與支道林爭名的識含義創立者於法開，僧傳說他「深思孤發，獨見言表」[146]；而最典型的「獨發」就是六家中的「心無」家，相傳「湣度道人始欲過江，與一傖道人為侶，謀曰：用舊義在江東，恐不辦得食。便共立心無義」[147]。

《高僧傳·康僧淵傳》中提到，支敏度（湣度道人）「聰哲有響」[148]。立新義，有聲望，可得食，說明社會風尚，崇尚新義；故東晉時般若各家新說迭出，雖然彼此攻訐不已，但被時人並列為「六家」。就當時的社會風氣來看，筆者認為「六家」人物是被視為「相輩」（即列為同品）[149]，如七賢、八俊、八達一樣，恐有褒獎之意，直到鳩摩羅什譯經時（5世紀初），「六家偏而不即」才逐漸轉為貶義。

興盛一時的格義與六家逐漸衰落，與鳩摩羅什來華，大量翻譯、重譯般若類典籍，有直接關係，鳩摩羅什之後，中國佛教義學又進入了一個嶄新的時代。

第一節　六家七宗：東晉般若學的興盛

六家七宗，本指鳩摩羅什來華以前，在中國佛教般若學中存在「偏而不即」的六家，再加一個「最得其實」的性空之宗，從而構成「六家七宗」。僧肇所批判的「心無」、「即色」和「本無」三家，代表人物分別是：心無家的支湣度、道恆、竺法溫（蘊），即色家的支道林及其末學，本無家的竺

---

[146]　《高僧傳》，第167頁。
[147]　《世說新語箋疏》下冊，第1009頁。「晉成之世，（康僧淵）與康法暢、支敏度等俱過江。」（《高僧傳》，第151頁。）
[148]　《高僧傳》，第151頁。
[149]　相輩一詞的解釋，可參見周一良：〈相輩與清談〉，《魏晉南北朝讀史札記》，中華書局2007年第2版，第51～53頁。

第三章　東晉時期義學的興起

法汰、竺法深。

般若「六家」的主要代表人物，4世紀中葉基本都在江南。按照地域和思想內容等因素來劃分，可以分為兩大類。第一類是心無家，流行在荊地，受桓氏支持；其餘五家流行於南京、會稽等地，受王謝家族支持，是第二類，他們都反對萬物未嘗無的心無家。而在後一大類之中，又有兩種傾向，一是即色家，一是識含家。即色家雖反對萬物未嘗無，但偏重講色（物質），即色是空，色復異空，緣會家思想與此接近；而識含家則不大重視談現實世界，更強調三界皆空，比較注重心識（神）的作用。另外幾家，從思想傾向上應該說，都是傾向於識含家的，道安的性空宗大體上也可歸入此類。

六家七宗對於讓中土知識分子接觸和了解佛教，是有貢獻的；他們將般若學與宗教修行聯繫起來，重視心識，對後來中國佛教確立神不滅、法性、佛性等思想，都有啟發，其歷史功績不應該抹殺。

朱熹說：「後漢明帝時，佛始入中國。當時楚王英最好之，然都不曉其說。直至晉宋間，其教漸盛，然當時文字亦只是將莊老之說來鋪張，如遠師諸論，皆成片盡是老莊意思。」在朱熹看來：「釋氏書其初只有《四十二章經》，所言甚鄙俚。後來日添月益，皆是中華文士相助撰集。如晉宋間自立講師……各相問難，筆之於書，轉相欺誑。大抵多是剽竊老子、列子意思，變換推衍以文其說。」、「佛氏乘虛入中國。廣大自勝之說，幻妄寂滅之論，自齋戒變為義學，如遠法師、支道林皆義學，然又只是盜襲莊子之說。」（《朱子語類》卷第一百二十六）

朱熹站在儒教立場上批判佛教，認為佛教經典「皆是中華文士相助撰集」，其觀點顯失公允。實際上，「影響總是相互的，在這個交涉過程中，玄學也會受到佛學一定的影響，這從兩者的流傳年代看，可以得到證

第一節　六家七宗：東晉般若學的興盛

明」[150]。但朱熹認為義學沙門連類老莊，影響日大，佛教在中國始盛於晉宋，卻是頗有見地的。「齋戒變為義學」，在晉宋間「各相問難」的沙門講師，在現今來看，東晉佛教般若學「六家七宗」是其中非常重要的代表。

在鳩摩羅什來華以前，佛教大乘般若類經典的翻譯就已經初具規模，小品類有東漢支讖譯《道行般若經》、吳支謙譯《大明度無極經》；大品類有西晉竺叔蘭、無羅叉譯《放光般若經》、西晉竺法護譯《光讚般若經》。東晉「六家七宗」的時代，佛教界學僧，受當時社會上玄談風氣影響，對經典理解各異，思維活躍，新義層出。六家七宗的義學沙門講法，往往是「黑白觀聽，士女成群」，極大地擴大了佛教在中國傳統文化中的影響力。

近代以來，學術界對東晉時期的佛教般若學「六家七宗」爭論頗多，筆者嘗試就此談一些自己的想法。

一、六家七宗的代表人物探析

（一）「六家」的說法，最早見於僧叡的〈毘摩羅詰提經義疏序〉：

自慧風東扇，法言流泳已來，雖曰講肆格義迂而乖本，六家偏而不即。性空之宗，以今驗之，最得其實，然爐火之功，微恨不盡，當是無法可尋，非尋之不得也。

從引文中，可以看出，「性空之宗」，顯然是在「六家」之外。「性空之宗」，僧叡是指道安的學說。僧叡〈大品經序〉：

亡師安和上，鑿荒塗以開轍，標玄指於性空，落乖從而直達，殆不以謬文為閡也，亹亹之功，思過其半，邁之遠矣。

日人安澄在《中論疏記》卷三末，表達了不同看法，今從安澄說：

言「師云安和上」等者，有人傳云：有本云「師云」者。此非當也。今

---

[150] 《呂澂佛學論著選集》五，第 2486 頁。

案《破空品疏》末云:「叡師嘆釋道安:鑿荒塗以開轍,標玄指於性空。唯性空之宗,最得其實。」準之可悉。

從以上引文來看,固然僧叡認為道安的學說有些瑕疵,但其功績是主要的;《詩經・大雅・文王》有「亹亹文王,令聞不已」,可見僧叡對道安的讚譽。而且,僧叡文中「以今驗之」,顯然是指鳩摩羅什的經文翻譯。也就是說,在鳩摩羅什來華之前,中土佛學有「格義」、有「六家」,在「六家」之外,還有道安的「性空之宗」;鳩摩羅什來華後,大量翻譯了佛教經典,在「經義大明」的情況下,來判別中土原有的佛教學派,「格義迂而乖本,六家偏而不即。性空之宗,以今驗之,最得其實,然爐火之功,微恨不盡」。

道安的性空之宗,雖然有瑕疵,但是當時人們公認,還是比較接近大乘空宗學說的,「義不遠宗,言不乖實,起之於亡師(指道安——引者注)」(慧叡〈喻疑論〉)。因此,東晉南北朝時,人們往往將道安與鳩摩羅什並稱。僧祐〈弘明集後序〉:

晉武之初,機緣漸深。……既而安上弘經於山東,什公宣法於關右,精義既敷,實像彌照。英才碩智,並驗理而伏膺矣。

梁慧皎《高僧傳・道安》:

安先聞羅什在西國,思共講析,每勸堅取之。什亦遠聞安風,謂是東方聖人,恆遙而禮之。……安終後十六年,什公方至,什恨不相見,悲恨無極。

《魏書・釋老志》:

時西域有胡沙門鳩摩羅什,思通法門,道安思與講釋,每勸致羅什。什亦承安令問,謂之東方聖人,或時遙拜致敬。道安辛後二十餘載羅什至長安,恨不及安,以為深慨。道安所正經義,與羅什譯出,符會如一,初無乖舛。於是法旨大著中原。

第一節　六家七宗：東晉般若學的興盛

即使是陳時慧達的〈肇論序〉和唐時元康的《肇論疏》也是道安與鳩摩羅什並稱。慧達〈肇論序〉：

至如彌天大德，童壽桑門，並創始命宗，圖辯格致，播揚宣述。

元康《肇論疏》：

安法師立義以性空為宗，作性空論；什法師以實相為宗，作實相論，是謂命宗也。

由此可見，六家七宗，本指「偏而不即」的六家，再加一個「最得其實」的性空之宗，從而構成「六家七宗」。

(二) 六家具體何指，僧叡並未明言。而與僧叡同時的僧肇在〈不真空論〉中提到了三家，並進行了簡要的分析批判。

故頃爾談論，至於虛宗，每有不同。夫以不同而適同，有何物而可同哉！故眾論競作，而性莫同焉。何則？「心無」者，無心於萬物，萬物未嘗無。此得在於神靜，失在於物虛。「即色」者，明色不自色，故雖色而非色也。夫言色者，但當色即色，豈待色色而後為色哉？此直語色不自色，未領色之非色也。「本無」者，情尚於無，多觸言以賓無。故非有，有即無，非無，無亦無。尋夫立文之本旨者，直以非有非真有，非無非真無耳。何必非有無此有，非無無彼無？此直好無之談，豈謂順通事實，即物之情哉？

唐代元康《肇論疏》對此有十分詳細的解說：

心無者，破晉朝支愍度心無義也。《世說》注（「注」字為衍文——引者注）云：愍度欲過江，與一傖道人為侶。謀曰：「若用舊義往江東，恐不辦得食。」便立心無義。既此道人不成渡江，愍果講此義。後有傖人來，先道人語云：「為我致意愍度，心無義那可立，此法權救飢耳。無為遂負如來也。」從此以後，此義大行。《高僧傳》云：沙門道恆頗有才力，常執

心無義,大行荊土。竺法汰曰:「此是邪說,應須破之。」乃大集名僧,令弟子曇一難之,據經引理,折駁紛紜。恆杖其口辯,不肯受屈。日色既暮,明旦更集。慧遠就席,攻數番,問責鋒起。恆自覺義途差異,神色漸動,麈尾扣案,未即有答。遠曰:「不疾而速,杼軸何為。」坐者皆笑。心無之義,於是而息。今肇法師亦破此義,先敘其宗,然後破也。「無心萬物,萬物未嘗無」,謂經中言空者,但於物上不起執心,故言其空。然物是有,不曾無也。「此得在於神靜,失在於物虛者」,正破也。能於法上無執,故名為得;不知物性是空,故名為失也。

即色者,明色不自色,下第二破晉朝支道林《即色遊玄義》也。今尋林法師《即色論》,無有此語。然《林法師集》,別有《妙觀章》云:「夫色之性也,不自有色。色不自色,雖色而空。」今之所引,正此引文也。「夫言色者,當色色即色,豈待色色而後為色哉」者,此猶是林法師語意也。若當色自是色,可名有色;若待緣色成果色者,是則色非定色也。亦可云若待細色成粗色,是則色非定色也。「此直語色不自色,未領色之非色」者,正破也。有本作悟,有本作語,皆得也。此林法師但知言色非自色,因緣而成;而不知色本是空,猶存假有也。

本無者,下第三破晉朝竺法汰本無義也。「情尚於無,多觸言而賓無」者,情多貴尚此無也,觸言皆向無也。賓者,客也,客皆向主。今本無宗,言皆向無也。《爾雅》云:賓,服也。言服無,故云賓無耳也。「故非有,有即無,非無,無即無」者,謂經中言非有者,無有此有也,言非無者,無有彼無也。「尋夫立文之本旨」者,有本作「文」,有本作「無」。今用「文」也,謂尋經文字意也。「直以非有,非真有,非無,非真無」者,真,實也。非實定是有,故言非有,非實定是無,故言非無耳。「何必非有,無此有,非無,無彼無」者,不言非有無卻此有,非無無卻彼無也。「此直好無之談」者,直是好尚於無,故觸言向無耳。「豈所謂順通事實,即物之情哉」者,不順萬事之實性,不得即物之實性也。

第一節　六家七宗：東晉般若學的興盛

僧肇在〈不真空論〉中提到「心無」、「即色」和「本無」三家，是迄今見到的對「六家」最早的較詳細論述。元康的疏，基本可信，從現有其他資料檢驗，〈不真空論〉「心無」、「即色」和「本無」三句，「心無者，無心於萬物，萬物未嘗無」，「即色者，明色不自色，故雖色而非色也」，「本無者，情尚於無，多觸言以賓無」，都確有所指。心無的那句指的是「溫法師用心無義。心無者，無心於萬物，萬物未嘗無」（《大正藏》卷四二吉藏《中觀論疏》）。[151] 即色那句指：「支道林著《即色遊玄論》云：『夫色之性，色不自色，不自，雖色而空。』」（《大正藏》卷六五安澄《中論疏記》）[152] 故此說本無那句，也當有所指。張春波認為，僧肇的這段議論是針對竺法汰，宋淨源《肇論集解令模鈔‧釋不真空論》謂，汰嘗著書與郗超曰：「非有者，無卻此有；非無者，無卻彼無。」、「很顯然，僧肇所批評的本無宗的觀點跟《令模鈔》所引述的竺法汰的話完全一致。」[153]

由此我們知道，僧肇所批判的「心無」、「即色」和「本無」三家，代表人物分別是：心無家的支湣度、道恆、竺法溫（蘊），即色家的支道林和本無家的竺法汰。

（三）對六家七宗代表人物的進一步考察。

吉藏《中論疏‧因緣品》：

什師未至，長安本有三家義。一者釋道安明本無義，謂無在萬化之前，空為眾形之始。夫人之所滯，滯在未有，若詫心本無，則異想便息。叡法師云：「格義迂而乖本，六家偏而不即。」師云：「安和上鑿荒途以開轍，標玄旨於性空，以爐冶之功驗之，唯性空之宗最得其實。」詳此意安公明本無者，一切諸法本性空寂，故云「本無」。此與方等經論、什肇山

---

[151] 《中國佛教思想資料選編》第一卷，第 77 頁。
[152] 《中國佛教思想資料選編》第一卷，第 64 頁。
[153] 張春波：〈論發現《肇論集解令模鈔》的意義〉，見《哲學研究》1980 年第 3 期。讀者還可參考（日）伊藤隆壽：《肇論集解令模抄校釋》，上海古籍出版社 2008 年版；張春波：《肇論校釋》，中華書局 2010 年版。

第三章　東晉時期義學的興起

門義無異也。次琛法師云：「本無者，未有色法，先有於無，故從無出有。即無在有先，有在無後，故稱本無。」此釋為肇公不真空論之所破，亦經論之所未明也。若無在有前，則非有本性是無，即前無後有，從有還無。經云：若法前有後無，即諸佛菩薩便有過罪；若前無後有，亦有過罪。故不同此義也。

第二即色義。但即色有二家，一者關內即色義，明即色是空者。此明色無自性，故言即色是空，不言即色是本性空也。此義為肇公所呵。肇公云：「此乃悟色而不自色，未領色非色也。」次支道林著《即色遊玄論》，明即色是空，故言「即色遊玄論」。此猶是不壞假名，而說實相，與安師本性空，故無異也。

第三溫法師用心無義。心無者，無心於萬物，萬物未嘗無。此釋意云：經中說「諸法空者，欲令心體虛妄不執」，故言無耳。不空外物，即萬物之境不空。肇師詳云：「此得在於神靜，而失在於物虛。」破意云：「乃知心空而猶存物有，此計有得有失也。」

此四師即晉世所立矣。爰至宗大莊嚴寺曇濟法師著《七宗論》，還述前四以為四宗。

第五於法開立識含義，三界為長夜之宅，心識為大夢之主。今之所見群有，皆於夢中所見，其於大夢既覺，長夜獲曉，即倒惑識滅，三界都空。是時無所從生，而靡所不生。難曰：若爾，大覺之時便不見萬物。即失世諦，如來五眼何所見耶？

第六一法師云：世諦之法皆如幻化，是故經云：從本已來，未始有也。難曰：經稱幻化所作，無有罪福，若一切法，全同幻化者，實人化人竟何異耶？又經借虛以破實，實去而封虛，未得經意也。

第七於道邃明緣會，故有名為世諦，緣散故即無稱第一義諦。難云：經不壞假名而說實相，豈待推散方是真無。推散方無，蓋是俗中之事無耳。

第一節 六家七宗：東晉般若學的興盛

吉藏認為，本無宗有兩家，一是道安，按照大乘中觀來看，是正確的；二是琛法師（竺法深），認為無在有先，有生於無，這是僧肇在〈不真空論〉中所批判的。即色宗也有兩家，一是「關內即色」，這是僧肇在〈不真空論〉中所批判的；二是支道林法師的即色宗，這種觀點是「不壞假名而說實相，與安師本性空，故無異也」。

也就是說，吉藏實際上認為，僧肇在〈不真空論〉中所批判的「本無」家代表人物是竺法深，而「即色」家代表人物是「關內即色」一系。下面分別論之：

（1）竺法深與竺法汰同是東晉本無家的代表，吉藏所說他是本無宗代表人物，與元康所講並無實質矛盾。

這裡需要指出的是，現在學術界一般將道安作為本無宗的代表人物。但從僧叡到吉藏，都否定了道安屬於「偏而不即」的六家，是僧肇的批判對象；元康《肇論疏》進一步明確指出本無宗代表人物是竺法汰。日人安澄《中論疏記》徵引雖多，但在判教上基本沿襲並解釋了三論宗祖師吉藏說法。從現有所有能見到的資料來看，僧肇〈不真空論〉、陳代慧達〈肇論序〉、《名僧傳抄・曇濟傳》中引《（六家）七宗論》，元康《肇論疏》中引寶唱《續法輪論》所轉引的僧鏡《實相六家論》，這些書籍中都沒有提到道安屬於受批判的本無宗。

實際上，只有在日本保存的《肇論疏》講道安和慧遠是受批判的本無宗，它的具體論述大體沿襲《名僧傳抄・曇濟傳》中的語句，只是冠以道安之名。日本保存的《肇論疏》認為道安是受批判的本無宗，這與由大量證據支持的道安是性空宗的傳統說法相左，實為孤證；這部相傳為慧達所作的《肇論疏》也很可疑。這部書曾被題名東晉慧達，《高僧傳》卷十三中記載有一個以尋找阿育王塔和佛指舍利出名的東晉名僧慧達，但其年代尚早於僧肇，顯然不可能是《肇論疏》的作者，後人又將題名由東晉慧達改

為陳代作〈肇論序〉的那個慧達，但此亦不可信，筆者比較贊同呂澂先生的說法：

> 說日本保存的《肇論疏》為慧達作，這不可信，因為慧達在〈序〉中明白地表示：「聊寄一序，託悟在中」，並沒說自己作過疏；再說，元康也只看到此序，並未看到疏，可見疏是後出的；又疏文中自稱招提意云云，也不似作者本人的口吻。[154]

日人安澄所作《中論疏記》提到了慧達《疏》，但引用時總是放在元康疏之後，並有「康達」這種連稱，如「然康達二師，並云破支道林即色義，此言誤矣」(安澄是日本三論宗大師，其對六家七宗的看法，完全沿襲了三論宗祖師吉藏的說法)。元康疏引用了〈肇論序〉，而不引慧達《疏》，可見作《疏》之慧達當生活在元康(貞觀年間)之後、安澄(西元763年至814年)之前，為初唐後期到盛唐時人，此時中土三論宗宗勢尚未衰落，與時代背景亦合。可見，《疏》的作者絕不可能是作〈肇論序〉的那個陳代慧達。

故此，筆者以為當以年代較早的元康的說法為是，本無宗代表人物不是道安，而是竺法汰。

(2) 吉藏認為僧肇在〈不真空論〉中所批判的「即色」家是「關內即色」而非支道林，這與元康的說法在表達上有衝突。

「關內即色」何所指謂，已無案可稽。「關內即色」，筆者懷疑其出處在於吉藏「什師未至長安本有三家義」。這句話可以有兩種句讀，「什師未至長安，(中土)本有三家義」，日人安澄是如此理解的，他在概括吉藏此句時說「初中言什師未至長安等者」(《中論疏記·第三末》)；不過該句還有一種句讀，「什師未至(中土)，長安本有三家義」。吉藏的原意，筆者以為可能是後者。吉藏有理由認為僧肇作〈不真空論〉所破三家，當在長

---

[154] 《呂澂佛學論著選集》五，第2506頁。

第一節　六家七宗：東晉般若學的興盛

安有所影響。而竺法深、釋道安、竺法汰、支遁度等人，都是成年以後才南渡的。唯獨支道林幼年便已經在江南，若「長安本有三家義」，則必然存在「關內即色」，這是僧肇所破。

支道林名士氣質很濃，弟子似很難傳習。「三乘佛家滯義，支道林分判，使三乘炳然。諸人在下坐聽，皆云可通。支下坐，自共說，正當得兩，入三便亂。今義弟子雖傳，猶不盡可。」（《世說新語・文學》）可能支道林末流弟子及其應和者並未能理解支道林真意，在江北歪曲了支道林的思想。但是，整體而言，即色（即便是關內末流）是出於支道林，這並沒有疑義。道安標舉性空，自己不講本無；而支道林自己標舉即色，他與即色的關係，同道安與本無的關係，是不能類比的。因此從廣義上說，僧肇所批判的即色是出於支道林的。

吉藏是一代宗師，他的評判不僅是學術史研究，而且帶有判教性質。他認為道安、支道林不是僧肇所破，是對道安、支道林所持教義的肯定，所以將他們劃入了什肇山門義之中。在判教方面，應該說吉藏是很有見地的；但具體到實際的學術史，則筆者以為，道安不是僧肇所破的本無家，而支道林則是廣義上僧肇所破的即色家。

二、六家七宗的分類

本無家代表人物：琛法師（竺法深）、竺僧敷、竺法汰。竺法深等人是老一輩的法師，筆者推測，是他們先在東晉提倡本無義，西元350年代，30多歲的竺法汰南渡後，可能思想上接近本無宗，故此被劃入本無家。竺法深和竺法汰雖然都同意無在有先，但在「虛豁之中，能生萬有」的問題上，東晉本無的舊義可能與法汰觀點相左（竺法深等人贊同，竺法汰等人則反對），故有本宗、異宗之分。法汰多次寫信給道安高度讚揚竺僧敷的觀點（《高僧傳・竺僧敷》），竺僧敷應該是本無新義的支持者。筆者以為，按早期情況來看，將竺法深舊義判為本宗，法汰新義判為異宗，可能

第三章　東晉時期義學的興起

更為合理一些；而後來法汰聲望越來越大，認為「有生於無」的本無舊義，反倒成了異端。

心無家代表人物：支湣度、竺法蘊、道恆、劉遺民、王謐（以及桓玄）。劉遺民著有《釋心無義》，應為心無家的信奉者。桓玄難，王謐答《心無義問難》，此書現已失傳，王謐答疑自然屬於心無一家，而桓玄問難，是否被心無義說服不得而知，但按當時成書的風氣如《牟子理惑論》、〈辨宗論〉，都是答疑一方占優勢，這可能是當時一種解說教義的問答體例。如〈辨宗論〉反對頓悟一方的法綱、慧琳，似後來與道生關係融洽。道生被趕出南京後，便是寄居在蘇州虎丘法綱處；而道生死後，慧琳為其撰寫誄文。故此推測，在《心無義問難》中問難的桓玄，或許也是心無家。

竺法蘊本是本無家竺法深的弟子，後來持心無義。有學者認為：「法深的弟子竺法蘊放棄了老師的論點，轉而支持心無義，『有生於無』的命題受到歷史的淘汰，本無異宗（這裡的本無異宗指竺法深等人本無舊義——引者注）後繼無人，失去影響。」[155] 進而還認為，只有道安的「本無宗」最有影響，才值得批判。筆者則認為，正因為竺法蘊受到了「有生於無」這種本無舊義的影響，才會贊同「萬物未嘗無」的心無義觀點。竺法深舊義尚且認為「有生於無」，而後法汰等人新義則完全本「無」，否定「有生於無」。竺法蘊此時出走，說明隨著理論的進一步發展，本無家理論進一步淨化，本無與心無的分歧也因此越來越大。

即色家代表人物：支道林、郗超。《高僧傳・於法開傳》載：「每與支道林爭即色空義，廬江何默申明開難，高平郗超宣述林解，並傳於世。」郗超是大力支持支道林的即色義。又支道林將法虔視為知己（《世說新語・傷逝》），學術觀點當接近。支道林一生交往名士頗多，戴逵、王珣、

---

[155]　任繼愈主編：《中國佛教史》第二卷，中國社會科學出版社 1985 年版，第 226 頁。

孫綽都對支道林評價頗高,對其理論,應該膺服。孫綽在一次支道林同他人的辯論中,挑逗本無家的竺法深,「上人當是逆風家,向來何以都不言」。法深依舊笑而不答,而支道林則說:「白旃檀非不馥,焉能逆風。」(《世說新語‧文學》)孫綽與支道林,一唱一和,當是關係十分密切。

識含家代表人物:於法開。據《高僧傳‧於法開傳》記載:廬山何默支持於法開的觀點,而反對支道林的即色義;於法開又有弟子於法威,「清悟有樞辯」。

幻化家代表人物:一法師(道一)。據《高僧傳‧道一傳》,道一有好友帛道猷,弟子道寶。

緣會家代表人物:於道邃。《高僧傳‧於道邃傳》記載謝慶緒對於道邃十分推重。

性空宗代表人物:道安(以及慧遠)。西元365年,道安南來襄陽,學術重點逐漸由北禪轉向南義,後人評價他的學說為「性空之宗」。慧遠在去廬山之前,跟隨道安多年,是道安的得意門生,就學於道安時,應該對性空宗十分熟悉。

後人所謂的般若六家七宗的主要代表人物,西元340年代至370年代,基本都在江南。按照地域和思想內容等因素來劃分,可以分為兩大類。

(1) 第一類是以南京(會稽)為中心,有五家。

本無家竺法汰。「(佛圖)澄卒後,中國紛亂,道安乃率門徒,南遊新野。」(《魏書‧釋老志》)法汰與道安只是同學關係,「或有言曰:汰是安公弟子,非也」(《高僧傳‧竺法汰》),沒有必要總待在一起。竺法汰大約是在西元350年代初與道安於新野分別,道安後北去河北山西,法汰則帶領弟子南下。竺法汰在南下途中染病,得到了當時荊州的實際統治者桓溫的供養照顧,道安可能也派人探望。石虎死(西元349年)後,桓溫的策略是靜觀持重,坐大於荊、梁。法汰此時在荊州見到桓溫,在時間上是符

第三章　東晉時期義學的興起

合的。當時法汰年紀尚輕，只有三十多歲，似乎並未引起桓溫太多重視，「溫欲共汰久語，先對諸賓，未及前汰」，僧傳上說因為桓溫想跟法汰「久語」，所以先沒有跟他說話，恐是後人溢美；當時法汰恐是名聲不大，沒有引起桓溫重視，自己為此也頗為氣惱，因此託病而提前離席。法汰在荊州沒有引起桓溫重視，應不久就南下京師，並得到了桓溫政敵王、謝的大力支持，並逐漸獲得大名。《世說新語・賞譽》：「初，法汰北來，未知名，王領軍供養之，每與周旋行來……因此名遂重。」對法汰，「領軍王洽、東亭王珣、太傅謝安，並欽敬無極。」王領軍即王洽，是王導的第三子，在諸兄弟中最為出名，歷任吳國內史、中領軍等職，卒於西元358年。因此，竺法汰是西元350年代初與道安分別，後南下，先到了荊州，並沒有贏得當地統治者桓溫的重視（期間或有小病），於是不久前往東晉首都南京。他至遲在50年代中期，就應當已經在南京，並得到王洽的大力支持，聲名鵲起。[156]

本無家其他代表人物，如竺法深等人先時已經在江南。即色家支道林，自幼在南方，晉哀帝即位（西元362年）後不斷徵召他來南京，在東安寺講《道行》。識含家於法開，曾在昇平五年（西元361年）被請去為孝宗看病（《高僧傳・於法開》），《世說新語・文學》中有關於他及其弟子與支道林爭辯的記載。幻化家道壹，吳人，少出家，「瑯琊王珣兄弟深加敬事」，晉太和年間（西元366年至371年）隨法汰於瓦官寺學習（《高僧傳・道壹》）。緣會家於道邃，與於法蘭同時過江，「謝慶緒大相推重」（《高僧傳・於道邃》）。以上五家受到會稽王及王、謝家族物質上的資助和輿論上的支持。

（2）另一類主要是在荊州（襄陽）流行的心無家。

心無家支敏度在「晉成之世」（西元326年至342年）過江（《高僧傳・康僧淵》），且根據《世說新語・假譎》中的說法，「心無義」是在渡江後才

---

[156]　筆者此處說法與湯用彤先生異，故略加論證。

確立,並在荊州大行其道。心無家理論觀點明顯與其他五家不同,且受到桓溫的支持。桓溫很早就與會稽王有間,西元350年「(桓)溫滅蜀,威名大振,朝廷憚之。會稽王昱以揚州刺史殷浩有盛名,朝野推服,乃引心膂,與參綜朝權,欲以抗溫;有時與溫浸相疑貳」(《資治通鑑‧永和四年》)。桓氏與王、謝更是勢不兩立。《世說新語‧文學》中說習鑿齒早年受到桓溫賞識,習鑿齒對此知遇之恩深為感謝,「後見簡文,返命,宣武(桓溫)問:『見相王何如?』答云:『一生不曾見此人。』從此忤旨」。這個故事的可靠程度有多大,尚難確定,但桓溫與簡文(當時實為會稽王)勢不兩立,顯然已是人所共知的事情了。道安應習鑿齒之邀南來襄陽,後又派弟子慧遠協助本無家,去攻擊桓溫支持的心無義,恐也有為友人「幫忙」的意思。

　　心無家不斷受到來自南京各家的辯難,不可避免會有政治方面的角力。《世說新語‧文學》:「桓宣武集諸名勝講《易》,日說一卦,簡文欲聽,聞此便還,曰:『義自當有難易,其以一卦為限耶?』」簡文不屑聽講,言語間透露出對桓溫的看不起。很明顯,玄談在當時已經成為政治人物製造輿論、相互較量的一個場所。佛教般若學各派之間的爭論,也難例外。

　　以上我們就可以知道,所謂「六家」本是指東晉各般若學派,他們同當時永和玄談關係密切(其代表人物也多被寫進《世說》[157]之中),各家均各自得到了當時士族的支持,是特定時間地點的產物。就他們具體所持的觀點來看,心無家認為心無,而萬物未嘗無;其他五家則強調萬物是虛無的。兩者差別也非常大。而第七宗,性空宗道安先是在北,基本身處局外;後居襄陽,此時才開始專注研究般若學,建立所謂「性空之宗」。道安與法汰有同學關係,對荊州心無宗持批評態度,道安弟子慧遠也參與了與心無家的辯論;而且道安託靠的習鑿齒與桓氏交惡,因此若要歸類,道安的性空

---

[157] 《世說新語》對南京五家多有褒揚,而對荊州一家批判甚切,其傾向性非常明顯。

第三章　東晉時期義學的興起

宗可以歸入這第一大類之中,對主張萬物未嘗無的心無宗持批評態度。

而在第一大類之中,又有兩種傾向,一是即色家,一是識含家。從現存史料的記敘來看,即色家和識含家的爭論是很多的。《高僧傳·於法開》:於法開「每與支道林爭即色宗義,廬山何默申明開難,高平郗超宣述林解」。即色家雖然反對萬物未嘗無的心無家,但也偏重講色(物質),即色是空,色復異空;而識含家則不大重視談現實世界,更強調三界皆空,比較注重心識(神)的作用。另外幾家,從思想傾向上應該說,都是傾向於識含家,而批評即色家的。從現存史料來看,幻化家主張「心有物幻」,與識含家十分接近,甚至可以說觀點幾乎一致,只是表達方式(譬喻)上有所不同。而幻化家代表人物道一的老師是本無家的竺法汰,竺法汰曾寫信同即色家的郗超辯論。本無家的竺法深嘗言:「君自見其朱門,貧道如遊蓬戶」(《世說新語·言語》),亦是不重外物色相之人。竺法深還諷刺過支道林計劃買沃洲小嶺隱居(《高僧傳·竺道潛傳》、《世說新語·排調》)。在這點上,道安的氣質也與此近似,道安曾經批評即色家的郗超「損米」,《世說新語·雅量》:「郗嘉賓欽崇道安德問,餉米千斛,修書累紙,意寄殷勤。道安答,直云:『損米』,愈覺有待之為煩。」

這裡需要討論的是緣會家。緣會家代表人物於道邃與識含家代表人物於法開是同門,都是於法蘭的弟子。但從思想傾向上來看,緣會家與識含家差異比較大,而跟即色家更接近。緣會家認為「有名為世諦,緣散故即無稱第一義諦」,多少還是給予「有」一定地位的,這個立場與即色家相同。故此於道邃逝世後,即色家的「郗超圖寫其形,支遁著銘贊曰:『英英上人,識通理清。朗質玉瑩,德音蘭馨。』孫綽以邃比阮咸」(《高僧傳·於道邃》)。於道邃英年早逝,生前終身不離於法蘭左右。支道林對於法蘭立像讚嘆,孫綽對於法蘭的評價很高,可見於法蘭、於道邃師徒,都得到了即色家的認可。而於法開自己別立識含家,觀點與即色家大異,當是

第一節　六家七宗：東晉般若學的興盛

意見與老師於法蘭觀點相左的緣故，其情況大約與竺法蘊不滿意法汰本無新義，而轉持即色義相似。

按照思想內容，六家七宗大體的分類：

1. 心無家，主張「無心於萬物，萬物未嘗無」。認為「有生於無」的本無舊義，有與此相通的地方，本無舊義代表人物竺法深的弟子竺法蘊，轉而支持心無義，便是兩者近似的表現之一。這種在一定程度上承認實「有」的觀點，同佛教正統般若學差距比較大。

2. 第二大類：六家七宗其餘各學派都反對「萬物未嘗無」的觀點，它們可再分為兩類。

2.1 即色家、緣會家。即色家認為萬物沒有自己恆久不變的本性（色無自性），因此即色是空；緣會家認為萬物可以「推散」（緣散）故是「真無」。這兩家從本質上來說，都是從事物都可以生滅變化，不能固定恆常的角度來解說性空，兩者可以相互發明補充，思想十分接近。他們這樣解說的一個重要推論是，「色」、「有」同「空」、「無」之間，還是有一定差別的，「色復異空」，「有名為世諦，緣散故即無稱第一義諦」，在這點上同印度大乘空宗是有一定距離的。

2.2 識含家、幻化家、本無家、性空宗。這幾家，從根本上否定「有」的存在，「從本已來，未始有也」，所謂的「有」只是虛幻，實際並不存在真實的「有」。但識含家、幻化家、本無家，「偏而不即」，有破假名而談實相之嫌，讓凡夫亦有報應為虛幻的錯覺。而性空宗的道安，「最得其實」。從現存資料來看，道安的般若思想在〈合放光光讚略解序〉中保存得比較全面：

凡論般若，推諸病之疆服者，理轍者也。尋眾藥之封域者，斷跡者也。高談其轍跡者，失其所以指南也。其所以指者，若《假號章》之不住，《五通品》之不貢高，是其涉百關而不失午者也。宜精理其轍跡，又

思存其所指，則始可與言智已矣。何者？諸五陰至薩云若，則是菩薩來往所現法慧，可道之道也。諸一相無相，則是菩薩來往所現真慧，明乎常道也。可道，故後章或曰世俗，或曰說已也。常道，則或曰無為，或曰復說也。此兩者同謂之智，而不可相無也。斯乃轉法輪之目要，般若波羅蜜之常例也。

「宜精理其轍跡，又思存其所指，則始可與言智已矣」，「此兩者同謂之智而不可相無也」，道安雖然堅決反對實「有」，但顯然也並不是「情尚於無（多）」。在道安看來，俗諦（可道）與真諦（常道），是「同謂之智」，既要「假號章」，又要「不住」；既要「涉百關」，又要「不失丼」；既要「精理其轍跡」，又要「思存其所指」，可見道安並不是僧肇所批評的「此直好無之談」。當然行文中，道安難免有些格義的痕跡，「然爐火之功，微恨不盡」這個評價，筆者認為是公道的。

三、六家七宗的思想史地位

永和年間（西元 345 年至 356 年）北方時局動盪，緩解了南方的外部壓力。東晉利用這個時機，於永和七年收復洛陽，八年得傳國玉璽，給人一種「昇平」（西元 357 年至 361 年）在望的表象。偏安江南的東晉外部壓力緩解，而內部各種勢力又勢均力敵。故此時東晉社會局面短暫安定，出現了「永和人物」崇尚玄談的社會風氣。與此相伴隨，佛教界般若思想在東晉也逐漸活躍起來。

中國固有的學術傳統是重家學師承，而沙門易服換姓，在魏晉時期是新出現的事物，受到傳統束縛較少，早期僧侶往往不重師傳，以致僧傳中對其師承關係往往失載，一個僧人師從幾人的現象也很普遍。「六朝時期，『道家』指的是道士——『道人』則指的是僧侶。」[158] 我們僅從當時對僧侶的稱呼上，就可以看出當時的義學沙門個人相對比較獨立。

---

[158]〔法〕索安著，呂鵬志、陳平等譯：《西方道教研究編年史》，中華書局 2002 年版，第 5 頁。

第一節　六家七宗：東晉般若學的興盛

　　六家七宗的代表人物之間，也多有同學、師徒關係。可見，「六家七宗」是學派而非教派，雖然各家之間相互有所攻擊，但整體而言還是學術義理爭論，合則同不合則散，來去自由。因此「六家七宗」的劃分，實際是人們對當時的各種學術觀點、思潮的分類。

　　到了東晉末年（特別是簡文帝死後），門閥士族社會逐漸走向衰落，玄談的風氣也逐漸失去了社會基礎。西元371年說一切有部僧伽提婆在廬山譯經說法，經過數年努力，隆安元年（西元397年）提婆終於可以躋身東晉首都佛教界。提婆入京，恐是東晉佛教風氣轉折的開始，此後六家般若學基本上就告一段落。[159] 西元401年，鳩摩羅什到長安，此後十餘年，翻譯出大量高品質的佛教經典，經義大明。北方及南方此後才開始出現對六家七宗之評判總結。

　　僧叡最早提到「六家」時，是與「格義」對舉。陳寅恪在《支湣度學說考》[160]中，論述了心無義與擬配外書（老莊易「三玄」等俗書）的格義方法之間的關係。其實不僅是心無家，六家七宗中除了道安的性空宗外，都大量採用了玄學術語，支道林善《莊子‧逍遙遊》，以此闡發即色義。本無家所標舉以無為本，便直接出自玄學，「魏正史中，何晏、王弼等祖述老莊，立論以為：天地萬物皆以無為本。無也者，開物成務，無往不存者也。陰陽恃以化生，萬物恃以成形，賢者恃以成德，不肖恃以免身」[161]。於法開、於道邃等人也都有名士風度。實際上，當時義學沙門講法的聽眾，僧俗皆有，不可能完全不用俗書、俗語來講解。

　　魏晉時期，「北人學問淵宗廣博，南人學問清通簡要」（《世說新語‧

---

[159]　有部的僧伽提婆及後來佛陀跋陀羅僧團，在東晉大受歡迎，小乘有部實際上有著從般若學到涅槃學過渡的橋梁作用。

[160]　見《金明館叢稿初編》，三聯書店2001年版。

[161]　如要深究，有生於無的思想淵源，至少可以在兩漢經學，特別是《易緯》中發現端倪。今本《老子‧第四十章》「天下萬物生於有，有生於無」，然郭店出土《老子》，此段文字只有一個「有」字，意即天下萬物生於有，生於亡（無），此與「無名天地之始，有名萬物之母」意合。

第三章　東晉時期義學的興起

文學》），「南人簡約，得其英華；北學深蕪，窮其枝葉」（《隋書・儒林傳》）。北方儒學大體還是漢儒的經說，力求綜合會通，後來末流難免蕪雜；南方則以玄解儒，探求新義，清楚明白。這一學術風氣，也影響到佛學上來。北方格義，用外書而配佛教事數；南方則流行六家七宗，玄佛互解，新義迭出。

　　六家用老莊玄學解剖佛教般若學，也用般若學闡發玄學。用玄學解說般若，其理論未必錯，而且不少人還有很獨到的見解。但在鳩摩羅什來華後，這種辦法就行不通了。首先，鳩摩羅什翻譯的品質很高，直接閱讀佛典就可以讓人明白大意，不必像初傳時期那樣用玄學向人解釋。另外，更為重要的是，佛教作為宗教，不僅是哲學思想，其信仰體系需要與玄學、道教等相互區別，需要抬高佛教自身的地位，像《牟子理惑論》那樣用老子與佛教比附說明的方法就失去了功效。隨著佛道鬥爭的深入，這種趨勢越發明顯。即便是平等對話，也必須以正統佛教信徒的身分與其他思想體系進行對話。因此南北朝以來，對六家七宗的批判，一方面在於判教，在於去偽存真。但如果說東晉末年僧肇等人批評還有去偽存真的意思，則南朝以來，人們對大乘空宗的解釋逐漸明確，去偽存真的意義就不大了，更為重要的是對以玄解佛這種方法的否定，對玄學術語在佛學中進行清除。本來，「無」於老莊玄學，如「中（庸）」於正統儒學，含義極其豐富，關鍵看人如何闡發。但東晉末年以來，佛教界普遍反感以玄解佛，因此道安標舉性空，得到了高度的讚揚，將其與什公並列。道安雖然特許慧遠用《莊子》連類佛學，但禁止以玄解佛則是慣例，甚至不惜「是非先達」來明確反對格義（《高僧傳・僧先傳》）。後世對道安及其般若思想非常認可，道安突出佛教的獨特性，是一個很重要的原因。

　　從道教歷史來看，道教在東晉時期出現了大量高品質的上清派道書，而後不到一代，在西元 5 世紀，大量借用佛教大乘經典的靈寶類道書也相

第一節　六家七宗：東晉般若學的興盛

繼問世。若沒有高度中國化的佛教在東晉盛行，這一切將是不可想像的。但也正因為如此，佛教此後也逐漸注意自身與其他信仰的區別。南朝以來，帶有玄學色彩的術語，如本無、心無、即色等一概被佛教掃地出門；而多少帶有儒學色彩的稱謂，如「中」觀、「中」論則予以保留，這實際上反映了佛教思想潮流的傾向，即對於正統儒學，官方意識形態盡力融合，而對老莊玄學、道教，則極力貶斥。這與明代天主教入華，極力同儒學融合，而打擊佛道教，有類似之處。

但如果從比較公正的角度來看，「六家七宗」遊走於王公大族，以玄解佛的方法，並非一無是處；應該說在東晉一朝，為讓中土上層接觸佛教、了解佛教，「六家七宗」做出了重要的歷史貢獻。尤其值得注意的是，越是注重外物，對外物不完全否定的學派，越受到士族的歡迎，如心無家、即色家在士族中的影響即十分廣泛。如何讓世俗名士理解並認同佛教，成為當時六家講說中最為關注的核心，因此採用方便說法就成為一種必然。而真、俗二諦也成為當時爭論的一個焦點，是後世評判六家七宗的一個重要標準。尤其值得重視的是，從心無家到識含家，儘管觀點差異很大，但都強調心識（神）的作用；從現有資料來看，六家七宗都將般若思想與宗教修行結合起來，道安在這點上尤為明顯。這對後來佛教的發展產生了十分重要的影響。道安的弟子慧遠主張神不滅，倡法性思想，竺法汰弟子道生倡佛性思想，不能不說都帶有六家七宗的影響。以今天的眼光來看，六家七宗大體說來，是以外界客觀世界為空，以內心主觀世界為智，重視心識（神）的修為，力圖修凡為智（聖）；應當說體現出了從真空到妙有、從般若學到涅槃學轉變的歷史大趨勢，為日後輪迴、淨土、涅槃成佛等佛教教理在中國的全面展開，在理論上做了準備。

以玄解佛，使得中國知識分子逐漸接觸並了解佛教，為佛教在中國的大發展奠定了基礎。但東晉末年以來，佛教作為一獨立宗教，開始注重自

己的個性,因此以玄解佛的方法逐漸受到排斥,佛教開始批判道家思想。僧肇的《肇論·物不遷論》,實際上就是意在批判「生死交謝,寒暑迭遷,有物流動,人之常情」這種自然之化的思想。只有批判了「化」的思想,僧肇在「物不遷論」之後,才建立起空論、般若論、涅槃說等思想。稍後廬山慧遠透過《沙門不敬王者》對「不順化以求宗」觀點的系統闡釋,為中國人在自然之化以外,開啟了一個新世界,使中國學術思想上了一個新境界。對道家自然之化思想的批判,可以說顯示出了東晉以來佛教界開始擺脫依附黃老方技、老莊玄談的局面,開始在汲取中國本土文化的基礎上,批判性地建設中國佛學思想。佛學因其超越中國固有文化,才得以融入中國文化,從而也使得中國傳統文化愈加豐富而深邃。中國佛學對魏晉玄學,先和合後出離(超越),六家七宗正是其中十分重要的一環。[162]

蒙文通先生《晉唐〈老子〉古注四十家輯本》中有鳩摩羅什的注和僧肇的注[163],湯用彤先生嘗謂僧肇的老子注是偽書,[164]但對鳩摩羅什注《老子》未置一詞。我們在後文將會詳細討論晉宋之際般若學向涅槃學轉變的問題,但並非說般若學在南北朝時期已經衰微。般若學自南朝中後期至三

---

[162] 南京大學楊維中教授曾經提出:六家七宗中本無宗、即色宗、心無宗屬於受玄學影響的早期般若學,而識含宗、幻化宗、緣會宗則是受小乘影響的思想流派,不屬於般若學範疇。其理由除了對識含宗、幻化宗、緣會宗進行思想分析的內證外,外證主要是《肇論》只批判了本無、即色、心無三家;吉藏《中論疏·因緣品》中說「什公未至長安,本有三家義」,即指本無、即色、心無三家,而識含宗、幻化宗、緣會宗,吉藏列入「同異門」,應與前三家有異。(楊維中:〈六家七宗新論〉,人大複印報刊資料《宗教》,2002年第3期,第73～77頁。原刊於《陝西師範大學學報(哲社版)》,2002年第1期,第24～29頁。)但就筆者以上分析來看,六家七宗基本上討論的都是處於相同論域的問題,《道行般若經》等般若類經典是各家共用的經典資源,六家七宗代表人物之間關係亦十分密切,且多有交互辯難,六家七宗屬於廣義的般若學派,應無問題。

[163] 黃崑威:《敦煌本〈太玄真一本際經〉思想研究》,巴蜀書局2011年版,第311～313頁,已經把《晉唐〈老子〉古注四十家輯本》中鳩摩羅什和僧肇的老子注輯出。

[164] 湯用彤先生指出金趙秉文《道德經集解》引五條僧肇《老子》注,而《碧巖錄》引此諸語則謂出於《寶藏論》,實《寶藏論》中語,乃中唐後偽書。湯一介先生在〈關於僧肇注《道德經》問題:四論創建中國解釋學問題〉(收入《和而不同》,遼寧人民出版社2001年版)中,將《道德經集解》所引五條,在僧肇原有著作(《肇論》、《維摩詰所說經注》)中一一找到出處,從而證明並不存在僧肇《老子》注一書;又《羅浮山志》中載有蘇元朗著《寶藏論》,今本署名僧肇的《寶藏論》,即有可能為蘇元朗所著,然需進一步考證。

論而再興,唐初又因道教重玄而頗光大一時,《海空經》、《本際經》等當時新出道經亦與般若學甚多交涉。此時的重玄並非完全重複般若老莊玄學,亦有涅槃學道體道性論的影響,託名鳩摩羅什、僧肇注《老子》或出此背景。託名鳩摩羅什、僧肇的《老子》注,或與《老子》化胡傳統有關,但連繫具體歷史情勢,唐初玄奘翻譯《老子》為梵文未果,可能更接近其產生的具體時空背景——在吉藏重構了什肇山門義之後,道教在此基礎上再討論重玄,終於招致玄奘的雙重不滿。直到唐代託名僧肇的《寶藏論》出現[165],可以說佛教般若學與道教重玄學互動影響,一直是隋唐佛教思想史發展的一大伏流。

第二節　對格義佛教的重新理解

一、廣義格義與狹義格義

由湯用彤、陳寅恪等前輩學者開啟的格義佛教研究,早已蔚為大觀[166]。

---

[165] 《寶藏論》中亦涉「本際」問題,本際這一概念在龍樹那裡即出現,被認為是冥初外道;關於冥初外道,張風雷教授利用吉藏《中論疏》等資料討論天台本覺(性覺)的問題,頗有見地(張風雷:〈天台智者大師對「生法論」的批判〉,人大宗教所編《宗教研究》2008年刊;天台、華嚴,性具、性起,大體來說即在因果與自然之間縱橫捭闔,本際被道士們理解為「無本」,與早前六家七宗的本無頗有「遙承」,應當說,六朝到唐初是相續而非斷裂,可以連繫東晉佛教般若學看唐初道教重玄,應有新的體會,如今學術界因學科劃分兩截,遮蔽了很多問題意識,例如「本際」就是一個連接空、有的概念,讓般若學有了本體論的意蘊,也屬於廣義的般若學向涅槃學轉變的概念範疇。

[166] 伊藤隆壽:《佛教中國化的批判性研究》(蕭平、楊金萍譯,香港經世文化出版有限公司2004年版)第二篇〈正論〉第一章〈格義佛教考〉,以及唐秀連:《僧肇的佛學理解與格義佛教》(宗教文化出版社2010年版)第二章〈格義佛教新探〉中對中、日學者關於格義的研究,有比較詳細的綜述,但均遺漏了古正美教授的看法,她認為「格義」之所以重要,實與北朝時期後趙政權石虎在位時(西元335年至349年)推動建立佛教王國的運動有直接關係;「格義」其實是為了快速普及佛教以便建立佛教王國的政治運動所需要的產物(古正美:《從天王傳統與佛王傳統》,(臺北)商周出版社2003年版,第87～91頁)。在西方學術界,就筆者所見,比較有特色的格義研究有:芮沃壽(Authur Wright F.,中譯本,常蕾譯《中國歷史中的佛教》,北京大學出版社2009年版,第38頁,認為格義是一種有意的思想改造)、許理和(Erik Zürcher,中譯本《佛教征服中國》,1998年,第310～311頁,認為格義不是翻譯的

第三章　東晉時期義學的興起

張風雷教授在研究格義佛教時，依據諸多漢魏兩晉南北朝佛教關於格義的史料，也提出了廣、狹二義[167]：

> 所以「格義」，似可分為廣、狹二義：廣義的「格義」，起於漢末魏初之「講次」，雖亦「以經中事數，擬配外書」，然未著成例；狹義的「格義」，則始於竺法雅、康法朗等，乃以經中事數與外書「逐條擬配立例」，成為模式化的擬配。[168]

狹義的格義，如呂澂先生所言：「即把佛書的名相同中國書籍內的概念進行比較，把相同的固定下來，以後就作為理解佛學名相的規範。換句話說，就是把佛學的概念規定成為中國固有的類似的概念。因此，這一方法不同於以前對於名相所作的說明，而是經過刊定的統一格式。」[169] 最典型的例子如魏初安世高一系康僧會、陳慧合撰的《大安般若意經注》，對「安般守意」的解釋：「安為清，般為淨，守為無，意為名，是清淨無為也。」[170]

而廣義的格義，是與講次同時而起的，如〈喻疑論〉：「漢末魏初，廣陵彭城二相出家，並能任持大照，尋味之賢，始有講次，而恢之以格義，迂

「等式」，雖然格義也被用來指稱用老莊易「三玄」理解佛教，成為一種義學研究方式；但就本意來說，格義是為了闡述「名數」概念）、黎惠倫（Whalen W. Lai, *Limits and Failure of Ko-I* (*Concept-Matching*) *Buddhism, History of Religions*, Vol.18（3）：238～257，認為格義是佛教中國化的重要階段性代表，用〈高、明二法師答李交州森難佛不見形事〉等資料彰顯用格義方式讓中國人理解印度佛理的困難，說明格義的局限和最終被拋棄的原因）、羅伯特·沙夫（Robert H. Sharf，中譯本《走進中國佛教：〈寶藏論〉解讀》，第 93～96 頁，認為格義是中國古有的宇宙論思考方式在佛教中國化進程中所發揮的全面而持久的作用）等。

[167]　在此之前，已經有學者使用廣義格義的概念，如蜂屋邦夫《中國佛教的思考：儒教·佛教·老莊的世界》（〔日本〕講談社 2001 年版，第 196～197 頁）；唐秀連的《僧肇的佛學理解與格義佛教》也是在廣義格義的基礎上使用格義概念的，該書雖然已經出現廣、狹二義的格義，但其狹義格義在行文中更常被稱為「原始格義」。筆者以為狹義格義的概念比原始格義為優，因為就時間先後順序來看，廣義格義並不晚於狹義格義，將後者稱為原始格義，略顯不妥。

[168]　張風雷：〈論「格義」之廣狹二義及其在佛教中國化進程中的歷史地位〉，李四龍主編：《佛學與國學：樓宇烈教授七秩晉五頌壽文集》，九州出版社 2009 年版，第 39 頁。

[169]　《呂澂佛學論著選集》五，第 2503～2504 頁。

[170]　《大正藏》第 15 卷，第 164 頁上。

第二節　對格義佛教的重新理解

之以配說」[171]；並且可能與「譯講同施」的早期譯唱與講經制度有關。[172]張風雷教授在湯用彤等人研究的基礎上，指出用佛教的五戒來擬配五行、五常等中國固有概念，是廣義格義的典型代表，例如北朝著名的偽經《提謂波利經》：「提謂波利等問佛：何不為我說四、六戒？佛答：五者，天下之大數：在天為五星，在地為五嶽，在人為五臟，在陰陽為五行，在王為五帝，在世為五德，在色為五色，在法為五戒。以不殺配東方，東方是木，木主於仁，仁以養生為義。不盜配北方，北方是水，水主於智，智者不盜為義。不邪淫配西方，西方是金，金主於義，有義者，不邪淫。不飲酒配南方，南方是火，火主於禮，禮防於失也。以不妄語配中央，中央是土，土主於信，妄語之人，乖角兩頭，不契中正，中正以不偏乖為義也。」[173]智顗《法界次第初門》：「五戒者，天下大禁忌。若犯五戒，在天則違五星，在地則違五嶽，在方則違五帝，在身則違五臟。」[174]此外，智顗在《摩訶止觀》卷六上論「世間施法」、顏之推《顏氏家訓》「歸心篇」、初唐法琳《辯證論》卷一，都有類似的說法。

　　狹義的格義在東晉之後已經棄之不用，而廣義格義的影響則貫穿整個魏晉南北朝，「《提謂波利經》乃出於北魏曇靖之偽撰，此事雖早經僧祐、費長房、道宣等所指出，但隋唐名僧如智顗、法琳等，仍將之視為真經而加以徵引並予以發揮，名儒如顏之推等亦完全認同佛教五戒與儒家五常的比配，可見該經以佛教五戒擬配漢儒的五行、五常、五方等觀念所作的解說，是何等地深入人心。這種比配，或許亦可視為舊時『格義』方法的遺韻；而其旨趣，仍在致力於外來的佛教思想與中國本土固有理念之間的相互融通」[175]。

---

[171]　《出三藏記集》，第 234 頁。
[172]　曹仕邦：《中國佛教譯經史論集》，(臺北) 東初出版社 1992 年版，第 10 頁。
[173]　智顗：《仁王護國般若波羅蜜經疏》卷二引，見《大正藏》第 33 卷，第 260 頁下。
[174]　《大正藏》第 46 卷，第 670 頁下。
[175]　《佛學與國學：樓宇烈教授七秩晉五頌壽文集》，第 48～49 頁。

第三章　東晉時期義學的興起

廣義格義無疑將以往的格義佛教研究向縱深推進，給予我們許多啟示，同時也帶來許多新的問題與思考：

（1）以往我們常將「格義」的背景，定位在魏晉般若學思潮勃興之中，認為格義是佛教般若學與老莊玄學連類；但如果廣義格義貫穿了整個漢魏兩晉南北朝，則格義的背景顯然不能僅限於魏晉般若學。況且就現有研究來看，狹義格義的「事數」多為小乘毗曇學概念，而廣義格義則多與漢代陰陽五行、讖緯模式有關，兩者都與般若玄學差距很大。

（2）廣、狹二義的格義，皆多發生在北方，狹義的格義盛行於後趙，廣義格義的重要代表《提謂波利經》在北朝民眾中影響甚鉅；但在荊楚、江南，確實存在著般若學與老莊玄學連類的眾多事例，由此是否可以說格義佛教存在地域性差異。北方類型的格義佛教與漢代讖緯神學關聯緊密，而南方類型的格義佛教與魏晉玄學關聯緊密；前者由於漢學在北方的持續影響及深厚的民眾基礎而長期存在，後者雖受玄風論辯風氣所染，但隨著玄學、般若學的進一步深化發展，被認為「迂而乖本」而逐漸被人們拋棄。北方類型的格義佛教是原初的或者說原本的格義，而南方類型的格義是在北方格義基礎上發展出來的「連類」。廬山慧遠「年二十四，便就講說……乃引《莊子》義為連類，於是惑者曉然。是後，安公特聽慧遠不廢俗書」[176]。據《高僧傳·道安傳》：「至年四十五，復還冀部，住受都寺，徒眾數百常宣法化。」道安四十五歲時，慧遠即二十四、五的年紀，慧遠連類老莊應該就發生在後趙首都鄴，但從道安「特聽慧遠不廢俗書」來看，與當時已經在後趙廣為流行、道安也參與其中的格義方法，應有所區別，否則不必讓道安特批。故筆者推測「連類」這種沾染了老莊玄風的新型格義，與原本意義上的格義可能已有較大區別。連類這種新型格義方法，由於日後廬山慧遠僧團影響日大，在東晉中後期於南方可能頗為流行。

---

[176]　《高僧傳》，第212頁。

(3)「經中事數，擬配外書」被認為是格義的經典定義。就《出三藏記集》等現有資料來看，幾乎在道安這一代高僧放棄格義方法的同時，出現了將同一或近似經典的不同譯本合本的做法，如道安〈合放光光讚略解序〉、支道林《大、小品對比要鈔序》，《合維摩詰經》五卷（合支謙、竺法護、竺叔蘭所出《維摩》三本合為一部），支敏度《合首楞嚴經》八卷（合支讖、支謙、竺法護、竺叔蘭所出《首楞嚴》四本合為一部，或為五卷）等。若格義的做法是以外解內，則合經的做法是以內解內。但這種「內」、「外」的解釋，還需要進一步探討。傳統上，我們一般將「內」理解為內典佛經，特別是般若類經典，「外」理解為老莊玄學等俗書，前者為外來文化，後者為中土固有思想，故格義有被認為是一種匯通中外思想文化的方法。但就最近的研究來看，「外」是否為老莊玄學是有疑問的，而「內」也並非是佛經般若類典籍這樣簡單。而且內、外書，在漢魏兩晉南北朝其實有固定的用法，「內」是祕不示人的，從家傳譜牒[177]到方術祕笈都可以稱為內書；而「外」是相對公開流通的，從正史外傳到儒、道通俗文獻都可以稱為外書。「經中事數，擬配外書」中的內經和外書，必須進一步追求其含義，才能更好地為今後格義研究指明方向；若內外並非特指印度西域與中國文獻，則將其視為匯通中外文化方法就成為無稽之談，這不得不引起我們高度的重視，下一節我們將詳細探討這一話題。

二、何為外書：中外問題還是新舊問題

現代學術意義上的「格義」研究，始於湯用彤先生。湯先生在格義研究上，用功多年，前後觀點側重不斷發展變化，為今人留下了非常豐富的資源，至今尚未完全挖掘。湯用彤先生對格義的系統論述，筆者以為有三大類，每類之間既有銜接關係，但亦有發展差異。

---

[177] 例如，陶弘景在《真誥》中說：「張、傅二人，外書不顯，或應在家譜中。」（吉川忠夫、麥谷邦夫編，朱越利譯：《真誥校注》，中國社會科學出版社 2006 年版，第 410 頁）張、傅是張微子、傅禮和兩位女真，「外書」與「家譜」相對，顯然家譜屬「內」。

第三章 東晉時期義學的興起

第一類是湯公在其名著《漢魏兩晉南北朝佛教史》相關章節中對格義的論述，認為格義始竺法雅，大體相當於我們上節所說的「狹義格義」，湯公這一論述最為人們熟知。但此時湯公已經指出格義與講經可能存在的密切關係，並提出格義或許與漢代都講（主講之外，事先安排的按一定程序提問的負責人）制度有關。第二類文獻是湯用彤先生1948年在美國講學期間用英文寫成的〈論「格義」：最早一種融合印度佛教和中國思想的方法〉，該文在1990年由石峻先生翻譯為中文，逐漸為學界所知，張風雷教授就是在該文基礎上，凝練出「廣義格義」概念。

第三類文獻，是從漢學與魏晉玄學新舊學風的轉變這一視角，來看待格義的歷史意義的。這類文獻，湯公並未親自整理成文，而是散見於他在抗戰時期開設「魏晉玄學」課程的講稿之中，現存的講課筆記主要有兩種，一是華東師範大學馮契教授的聽課筆記，二是一萬姓同學的聽課筆記。筆者認為湯公的這一視角極其重要，故在此加以闡釋。本書緒論中已經提到過，在《魏晉玄學講義》中，湯公以為漢學為舊學，一事一理，尚複雜而不尚抽象；玄學為新學，喜抽象玄遠，以為找到一最高原理即可解釋諸事。由漢學到玄學的過渡，不僅是社會環境的變化，更重要的是須出現思想史上的新方法，才能完成這一變革。而這一新方法即言意之辨（得意忘言）。——同樣，佛學發展也是如此。傳毗曇學的安世高、傳般若學的支婁迦讖兩系在湯公看來實即舊、新二學。毗曇等事數，等同於漢代陰陽五行，均為元素論；般若則堪比玄學。漢代佛教是佛道，魏晉佛學是佛玄，佛道過渡到佛玄，也須新方法，這一新方法也是得意忘言，即拋棄格義語言學這套，格義專在五蘊、十八科等上下工夫，太支離，是舊學；所以道安等受般若（新學）影響的僧人均反對格義。

湯公以為後漢自王充以來，荀悅、王符、仲長統等，都有反對漢學繁瑣比附、讖緯迷信的傾向，自言意之辨後，有了新方法，才徹底清算了

第二節　對格義佛教的重新理解

漢學,玄學為之誕生,佛學也是如此,從漢代的佛道「淨化」為魏晉的佛玄。

總之,湯公是從漢學、魏晉玄學這新舊兩系更替來看格義的,認為格義屬舊學、舊方法,這種支離比附,勢必要如王弼掃像一般地被崇尚玄遠本體之新風氣所排斥。湯公以為南朝佛教,新學為主,北方則屬舊學,隋唐統一是北方打破南方(南北朝佛教注疏有文句、玄義之分,玄義是魏晉之風,文句末流即屬漢代舊學繁瑣章疏,隋唐亦如此)。

湯公上述觀點,在我們所謂的第二類文獻中,其實也有體現:

> 論到「格義」方法的起源,首先,它的蹤跡可以從漢代思想看出它的模式。那些學者是非常喜歡將概念與概念相匹配。這時儒家學派的人(如董仲舒,約西元前179年至前104年)和道家學派思想家(如淮南王〔劉安〕,卒於西元前122年)都任意地借用古代哲學陰陽家的思想,他們應用二元原理的陰陽、五行、四季(時)、五音、十二月、十二律、十天干、十二地支等等,使它們成對地相配合。甚至到西晉,這種方式的學問連同它的(思想)方法,被用來講授,而且對於學者們是很熟悉的。竺法雅和他的同事們生活的年代,雖然已是一個新的歷史時期,他們仍然沒有放棄(過去)漢代思想的模式。例如道安在黃河以北地區(西元312年至365年)所寫的著作,我認為是深深地帶上了漢代學術的色彩。[178]

在第二類文獻中,湯公所舉大量事數為毗曇、五戒擬配五行的例子,實際就是從漢學的視角將格義視為舊「語言學」(實為讖緯比附)的方法。如果湯公上述觀點成立,則如今於中外交流史上廣受重視的「格義」,其實並非是講述中外交流問題,而是新舊學術轉換問題,而且格義不過是舊學方法的一個代表而已。那麼,通常對格義的理解真的是張冠李戴嗎?這是一個必須加以辨識的問題,而我們不得不回到問題的起點,「經中事

---

[178]　《湯用彤選集》,第414頁。

數，擬配外書」的「外書」，到底指的是什麼？

中國古籍常分內外篇[179]，在漢魏兩晉南北朝時，外書相對於內書，是一對有相對固定意義的概念，例如陶弘景《真誥》中數十次出現「外書」。[180]「內」相當於隱；「外」相當於顯。例如《漢書》卷四四「淮南王安傳」：「招致賓客方術之士數千人，作為內書二十一篇，外書甚眾，又有中篇八卷。」魏晉南北朝道教常使用「內」來表示祕傳，如「內解」(《三天內解經》)、內傳(《漢武帝內傳》)、內法等等。然內書並不單指道教祕笈，亦可用於指稱任何密傳的方術，如《三國志·魏志·胡昭傳》「尺牘之跡，動見模楷焉」。裴松之注引《魏略》：「(扈累)晝日潛思，夜則仰視星宿，吟詠內書，人或問之，閉口不肯言」，「(石德林)初不治產業，不畜妻孥，常讀《老子》五千文及諸內書，晝夜吟詠」。佛教初入華時，亦常被世人視為一種方技，故也被視為「內」。「內法」亦逐漸成為佛教的代名詞，如《北齊書·高元海傳》：「文宣天保末年，敬信內法，乃至宗廟不血食，皆元海所謀。」唐代義淨作有《南海寄歸內法傳》(四卷)。佛教戒律被稱為「內戒」，如《魏書·釋老志》「釋氏之糟糠，法中之社鼠，內戒所不容」；佛教典籍也常被後世稱為「內典」。

由此可見，「內」絕非特指佛教，可以泛指任何密傳的文獻或方技；而且佛道教的文獻也並不一定都屬於「內」，若是公開傳播的文獻，即便屬於佛道教，也可以稱為「外」。因此外書要比內書多得多，如《太平廣記》卷二〇二引《談藪·陶弘景》：「先生嘗曰：『我讀外書未滿萬卷，以內書兼之，乃當小出耳。』」可見內書相對外書的比例是百不及一的。若道書只限於內書，則陶弘景所讀道書過少，與其公認博覽道書矛盾，顯然「外書」中也應包括大量佛道教等宗教文獻。

---

[179] 參見余嘉錫：〈古書之分內外篇〉，見余嘉錫：《目錄學發微(含〈古書通例〉)》，中國人民大學出版社 2004 年版，第 262～268 頁。
[180] 參見《真誥校注》書後的索引「外書」條，第 616 頁。

第二節　對格義佛教的重新理解

我們回到「以經中事數，擬配外書」的格義，《世說新語》劉孝標注：「事數：謂若五陰、十二入、四諦、十二因緣、五根、五力、七覺之屬。」[181] 狹義格義對象即毗曇概念，顯然是佛教的內傳；而廣義格義的對象，如常出現的五戒話題，也屬教內戒律（「內戒」）範疇。而格義擬配的「外」，只要非教內隱祕內容，漢學的陰陽五行，魏晉的老莊玄學，甚至是為善去惡等通俗佛理，應該都是可以的，如智顗在《摩訶止觀》卷六上論「世間施法」中，用「五戒」擬配「五常」、「五行」之前，先說：「束於十善，即是五戒」[182]，用「十善」連類「五戒」，「十善」無疑是佛教內通俗概念，由此可見格義擬配之「外」是可以包括今天所謂的教內文獻內容的。

綜上所述，歷史上的「格義」，在最初的目的上，並非有意識地進行中外不同思想的交流匯通或相互理解。而之所以沒有產生自覺意識，筆者以為是在於如我們前文所討論的「老子化胡說」那樣，有潛意識的一元真理觀，即認為真理是唯一的，無論中外，所探討的是這一元的真理。故此格義的目的就是對這一元真理的追求，而非中外不同思想體系的對話溝通。而格義的被拋棄，正如「化胡說」被拋棄一樣，在於佛教勢力的增長，源於對其理論與信仰排他性的優越感；這就如今天中國哲學史界對用西方哲學術語詮釋中國固有思想這一「反向格義」的反思和不滿，相當程度上也是源於中國思想界對自身傳統特色的自信。當然，這種區分，可能更符合實際情況，也便於學術的進一步分梳和細緻化：古代佛教學者在東晉時基本拋棄格義的做法之後，佛教義理在南北朝得到長足發展；今天在反思「反向格義」之後，中國學術想必也會有更加「貼切」的進步。不過，這也不一定意味著分梳一定就好，格義式的追求中外合璧的一元真理就不好：中國古代在經歷三教長期論衡之後，又出現了三教合一的思潮；中國固有思想優越性得到彰顯之後，未必不會再度對普世真理發生理論興趣。

[181]　《世說新語箋疏》上冊，第 284 頁。
[182]　《大正藏》第 46 卷，第 77 頁中。

第三章　東晉時期義學的興起

這種分與合，需要視不同時代的不同需求而定。

格義是晉代影響非常大的佛教詮釋方式，東晉以來開始受到人們的質疑，有案可稽的最早對格義提出系統理論批評的當屬東晉僧團著名領袖道安。道安早年亦使用格義方法，後在飛龍山遇到僧先時，已經開始公開批評格義：

（僧先）值石氏之亂，隱於飛龍山。遊想巖壑，得志禪慧。道安後復從之，相會欣喜，謂昔誓始從，因共披文屬思，新悟尤多。安曰：「先舊格義，於理多違。」先曰：「且當分析逍遙，何容是非先達。」安曰：「弘贊理教，宜令允愜，法鼓競鳴，何先何後。」[183]

據此臺灣學者塗豔秋教授認為，道安對格義態度的轉變，發生在他離開鄴之後、進入飛龍山之前，即是道安潛隱於濩澤這段時間。道安在濩澤時主要受到竺法濟、支曇講、竺僧輔等人的影響，學習注釋《陰持入經》、《道地經》、《人本欲生經》，由於《陰持入經注》、《道地經傳》都已亡佚，塗豔秋教授主要從道安現存的《人本欲生經注》入手，指出道安詮釋經典的方式為「尋章察句」，不用外典，與格義風格迥異，詮釋時著意於句倒、省文、亂文等問題。[184] 但筆者以為道安這一時期「尋章察句」的方法，還不能同「五失本、三不易」的翻譯原則直接對接起來；「五失本、三不易」的翻譯原則可能並非「尋章察句」釋經方法在翻譯領域中的進一步延伸，而是一種讓步。

我在本書緒論中已經指出「五失本、三不易」的翻譯原則並非道安首創，可能受當時地方官吏、功德主趙政的影響更大；在翻譯實踐中，道安常常是被迫或經過說服才接受「五失本、三不易」的翻譯原則。如道安〈比丘大戒序〉：

---

[183]　《高僧傳》，第 195 頁。
[184]　參見塗豔秋：〈論道安從格義到尋章察句的轉變〉，《臺大中文學報》第三十二期，2010 年 6 月，第 119～166 頁。

昔從武遂法潛得一部戒，其言煩直，意常恨之。而今侍戒規矩與同，猶如合符，出門應轍也。然後乃知淡乎無味，乃真道味也。而嫌其丁寧，文多反覆，稱即命慧常，令斥重去復。常乃避席謂：「大不宜爾。戒猶禮也，禮執而不誦，重先制也，慎舉止也。戒乃逕廣長舌相，三達心制，八輩聖士珍之寶之，師師相付，一言乖本，有逐無赦。外國持律，其事實爾。此土《尚書》及與《河洛》，其文樸質，無敢措手，明只先王之法言而慎神命也。何至佛戒，聖賢所貴，而可改之以從方言乎？恐失四依不嚴之教也。與其巧便，寧守雅正。譯胡為秦，東教之士猶或非之，願不刊削以從飾也。」眾咸稱善。於是案胡文書，唯有言倒，時從順耳。[185]

道安為了理解方便，原本是主張「斥重去復」的，但由於慧常等人反對，故作罷，但還是堅持按照中文習慣來「言倒」，方便中文讀者理解。由此可見，在道安看來若要堅持完全避免「五失本」，就會干擾經意理解，故在一定意義上，道安是贊同翻譯上為了方便理解，是應該允許「五失本」的，文意曉暢比字面直譯更為重要，否則才是「迂而乖本」。

第三節　鳩摩羅什與長安僧團

一、3 世紀的北方佛教

　　鳩摩羅什的基本傳記資料是《出三藏記集》中的「鳩摩羅什傳」、梁《高僧傳》中的「鳩摩羅什傳」、《晉書》卷九十五中的「鳩摩羅什傳」，尤以《高僧傳》資料最為詳盡。

　　《高僧傳》中鳩摩羅什傳篇幅很長，文學性很強，特別是鳩摩羅什入華前的情節亦十分豐富，僧傳編寫者應原有所本。《出三藏記集》收入《薩

---

[185]　《出三藏記集》，第 413 頁。

第三章 東晉時期義學的興起

婆多部師資記目錄》，卷三記有「鳩摩羅什傳」，《師資記》序言說「舊記所載，五十三人」，後「搜訪古今，撰《薩婆多記》。其先傳同異，則並錄以廣聞；後賢未絕，則制傳以補闕。總其新舊九十餘人」[186]。現存鳩摩羅什傳恐出於新撰的《薩婆多記》。

鳩摩羅什傳記神異甚多，入華前事蹟不可詳考。大體來說，鳩摩羅什生於4世紀中葉，龜茲人，出家後遊歷過罽賓、北印度等地，先學習小乘典籍，後轉向大乘。西元382年前秦大將呂光出兵龜茲，不久前秦滅亡，呂光在涼州建立後涼政權，鳩摩羅什則長期滯留在涼州。西元401年，後涼被後秦所滅，鳩摩羅什隨即到達長安。鳩摩羅什是弘始三年（西元401年）十二月底入關，若按西元計，當為西元402年初。鳩摩羅什入關後，在長安翻譯佛典十餘年，直至去世。

鳩摩羅什到達之前，長安在一個多世紀的時間裡，一直是佛教翻譯的重鎮。從西元2世紀後半葉開始，長安佛教已經十分發達，敦煌菩薩竺法護即曾長期在長安譯經，大約與其同時的還有帛法祖。佛教的興盛，引起道士祭酒王浮不滿，編輯《老子化胡經》與帛法祖等佛教徒抗衡。但3世紀初，西晉八王之亂後，局勢十分動盪，長安佛教衰落，竺法護「後值惠帝西幸長安，關中蕭條，百姓流移，護與門徒避地東下，至澠池遘疾卒，春秋七十有八」；而帛法祖亦在永安元年（西元304年），被秦州刺史張輔所殺。

西元3世紀，在儒家傳統史學中被視為「五胡亂華」的黑暗時期，在北方五胡十六國政權中，石勒、石虎父子的後趙，苻堅的前秦，姚興父子的後秦，都扶植和利用佛教。後趙建都在鄴（今河北臨漳），石氏父子寵幸神僧佛圖澄，並正式允許漢人出家。

在西晉以前，中國佛教的主體是胡人佛教、僑民佛教，漢人是不允許

---

[186] 《出三藏記集》，第474、466頁。

第三節　鳩摩羅什與長安僧團

出家的，而且中國原本也沒有「出家」這個概念。據季羨林先生考證：「後漢沒有『出家』這個詞。曹魏時期，這個詞第一次出現，也僅僅在一些經裡。其餘都用『捨家』、『去家』。後秦時期，『出家』這個詞再一次出現。……吳時『出家』根本沒有出現。東晉『出家』與『捨家』並存。到了宋代，則全部變成了『出家』。」、「『出家』這個詞……的淵源……說明了，古代居住在中國境內的各民族是相互學習的。」[187]

在法律上許可漢人出家，在南方始於東晉明帝太寧年間（西元323年至325年），北方開始於後趙石虎建武元年（西元335年）。北方在討論是否允許漢人出家時，有過一段十分著名的爭論。漢人王度曾經奏議全面禁止信仰佛教，其云：「佛是外國之神，非天子諸華所可宜奉。」石虎答道：「朕生自邊壤，忝當期運，君臨諸夏。至於饗祀，應兼從本俗。佛是戎神，正所應奉。」進而下令「夷趙百蠻，有捨其淫祀，樂事佛者，悉聽為道」。[188]

後趙滅亡後，冉閔殺胡，施行暴政，佛教遭到很大的打擊。但不久後崛起的苻秦帝國，對佛教扶植力度很大，大批中亞僧侶，特別是罽賓的說一切有部僧人來到長安，翻譯了數以百卷計的毗曇類典籍，如曇摩難提翻譯的《中阿含經》、《增一阿含經》、《三法度經》，僧伽提婆翻譯的《阿毗曇八犍度論》，鳩摩跋提翻譯的《摩訶缽羅密經抄》、耶舍翻譯的《鼻奈耶》等。當時中國佛教的僧團領袖釋道安在西元374年也從襄陽來到長安，直到其在西元385年去世之前，都一直積極參與組織有部毗曇類典籍的翻譯工作，「五失本，三不譯」的理念，也是在毗曇等佛教經典的翻譯中逐漸總結出來的。

前秦在西元383年淝水之戰失敗後迅速衰落，不久被後秦取代，後秦的統治者姚興亦對佛教大力扶植，鳩摩羅什就是在這個背景下，以西域高

---

[187]　季羨林：〈說出家〉，《佛教與中印文化交流》，江西教育出版社1990年版，第76頁。
[188]　《高僧傳》，第352頁。

第三章　東晉時期義學的興起

僧的身分被請入長安的。此時的長安已有一百多年成規模的佛經翻譯歷史，具備了較為豐富的經驗，應該說為鳩摩羅什譯經奠定了良好的基礎。

二、鳩摩羅什在長安的活動

鳩摩羅什在長安受到姚秦政權的禮遇，翻譯了《大品般若經》、《小品般若經》、《金剛般若經》、《妙法蓮華經》、《維摩詰經》、《十住經》、《思益經》、《阿彌陀經》、《彌勒下生經》、《彌勒成佛經》、《金剛般若經》、《遺教經》、《禪法要經》、《十誦律》、《大智度論》、《中論》、《百論》、《十二門論》、《成實論》等眾多有重要影響的佛教典籍，共計三十餘部，約三百卷。《仁王般若經》、《梵網經》後世常謂是鳩摩羅什所譯，實為後世偽託。

鳩摩羅什在長安的譯經活動，大約可以分為三個時期：

1. 弘始三年年底（即西元402年初）入關後至弘始四年，這一年多的時間，是鳩摩羅什大規模譯經的準備時期，在這一時期，鳩摩羅什首先應僧叡的請求翻譯了《坐禪三昧經》，之後又翻譯了《阿彌陀經》，以及重譯了竺法護舊譯的《賢劫經》、《思益經》、《彌勒成佛經》。在這一時期，鳩摩羅什翻譯完成的主要是一些與宗教修行與信仰關係密切的小部頭經典，多與僧團信仰需求有關；鳩摩羅什本人熱衷的大乘般若學典籍《大智度論》、《中論》也著手翻譯，但未及定稿。

2. 西元403年至405年，是鳩摩羅什譯經的鼎盛時期。在第一階段鳩摩羅什翻譯《思益經》時，譯場規模很大；而西元403年四月二十三日開始，歷時一年的《大品般若經》翻譯，更是將鳩摩羅什譯經帶入了一個新的階段，「以弘始五年（西元403年），歲在癸卯，四月二十三日，於京城之北逍遙園中出此經。法師手執胡本，口宣秦言，兩釋異音，交辯文旨。秦王躬覽舊經，驗其得失，諮其通途，坦其宗致。」直接參與翻譯的學僧達五百餘人。在這一階段，鳩摩羅什翻譯了許多大部頭的般若類經典，在

翻譯《大品般若》的同時,《大智度論》也在這一時期,經過學僧的反覆討論而得以定稿。此外,《十誦律》也在這一時期譯畢。

3. 西元 406 年至鳩摩羅什去世,是鳩摩羅什譯經活動的繼續發展時期。鳩摩羅什從逍遙園移居草堂大寺,直到去世,繼續得到安城侯姚嵩、常山公姚顯等王公大臣的資助,翻譯了《妙法蓮華經》、《維摩詰所說經》、《自在王經》、《小品般若經》等重要經典,《中論》、《十二門論》、《成實論》也被認為是鳩摩羅什在晚年定稿。在這一時期,鳩摩羅什的翻譯仍以大乘般若學經論為重點,但內容更加豐富。

鳩摩羅什的卒年,學術界一直有爭議。《出三藏記集》說鳩摩羅什在東晉義熙年間(西元 405 年至 418 年)去世;梁《高僧傳》認為是在弘始十一年(西元 409 年)去世,並說當時關於鳩摩羅什的卒年,還有弘始七年(西元 405 年)、弘始八年(西元 406 年)之說;現《廣弘明集》中收有署名僧肇的《鳩摩羅什法師誄》,說鳩摩羅什在弘始十五年(西元 413 年)去世。現存鳩摩羅什譯經的大量序記,都表明西元 405 年、406 年是鳩摩羅什譯經的活躍期,故鳩摩羅什去世年代的西元 405 年說、406 年說肯定不能成立;西元 409 年說和 413 年說,遂成學術界爭論的重點。

收入在《廣弘明集》中、署名僧肇的〈鳩摩羅什法師誄〉被大部分學者認定晚出。不僅南北朝時無人提出過〈誄〉文中所持的弘始十五年說,甚至連隋代的吉藏、費長房、唐代的智升都不知此誄文的存在;此誄文首次被明確記載是貞元十五年(西元 799 年)圓照的《貞元錄》,故塚本善隆、鐮田茂雄等日文學者都對此〈誄〉的真實性持質疑態度。鐮田茂雄認為智升《開元釋教錄》(西元 730 年成書)中收入《廣弘明集》,而其不知道此誄文,由此可以推斷署名僧肇的〈鳩摩羅什法師誄〉出現在西元 8 世紀中後期,與偽託僧肇的《寶藏論》大約同時,該誄文將鳩摩羅什卒年定在僧肇卒年(西元 414 年)的前一年,暗示僧肇的著作、特別是〈涅槃無名論〉

第三章　東晉時期義學的興起

作於鳩摩羅什生前,意在提高《肇論》各篇的權威性。另外,《高僧傳‧慧觀》謂慧觀「什亡後,乃南適荊州」,而《出三藏記集》卷十四「佛馱跋陀傳」又云「覺賢將弟子慧觀詣(袁)豹乞食。」而袁豹在西元 413 年 41 歲時卒於官。故此,慧觀至遲應是西元 412 年到 413 年初在荊州見到袁豹,而慧光是在羅什死後前往荊州的,所以鳩摩羅什在西元 412 年或更早就已經去世,所以鳩摩羅什在西元 413 年去世的說法不能成立。鐮田茂雄先生認為早出的《高僧傳》西元 409 年之說比較可信。

但《出三藏記集》所收《成實論記》中言:「大秦弘始十三年(西元 411 年),歲次豕韋,九月八日,尚書令姚顯請出此論,至來年九月十五日訖。外國法師拘摩羅耆婆手執胡本,口自傳譯,曇晷筆受。」[189] 拘摩羅耆婆即鳩摩羅什,若此記無誤,則西元 412 年九月十五時鳩摩羅什應還在世。而支持鳩摩羅什西元 409 年去世說的學者,則多採用《歷代三寶記》的記載,「《成實論》二十卷(或十六卷)弘始八年出,曇略筆受,見《二秦錄》」,認為《成實論》是鳩摩羅什在弘始八年(西元 406 年)譯出。

另僧肇在給劉遺民一封寫於「八月十五日」的信〈與劉遺民書〉中提到鳩摩羅什「於大石寺出新至諸經」,「三藏法師於中寺出律藏」,後一句當指佛陀耶舍在姚興首肯後於逍遙園翻譯《曇無德律》,該律西元 412 年譯畢,則〈與劉遺民書〉應作於西元 411 年或更早。又該書提到當時長安有「大乘禪師一人」,「門徒數百」,此處大乘禪師應為佛陀跋陀羅,即其到達長安應在西元 411 年之前。

〈與劉遺民書〉是僧肇回覆頭一年十二月劉遺民的來信,而劉遺民的來信中提到「去年夏末,始見生上人(道生),示〈無知論〉」。據《出三藏記集‧道生傳》的記載,道生是義熙五年(西元 409 年)回到南京的。道生離開長安,先到廬山逗留一段時間,此時見劉遺民並出示僧肇〈般若無知

---

[189]　《出三藏記集》,第 404 頁。

論〉，而後再前往南京。故此道生逗留廬山的時間，應該是西元 409 年或 408 年；劉遺民寫信給僧肇的時間是西元 410 年或 409 年；而僧肇寫〈與劉遺民書〉的時間應該是西元 411 年或 410 年。

由此可見西元 410 年或 411 年，僧肇寫〈與劉遺民書〉時，鳩摩羅什尚在世；鳩摩羅什去世於西元 409 年之說恐不成立。據〈與劉遺民書〉，則西元 410 年或 411 年，鳩摩羅什與佛陀跋陀羅同時在長安，兩者發生論辯應在此前後。佛陀跋陀羅大約於西元 411 年上半年被趕出長安，先到達廬山，「自夏迄冬，譯出禪數諸經」，第二年即西元 412 年，佛陀跋陀羅則從廬山啟程前往荊州。而慧觀也是在西元 412 年到達荊州的，在西元 413 年袁豹去世前，佛陀跋陀羅與慧觀在荊州一起會見了袁豹。若《高僧傳・慧觀》謂慧觀「什亡後，乃南適荊州」記載準確的話，則鳩摩羅什很可能死在西元 411 年。

若鳩摩羅什死於西元 411 年，則他在西元 413 年翻譯《成實論》的記述則不能成立。《高僧傳》卷六曇影傳與僧叡傳中對於鳩摩羅什翻譯《成實論》與《妙法蓮華經》孰先孰後，紀錄存在矛盾：

興（姚興）敕住逍遙園，助什譯經，初出《成實論》，凡諍論問答，皆次第往反。影（曇影）恨其支離，乃結為五番，竟以呈什。什曰：「大善，深得吾意。」什後出《妙法華經》……（《曇影傳》）

什所翻經，叡（僧叡）並參正。昔竺法護出《正法華經》受決品云：「天見人，人見天。」什譯經至此，乃言：「此語與西域義同，但在言過質。」叡曰：「將非人天交接，兩得相見。」什喜曰：「實然。」其領悟標出，皆此類也。後出《成實論》，令叡講之。（《僧叡傳》）

日本學者齋藤達據此推測《成實論》與《妙法蓮華經》是同時或交替翻譯的，現有史料可以肯定《妙法蓮華經》是在西元 406 年譯出，則《成實論》大約也應譯於此時，《歷代三寶記》關於《成實論》於西元 406 年譯出

第三章　東晉時期義學的興起

的記載則較為可信。[190]

綜上所述，就現有各方史料來看，我們可以推定鳩摩羅什是死於西元411年，即佛陀跋陀羅被擯時，鳩摩羅什已經去世或即將去世，故各史料雖然提到鳩摩羅什與佛陀跋陀羅辯論，但都未提及是鳩摩羅什將佛陀跋陀羅趕出長安的。故佛陀跋陀羅被擯，與鳩摩羅什本人或許沒有直接的關係。

鳩摩羅什在長安期間主要進行經典翻譯的工作，自己的著述很少，其大乘般若思想未能充分表達，他本人晚年也常以此為憾，不過我們還可以透過其他方面的資料對其思想進行探究：(1) 鳩摩羅什在譯經的同時，還進行解釋宣講，鳩摩羅什的一些「口解」保存在不少佛典的序、記之中，比較集中的是《維摩詰經》三家注中鳩摩羅什注解的部分；(2) 鳩摩羅什與他人的通信，特別是與廬山慧遠的通信，後人編輯為《大乘大義章》；(3) 鳩摩羅什與他人的辯論，散見在僧傳之中，特別是他與佛陀跋陀羅的辯論，具有思想史意義。

時秦太子泓，欲聞賢說法，乃要命群僧，集論東宮。羅什與賢數番往復，什問曰：「法云何空？」答曰：「眾微成色，色無自性，故雖色常空。」又問：「既以極微破色空，復云何破微？」答曰：「群師或破析一微，我意謂不爾。」又問：「微是常耶？」答曰：「以一微故眾微空，以眾微故一微空。」時寶雲譯出此語，不解其意，道俗咸謂：「賢之所計，微塵是常。」餘日長安學僧復請更釋，賢曰：「夫法不自生，緣會故生。緣一微故有眾微，微無自性，則為空矣。寧可言『不破一微，常而不空』乎？」此是問答之大意也。[191]

佛陀跋陀羅精通禪法，後南下翻譯六十卷本《華嚴經》，在中國佛教史上是舉足輕重的人物。長期以來，學術界認為鳩摩羅什與佛陀跋陀羅在

---

[190] 齋藤達也：〈鳩摩羅什の沒年問題の再檢討〉，《國際仏教大學院大學研究紀要》，2000年第3期，第136頁。
[191] 《高僧傳》，第71頁。

般若學認知上有根本分歧,但鳩摩羅什編譯的《大智度論》卷三十一在解釋「十八空」中的「畢竟空」時說:「若是常,不應生無常」,實即佛陀跋陀羅所謂「以一微故眾微空,以眾微故一微空」之意。「常」不可能做「無常」之因,既已承認作為「果」的眾微是無常、是空,而作為「因」的一微是無常、是空,則是不言而喻的了。按照僧傳的記載,鳩摩羅什與佛陀跋陀羅關係密切,佛陀跋陀羅入長安,還是鳩摩羅什多次向姚興祈請的結果。佛陀跋陀羅來到長安後,鳩摩羅什「每有疑義,必共諮決」,而兩人所謂的辯論,起因是太子姚泓想了解佛陀跋陀羅的觀點,且在辯論中鳩摩羅什只是提問,而始終未見反駁佛陀跋陀羅的觀點。提出異議的均是需要透過翻譯才能了解討論內容的中土僧人,而非鳩摩羅什本人與佛陀跋陀羅的觀點有根本性分歧。佛陀跋陀羅被擯,也是辯論結束後一段時間、佛陀跋陀羅顯示神通被指犯戒之後才發生的,此時鳩摩羅什或已去世。

第三章　東晉時期義學的興起

第四章

不順化以求宗的廬山僧團與慧遠

第四章　不順化以求宗的廬山僧團與慧遠

4世紀開始中國人出家逐漸合法化，僧團與王權的矛盾亦日益突顯，本章要討論的沙門是否要跪拜帝王的問題，便是一個集中的體現。

六朝以來，歷代統治者都力圖將僧團納入王朝統治之中，即便是極端崇佛的梁武帝也自欲「白衣僧正」管理僧團（後未能如願）。南北朝後期逐漸形成了一套以國家為主導的官寺系統，每座官寺有朝廷供養的僧侶配額，國家統一掌管和調配各官寺僧侶；同時在官寺之外還有龐大的私寺，特別是在南北朝時，大的僧團領袖有時勢力巨大，儼然有一方諸侯領主之勢，廬山慧遠能夠在沙門不敬王者問題上與當朝統治者抗衡，也是這一時代背景的產物。隋唐以來，隨著國家統一和高度的中央集權，六朝僧團的獨立地位進一步下降，隋代即不再設立全國統一的僧正、僧統，而是代之以榮譽性質的十大德、眾主，唐代在安史之亂前也沿襲了隋代不設全國最高僧官的做法，各州縣設定官寺，但在首都長安至少在名義上不設立官寺，避免強大的中央化佛教機構的出現，對僧團勢力可謂嚴加防範。[192]

東晉末年，廬山慧遠沙門不敬王者的努力並沒有成功，劉宋武帝時僧人在帝王面前雖不跪拜，但已開始稱名：

時暢與獻二僧，皆少習律檢，不競當世，與武帝共語，每稱名而不坐。後中興僧鍾，於乾和殿見帝。帝問鍾如宜。鍾答：「貧道比苦氣。」帝嫌之，乃問尚書王儉：「先輩沙門與帝王共語，何所稱？正殿坐不？」儉答：「漢魏佛法未興，不見其記傳；自偽國稍盛，皆稱貧道，亦預坐，及晉初亦然。中代有庾冰、桓玄等，皆欲使沙門盡敬，朝議紛紜，事皆休寢。宋之中朝，亦頗令致禮，而尋竟不行。自爾迄今，多預坐，而稱貧

---

[192] 道端良秀、塚本善隆等日本學者關於唐代官寺都有經典性研究，新近的研究可以參考義大利學者富安敦（Antonino Forte）的論文〈Chinese State Monasteries in the Seventh and Eighth Centuries〉（見桑山正進編：《慧超往五天竺國傳研究》，京都：京都大學人文科學研究所研究報告，1992年）。關於長安是否有官寺的問題，參見聶順新：〈影子官寺：長安興唐寺與唐玄宗開元官寺制度中的都城運作〉，人大複印報刊資料《宗教》，2012年第1期，第23～29頁（原刊於《史林》，2011年第4期，第47～54頁）。

道。」帝曰：「暢、獻二僧，道業如此，尚自稱名，況復餘者。抱拜則太甚，稱名亦無嫌。」[193]

唐代以降僧人逐漸開始致敬王者。雖然如此，廬山慧遠的〈沙門不敬王者論〉還是值得六朝佛教史研究者高度重視的，不僅這一政教關係話題是此後幾百年的一個焦點議題，同時也是由於該論文中所蘊含的重要思想內容。

東晉著名政治人物桓玄徵引老子語錄，指出王者與天地並立，滋養萬物生化，沙門亦在其內受惠，從而提出沙門應「盡敬王者」的主張。而當時江南著名佛教領袖廬山慧遠卻認為，出家之人修行旨在超離自然之化，「不順化以求宗」，故此沙門不應盡敬王者。慧遠在〈沙門不敬王者論〉中系統闡釋了「不順化以求宗」的思想。沙門敬與不敬王者，是佛教與名教之爭，但在其背後更為深刻的思想衝突中，又與道家有著千絲萬縷的關係。本章透過對〈沙門不敬王者論〉寫作背景和思想內容的考察，力圖展現出東晉當時思想界中，佛學思想對中國本土思想文化的融會與超越，希望能比較全面地展示〈沙門不敬王者論〉的重要思想意義。

第一節　廬山慧遠創作〈沙門不敬王者論〉的具體背景

在廬山慧遠（西元334年至416年）生活的東晉時代，關於沙門應不應該敬拜王者的爭論主要有兩次。廬山慧遠在〈沙門不敬王者論〉的序言中明確提到了這兩次爭論。

（一）第一次爭論是：「晉咸康六年（西元340年），成帝幼衝，庾冰輔

---

[193] 自爾沙門皆稱名於帝王，自暢、獻始也。《高僧傳》，第489頁。

政，謂沙門應盡敬王者，尚書令何充等議不應盡敬。」[194] 當時庾冰提出沙門應盡敬王者的理由主要有兩點。第一，對佛教本身的可信性提出懷疑，不能因為虛無縹緲、莫須有的東西破壞了綱常名教、社會秩序。第二，「方外之事，豈方內所體？」即使佛教是實有其事，那它也是方外之事，綱常名教則是方內之事，方內之事就要按照禮法來辦，「王教不得不一，二之則亂」[195]。不能讓作為方外之事的沙門在方內有所體現，影響到名教。由以上兩點，所以沙門應遵守禮法，盡敬王者。

當時反對沙門應盡敬王者的意見也主要有兩條。第一，以往皇帝都沒有要求沙門應盡敬王者，所以現在也「宜遵承先帝故事」[196]，維持現狀比較好。第二，不論佛教所傳是否真實可信，佛教在社會有著良好的作用，「實助王化」，「今一令其拜，遂壞其法」。[197]

這一次爭論，反對沙門應盡敬王者的意見多從佛教的社會功能出發，「每見燒香咒願，必先國家」，「奉上崇順，出於自然，禮儀之簡，蓋是專一守法，是以先聖御世，因而弗革也」[198]。佛教有良好的社會功用，所以不應去傷害沙門，強迫他們盡敬王者。這實際上是將允許沙門不敬王者，當成了出於王者利益的一種權變策略，「以為不令致拜，於法無虧，因其所利而惠之」[199]；而在理論上，沙門到底應不應該敬王者，則沒有說明。

（二）第二次爭論則是由東晉著名政治人物桓溫之子桓玄挑起的，廬山慧遠直接參與了這次爭論。

（1）西元 403 年，桓玄發兵入京師，三月改元大亨，自封太尉，同時

---

[194]　《弘明集廣弘明集》，上海：上海古籍出版社，1994 年，第 80 頁下。
[195]　庾冰：〈重代晉成帝沙門不（「不」為衍文）應盡敬詔〉，《中國佛教思想資料選編》第一卷，第 101、102 頁。
[196]　何充等：〈奏沙門不應盡敬表〉，《中國佛教思想資料選編》第一卷，第 101 頁。
[197]　何充等：〈沙門不應盡敬表〉，《中國佛教思想資料選編》第一卷，第 102 頁。
[198]　何充等：〈重奏沙門不應盡敬表〉，《中國佛教思想資料選編》第一卷，第 103 頁。
[199]　何充等：〈三奏沙門不應盡敬表〉，見《弘明集廣弘明集》，第 80 頁下。

第一節　廬山慧遠創作〈沙門不敬王者論〉的具體背景

開始汰洗沙門。桓玄還為此致書慧遠徵求意見，慧遠作〈與桓太尉論料簡沙門書〉答覆。

桓玄汰洗沙門的原因，由他自己講出的理由主要有兩點。第一，本來佛教是教導人們節制，「佛所貴無為，殷勤在於絕欲」，但現在沙門卻爭相淫奢，使國家經濟空虛。而且大量人口為了逃避徭役，也都紛紛躲入寺廟，「乃至一縣數千」，不事生產。[200] 第二，佛教的教理深奧，「豈是悠悠常徒所能習求？」絕大多數人，雖然採取了沙門的服飾外貌，內心還是與俗人無異。與其這樣去追求虛無縹緲的東西，不如安心於今世，「迷而知反，去道不遠」。[201] 為此，桓玄提出，凡非「能伸述經誥，暢說義理者；或禁行修整，奉戒無虧，恆為阿練若者；或山居養志，不營流俗者」[202]，都在汰洗之列。

慧遠在〈與桓太尉論料簡沙門書〉對於汰洗提出了幾點疑慮。第一，佛教的宗教實踐活動很多，在都遵守戒律的情況下，有修習禪定，有鑽研佛理，有興建福田。有些人做到這點，做不到那點，有些人做到那點，卻做不到這點。對此，不應只因某人做不到某一點，就將其汰洗。第二，「都邑沙門」比較容易得到甄別，而邊局遠司，「執法之官，意所未詳，又時無宿望沙門可以求中」，這樣由於執法水準不高，「或因符命，濫及善人，此最其深憂！」[203] 第三，「若有族姓子弟，本非役門」，他們出家不會影響到國家經濟活動，應該不在汰洗範圍。

以上可以看出，雖然廬山慧遠對汰洗沙門頗多疑慮，但實際上向桓玄表達的是反對意見。

（2）就在汰洗沙門的命令剛剛下達一月之後，桓玄開始又倡議沙門應

---

[200]　何充等：〈三奏沙門不應盡敬表〉，見《弘明集廣弘明集》，第80頁下。
[201]　桓玄：〈與慧遠法師勸罷道書〉，《中國佛教思想資料選編》第一卷，第117～118頁。
[202]　桓玄：〈與僚屬沙汰僧眾教〉，《中國佛教思想資料選編》第一卷，第117頁。
[203]　桓玄：〈與僚屬沙汰僧眾教〉，《中國佛教思想資料選編》第一卷，第116頁。

第四章　不順化以求宗的廬山僧團與慧遠

盡敬拜王者，並與眾人討論此事，也致書慧遠，慧遠作〈答桓太尉書〉直接表示反對。

桓玄提出沙門應盡敬王者的理由是，天地之大德曰生，而王者通生理物，贊育滋養萬物生長，故此《老子》將王與天、地並列為三大。而「沙門之所以生生資存」，也在於王者的贊育滋養，既然佛教以敬為本，歸根結柢則不能不敬王者，「豈有受其德而遺其禮，沾其惠而廢其敬哉？既理所不容，亦情所不安」[204]。

桓玄利用《老子》經文來論證沙門應盡敬王者，並非是仰道抑佛。桓氏家族對道教並無好感。當年桓玄之父桓溫廢海西公而立簡文帝，道教徒盧悚率信眾三百人，詐稱海西公還，攻入建康殿廷，此事震動朝野，影響很大，在客觀上幫助了王、謝抗拒桓氏。與桓玄相比廬山慧遠倒是更與道教有些淵源。據當代歷史學家田餘慶先生推測「與盧氏父子（盧勖、盧嘏）同行過江者可能有盧氏族人，如盧悚」[205]。而《高僧傳》載，慧遠早年在北，曾與盧嘏「同為書生」；而盧嘏就是盧循的父親，孫恩、盧循道教大起義後，義熙四年（西元410年）盧循帶兵北上路過廬山，還拜見過慧遠，「歡然道舊」。不過慧遠與盧循等人，亦無過深交往，據說，慧遠在盧循少時，就預言他「志存不軌」；又，後來有人向劉裕告發慧遠「與循交厚」，劉裕則認為「遠公世表之人，必無彼此」，還送糧米給慧遠。[206]

總之在現實層面，桓玄並沒有仰道抑佛的打算；而且道教徒也不會認同桓玄對《老子》這段經文的理解。稍早，葛洪在《神仙傳》卷三「河上公傳」中「記錄」了一段漢文帝與河上公的對話，可以作為道教信徒對於政教關係的看法。

---

[204]　桓玄：〈與八座論沙門敬事書〉，《中國佛教思想資料選編》第一卷，第103頁。
[205]　田餘慶：《東晉門閥政治》，北京大學出版社2000年版，第318頁。
[206]　以上參見《中國佛教思想資料選編》第一卷，第126頁。

第一節　廬山慧遠創作〈沙門不敬王者論〉的具體背景

帝使人謂之曰:「溥天之下，莫非王土；率土之濱，莫非王民。域中四大，而王居其一。子雖有道，猶朕民也，不能自屈，何乃高乎？朕能使民貴賤。」須臾，公即拊掌常坐躍，冉冉在虛空中，去地百餘尺，而止於虛空。良久，俛而答曰:「余上不至天，中不累人，下不居地，何民臣之有焉？君宜能令余貴賤乎？」[207]

可見道教對此的看法是，神仙道士法力高強，在人間權貴限制的領域之內，王者根本沒有資化他們，不可能有使他們「貴賤」的能力。

桓玄利用老子之言，其實不過是為其主張找經典依據而已。但桓玄這一質問卻是具有相當的理論深度的。它是建立在魏晉玄學發展多年後的理論成果「名教即自然」的基礎上的。「天地氤氳，萬物化醇，男女媾精，萬物化生」(《易傳·繫辭下》)，名教即自然幾乎成為了那個時代儒道的理論共識。公允地說，要反駁「名教即自然」這一潛在的前提，在當時幾乎是不可能的，也悖於時代思想發展的趨勢。但是要在承認「名教即自然」的前提下，說明沙門不應敬王者，這是十分困難的。可以說桓玄為當時佛教界提出了一個生死攸關、不能迴避的難題。要在理論上徹底駁倒桓玄，不能單單靠可以離地「百餘尺」的法術來離開王者的管轄。

廬山慧遠在〈答桓太尉書〉中對此做出的應對是:「佛經所明，凡有兩科：一者處俗弘教；二者出家修道。」對於處俗弘教的佛教信徒，桓玄所講完全是正確的；但「出家則是方外之賓，跡絕於物。其為教也，達患累緣於有身，不存身以息患，知生生由於稟化，不順化以求宗。求宗不由於順化，故不重運通之資；息患不由於存身，故不貴厚生之益。此理之與世乖，道之與俗反者也」[208]。王者雖然確實對沙門之「身」有滋養之功，但出家之人不求存身，反而將有身作為累贅禍患，所以滋養出家沙門之身的

---

[207] 邱鶴亭注譯:《列仙傳今譯·神仙傳今譯》，中國社會科學出版社1996年版，第328頁。
[208] 慧遠:《答桓太尉》，第99頁。

第四章　不順化以求宗的廬山僧團與慧遠

王者，實際是在幫倒忙，沙門根本沒有禮敬王者的理由。

在理論上，慧遠提出沙門「求宗不由於順化，故不重運通之資；息患不由於存身，故不貴厚生之益」，有相當的說服力。慧遠反駁的思路，我們可以理解為，實際上承認了「名教即自然」的前提，但佛教卻不僅是自然，而是超於自然，故此也就超於名教，所以沙門不敬王者。

（3）也就在這一年（西元 402 年）的七月二十八日，廬山慧遠與劉遺民等百二十三人在廬山般若精舍阿彌陀前，「建齋立誓，共期西方」[209]。筆者以為，桓玄先是汰洗沙門，後又要求沙門盡敬王者，使得慧遠等沙門僧人更加覺得中土對於佛教來說是「邊國」，而感慨「昔外國諸王，多參懷聖典，亦有因時，助弘大化」[210]，這些更加增強了他們對於西方的嚮往。慧遠執筆反對沙門盡敬王者，在回信給桓玄的結尾處寫道：「佛教長淪，如來大法，於滋泯滅，天人感嘆，道俗革心矣！……執筆悲憓，不覺涕泗橫流！」而這次著名的廬山建齋立誓，便可視為慧遠當時「悲憓」情緒的一個「積極」的反抗。

此後一年，西元 403 年，桓玄廢晉安帝而自立「楚」，建都建康。但又過了不到一年（西元 404 年），桓玄便被其手下劉裕等人戰敗而亡。根據田餘慶考證[211]，桓氏家族渡江之初，本來族單勢孤，不為時人所重，後經幾起幾落，到桓玄之父桓溫之時，竟然形成「政由桓氏，祭則寡人」的局勢，晉簡文帝竟遺詔桓溫「少子可輔者輔之，如不可，君自取之」。後桓溫之子桓玄果代晉自立，但終落得兵敗被殺。而此前同樣要求沙門盡敬王者的庾冰，屬潁川庾氏，其家族勢力也是累積多年，但卻急遽衰落。相傳，「初，郭璞筮（庾）冰子孫必有大禍，唯固三陽，可以有後。故希求鎮山陽，弟友為東陽，希自家暨陽」，正所謂「再世之後，三陽僅存」（《晉

---

[209]　《出三藏記集》，第 567 頁。
[210]　慧遠：〈與桓太尉論料簡沙門書〉，《中國佛教思想資料選編》第一卷，第 116 頁。
[211]　參見《東晉門閥政治》「桓溫的先世和桓溫北伐問題」，第 140～198 頁。

書》卷七史臣語)。這些要求沙門盡敬王者的政局人物家族的命運變化，在廬山慧遠看來，不能不具有一種因果報應的必然。「三界流動，以罪為道場」，「其生不絕，則其化彌廣而行彌積，情彌滯而累彌深，其為患也，焉可勝言哉！」[212] 感懷前事，慧遠就在桓玄被殺的當年寫下了〈沙門不敬王者論〉五篇並序。

另外，慧遠創作〈沙門不敬王者論〉更為重要的原因是要系統性闡述自己在此問題上的觀點。「深懼大法之將淪，感前事之不忘，故著論五篇，究敘微意」[213]，這也提示我們應該將〈沙門不敬王者論〉五篇並序，當做一篇有機結合的整體來研究。慧遠在桓玄死後，爭論基本完結的時候還作此文，意在「究敘微意」，總結前事，啟發後人。

這裡還要說明一點，學界一般認為桓玄要求沙門盡敬王者，是與其政治利益息息相關的。「桓玄反佛也是有見於僧尼參政、削弱王權，僧尼的活動是和他窺視帝位的願望和野心不相符合的；同時，桓玄的反佛也含有剷除佞佛的政敵司馬道子的圖謀。」[214] 而根據日本學者木全德雄的考據，慧遠的廬山僧團在經濟生活中也確實受惠於政治上層人物的供養。[215]

第二節 〈沙門不敬王者論〉的佛學思想分析

慧遠在〈沙門不敬王者論〉的序言中，用了很大的篇幅，幾乎是全文引用了桓玄〈與八座論沙門敬事書〉的主要內容。

當時流行的河上公注《老子》，其中「象元第二十五」有言：「故道大、

---

[212] 慧遠：〈沙門不敬王者論〉，《中國佛教思想資料選編》第一卷，第83頁。
[213] 慧遠：〈沙門不敬王者論〉，《中國佛教思想資料選編》第一卷，第81頁。
[214] 方立天：《慧遠及其佛學》，中國人民大學出版社1984年版，第146頁。
[215] 參見曹虹：《慧遠評傳》第四章第三部分〈慧遠教團的經濟生活形態〉，南京大學出版社2002年版，第133～139頁。

第四章　不順化以求宗的廬山僧團與慧遠

天大、地大、王亦大。道大者，包羅天地，無所不容也；天大者，無所不蓋也；地大者，無所不載也；王大者，無所不制也。域中有四大，而王居其一焉。八極之內有四大，王居其一也。」[216] 桓玄利用此段經文，來說明王是與天、地並列的；而言下之意，佛至多是聖人，「豈獨以聖人在位，而比稱二儀哉？」聖人不得與天、地二儀並列，自然也就比不上王者。

魏晉玄學經過多年發展，實際上已經成為東晉當時最具活力也最為深刻的中國本土思想，佛教要想在中國思想界占有一席之地，就必須應對老莊玄談的挑戰。在〈沙門不敬王者論・求宗不順化三〉中，慧遠首先批判了道家的一個核心觀念「化」，由此論證了佛教為何超於自然，從而進一步闡釋了為什麼「求宗」必須「不順化」。而這正是我們理解〈沙門不敬王者論〉的關鍵所在。

「人法地，地法天，天法道，道法自然」，「自然」不是我們現在所說的自然界，也不是一個高於「道」的實在，自然只是道的一個狀態描述，是道自然而然的樣子。當時東晉通行的郭象注《莊子・逍遙遊》：「若夫乘天地之正而御六氣之辯，以遊無窮者，彼且惡乎待哉！天地者，萬物之總名也。天地以萬物為體，而萬物必以自然為正。自然者，不為而自然者也。……不為而自能，所以為正也。」[217]

兩漢魏晉以來的道家，一般都主張精氣一元論，「天道與人道同，天人相通，精氣相貫」（河上公注《老子》鑑遠第四十七[218]），「通天下一氣耳」（《莊子・知北遊》），世間萬物不過氣聚氣散，所以包括福禍、死生在內的萬事萬物並無本質差別。所應當做的事情，唯有無為，「乘天地之正而御六氣之辯」，順乎道的自然，即唯獨順天地流行之大化，方能求宗。

---

[216]　王卡點校：《老子道德經河上公章句》，中華書局 1997 年版，第 102 頁。因東晉當時通行河上公所注《老子》，故本文所引老子，皆以河上本為據。

[217]　[晉] 郭象注，[唐] 成玄英疏，曹礎基等點校：《南華真經注疏》上冊，中華書局 1998 年版，第 9 頁。因東晉當時通行郭象所注《莊子》，故本文所引莊子，皆以郭象注本為據。

[218]　《老子道德經河上公章句》，第 184 頁。

第二節　〈沙門不敬王者論〉的佛學思想分析

用〈沙門不敬王者論〉中問難的話說,「尋夫老氏之意,天地以得一為大,王侯以體順為尊。得一,故為萬化之本;體順,故有運通之功。然則明宗必存乎體極,體極必由於順化」[219]。

「王侯以體順為尊」,若沙門也「順化」,則沙門必須敬王者。慧遠在寫給桓玄的信中明確講到,在家人「順化」所以必須敬王者;出家人不順化,所以不敬王者。但出家人為什麼必須不順化呢?慧遠在〈沙門不敬王者論〉中,正面回答了這個問題。

首先,慧遠將萬物分為「有靈」與「無靈」兩類。「有靈則有情於化,無靈則無情於化。無情於化,化畢而生盡,生不由情,故形朽而化滅。有情於化,感物而動,動必以情,故其生不絕。」[220] 山石草木只有形質,是「無靈」的一類,它們參與天地間的大化流行,形質腐朽了,它們也消亡了。而包括人在內的生物是「有靈」的一類,他們有「情」,情感是他們不停運動的動力,他們不會因形質消滅而消滅,而會一直流轉執行下去,「故其生不絕」。但正因為「其生不絕」,有靈者要永遠參與天地的大化,則就要永遠受苦。因此說來,這不是「長壽」,而是「長受罪」。

「天地雖以生生為大,而未能令生者不死;王侯雖以存存為功,而未能令存者無患。」出家修道的沙門,就是要擺脫這種「長受罪」的局面,所以慧遠再次重申了自己以往「不順化以求宗」的觀念,「是故前論云:達患累緣於有身,不存身以息患,知生生由於稟化,不順化以求宗,義存於此」[221]。

到此可以說慧遠比較完滿地解釋了「求宗」為何必須「不順化」的原因,但這個解釋有一個前提,就是將萬物分有靈、無靈兩類,而且有靈這一類的「化」,還不是「形朽而化滅」,而是「其生不絕」。這實際上是將中

---

[219]　慧遠:〈沙門不敬王者論〉,《中國佛教思想資料選編》第一卷,第83頁。
[220]　慧遠:〈沙門不敬王者論〉,《中國佛教思想資料選編》第一卷,第83頁。
[221]　慧遠:〈沙門不敬王者論〉,《中國佛教思想資料選編》第一卷,第83頁。

第四章　不順化以求宗的廬山僧團與慧遠

國本土道家的自然而然的「化」，變成了佛教講的「輪迴」。為此，慧遠還必須解決一個更加深層次的理論問題，為什麼萬物要劃分為有靈、無靈兩類，有靈這一類的「化」為什麼不是「形朽而化滅」。慧遠是在〈沙門不敬王者論・形盡神不滅五〉中回答這個問題的。

郭象注《莊子・知北遊》：「生也死之徒，知變化之道者，不以死生為異。死也生之始，孰知其紀！更相為始，則未知孰死孰生也。人之生，氣之聚也。聚則為生，散則為死。俱是聚也。若死生為徒，吾又何患！患生於異。故萬物一也。」[222] 在道教看來，生死一也，將生死看作為異，方是禍患的根本。〈沙門不敬王者論・形盡神不滅五〉篇首的質問，就是根據莊子的思想向慧遠發問：「夫稟氣極於一生，生盡則消液而同無，神雖妙物，故是陰陽之所化耳。既化而為生，又化而為死；既聚而為始，又散而為終。因此而推，固知神形俱化，原無異統，精粗一氣，始終同宅。」[223] 神雖然精細，是妙物，但也是由陰陽二氣化合而生，神也會因氣聚氣散而生滅，同形沒有本質區別。有靈者固然有神，比較精細，但與無靈者都是「精粗一氣」，沒有區別，言下之意，有靈者也會像無靈者那樣「形朽而化滅」，根本不存在慧遠所謂的有靈者「故其生不絕」，受苦無盡云云，故此修道之人也根本不應該不順化以求宗（虛妄區別生死，才是禍患的根源），所以沙門應該盡敬贊育萬物生化的王者。

慧遠在「形盡神不滅」中對此的答覆，主要是從正反兩方面來論證，神不同於形，「夫神者何耶？精極而為靈者也。……神也者，圓應無生，妙盡無名，感物而動，假數而行。感物而非物，故物化而不滅；假數而非數，故數盡而不窮。有情則可以物感，有識則可以數求。數有精粗，故其性各異；智有明暗，故其照不同」[224]。從這裡來看，慧遠反覆強調的還是

---

[222]　《南華真經注疏》下冊，第 421 頁。
[223]　慧遠：〈沙門不敬王者論〉，《中國佛教思想資料選編》第一卷，第 85 頁。
[224]　慧遠：〈沙門不敬王者論〉，《中國佛教思想資料選編》第一卷，第 85～86 頁。

第二節　〈沙門不敬王者論〉的佛學思想分析

神乃極端精細微妙、圓滿無缺的，與一般由氣化生的物質是根本不同的，如果勉強將形神兩者混淆，「多同自亂，其為誣也」。但這裡更應引起我們注意的是「數有精粗，故其性各異；智有明暗，故其照不同」。同將神、形不區分相比，做區分之後便能解釋為什麼都是天地一化，而產生出的人與草木有高下之分，世家與寒門有貴賤之別。這是慧遠的佛學理論比以往中國傳統思想高明的地方。

「數」這裡是指毗曇學的「心數」，即「心所法」，是對人的各種心理活動的分類。人的心理活動善惡精粗差別很大。在萬物中區分出「神」，而神「假數而非數」，用我們今天的話來理解，神不是一個固定不變的實體，而是一團或一束流動不居的心理感受。各人的「數有精粗」，各人在不同因緣、不同處境中的感受不同，心理各異，故此各人的神也便有了高下，所以世間的人便因各人業報因緣稟賦之神不同，而有了高低貴賤之分。[225]

河上公注《老子》成象第六：「谷神不死，谷，養也。人能養神則不死，神謂五藏之神：肝藏魂，肺藏魄，心藏神，腎藏精，脾藏志。五藏盡傷，則五神去矣。」[226] 在道家看來，「常道當以無為養神」[227]，人無為，而「使五藏空虛，神乃歸之」河上公注《老子》無用第十一，《老子道德經河上公章句》，第41頁。但歸之於人身之上的「神」又是從何而來的呢？道家往往言之不詳，一般只籠統地說是從天所降，「治身則天降神明，往來於己也」[228]。而儒家也只是籠統地說，受命於天，天命之謂性。

---

[225] 在這一點上，佛教比中國傳統思想，更能解釋為什麼在現實之中往往看不到德福相配。「受之無主，必由於心；心無定司，感事而應；應有遲速，故報有先後；先後雖異，咸隨所遇而為對；對有強弱，故輕重不同，斯乃自然之賞罰，三報大略也。」（慧遠「三報論」，《中國佛教思想資料選編》第一卷，第87頁）
[226] 《老子道德經河上公章句》，第21頁。
[227] 河上公注《老子》體道第一，《老子道德經河上公章句》，第1頁。
[228] 河上公注《老子》仁德第三十五，《老子道德經河上公章句》，第139頁。

第四章 不順化以求宗的廬山僧團與慧遠

由此，慧遠便提出了質問：「假令神形俱化，始自天本，愚智資生，同稟所受。問所受者，為受之於形邪？為受之於神邪？」[229]在慧遠看來，按照當時道家的說法，若人與萬物同樣都是由精氣所化，那麼若上天給人受「形」，按照莊子「臭腐復化為神奇，神奇復化為臭腐」（《莊子·知北遊》）的講法，則「凡在有形，皆化而為神矣」，這樣就沒有人與山石草木的區別，這與事實明顯不符。若受之於神，慧遠認為「則丹朱與帝堯齊聖，重華與瞽叟等靈」，同樣「天降神明」，則應該人人都一樣，沒有高下賢愚之分，但事實遠非如此。慧遠認為這些矛盾是中國傳統思維無法解釋的。[230]

闡明了為什麼萬物應該劃分為有靈、無靈兩類之後，慧遠進一步指出，正因為有了這種區分，有靈者有情，則永遠要落入無盡輪迴流轉之中，「化以情感，神以化傳，情為神之母，神為情之根，情有會物之道，神有冥移之功」這段話，不僅說明了大化流行的動因在於神（道家對於大化流行的原因，只是認為是自然而然的事情，在一定意義上迴避了這個問題），而且更加突出了人要解脫，逃離無盡流轉的緊迫性——而這正是慧遠作「形盡神不滅」所要最終闡明的道理。

慧遠為了說明「形盡神不滅」，人若順化則永遠在流轉輪迴之苦中的道理，打一個十分著名的比喻。「火之傳於薪，猶神之傳於形；火之傳異薪，猶神之傳異形。」[231]薪火之喻，《莊子·養生主》中就出現過：

指窮於為薪，火傳也，窮，盡也。為薪，猶前薪也。前薪以指，指盡前薪之理，故火傳而不滅；心得納養之中，故命續而不絕。明夫養生乃生之所以生也，不知其盡也。夫時不再來，今不一停。故人之生也，一息一

---

[229] 慧遠：〈沙門不敬王者論〉，《中國佛教思想資料選編》第一卷，第86頁。
[230] 後世范縝用花瓣隨風而落在廳堂、庭院、廁所，來比喻人生貴賤高下；但用偶然性做解釋，在一定意義上等於沒有解釋。
[231] 同上。

第二節 〈沙門不敬王者論〉的佛學思想分析

得耳。向息非今息，故納養而命續；前火非後火，故為薪而火傳，火傳而命續，由夫養得其極也，世豈知其盡而更生哉！[232]

慧遠指出莊子的這種薪火之喻，是「惑者見形朽於一生，便以為神情俱喪，猶睹火窮於一木，謂終期都盡耳」，「此由從養生之談，非遠尋其類者也」。[233] 慧遠的薪火之喻旨在說明，人在各世輪迴流轉，雖然每一世的身體不同，但「神」卻總是不滅，總在受因果報應、不盡的輪迴之苦。

以往的學界，對慧遠的薪火之喻，有一個流行的批評，「慧遠在這裡是搞了一個邏輯上的詭辯，因為他所講的木柴或形體都是指的某一塊具體的木柴或某一個具體的形體，而當他講到火由這塊木柴轉到另一塊木柴，或神由這個形體轉到另一個形體時，他就不講某一具體木柴的火或某一具體形體的神，而是講的一般的火或神。因此這樣的比喻在邏輯上是根本錯誤的」[234]。其實在郭象「前火非後火」的注釋中，將這種意思已經基本表達出來了，應當說這種批評是有一定道理的。慧遠所強調的因果輪迴報應，重點在於自作自受，若將神說成「一般」，很容易導向泛靈論，這與慧遠的佛學思想是格格不入的。

不過，在慧遠當時的語境之中，這種批判並非是致命的，因為慧遠在他的佛學體系中，完全可以自圓其說，並不一定由此就造成矛盾。問題是「前火非後火」（即使將具體不同的火說成一般相同的火），在慧遠的佛學體系中是否是錯誤的、是否能夠造成矛盾。我們前文已經說明，慧遠所謂的神是「假數而非數」，是一團或一束流動不居的心理感受。所以「前火非後火」在這裡並不造成矛盾，而且「神」正因為是這樣不斷應感而發，所以才沒有窮盡，形盡而神不滅，受苦無窮。在近代的哲學語境中，我們還可以發問，是什麼使這些心理感受連線到一起，為什麼它們構成了這個人

---

[232] 《南華真經注疏》上冊，第 72 頁。
[233] 慧遠：〈沙門不敬王者論〉，《中國佛教思想資料選編》第一卷，第 86 頁。
[234] 北京大學哲學系中國哲學教研室：《中國哲學史》，北京大學出版社 2002 年版，第 232 頁。

第四章　不順化以求宗的廬山僧團與慧遠

而不是那個人,如何保證人格的同一性,西方的學術傳統一般都是用「記憶」來維護人格同一性。但在慧遠的佛學中,這些都不構成問題,因為人的概念本身就是虛妄,終極的真理是「無我」,擺脫輪迴,進入泥洹。而且慧遠僅僅是打個比方,在他的一般論述中,也不存在將各人個別之神混同於普遍統一之神的情況,所以我們不應糾纏於這一點不放。

綜上所述,慧遠比較圓滿地闡明了順化則神永遠不滅,人受苦不盡;所以出家人必須不順化以求宗。只有明白了形神區別,神與一般的形質不同,不在自然之化中,才能讓世人在認識上超越於自然之「化」,為「不順化以求宗」贏得地盤,這正是慧遠論證的目的。但出家人所求的那個宗是哪一個宗,「歷觀前史,上皇已來,在位居宗者,未始異其原本。本不可二,是故百代同典,咸一其統,所謂『唯天為大,唯堯則之』」[235]。在當時人們普遍接受天下宗一的觀念,如此佛教的宗,與儒、道的宗,到底是個什麼關係?此前慧遠寫給桓玄的信中,尚未談清這個問題,在〈沙門不敬王者論‧體極不兼應四〉中,慧遠詳細闡述了這個問題。

慧遠在「體極不兼應」中,主要說明的是,佛教的真理精深,不能拿一般的世俗常見去衡量;而古代的先王,所說的只是世俗的道理而已。但從最根本的意義上說,「內外之道可合而明矣」,「常以為道法之與名教,如來之與堯、孔,發致雖殊,潛相影響;出處誠異,終期則同」。如來之與堯、孔,為什麼可以「合而明矣」呢?慧遠在這裡利用了佛教「化身」的觀念,「經云:佛有自然神妙之法,化物以權,廣隨所入」。佛為了教化眾生,顯現各種化身,開各種方便法門來教化世人,「自合而求其乖,則悟體極之多方」,因此說如來是「先合而後乖」。至於歷代君王聖賢,建功立業、修身立德,雖然各人成就有所不同,但最終都會殊途同歸,與佛法不謀而合,體悟到佛教的真諦,這是「先乖而後合」,「是故自乖而求其合,

---

[235]　慧遠:〈沙門不敬王者論〉,《中國佛教思想資料選編》第一卷,第 83～84 頁。

第二節 〈沙門不敬王者論〉的佛學思想分析

則知理會之必同」[236]。但慧遠的這種「合明論」，最終是要合於至高的佛理，因為道家的宗「天地之道，功盡於運化」，儒教的宗「帝王之德，理極於順通」，兩者都是在「化」之內的；而佛教的宗，是超越「化」的，拔除三界輪迴之苦，最終解脫的；這是道、儒都無法比擬的，「若以對夫獨絕之教、不變之宗，固不得同年而語其優劣，亦已明矣」[237]。

「論成後」，慧遠又補充了一個比喻來說明：沙門為什麼不敬王者而王者卻又要供養沙門，特別是沒有得道的沙門（這實際也涉及了為什麼不能汰洗沙門的原因）。「有人於此，奉宣時命，遠通殊方九譯之俗，問王者當資以餱糧，錫之以輿服不？答曰：然。」慧遠的意思是說，有人奉命出使非常遙遠的國家，君主應當給他準備乾糧、衣物和交通工具。出使外國的人，一步還沒有走，君主就應該給他物質上的資助；同樣道理，剛剛開始出家修行的人，雖然還遠沒有成正果，同樣也應該得到君主物質上的資助。慧遠這個比喻有一點美中不足，就是出使者「奉宣時命」，是替王者辦事，但出家修道者是「不順化以求宗」，不敬王者。但畢竟慧遠的這個比喻還是有一定說服力的，即不一定非要事成之後，才有供養——而這正是問題的關鍵所在：意即沙門不必像道教河上公那樣修煉到「上不至天，中不累人，下不居地」的水準，才有資格不敬王者。而且慧遠認為「夫四事之供，若蟭蟁之過乎其前者耳。濡沫之惠，復焉足語哉」[238]。世俗社會區區一點供養，是微不足道的。

魏晉以來「三禮」成為顯學，《喪服》的注疏更是車載斗量，士族大家正是需要透過從喪服等差中體現親屬貴賤、尊卑之別；而慧遠在廬山講《喪服經》，深諳中國本土文化之精髓，強調沙門特異的禮儀服飾，沙門不敬王者，名正言順，其事方立，慧遠可謂在更深層次上認同了中國本土文

---

[236]　慧遠：〈沙門不敬王者論〉，《中國佛教思想資料選編》第一卷，第84頁。
[237]　慧遠：〈沙門不敬王者論〉，《中國佛教思想資料選編》第一卷，第85頁。
[238]　慧遠：〈沙門不敬王者論〉，《中國佛教思想資料選編》第一卷，第87頁。

第四章　不順化以求宗的廬山僧團與慧遠

化的精髓——這也必然得到中土有識之士的認同。

慧遠透過對「不順化以求宗」觀點的系統闡釋，為中國人在自然之化以外，開啟了一個新世界，使中國學術思想上了一個新境界。東晉以來，佛教界對老莊玄學自然而然、體順運通這一核心思想的批判，不只慧遠一人，如僧肇的《肇論·物不遷論》，實際上就是意在批判「生死交謝，寒暑迭遷，有物流動，人之常情」[239]這種自然之化的思想。只有批判了「化」的思想，僧肇在「物不遷論」之後，明確了「談真有不遷之稱，導俗有流動之說，雖復千途異唱，會歸同致矣」[240]的基礎上，才建立起空論、般若論、涅槃說等思想。

對道家自然之化思想的批判，可以說顯示出了東晉以來，佛教界開始擺脫依附神仙方術和老莊玄談的局面，開始在汲取中國本土文化的基礎上，批判性地建設中國佛學思想。佛學因其超越中國固有文化，才得以融入中國文化，從而也使得中國傳統文化愈加豐富深邃、異彩紛呈。

沙門是否需要禮敬王者，南北朝時亦頗多爭論，單從義理來看，提倡沙門需要禮拜王者的人，亦不再從道教等外學中尋找論據，而是努力在佛教內部找到沙門禮拜的依據，如慧遠去世後約半個世紀：

大明六年（西元462年）九月，有司奏曰：「臣聞遐拱凝居，非期宏峻，拳跪槃伏，豈止敬恭。將欲昭張四維，締制八宇，故雖儒法枝派，名墨條流。至於崇親嚴上，厥繇靡爽，唯浮圖為教，逷自龍裔。宗旨緬邈，微言淪遠，拘文蔽道，在末彌扇。遂乃凌越典度，偃居尊戚。失隨方之妙跡，迷制化之淵美。夫佛法以謙儉自牧，惠虔為道，不輕比丘，遭人必拜。目連桑門，遇長則禮。寧有屈膝四輩，而間禮二親；稽顙者臘，而直骸萬乘者哉。故咸康創議，元興載述，而事屈偏黨，道挫餘分。今鴻源遙

---

[239]　僧肇《肇論·物不遷論第一》，《中國佛教思想資料選編》第一卷，第142頁。
[240]　僧肇《肇論·物不遷論第一》，《中國佛教思想資料選編》第一卷，第143頁。

洗，群流仰鏡，九仙贐寶，百神從職。而畿輦之內，含弗臣之氓；階席之間，延抗禮之客。懼非所以澄一風範，詳示景則者也。臣等參議，以為沙門接見，皆當盡虔禮敬之容。依其本俗，則朝徹有序，乘方兼遠矣。」帝雖頗信法，而久自驕縱，故奏上之日，詔即可焉。（僧）遠時嘆曰：「我剃頭沙門，本出家求道，何關於帝王？」即日謝病，仍隱跡上定林山。及景和之中，此制又寢，還遵舊章。[241]

大明六年（西元462年）有司提出沙門應該禮敬王者的理由是「夫佛法以謙儉自牧，惠虔為道，不輕比丘，遭人必拜，目連桑門，遇長則禮。寧有屈膝四輩，而間禮二親；稽顙耆臘，而直骸萬乘者哉」。利用《妙華蓮花經》中常不輕菩薩禮敬一切眾生等佛教典故，來論證僧人應該禮拜帝王。從中亦可見南朝佛教在思想界地位的進一步鞏固。

僧傳記載，慧遠在廬山中深居簡出，「影不出山，跡不入俗，故送客遊履，常以虎溪為界焉」[242]。東晉廬山慧遠將佛教與世俗社會中間樹立了一個邊界；當然這個邊界的形成，可能有廬山慧遠身體不好等客觀因素存在：廬山慧遠「年始四十，而衰同耳順」，這可能與慧遠曾服用寒食散有關，《高僧傳》載，慧遠「以晉義熙十二年八月初動散，至六日困篤，大德耆年，皆稽顙請飲豉酒，不許。又請飲米汁不許，又請以蜜和水為漿。乃命律師，令披卷尋文，得飲與不，卷未半而終」。余嘉錫先生早已指出「動散」，即寒食散發，豉酒即解散發之物，然慧遠受戒不飲酒，最終散發而亡。[243]

雖然廬山慧遠強化了世俗與方外的界線，但佛教與世俗社會不可避免地還會出現交際，共處在一個領域之內，這從我們上文討論他「遠通特方九譯之俗」的比喻中也可以看出，這就難免有佛教與王權共同爭奪市場的

---

[241]　《高僧傳》，第318～319頁。
[242]　《出三藏記集》，第570頁。
[243]　參見余嘉錫：〈寒食散考〉，《余嘉錫文史論集》，嶽麓書社1997年版，第176～177頁。

第四章　不順化以求宗的廬山僧團與慧遠

嫌疑。而唐宋以來，逐漸確立的儒、釋、道三教分工，儒教治國、佛教治心、道教治身，則進一步避免佛、道教與以儒家為主導思想的王權之間的競爭。這種思想史的發展變化，也反襯出在中國古代歷史上儒、釋、道三教勢力之間的此消彼長。

第五章

孤明先發竺道生

第五章　孤明先發竺道生

竺道生是東晉末年至劉宋初年的義學沙門。他一生涉獵廣泛，「羅什大乘之趣，提婆小道之要，咸暢斯旨」，而且善於獨立思考闡發，主張人人皆有佛性，頓悟成佛，引領了日後佛學發展變化的大潮流。

關於竺道生的生平，湯用彤先生已經進行過詳細的考證，1932 年在《國學季刊》（三卷一號）上發表了〈竺道生與涅槃學〉[244]，1938 年初版的學術名著《漢魏兩晉南北朝佛教史》專科設了「竺道生」一章，除個別地方有所變動外，內容基本上沿襲了〈竺道生與涅槃學〉一文。而後世學者，關於道生生平的研究，多援用湯先生的觀點。湯文甚詳，但尚有幾處須待辨正。

第一節　竺道生的生平考證

一、竺道生的生年

竺道生卒於劉宋元嘉十一年（西元 434 年），並沒有疑問，但他的生年卻無明確記載。宋本覺《釋氏通鑑》中認為道生享年 80 歲，若以此推，道生生於東晉穆帝永和十一年（西元 355 年）。現今不少學者認為：「從各種相關文獻考察，這種說法的可能性不大，其實際出生年代應該晚些。」[245] 但筆者認為《釋氏通鑑》中的說法並非完全沒有可能，湯先生將道生生年定在西元 375 年，謂「道生壽六十歲」，恐誤，下詳論之。

根據《出三藏記集》和《高僧傳》中[246]，竺道生早年跟隨竺法汰在南京出家，聰穎好學，「是以年在志學，便登講座」[247]，到了受具足戒的年

---

[244]　收入《湯用彤選集》，第 68～131 頁。
[245]　蘇軍：《道生法師傳》，宗教文化出版社 2000 年版，第 1 頁。
[246]　關於竺道生的記載關於道生傳記，《高僧傳》基本沿襲《出三藏記集》。
[247]　《出三藏記集》，第 570 頁。《宋書・蠻夷傳》謂道生「年十五，便能講經」。

第一節　竺道生的生平考證

齡（20歲），就已經在江南小有名氣了。因此要大體定下竺道生的生年，就必須首先知道竺道生大約是何時出家的。從僧傳中我們得知，竺道生是從小跟隨竺法汰在南京出家《宋書‧蠻夷傳》謂道生「出家為沙門法大弟子」，此處「法大」當為「法汰」之誤，並因此姓「竺」。

竺法汰的東晉般若學六家七宗中「本無異宗」的代表人物，我們前文已述根據《世說新語‧賞譽》的記載，竺法汰南下，得到「王領軍」（王洽）供養，王洽卒於西元 358 年，因此，竺法汰至遲在西元 350 年代中期就應當已經在南京。道生隨竺法汰出家應在西元 360 年代前後的時期。

湯用彤先生本在〈竺道生與涅槃學〉一文中對《世說新語》中的紀錄沒有懷疑，但在《漢魏兩晉南北朝佛教史》中卻改變了看法：「查王洽卒於昇平二年（西元 358 年），其時法汰尚未共道安南來。《世說》所載，應為另一王氏子弟。」[248] 筆者認為湯先生的這一推測理據不足。《高僧傳》中也明確說到「領軍王洽」對法汰「欽敬無極」。湯先生之所以認為在年代上有問題，是由於誤認為法汰「共道安南來」與道安在襄陽分手，實際上法汰與道安在此前十多年就已經在新野分別了，道安北上山西太行一帶，法汰則南下，根本不存在「共道安南來」的事情。湯先生懷疑年代有錯，可能是由於《高僧傳》中說，在法汰於荊州時，「安公又遣弟子慧遠下荊問疾」。因為慧遠是道安在山西太行時收的徒弟，所以若派慧遠去探病，則時代必晚。但筆者認為《高僧傳》中的這段紀錄有誤，以此推斷年代不妥。晉哀帝興寧三年（西元 365 年）道安帶慧遠等弟子南下襄陽，時值道恆等人在荊州一帶宣揚「心無義」，法汰派弟子曇一前去辯難，道安也派慧遠去荊州破心無義。由於這次辯難十分出名，慧遠在荊州也就廣為人知，很可能後世就因此誤會，「當時慧遠正奉道安之命前往慰問患病的竺

---

[248]　《湯用彤選集》，第 432 頁。

第五章　孤明先發竺道生

法汰，也就席攻難道恆」[249]，因此僧傳中說：「安公又遣弟子慧遠下荊問疾」，此記恐係將兩次地點相同而時間不同的事情（法汰在荊州生病，慧遠在荊州辯難）弄混，是誤記。

湯先生認為：「竺法汰於興寧三年隨道安達襄陽，後經荊州東下至京都，居瓦官寺。簡文帝敬重之，請講《放光經》。簡文帝在位僅二年。（西元371年至372年）其時瓦官寺創立未久。及汰居之，乃拓房宇，修立眾業。（《高僧傳·法汰傳》）是汰之來都，在興寧年後，簡文帝之世也。」[250]湯先生的這個推斷過晚，反駁理由如下：

（1）「簡文帝」司馬昱在位時間實際上不過一年，「自桓溫廢海西公而立簡文帝，到簡文帝臨終遺詔，到桓溫之死，其間一共只有一年半的時間。這是激烈的權力之爭的一年半，是朝野鼎沸的一年半，是晉室不絕如線的一年半」[251]。在這一年半中東晉政局最為動盪，皇權降低到最低點，桓溫欲自立，而王、謝兩大家族則極力抵抗，道教盧悚起義攻入建康殿庭。而簡文帝病重，繼承人問題尤其突出，「簡文帝遺昭」數次反覆。在這樣的時局下，簡文帝司馬昱恐沒有精力，帶領眾多王宮貴族去聽法汰講《放光經》。即便當時確有聽講之事，也不能由此否認法汰在此前不在南京。

（2）司馬昱帶人去聽講經的時間，最有可能的是在西元350、60年代，當他還是會稽王時。永和年間（西元345年至356年）北方時局動盪，緩解了南方的外部壓力。東晉利用這個時機，於永和七年收復洛陽，八年得傳國玉璽，給人一種「昇平」（西元357年至361年）在望的表像。南方獲得了自永和以來的較長時間安定局面，使得在會稽王身邊聚集了一大批士族名士，所謂的「永和名士」品評人物，辨析玄談，留下了許多逸聞軼事，

---

[249]　方立天：《魏晉南北朝佛教論叢》，中華書局1982年版，第56頁。
[250]　《漢魏兩晉南北朝佛教史》，第525頁。
[251]　《東晉門閥政治》，第193～194頁。

多見於《晉書》及《世說新語》。此時的法汰業已南下，也混跡其間，逐漸獲得名望，司馬昱帶人在此時去聽他講經，則是十分可能的。

(3) 僧傳為後人記錄，以一生最高地位職務稱呼人，是十分常見之事。至於瓦官寺，早在西元 364 年顧愷之為該寺作壁畫「維摩詰像」，就已名聲大震。瓦官寺在建立之初就是重要寺院，當是法汰在南京有不小名望後才遷居於此；瓦官寺絕非草創小廟。

至此，我們可以得出結論，法汰在佛圖澄死後不久，就與道安分別，自己帶領弟子南下，西元 350 年代初時，先到荊州，未受桓溫重視，旋即南下南京。在南京受到桓溫政敵王、謝家族人士支持，名聲逐漸擴大，大約 60 年代即受到會稽王司馬昱的青睞，聽其講經。而大約也就在此時，道生便隨漸得大名的法汰出家。故此，我們可以合理地推論出，道生大約生於西元 355 年，在 60 年代隨法汰在南京出家，在西元 370 年左右便可以同人講法，大約 70 年代中期受具足戒。

透過確定法汰南來時間，以及道生出生的大約時間，我們還可以獲得下面一些啟發。

法汰南來時間在 50 年代初，時間很早，這說明法汰與道安共同相處的時間並不很長。道安與法汰為同學關係而非師徒，也無理由長期在一起漂泊。後人多誤認為法汰是道安弟子，或法汰受到道安很大影響，恐是臆測。特別是後世流行「六家七宗」說，多以為道安是本無宗創始人，而法汰從其中分離去創立「本無異宗」。其實法汰 50 年代就已南下，5、60 年代便與六家中其他各家代表人物共在江南，而道安關心般若學說，是在西元 365 年到襄陽後才由「北禪」轉向「南義」，時間尚在法汰之後。

所謂「六家」本是指東晉（主要是建康和荊州）各般若學派，他們同當時永和玄談關係密切（其代表人物也多被寫進《世說》之中），各家均各自得到了當時士族的支持，是特定時間地點的產物。而道安先是在北，後居

第五章 孤明先發竺道生

襄陽，基本身處局外，在襄陽研究般若學，建立的所謂「性空之宗」，本也無所謂六家中的哪一家。但道安本人名氣甚大，又與法汰尚有一段淵源，且對荊州心無宗持批評態度。後人便逐漸將法汰的本無宗歸入道安名下，而法汰反而成為本無異宗，後遂有六家七宗之說。

由此，我們看到道生出家的60年代，正是南京地區佛教界般若思想最為活躍的時期，新觀點新思想層出不窮，這對於少年聰穎，「年在志學，便登講座」的道生，在今後不斷獨立思考，大膽創新，無疑有著促進作用。

而道生出生的50年代，東晉收復洛陽，獲得玉璽，使江左免於「白板天子」之羞，這些雖只是些表面現象，但無疑會對當時漢人在政治和心理上，以正面積極刺激，增加其民族自信心。這對於道生日後作為「邊國」之人，敢於「孤明先發」，也是有正面影響的。

二、道生第一次去廬山的時間

各種記載表明，道生是「中年遊學」，若根據湯先生所確定道生生年西元375年，則「隆安中」（西元397年至401年）道生雲遊到廬山只有二十歲出頭，顯然不能說是「中年」，湯先生所定生年顯然太晚。況且湯先生還認為道生去廬山尚比「隆安」早，認為「道安應在太元之末數年至廬，得見提婆，從習一切有部義」[252]（按太元是西元376年至396年），而湯先生此說，筆者認為恐難以成立。

《出三藏記集》中已經明確記載，道生「隆安中，移入廬山精舍，幽棲七年，以求其志」[253]。而湯先生卻提出道生應早於西元397年（隆安元年）去廬山的原因主要有兩個：

（1）湯先生認為道生應得見僧伽提婆，而提婆則在隆安元年離開廬山慧

---

[252] 《漢魏兩晉南北朝佛教史》，第526頁。
[253] 《出三藏記集》，第571頁。

第一節　竺道生的生平考證

遠去了南京，因此道生要跟隨提婆學習，必須得在隆安元年之前來到廬山。

筆者以為，即便道生一定見過提婆，廬山與南京距離不遠，道生與提婆在隆安元年，或於南京（提婆已來南京，而道生尚未從南京出發去廬山），或於廬山（提婆尚未離開廬山去南京，而道生已經來到廬山），相見參訪幾個月，也不是不可能的事情；更何況我們沒有有力的證據來說明他們一定見過面。湯先生提出的理由是《名僧傳抄》中載《名僧傳》目錄「及至第十傳，則為竺道生。其中乃載有慧遠廬山習有宗事。依此推之，竺道生或與遠公同從提婆習一切有部之學」[254]。「不然者，則《名僧傳》何以於道生傳中，載遠習有宗事耶？」[255]

湯先生僅憑《名僧傳》中兩條相連的目錄「廬山西寺竺道生事」、「慧遠廬山習有宗事」，便斷定「竺道生或與遠公同從提婆習一切有部之學」，恐怕有些草率。既然是在「道生傳」中，若道生果真在廬山從提婆學習，也應標為「竺道生廬山習有宗事」或「竺道生、慧遠廬山共習有宗事」才合理。而且更為重要的是，題目中說的是「廬山西寺竺道生」，這說明竺道生在廬山住在「西寺」，而廬山慧遠則住在「東林寺」，兩人並不住在一處，共同學習之說恐難成立。

根據《高僧傳‧慧遠傳》記載，西元 373 年慧遠與道安分別南下，在廬山「時有沙門慧永，居在西林，與遠同門舊好，遂要遠同止」。不久應慧永之請，刺史桓伊「乃為遠復於山東更立房殿，即東林是也」。由此看來，道生來廬山當是住在慧永的「西林」，而並不與慧遠同住，道生、慧遠兩人很可能有過接觸交往，但共同向提婆學習有宗，則恐不成立。道生臨終前幾年確係住在廬山東林寺，但那時距離道生第一次到廬山已有三十多年，慧遠已死，時過境遷，以三十多年後的居所來推定三十多年前的居

---

[254]　《漢魏兩晉南北朝佛教史》，第 527 頁。
[255]　《湯用彤選集》，第 77 頁。

第五章　孤明先發竺道生

所，謂定然住在一處，湯先生此說於情於理都很難說通。

（2）湯先生提出的另一個理由是：「又如生果於隆安中到匡山，並居彼七年。則其至關中，必遠在什公入關數年之後。夫道生聞什之來，當急欲相見，必不若是遲滯也。」[256] 若道生於隆安元年或一年，即西元397年或398年來廬山，經七年當於西元403年或404年前往長安。湯先生以為若是如此，道生去見鳩摩羅什則太遲，筆者則以為並不很晚。

鳩摩羅什實際上是在弘始三年十二月底（西元402年初）才到長安，古時資訊、交通不很便利，經過一兩年後道生方從廬山到長安並不算很遲緩。另外，雖然鳩摩羅什在當時已有大名，但姚秦時「四夷賓服，湊集關中，四方種人，皆奇貌異色」。（《太平御覽》卷三六三引車頻《秦書》）當時西域來的法師並不罕見，只有做出些成績，才會吸引人前往就學。根據《出三藏記集》和《高僧傳》對鳩摩羅什的記敘來看，似是羅什在長安講說新經，翻譯出一些經後，「於時，四方義士，萬里必集」，道生「入關請決」，慧遠「封以諮什」。又道生在義熙五年（西元409年）就已經回到南京，其離開鳩摩羅什可能更早在西元408年，當時鳩摩羅什尚在世。道生並未像僧肇等人那樣始終伴隨鳩摩羅什，似未如湯先生所測，道生每時每刻都想伴隨鳩摩羅什左右，有一刻不可離的心境。

湯先生謂慧睿、慧嚴、慧觀等「當亦曾與遠、生二公同習提婆小乘之學，後又共道生入關也」[257]。《出三藏記集》載：道生「遂與始興慧睿、道場慧觀，同往長安」。《高僧傳》則將「同往」改為「同遊」，「後與慧睿、慧嚴同遊長安」。根據《高僧傳》慧睿「後還憩廬山，俄又入關從什公諮稟」、慧觀「晚適廬山又諮稟慧遠，聞什公入關，乃自南徂北」，他們確係從廬山出發前往長安。道生與他們同行或確有其事，但慧睿、慧觀等人離

---

[256]　《漢魏兩晉南北朝佛教史》，第527頁。
[257]　《漢魏兩晉南北朝佛教史》，第527頁。

第一節　竺道生的生平考證

開廬山前往長安的確切時間，我們也不得而知。而且從僧傳來看，他們去長安是在聽說鳩摩羅什入關後才動身的，鳩摩羅什西元401年12月底入關，消息傳到廬山最快也得西元402年。他們商量決定同行，再準備一下，西元403年後去長安也不為太過遲緩。

湯先生曾下斷語：「般若家與談玄者，其方法態度，實係一致。故什公弟子，宗奉空理，而仍未離於中國當時之風尚也。」[258]此論甚當，慧睿、慧觀等人原來之學應不出般若玄談，否則不會對大乘空宗興趣甚大，而遠赴長安；提婆乃說一切有部之學，兩者差異比較大。慧睿似在廬山日短，而慧觀只提向慧遠學習，而未涉及提婆，因此若慧睿、慧觀等人習有宗，則最大可能是在隆安中，多向慧遠請教，道生情況也與此大體類似。湯先生推斷他們跟隨提婆本人學習，則完全沒有證據可以支持這一點。

總之，如果道生是同慧睿、慧觀等人同去長安，也大約是在鳩摩羅什入關，聲名傳至江南之後。而此刻東晉局勢也相對安定，適宜北上出行。道生在南京多年，中年遊學，「隆安中」到廬山，恐也有避亂的意思。「自隆安以來，中外之人，厭於禍亂。」(《資治通鑑‧元興元年》)隆安二年(西元398年)，鎮守京口的王恭和荊州的殷仲堪、桓玄等人起兵反對當權的司馬道子。三年(西元399年)，孫恩、盧循起義，此後數年時局因此而持續動盪。元興元年(西元402年)桓玄攻下南京，西元403年自立為帝，改國號楚。桓玄掌權期間又開始汰洗沙門(桓玄為此致書慧遠徵求意見，慧遠作〈與桓太尉論料簡沙門書〉答覆)，倡議沙門應盡敬王者(也致書慧遠，慧遠作〈答桓太尉書〉直接表示反對)。建楚後不到一年，桓玄便被其手下劉裕等人戰敗而亡，至此局勢才逐漸穩定。

道生在東晉首都多年，值政局動盪之時，在廬山靜觀其變，待政局明朗後再離開的可能性比較大。而且在汰洗沙門時，唯廬山因慧遠的關係

---

[258]　《漢魏兩晉南北朝佛教史》，第291頁。

第五章　孤明先發竺道生

而成為例外,「唯廬山道德所居,不在搜簡之例」(桓玄〈與僚屬沙汰僧眾教〉[259]),因此暫時居住廬山而不亂動是一個比較好的選擇。

因此道生中年遊學,居廬山的時間應從西元397年或398年開始,到西元403年或404年止。在這期間,一般認為在西元402年廬山發生了一件後世頗矚目的事情,即當年七月二十八日,慧遠與劉遺民等百二十三人在廬山般若精舍阿彌陀前,「建齋立誓,共期西方」。而道生西元408年之前並沒有見過劉遺民,排除西元402年共事西方的可能。道生從長安回到南京(義熙五年,西元409年),其間路過廬山時將僧肇的〈般若無知論〉轉交劉遺民,是道生與劉遺民兩人的第一次見面。《肇論》載劉遺民寫給僧肇的回信,其中提道:「去年夏末(義熙四年或義熙五年夏),始見生上人,示〈無知論〉。」可見西元402年道生在廬山而未參見此項活動,恐是因參見者多為居士,且淨土思想與道生不盡相和,又別居住東西兩寺的緣故。

明確了道生第一次去廬山的時間是西元397年或398年,「幽棲七年」。這樣可以直接幫助我們弄清道生是在西元403年或404年才到鳩摩羅什那裡去的,由此我們可以得出下面一些看法:

(1)慧琳〈龍光寺竺道生法師誄〉中說:道生「中年遊學,廣搜異聞,自楊徂秦,登廬涉霍,羅什大乘之趣,提婆小道之要,咸暢斯旨」,將道生前往鳩摩羅什處列入遊學之列。現在我們已經知道,道生於西元403年或404年到長安,而西元409年就已經回到南京,期間又取道廬山。至此我們可以知道,道生在鳩摩羅什身邊的時間並不很長,至多四、五年時間,是遊學性質的參訪。

道生參訪鳩摩羅什是在中年,因此與僧肇等二十來歲的青年不同,雖尊羅什為師長,但多少是作為訪問學者的身分,因而與鳩摩羅什的弟子還

---

[259]　《中國佛教思想資料選編》第一卷,第117頁。

是有一定的差別。《續高僧傳·僧旻傳》:「昔道生入長安,姚興於逍遙園見之,使難道融義,往復百翻,言無不切,眾皆睹其風神,服其英秀。」可見道生在長安是比較有聲望的僧人,並非一般學僧。後人所謂鳩摩羅什門下幾大弟子,如何如何,多是後人評論,且語氣多近江南品評人物,恐非羅什原意。

(2) 我們已經斷定,道生於西元 404 年至 407 年肯定是在鳩摩羅什身邊,而西元 406 年夏,鳩摩羅什在大寺譯《法華經》八卷,是年並在大寺出《維摩經》。這兩部經,現都有道生的注疏存世。[260]

《高僧傳·道融傳》:道融長於《法華經》,並有經《疏》留世,鳩摩羅什曾「命融講新《法華》,什自聽之,乃嘆曰:『佛法之興,融其人也。』」《續高僧傳·僧旻傳》中提到的道生與道融之辯難,「昔竺道生入長安,姚興於逍遙園見之,使難道融義,往復百翻,言無不切」,恐即與《法華經》有關。而道生隨法汰出家,法汰長期居住在南京瓦官寺,而瓦官寺又以顧愷之的維摩詰壁畫聞名,道生與《維摩經》亦是有緣。

筆者以為,道生在鳩摩羅什處參訪,一方面是研究大乘空宗般若學經典,而另一方面其最大的收穫,當是研究了《維摩經》和《法華經》。《維摩經》般若思想對道生總結和提升以往江南般若學爭論無疑有著重要作用,甚至對其頓悟學說有重要啟示,而「佛國品」對於其思考淨土問題也有重要影響。《法華經》「會三歸一,開權顯實」的思想,對於道生日後融合大小乘,敢於突破以往舊說,孤明先發,提供了精神動力和智力支援。

(3) 道生在鳩摩羅什身邊日短,西元 407 年或 408 年便離開,而智嚴和佛陀跋陀羅是在西元 408 年後才到長安見鳩摩羅什,因此道生在長安沒有見過說一切有部的佛陀跋陀羅,兩人在北方時應沒有來往。在長安,佛

---

[260] 道生《妙法蓮花經疏》見《卍續藏經》第 27 冊。道生《維摩經》注,見於鳩摩羅什、僧肇、道生「三家注」中,《大正藏》第 38 卷。

第五章 孤明先發竺道生

陀跋陀羅僧團和鳩摩羅什僧團關係很快惡化，佛陀跋陀羅僧團被趕出長安。而廬山慧遠則居中調停，並將佛陀跋陀羅僧團請到江南。

西元391年說一切有部之提婆，被剛剛南下安身廬山的慧遠請去譯經說法，慧遠也跟隨學習，由此有部逐漸在江南傳播。猜想經過數年努力，隆安元年（西元397年）提婆終於可以躋身東晉首都佛教界，成為王珣的座上賓，「晉王公及風流名士，莫不造席致敬」（《高僧傳‧僧伽提婆》）。而在此之前提婆恐是在東晉聲名不顯。提婆入京，恐是東晉佛教的一大轉折的開始，此後六家般若學基本上就告一段落，不久，北方才逐漸開始出現對「六家」之批評（僧叡〈毘摩羅詰提經義疏序〉、僧肇〈不真空論〉），劉宋後又出現「六家七宗」之說（莊嚴寺僧曇濟《六家七宗論》），到陳時更有「或六家七宗，爰延十二」（小招提寺慧達作〈肇論序〉）。

提婆「謂《無生》、《方等》之經，皆是魔書」（《弘明集》范泰《致生、觀二法師書》）。道生作為本無宗法汰得意弟子，貿然去跟尚未成名的有部人學習，湯先生之推測恐非。道生學習有宗事，恐是在隆安中才開始的。

提婆雖在京師「道化聲隆，莫不聞焉」，但恐受到的傳統勢力阻撓亦大，提婆若一直炙手可熱，則僧傳不會「後不知所終」。而佛陀跋陀羅僧團南來，無疑對江南有宗思潮是一個推動，而且佛陀跋陀羅僧團，在東晉也十分活躍，佛陀跋陀羅「志在遊化，居無求安，停止歲許，復往江陵」（《高僧傳‧佛陀跋陀羅》）。「以義熙八年（西元412年），遂適荊州。」（《出三藏記集》）

佛陀跋陀羅停廬山歲許，慧遠為致書姚主及秦眾僧，解其擯事。後至江陵，得見宋武帝劉裕（《資治通鑑》謂劉裕是西元412年十一月到江陵）。佛陀跋陀羅約在西元415年去首都建康，後譯事甚盛。在佛陀跋陀羅翻譯諸經中，尤其值得特別注意的是西元417年到418年，法顯請佛陀

跋陀羅共同翻譯了六卷本的《大般泥洹經》。西元 412 年法顯在江陵也曾受到劉裕召見，或在那時，法顯便與佛陀跋陀羅見過面，共同商議過日後譯經之事。

由上面我們可以發現，與道生「同遊長安」的慧睿、慧觀都加入了佛陀跋陀羅僧團，可見他們北上求學，並非衝著鳩摩羅什一人而去。見鳩摩羅什一入關，就在廬山坐不住，這種猜測恐難成立。慧睿、慧觀於「隆安」中在廬山跟慧遠很可能接觸過說一切有部，在長安時又隨說一切有部大師佛陀跋陀羅學習。佛陀跋陀羅僧團被趕出長安後，恐是因為慧觀等人與慧遠的關係，而先暫時前往廬山，而慧遠對他們的到來也持歡迎態度。

第二節　道生的「善不受報」義

《出三藏記集》卷十五「道生法師傳」載道生：

義熙五年還都，因停京師，遊學積年，備總經論。妙貫龍樹大乘之源，兼綜提婆小道之要，博以異聞，約以一致。乃喟然而嘆曰：「夫象以盡意，得意則像忘；言以寄理，入理則言息。自經典東流，譯人重阻，多守滯文，鮮見圓義。若忘筌取魚，則可與言道矣。」於是校練空有，研思因果，乃立善不受報及頓悟義，籠罩舊說，妙有淵旨。而守文之徒，多生嫌嫉，與奪之聲，紛然互起。[261]

梁《高僧傳》記敘基本與此相同：

生既潛思日久，徹悟言外，乃喟然嘆言：「夫象以盡意，得意則像忘；言以詮理，入理則言息。自經典東流，譯人重阻，多守滯文，鮮見圓義。若忘筌取魚，始可與言道矣。」於是校閱真俗，研思因果。乃立善不受

---

[261]　《出三藏記集》，第 571 頁。

報，頓悟成佛。又著《二諦論》、《佛性當有論》、《法身無色論》、《佛無淨土論》、《應有緣論》等。籠罩舊說，妙有淵旨。而守文之徒，多生嫌嫉，與奪之聲，紛然競起。[262]

湯用彤先生在1932年《國學季刊》三卷一號上發表〈竺道生與涅槃學〉，將「佛無淨土義與善不受報義」作為一個小標題，將兩者綜合論述[263]；數年後湯公出版名著《漢魏兩晉南北朝佛教史》，將「法身無色、佛無淨土、善不受報義」作為一小節，補充了一些資料，但基本觀點未有太大改變，大體意思是說：「佛本無土，借事通玄，而曰淨土。皆引人令其向善（不自足則向善），非實義也。據此則所謂善受報，亦為方便也。……按慧遠《釋三報論》，謂凡人必有業報，而得道之賓則不受報。……（道生）謂沙門為無為法。無為法中，無利益，無功德。其意與遠公略相同。但真理常存，無生無滅，美惡斯外，罪福並捨，故無福報之可言。生公言無為是表理之法，乃就理體立說。慧遠則從聖賢而論，其說又似不同。而且生公謂凡人無人天果，（只可謂有人天業）報應並乏明徵。則二公之說，似更相異。」[264] 湯公早年認為慧遠「此（《釋三報論》）言惡不受報。生公所言，或可與此相比擬」《湯用彤選集》，第108頁。前後觀點，有所變化，但對道生「善不受報義」的研究路徑與基本觀點都沒有變化，即都將「善不受報義」與「佛無淨土」綜合考慮，從道生注解《維摩》中的「無為是表理之法，故無實功德利也」《大正藏》第38卷，第357頁下。該句是注解經文「夫出家者，為無為法，無為法中，無利無功德」。出發，認為善受報是俗諦方便說，善不受報是究竟義。

道生的傳記，都是將「善不受報」與「頓悟成佛」並舉，在道生倡一闡提人也可成佛之前，此二義引發爭議最多，筆者以為宜將兩者綜合考慮。

---

[262] 《高僧傳》，第256頁。
[263] 參見《湯用彤選集》，第106～108頁。
[264] 《漢魏兩晉南北朝佛教史》下冊，第550～554頁。

第二節　道生的「善不受報」義

道生頓悟成佛義明，善不受報義則可迎刃而解。道生對後世重要影響之一，就是提出頓悟義，現今學者多從《涅槃》、《維摩》、《莊子》等入手，而較少論及《法華》。筆者想就《法華》入手，簡單談一些看法。

現行道生《妙法蓮花經疏》分上下兩卷，前四品為一卷，第五至二十七品為一卷。自序「具成一卷」，可能是「二卷」傳抄時發生錯誤，但也可能是後人謄寫成為上下兩卷。今本《妙法蓮花經疏》沒有「提婆達多品」，據傳日本最近發現了道生「提婆達多品」疏，很有可能道生原疏本作一卷，傳世時被人刪去「提婆達多品」疏，又抄錄為上下卷。據隋代《添品妙法蓮華經》序中稱「什所闕者……提婆達多品」。[265] 現行法雲的《法華義記》也無提婆達多品，南北朝流行的鳩摩羅什譯本應是缺提婆達多品。天台智者大師說，鳩摩羅什譯完《法華經》後「命僧叡講之，叡開為九轍。當時二十八品，長安宮人請此品，淹留在內，江東所傳止得二十七品」[266]（《法華文句》卷八下）。智者大師此說，筆者認為很有可能。觀「提婆達多品」內容，主要是講國王如何拋國捨家，供養僧人，求得《法華經》。「長安宮人請此品」，或為供養，但更可能的是因為經文將僧侶凌駕王者之上而被變相查禁。現在經中此品是梁代真諦時加入，梁武帝信佛，再出此品已無大礙。

鳩摩羅什翻譯《法華經》時，道生正好在場。若當時鳩摩羅什翻譯過此品，則道生一定能夠見到。如果現今日本發現的「提婆達多品」疏，果為道生所作，則會對研究道生頓悟義有很大幫助。因為「提婆達多品」中提到龍女因為聽《法華經》而急速成佛的事情。「提婆達多品」對此還有一段具體的描述。舍利弗對龍女迅速成佛事表示懷疑，他對龍女言：「汝謂不久得無上道，是事難信，所以者何？女身垢穢，非是法器，云何能得無

---

[265]　《大正藏》第 9 卷，第 134 頁下。
[266]　《大正藏》第 34 卷，第 114 頁下。

第五章　孤明先發竺道生

上菩提。佛道懸曠，經無量劫，勤苦積行，具修諸度，然後乃成。又女人身猶有五障……云何女身速得成佛？」龍女回答說：「我獻寶珠，世尊納受，是事疾不？」答言：「甚疾。」女言：「以汝神力觀我成佛，復速於此。」[267] 龍女成佛，速度比交接一件禮物還快，道生若真讀過此文，勢必會產生不必累世修行，可以立地成佛的想法。

《法華經》核心思想是站在大乘角度來「會三歸一，開權顯實」，實則將以往小乘各種傳統說法，都理解成一種「權」，一種「方便」，而非「究竟」。《法華經》謂眾生都是「佛子」，最終目的都是要成佛。「法華七喻」中的「化城喻」，將以往小乘各個果位階次，都理解為佛陀為防止在成佛之路上，眾生疲勞懈怠，半途而廢，所以在半路上幻化出一個城市，讓人們暫時休息；但這個「化城」畢竟是假的，不是眾生最終要追求的，眾生最終要追求的是成佛，除了成佛之外，一切都不究竟。這種想法，筆者認為奠定了道生對以往傳統佛教的態度，也直接鼓勵了道生挑戰佛教傳統舊說。佛以「化城」等手段開種種方便說法，就是為了啟發那些頑愚不化的人去親近佛法，「如來於時觀是眾生根利鈍、精進懈怠，隨其所堪，而為說法，種種無量，皆令歡喜，快得善利」[268]。說有人根本無法成佛，就等於說佛陀沒有辦法將其引入正道。但佛法力智慧無邊，總會有辦法接眾生的。因此按照這個邏輯推下去，人人最終都當成佛。

道生對「繫衣喻」的理解，可以看做是他佛性思想的濫觴。「譬如貧窮人，往至親友家。其家甚大富，具設諸餚膳。以無價寶珠，繫著內衣裡。默與而捨去，時臥不覺知。是人既已起，遊行詣他國。求衣食自濟，資生甚艱難，得少便為足，更不願好者。」[269] 道生對此的理解是，窮人比喻眾生，在富人家喝酒醉臥不醒，「惑意情熾，醉於五欲生死，若醉臥也」。不

---

[267]　《大正藏》第 9 卷，第 35 頁下。
[268]　《大正藏》第 9 卷，第 19 頁中。
[269]　《大正藏》第 9 卷，第 29 頁中。

第二節 道生的「善不受報」義

知親友在衣內縫無價寶珠,「為惑蔽之,如在內衣裡。由友而來,則為友與。理固無失,亦友所繫,密繫無差,視莫過焉。大乘言旨潛己,己昧言旨,為不覺知,末後可化」。透過道生的詮釋,我們儼然可以將「無價寶珠」當佛性來看。愚蠻惡人「為惑蔽之」,不知有寶,終日受窮,困頓於六道輪迴;而實際上「無價寶珠」就在衣裡,「為不覺知,末後可化」。

從外部看,佛陀慈悲,哀憫眾生,又能力無限,總會有辦法將人引入正路;而從內部看,人人都有「無價寶珠」在身。因此無論從哪方面講,人人都可成佛。龍女本是獸類,又是女身,尚可迅速成佛,何況於人。筆者以為,人人皆可迅速成佛,是道生思想的核心。「頓悟成佛」、「佛性當有論」、「應有緣論」都是圍繞這個問題直接展開。道生強調究竟解脫,速得佛果,「二諦論」當是分析「權」、「實」關係,「佛無淨土論」、「法身無色論」、「善不受報」則是從「究竟」角度來總結批判以往傳統佛教中的種種方便說。

僅以「善不受報」來說,道生絕非否定因果報應,相反道生認為「因果相召,信若影響」(「分別功德品」疏)。道生所謂「善不受報」是說人做善事,可立即成佛,成佛後自然不再受報。道生在解釋《法華經·方便品》裡,被後世稱為「十如是」中「本」、「末」的地方時稱:「萬善之始為末,佛慧之終為本。」在「譬喻品」疏中又說:「眾生於過去佛,殖諸善根,一毫一善,皆積之成道。」兩者連繫來看,其意甚明。現徵引吉藏《法華義疏》(卷四)為證:「問:低頭舉手善,云何成佛?答:昔者竺道生著《善不受報論》,明一毫之善業,皆可成佛,不受生死之報。今見《瓔珞經》亦有此意。一念善有習、報兩因,報因則感於人天,習因牽性相生作佛。」[270] 竺道生所謂「善不受報」,當是指一念善不受「報」因,不感於人天;但應該還有習因,頓悟成佛。

---

[270] 《大正藏》第 34 卷,第 505 頁上。

第五章　孤明先發竺道生

晉宋之際，般若學向涅槃學轉變的一個關鍵，是《法華》的仲介作用，這值得我們高度重視[271]，道生臨終前宣講《法華》（而非《涅槃》），修訂經疏，可見《法華》對其影響，因此我們從道生《法華》注入手，可能比湯用彤先生主要從《維摩》注入手，更為貼切一些。應該說頓悟成佛義與善不受報義都是依《法華》而立，此二義也是道生不久後提出人人皆有佛性的前期理論準備。曹魏創立九品中正制，西晉確立「二品系資」制度，看重「家門閥閱」，即父祖為官的功勞資歷（「系資」），到東晉幾乎全憑「以貴悉貴，以賤悉賤」，道生依《法華》立頓悟成佛和善不受報（「明一毫之善業，皆可成佛」），實有打破等級的意義，開人人皆可成佛之先聲。關注《法華》影響道生提出頓悟成佛義與善不受報義，對於我們研究道生本人的思想，乃至般若學向涅槃學轉變都是十分重要的線索。

善不受報、頓悟成佛，體現了當時中國高級知識分子對佛教追求的理想境界，正如與道生同時略晚的慧琳在〈均聖論〉所反映的，中國知識分子對於佛教所謂「敘地獄則民懼其罪，敷天堂則物歡其福」的做法是不滿意的，認為這是「敝虧於道」。而在佛教中對此問題真正解決，提升佛教的品味，就是為中國高級知識分子提出涅槃成佛的新境界。南朝寶亮在《大涅槃經集解》中非常反對一般意義上輪迴的觀念，反覆論證生死與涅槃不二，強調佛性無處不在，與道生、慧琳，實有異曲同工之妙。

---

[271]　張風雷教授指出：「僧叡也正是看到《法華》開權顯實、言佛壽無量之後，才開始反思到《般若》『悟物雖弘，於實體不足』的。可見《法華經》『開佛知見』、『佛壽無量』等觀念曾給當時的般若學者以強烈的思想刺激，促使他們反省般若學自身的問題，這為後來大乘般若向涅槃學的迅速轉向有著很好的思想鋪墊作用。」（張風雷：〈慧遠、鳩摩羅什之爭與晉宋之際中國佛學思潮的轉向〉）徐清祥博士從晉末慧持入都講《法華》而非大小品，得出健康佛教風氣改變的重要結論，也是持《法華》為般若學和涅槃學仲介的看法。（徐清祥〈東晉士族與佛教〉，中國人民大學博士論文，2004 年，第 116 頁）

第三節　道生的「身前身後名」

　　道生在法汰、廬山慧遠、鳩摩羅什等當時中國佛教界第一流的大師門下學習，又得到士族大家、著名文豪謝靈運的器重，身前本應是得盡風流；然因其佛學思想過於標新立異，以致曲高和寡，甚至被同儕不容，最後被擯出建康佛教界，終老廬山，亦可謂甚為蕭索。然道生死後，卻又為劉宋朝廷所推崇，可謂「留得身前身後名」。道生的聲譽的反覆，是他所在時代急速發展變遷的一個縮影，故本章最後一節，對此略加敘述。

　　東晉佛教本是般若玄談，六家為思想主流；從提婆開始，續而佛陀跋陀羅僧團到來，風氣漸變，戒律與禪學思想也逐漸得到重視。尤其是《大般泥洹經》的翻譯，更是東晉佛教原來聞所未聞。故此劉宋初不少舊義沙門對此攻擊不遺餘力，而圍繞《大般泥洹經》傳說故事甚多，多是自神其教的產物，湯用彤先生對此分析甚當，此處不再詳引。不過總體來看，是舊義沙門逐漸走了下坡路。

　　道生與佛陀跋陀羅僧團的關係十分微妙。按理道生應熟悉提婆的有宗思想，其與慧遠、慧睿、慧觀都似有舊交，對《大般泥洹經》又持歡迎態度，應與逐漸在南朝居主流地位的佛陀跋陀羅一系關係良好。但道生般若學出身，在長安從鳩摩羅什遊學數年，在北時又未從佛陀跋陀羅參訪，加之道生本人思維活躍，諸多思想觀點與有宗差異很大，道生頓悟義與有部的禪學思想大相逕庭，戒律方面道生也主張「中國化」，因此說道生與當時日趨主流的佛陀跋陀羅一系關係並不好，甚至可以說與慧觀等人分歧較大。特別是道生提出六卷本的《大般泥洹經》不完備，自是對佛陀跋陀羅一系的公然挑釁，甚至有舊學沙門，訛毀《大般泥洹經》的嫌疑。道生被驅逐出僧團，就現有文獻來看，很可能就是由於該系僧徒向宋文帝要求的結果。

第五章 孤明先發竺道生

道生「中年遊學,廣搜異聞,自楊徂秦,登廬涉霍」,遊學甚廣,然其遊學足跡亦多不可考,大約道生是在廬山與長安往返沿途進行了雲遊參訪。道生遊學結束後(西元409年),便長期居住南京,由此開始道生闡發佛教義理的重要時期,「乃立善不受報,頓悟成佛,又著《二諦論》、《佛性當有論》、《法身無色論》、《佛無淨土論》、《應有緣論》等」。後道生由於諸多觀點(特別是「一切眾生皆有佛性」的主張)與南京主流僧團不合,受排擠被開除僧籍(時間大約在元嘉五、六年,西元428或429年),在蘇州虎丘隱居。北本《涅槃經》南來,其中有支援道生人人皆有佛性觀點的經文,道生可能因此獲得廬山僧人的同情和支持,於是在元嘉七年(西元430年)往廬山定居,開講大《涅槃經》,並修訂《法華經疏》,十一年(西元434年)冬卒於廬山。

道生自長安回到南京後,事多不可考。大約在元嘉三年至五年時(西元428年至429年),關於「踞食」問題,道生與慧觀等人就有過激烈爭論。道生於戒律問題一向比較關心,曾於西元423至424年參與協助翻譯「五分律」。道生一貫主張戒律中國化,改變印度穿衣吃飯習慣,這與慧遠、慧觀等人所持觀點正好相反。而道生提出的「不容階級」頓悟成佛義,是關係到禪定修行的大問題,慧觀等人在此更是不能讓步。

佛陀跋陀羅翻譯的六卷本《大般泥洹經》,實際上是曇無讖譯「北本」《涅槃經》初分(前十卷)的同本異譯,「北本」南來後,後面部分,確實有支持道生觀點的經文;但「北本」前面部分與佛陀跋陀羅所譯實際上大同小異,並不能由此而否定六卷本《大般泥洹經》。而且「北本」南來後,人們又根據六卷本《大般泥洹經》篇目,將「北本」做了文字上的潤色工作,形成了在江南流行的「南本」。「(北本)《大涅槃經》初至宋土,文言致善,而品數疏簡,初學難以厝懷。(慧)嚴乃共慧觀、謝靈運等依《泥洹》本加之品目;文有過質,頗亦治改,始有數本流行。」(《高僧傳‧慧嚴》)

第三節　道生的「身前身後名」

謝靈運支持道生的頓悟義，而慧觀則持漸悟義。他們共同斟酌經文，其間爭論恐多，而慧嚴則居中為難。《高僧傳・慧嚴》載堪定「南北」時，「（慧）嚴乃夢見一人，形狀極偉，厲聲謂嚴：『涅槃尊經，何以輕加斟酌。』嚴覺已惕然，乃更集僧，欲收前本」[272]。

就道生逝世前後來看，《涅槃經》「數本流行」，經文字身前後就似有衝突，加之人人理解各異，頓悟、漸悟爭論牽扯問題既多又複雜，不大可能因為一兩句話就使得辯論局勢根本改觀。就現有資料來看，道生生前支援他的人很少，謝靈運最為支援道生頓悟義，「究尋謝永嘉論，都無間然」（道生〈答王衛軍書〉）；僧人慧琳、法綱對道生觀點也很感興趣，曾為此與謝靈運進行過辯論（見謝靈運〈辨宗論〉）。道生被趕出南京後，便是寄居在蘇州虎丘法綱處；而道生死後，慧琳為其撰寫誄文。然謝靈運元嘉十年被殺於廣州，道生卒於元嘉十一年十月，法綱卒於元嘉十一年十一月，而慧琳元嘉十年作〈白黑論〉雖得宋文帝賞識，但遭到當時佛教界強烈反對，最終被趕到廣州。

尤其值得注意的是，《高僧傳》和《出三藏記集》中對大本《涅槃經》後分的記敘差異。《高僧傳・曇無讖傳》：「讖以《涅槃》經本品數未足，還外國究尋。值其母亡，遂留歲餘，後於于闐更得經本中分，復還姑臧譯之。後又遣使于闐，尋得後分，於是續譯為三十三卷。以偽玄始三年初就翻譯，至玄始十年十月二十三日三袠方竟，即宋武永初二年也。」《高僧傳》，第 77 頁。而《出三藏記集》則稱：

> 讖以《涅槃經》本品數未足，還國尋求。值其母亡，遂留歲餘。後於于闐更得經本，復還姑臧譯之，續為三十六卷焉……會魏虜主拓跋燾聞其道術，遣使迎請，且告遜曰：「若不遣讖，便即加兵。」遜自揆國弱，難以拒命，兼慮讖多術，或為魏謀己，進退惶惑，乃密計除之。初讖譯出《涅

---

[272]　《高僧傳》，第 263 頁。

第五章　孤明先發竺道生

槃》，卷數已定，而外國沙門曇無發云：「此經品未盡。」讖嘗慨然，誓必重尋。蒙遜因其行志，乃偽資發遣，厚贈寶貨。未發數日，乃流涕告眾曰：「讖業對將至，眾聖不能救矣。」以本有心誓，義不容停，行四十里，遜密遣刺客害之，時年四十九，眾咸慟惜焉。

後道場寺慧觀志欲重求後品，以高昌沙門道普嘗遊外國，善能胡書，解六國語。宋元嘉中，啟文帝資遣道普，將書吏十人，西行尋經。至長廣郡，舶破傷足，因疾遂卒。普臨終嘆曰：「涅槃後分與宋地無緣矣！」[273]

按照《出三藏記集》的記載，曇無讖死在尋找《涅槃》後分的途中，顯然他沒能翻譯《涅槃》後分，即北本《涅槃》不包括後分，而且南朝慧觀還派道普尋找《涅槃》後分，但未果。西元 439 年北魏滅北涼，北涼餘部奔高昌，亦自稱涼王，道普為「高昌沙門」應與北涼政權有一定關係，慧觀派其尋找《涅槃》後分是可信的。由此可見，北本《涅槃》傳來南朝，未必一開始就具有權威地位，甚至被認為不是全本、足本，與道生辯論的對手慧觀還積極尋找《涅槃》後分，很可能是在繼續尋找經證批判道生。總之，北本傳來之初未必立刻取得不可動搖的地位，頓悟之說獲《涅槃》北本支持而在道生晚年流行，可能更成問題。

道生逝世前後，可謂甚為蕭索，道生逝世前一直追隨左右的弟子道猷，日後「見新出《勝鬘經》，披卷而嘆曰：先師昔義，闇與經同。但歲不待人，經集義後，良可悲哉！」[274] 似可反映出一點道生死時之慘淡景況。道生臨終前在改定的《妙法蓮花經疏》前小序中提到「不以人微廢道也」。此時「北本」《涅槃經》業已傳來，按照傳統說法道生當已聲名大振；但實際情況並非如此，道生自謂「人微」而有「廢道」之憂，不似虛言。

宋文帝（西元 424 年至 453 年在位）對道生的頓悟義頗感興趣，但苦

---

[273]　《出三藏記集》，第 540 頁。
[274]　《高僧傳》，第 299 頁。

第三節 道生的「身前身後名」

於當時南京佛教界無人持此觀點，而需要到外地尋訪。「宋太祖嘗述生頓悟義，沙門僧弼等皆設巨難，帝曰：若使逝者可興，豈為諸君所屈。」（《高僧傳・道生》）「後文帝訪覓述生公頓悟義者，乃敕下都，使頓悟之旨，重申宋代。」（《高僧傳・法瑗》）宋文帝曾問慧觀，「頓悟之義，誰復習之？」（《高僧傳・道猷》）由此可見，不僅道生生前，即便是死後一個時期，他的頓悟成佛等觀點，都沒有被當時佛教界接受。

道生之所以能夠在佛教內部提出如此標新立異、不被認同的觀點，是同當時的社會整體思潮以及他個人經歷密不可分的。充滿自信、非常樂觀的人人皆有佛性的思想能夠產生於劉宋初年，與當時南朝劉宋時期國力短暫強盛有關。劉宋武帝、文帝父子在位期間，「兵車勿用，民不外勞，役寬務簡，氓庶繁息，至於餘糧棲畝，戶不夜扃」（《宋書》卷五四史臣語）。這種評價可能有些誇張，但相比以往的動亂，當是盛世了。

更為重要的是，道生中晚年，門閥制度實已走到盡頭，社會上反對門閥制度的意識形態逐漸浮出水面。從東晉「六家」般若以來，南朝佛教就與門閥士族關係密切，對於道生主張各種姓皆可成佛的新說，自然持懷疑態度。而劉宋皇帝對此說抱有好感，實是與劉氏家族出身低微有關。

4世紀末5世紀初，丹陽葛氏家族出靈寶類道經，在社會上廣泛流傳。特別是列道藏之首的《度人經》，尤其強調「普度無窮，一切天人，莫不受慶」，男女老幼都可得到長生，皆可被度。道生去過的霍山，在當時被看做是煉丹極佳的場所，道生又「廣搜異聞」，對靈寶類道經或有所耳聞。以往學者多注意《莊子》道體說對道生的影響，其實玄談之風一過，社會上非莊思潮逐漸抬頭，在這時道教比道家更能反映出社會思潮的動向。

同時儒教影響亦不可忽視。謝靈運認為道生頓悟義，融合儒釋兩家，取儒教之頓悟而去不可致，取佛教之可致而去漸悟。為道生寫誄文的慧琳

173

第五章　孤明先發竺道生

曾為《孝經》作注，更在〈白黑論〉中，力圖調和儒釋兩家。魏晉南北朝時，儒教雖前所未有地受到衝擊，但實際上還是在意識形態中居於優勢地位，當時去鄭玄這樣的儒學大家不遠，其後也名家輩出，而僅從現在存世的杜預《春秋左氏傳集解》、范甯《春秋穀梁傳集解》、何晏《論語集解》來看，就已經蔚為大觀了。佛教中有識之士也一直力圖調和儒釋兩家，如慧遠[275]：「合內外之道以弘教之情，則知理會之必同。」（〈三報論〉）在永和以來，關於聖人的問題就受到世人關注。「僧意在瓦官寺中，王苟子[276]來，與共語，便使其唱理。意謂王曰：『聖人有情不？』王曰：『無。』重問曰：『聖人如柱耶？』王曰：『如籌算。雖無情，運之者有情。』僧意云：『誰運聖人耶？』苟子不得答而去。」（《世說新語‧文學》）這個對話約是發生在永和時，道生自幼在瓦官寺出家，而該廟中可能常討論有關聖人問題。此外《世說新語‧文學》還載有簡文語，認為聖人雖可致，「然陶練之功，尚不可誣」。在慧遠與鳩摩羅什的問答集《大乘大義章》中，我們可以清楚地看到，慧遠所關心的問題很多都是諸如佛的三十二相是依變化身還是依法身而修得[277]，法身的壽命是否是無限的[278]，「佛於法身中為菩薩說法」是否有四大五根身體器官[279]，感應神通，是否「必先假器」，即是否需要藉助四大五根這些身體器官才能感應[280]，等等。解脫、成聖，可以說是當時中國人普遍關心的問題。而前人對此方面的探討，不論是儒、釋、道哪一教，都會對道生的思考有所啟發。

總之，道生此時提出人人皆有佛性，都可成佛，正是切中那個時代人們最為迫切關心的問題，順應了當時社會思想大趨勢。又道生提出頓悟

---

[275]　慧遠〈沙門不敬王者論〉似乎矛頭指向儒家名教，但實際上更深層理論則在批判道教大化流行的世界觀，本書已專章論述。

[276]　王苟子即王脩，生卒年約為西元 335～358 年。

[277]　「問修三十二相並答」，《大正藏》第 45 卷，第 127 頁上。

[278]　「問真法身壽量並答」，《大正藏》第 45 卷，第 126 頁中。

[279]　「初問答真法身」，《大正藏》第 45 卷，第 122 頁下。

[280]　「次問住壽義並答」，《大正藏》第 45 卷，第 142 頁中～142 頁下。

第三節　道生的「身前身後名」

義,自然與其個人學歷密不可分,現今學者多從《涅槃》、《維摩》、《莊子》等入手,而較少論及《法華》。上節筆者即從《法華》入手,略論其對道生思想創新的啟發作用,《法華》在道生的思想形成發展中的作用不應被忽視。

羅什譯《法華經》時,道生正在長安;《妙法蓮花經疏》自序「余少預講末」,可能即指此事;但「講末」若非謙辭而是實指的話,以道生當日的聲望,應不至於「預講末」,而道生接觸《法華》(舊譯《正法華》)更早,也可能是在建康出家後,於法汰門下即研習此經。序中道生又云:「於講日疏錄所聞,述記先言,其猶鼓生。又以元嘉九年(西元432年)春之三月,於廬山東林精舍又治定之。加探訪眾本,具成一卷。」[281] 可見道生終生對《法華經》都十分重視。

《法華經》為小乘流行時,新出現的大乘經典。經文中反覆強調《法華經》甚深難信,甚至「新發意菩薩」都會詆毀此經;但後世若有人宣講此經功德無量,詆毀此經罪孽深重。甚至說罵佛尚可,罵講授《法華經》的法師,則罪無可恕。道生疏曰:「佛是人天中勝,嫉而罵之,是則罵人,非罵法也。受《法花》人,若罵之者,是則罵人辱法,則毀法身。毀法身者,其罪甚重。」(「法師品」疏)道生當年遭到非議,被開除僧團時,發誓說:「若我所說反於經義者,請於現身表疾;若與實相不相違者,願捨壽之時,居獅子座。」道生晚年,和者甚寡,去世前一年,曾經支持他的謝靈運亦因謀逆被誅。道生臨終前宣講《法華》,修訂經疏,似亦有寄託悲憤之情。

唐代道暹在《涅槃經玄義文句》中提到道生晚年受劉宋皇帝邀請,前往京都講經,並卒於建康,此段文字常被日本學者徵引,但所述內容多不可信,須加辨別:

---

[281]　《卍續藏經》第27冊,第1頁中。

第五章　孤明先發竺道生

　　東晉大德沙門道生法師，即什公學徒上首，時屬晉末宋，初傳化江左，講諸經論，未見《涅槃》大部，懸說眾生悉有佛性。時有智勝法師，講顯公所譯六卷《泥洹經》，說一闡提定不成佛。宋朝大德盛宗此義，聞生所說咸有佛性，眾共嗔嫌。智與生公數論此義，智屢被屈。進狀奏聞，徹於宋主。表云：「後生小僧，全無學識，輒事胸臆，乖越經宗，若流傳，誤後學者。今以表奏，請擯入山。」宋主依奏，謫居蘇州唐丘寺。時有五十碩學名僧，從生入山，諮受深要。其後有清河沙門雀（崔）慧觀，豫州沙門華（范）慧嚴，俱什公學徒上首，當時在京。已逢大經，從彼北涼流入。咸奏幸得見聞，如貧獲寶，遂罄衣缽，繕寫此經。齎往江東，志在傳化。宋朝道俗，眾共披尋，乃云眾生悉有佛性。咸嘆生公妙釋幽旨，善會圓宗。即以表陳請生通錫。宋主驚嘆，發使迎生，旋至都城，披經本，略敘疏義五十餘紙。其義宏深，其文精邃，唯釋盤根錯節難解之文，於此經大宗開奧藏。自後講者，稱為《關中疏》。撰既畢，眾請宣揚。開經之朝，宋城道俗，五千餘人，咸集講會。生升座已，便令都講，遍唱經文四十餘段，說一闡提悉有佛性。於是便立一切眾生至一闡提有佛性義。教令眾論議意，無一人申論場者。便辭眾曰：「良以此經大本至，道生由斯忍死來久。今事得符契，言無謬誤，不惑眾僧，即奉辭，願善流布。」言訖於高座奄從物化。時人號生為忍死菩薩矣。[282]

　　此段文字頗具戲劇化，「宋主」先准奏驅逐道生，後北涼《涅槃》大本傳來「宋主驚嘆，發使迎生，旋至都城」；道生到京後，先研讀大本，撰寫注疏，然後開講，並坐化於高座之上。上述記敘頗多疑點，道生注疏被稱為「關中疏」頗奇怪；而且道生死於廬山，是比較確定的事情，絕非建康。道暹距離道生時代久遠，許多內容應是後代演繹的結果，說道生臨終前去過建康，應不可信。道生生前應未獲建康教界普遍認可；而身後則被不斷神化，成為「忍死菩薩」。

---

[282]　《卍續藏經》第36冊，第40頁上～40頁中。

第六章

謝靈運〈辨宗論〉的思想脈絡

第六章　謝靈運〈辨宗論〉的思想脈絡

　　甘懷真教授在《皇權、禮儀與經典詮釋：中國古代政治史研究》中曾經指出，魏晉士族有兩種截然不同的生活方式，一種是「群居終日」的生活方式，「權貴、名士之家的廳堂終日聚集了許多士人，客人可以自由來去，甚至主人不識之客人，亦可透過某種管道，加入這種聚會，即使是敬陪末坐。士人依身分或者與主人的關係而被決定坐在何種位子。在座中，眾人彼此交談，或做其他的事情。我們可以進一步推想，清談的內容是透過這種管道而為當時人所傳誦……群居的生活造成人物評品的盛行，士人的名聲也是在這類場合所建立起來的」[283]。另一種是「安靜」的離群索居的生活方式，「從社會史的角度而言，安靜的生活形態的出現是配合漢末以來士大夫社會的形成。相對於士大夫社交圈所建構的世界，另一個世界是由處士、逸民所組成的。這兩個世界的劃分反映出兩種生活方式，士大夫社會充斥著社交活動，人們群居終日；處士的世界則重視獨處，強調安靜。這兩個世界的劃分，為當代士人共通的感受」[284]。

　　這兩種生活方式在魏晉高僧中也是通行的，《世說新語》中有大量高僧參與清談辯論的記載。而同時離群索居、移情山水，更是作為方外之人的僧侶們所熟悉的。魏晉以來士族遊走於這兩種生活方式之間，高僧們也遊走於這兩種生活方式之間。謝靈運的辨宗論希望調和兩者，逐漸完善的「均聖」理念，對於自由出入於這兩種生活方式之間的士族、高僧，是再自然不過的了。本章將要描述的謝靈運與文士、僧侶們的遊藝活動，也是在這種群居終日的背景下表達的對隱居山水的嚮往，兩者有一種十分巧妙的結合。

　　筆者力圖綜合現有學術界從文學史角度和從佛教史角度對謝靈運的研

---

[283]　甘懷真：《皇權、禮儀與經典詮釋：中國古代政治史研究》，(臺北) 喜馬拉雅基金會，2003年版，第 132～133 頁。
[284]　《皇權、禮儀與經典詮釋：中國古代政治史研究》，第 137 頁。

究成果，從清談和格義的角度重新審視謝靈運的〈辨宗論〉[285]，以此作為切入點，探討謝靈運山水詩創作在思想史和文論史上的意義，指出由佛教引入的「境」，成為「象」與「意」的關節點，在詩歌創作實踐和古代文論上，很好地解決了魏晉以來「言不盡意」，求象外之意的難題。

第一節　莊老告退，而山水方滋

　　宋齊時代的山水詩取代東晉玄言詩，是南朝詩歌發展史上的重要變化；與此同時，晉宋之際，南朝佛學思潮也經歷了一場突變，「自僧肇去世（西元 414 年）至道生入滅（西元 434 年），在這短短的 20 年間，中國佛學思潮由『般若性空』之論向『涅槃妙有』之說的轉向，何以會如此急遽迅速呢？對於這個問題，我們不能不作認真的思考」[286]。謝靈運無疑是文學與佛學這兩大變革的重要當事人。謝靈運最終確立了山水詩在南朝詩壇中的優勢地位，甚至被尊為山水詩的「始祖」，這在文學史上早有公論；而佛教般若學向涅槃學的轉變，他亦是重要的當事人。謝靈運學習過梵文，參與南本《涅槃經》譯文的改定，大力支持「孤明先發」倡人人皆有佛性的竺道生。

　　晉宋間，文學與佛學的兩場大變革，在時間、地點、人物上，有如此多的重疊，是否僅僅是歷史的巧合，還是兩者有著某種內在的關聯？一般認為謝靈運的山水詩主要受老莊影響，「讀莊子熟，則知康樂所發，全是莊理」（方東樹《昭昧詹言》卷五）。王玫教授在《六朝山水詩史》中認為：

---

[285]　紀志昌在〈謝靈運〈辨宗論〉「頓悟」義「折衷孔釋」的玄學詮釋初探〉一文中對中日學界關於謝靈運《辨宗論》研究略有總結，見《臺大中文學報》第三十二期，2010 年 6 月，第 175～178 頁。

[286]　參見張風雷：〈慧遠、鳩摩羅什之爭與晉宋之際中國佛學思潮的轉向〉，《第三屆中日佛學會議論文集》，北京：中國人民大學佛教與宗教理論研究所，2008 年。

第六章　謝靈運〈辨宗論〉的思想脈絡

「考察大謝山水詩主要受佛還是受道影響有助於我們了解東晉玄學自然觀向山水審美觀轉化的思想依據。」、「靈運山水詩因山水遊覽不時泛起人生感慨顯然不屬於佛教，詩歌表現方式也未具備更為透脫空靈的效果，這不僅是思想認識與藝術表現尚未統一協調的緣故，更是認識方式上未曾透澈究竟的結果，這是『道』而不是『佛』。」[287]

不可否認，謝靈運山水詩所發之幽思，多有莊子意味，但縱觀其整體謀篇布局，卻有佛教頓悟式思考方式的影子，正如胡大雷教授指出的：

> 與王弼在《周易略例》中提出「得意忘象」一樣，謝靈運〈辨宗論〉中提倡的頓悟帶有一般的思維的意義。這種思維在其山水詩中的運用，就是一變玄言詩領悟玄理的步驟化，即改變了由具體的、特殊的山水自然景物到一般的、概括的山水自然景物，再由一般的、概括化的山水自然景物到領悟玄理的方式，而是由具體的、特殊的山水自然景物一步跨至對玄理的領悟。

> 詩歌在理論上還可用「得意忘象」的思維來創作，即無論什麼「象」，只要頓悟出「意」即可「忘象」，但在創作實踐中，「象」的特殊性與具體性被突出出來了，成為不可「忘」的了。玄言詩隨著玄理的沒落而沒落，玄言詩改製成為山水詩的原因是多方面的，頓悟思考方式在詩歌中的運用也可說是其中之一，這就是謝靈運提倡頓悟說在詩歌史上的意義。[288]

筆者認為，頓悟式的思維，對山水詩的產生，影響很大，不過關鍵並非是頓悟出玄理，而是頓悟思維的出發點是具體的山水，這樣就一改以往詩歌中僅僅作為玄言點綴的空泛的普通景緻，而具體真切起來。謝靈運的十世孫詩僧皎然在《詩式》中說：「康樂公早歲能文，性穎神澈，及通內典，心地更精，發皆造極，得非空王之道助耶？」空王之道即指佛教，此言當不虛。

---

[287]　王玫：《六朝山水詩史》，天津人民出版社 1996 年版，第 220、219 頁。
[288]　胡大雷：《玄言詩研究》，中華書局 2007 年版，第 292、295～296 頁。

得意忘象，到大乘的頓悟，再到只留「象」(意象) 而不言「意」(玄言)，六朝至唐代詩歌的發展，乃至佛教發展至唐代「不立文字，教外別傳」的南宗禪，似乎兩者一直都經歷著同樣的過程。而頓悟說的興起，無疑是這些轉變的關鍵。頓悟觀念是與佛教關係極為密切的，而當時道家與此關係並不是很大，略舉兩例：(1) 署名僧肇的〈涅槃無名論〉「明漸第十三」中說：「重玄之域，其道無涯，欲之頓盡耶？書不云乎：為學者日益，為道者日損。為道者為於無為者也。為於無為而日日損，此豈頓得之謂？要損之又損之，以至於無損耳。」〈涅槃無名論〉是否為僧肇所作，尚有爭議，但梁代慧皎《高僧傳》已經節引過該文，說明出世頗早。〈涅槃無名論〉引老子之言，用以證明漸悟而反對頓悟，說明道家在時人心目中是主張漸悟的。由此也反映出頓悟說之興起，本與道家無涉。(2) 再如《莊子·天下》有言：「指不至，至不絕」(此處是闡釋先秦名家惠施的觀點，指事不能達到事物的實際，即便到達了也不能窮盡)，這也是魏晉清談的一個重要話題。《世說新語·文學》記載與王衍齊名的樂廣與客辯論「旨不至」，樂廣問：「至不？」客曰：「至。」樂廣說：「若至者，那得去？」於是客乃悟服。這雖然不是專門討論聖人的問題，但「不至」應該視為當時人們理解莊子的一條普遍規律。由上述兩個例子可見，梁代劉勰在《文心雕龍·明詩第六》中稱：「宋初文詠，體有因革；莊老告退，而山水方滋」，也是事出有因。

第二節　山水不足以娛其情，名理不足以解其憂

自湯用彤先生在1945年10月23日在《大公報·文史週刊》上發表〈謝靈運「辨宗論」書後〉一文，謝靈運的〈辨宗論〉一直受到佛學研究者的高度重視。而〈辨宗論〉與文學關係的探討，近年來也得到重視，特別是錢志熙教授在《北京大學學報》1989年第5期發表〈謝靈運「辨宗論」與山水

第六章　謝靈運〈辨宗論〉的思想脈絡

詩〉一文，對此有較為深入的探討。

湯先生認為〈辨宗論〉寫於永初三年（西元 422 年）至景平元年（西元 423 年），即謝靈運任永嘉太守期間；錢志熙教授根據〈辨宗論〉中「余枕疾務寡，頗多暇日」，認定此論作於謝靈運初到永嘉臥病時，時間在其康復後大肆遊覽山水之前。另外，道生提到謝靈運〈辨宗論〉時說：「究尋謝永嘉論，都無間然」，亦可知道生見到〈辨宗論〉時，謝靈運還是永嘉太守（謝為永嘉太守僅一年）。因此，我們可以說，〈辨宗論〉創作的時間點，恰是在謝靈運大量書寫山水詩之前，這是特別值得關注的。

前輩學人對〈辨宗論〉的討論，主要集中在謝靈運「不及二百字」的本論上，特別是：「釋氏之論，聖道雖遠，積學能至，累盡鑒生，方應漸悟。孔氏之論，聖道既妙，雖顏殆庶，體無鑒周，理歸一極。有新論道士（竺道生）以為，寂鑒微妙，不容階級，積學無限，何為自絕？今去釋氏之漸悟，而取其能至。去孔氏之殆庶，而取其一極。一極異漸悟，能至非殆庶。故理之所去，雖合各取，然其離孔釋矣……竊謂新論為然。」而本章則想先以清談為視角通篇考慮〈辨宗論〉的整體結構，再進行較為深入的分析。

唐翼明教授在《魏晉清談》一書中，主要透過梳理《世說新語》，總結出清談的三種基本形式：「(1) 一人主講式；(2) 二人論辯式；(3) 多人討論式。」[289] 筆者以為，〈辨宗論〉從廣義上說，可以認為是對謝靈運主持的一次與「同遊諸道人」清談的紀錄。這次清談，大約可以說是 (1)、(3) 兩種清談形式的結合。

根據唐代道宣《廣弘明集》本章[290]卷十八所錄謝靈運〈辯宗論諸道人王衛軍問答〉，我們可以大體推測，這次清談的過程是：謝靈運是清談的

---

[289] 唐翼明：《魏晉清談》，人民文學出版社 2002 年版，第 37 頁，唐教授將此比擬為現代西方學術活動中的 lecture, dialogue 和 seminar。
[290] 主要依《大正藏》本，參考四部叢刊本。

第二節　山水不足以娛其情，名理不足以解其憂

主方，同遊諸道人是客方。（一）首先作為談主的謝靈運寫出本論，即清談中所謂的「通」：提出道生「頓悟說」是取儒家聖人「一極」而去其「殆庶」，取佛家聖人「能至」而去其「漸悟」，並對道生的頓悟新說表示贊同。（二）這一本論在同遊諸道人中傳閱，（1）法勖先與謝靈運論辯三「番」（一問一答稱為清談中的一番或一出）；（2）之後僧維與謝靈運論辯三番；（3）「慧驎演僧維問」繼續與謝靈運論辯三番；（4）僧維再與謝靈運論辯三番。（三）以上清談告一段落，論辯內容得以記錄，並送四方同好。（1）竺法綱、釋慧琳各自寫信給謝靈運進行問難；（2）謝靈運分別回信答覆。（四）謝靈運組織的這次關於「辨宗」的清談，影響持續擴大，王衛軍、竺道生等人也參與書信討論，大家彼此致書，並不全找謝靈運為辯論對象，已經不分主客了。

梁代僧祐《出三藏記集》雜錄卷第十二，收錄了「宋明帝敕中書侍郎陸澄撰《法論》目錄」，《法論》原書已佚，從目錄看「第九帙（《慧藏集》七卷）」記載：「辯宗論（謝靈運），法勖問往反六首，僧維問往反六首，慧驎述僧維問往反六首，驎雜問往反六首，竺法綱釋慧林問往反十一首，王休元問往反十四首，竺道生答王問一首，漸悟論（釋慧觀），沙門竺道生執頓悟，謝康樂靈運辯宗述頓悟，沙門釋慧觀執漸悟，明漸論（釋曇無成）。」[291] 這應該是現存關於辨宗論最早的紀錄，可見辨宗論在當時參與的人員是很廣泛的，是當時思想界比較關注的一個問題。

頓悟說，一般人常將其與人人皆有佛性連繫起來考慮，這並沒有問題，但頓悟與人人皆有佛性，兩者並不能等同。謝靈運在回答法勖時說：「況至精之理，豈可逕接至粗之人。是故傍漸悟者，所以密造頓解。倚禮教者，所以潛成學聖。學聖不出六經，而六經得頓解；不見三藏，而以三藏果。筌蹄歷然，何疑紛錯？魚兔既獲，群黎以濟。」在謝靈運看來，儒

---

[291]　《出三藏記集》，第 440～441 頁。

第六章 謝靈運〈辨宗論〉的思想脈絡

家、佛家之所以教法不同,在於華夷根器不同,「華人易於見理,難於受教,故閉其累學,而開其一極。夷人易於受教,難於見理,故閉其頓了,而開其漸悟」。所以佛教教導人要漸學,但實際上暗含了頓悟的意思,言下之意「孤明先發」的道生看出了佛教中的這個祕密;儒教教導人要頓悟,而實際上暗含聖人可以學成的意思。這便是「學聖不出六經,而六經得頓解;不見三藏,而以三藏果」的意思。

這樣一來,實際上不用看佛經三藏,僅學儒家六經也可以得「三藏果」了,這顯然是一般僧侶不願意接受的,故紛紛問難,特別強調印度的殊勝性,暗含的意思是作為邊地的漢地儒家學說是無法同佛教相提並論的,佛教可以教化三世,三千大千世界共尊,而儒教只能教化中土一域,「此亦方有小大,故化有遠近,得不謂之然乎?」謝靈運對此的回答是:「不可以精粗國土,而言聖有優劣。」這裡謝靈運實際上是用《維摩詰所說經》予以反駁。《維摩經》中也有人疑問釋迦牟尼佛所在的我們這個娑婆世界為何也如此不淨:「若菩薩心淨則佛土淨者,我世尊本為菩薩時意豈不淨?而是佛土不淨若此。」維摩詰對此的回答是:「日月豈不淨耶?而盲者不見……眾生罪故不見如來佛土嚴淨,非如來咎。……我佛國土常淨若此,為欲度斯下劣人故,示是眾惡不淨土耳。譬如諸天共寶器食,隨其福德飯色有異。」[292] 釋迦牟尼佛土本來清淨,只是凡夫見不到罷了。向凡夫示現穢土的原因是為了不讓凡夫產生貪愛之心,早日得度。謝靈運用此佛經典故說明,我們不能因為穢土而苛責釋迦牟尼佛,當然也不能因此貶低儒教聖人的價值。

對此,謝靈運的論辯對手也不得不承認:「今不可以事之小大,而格道之粗妙。誠哉斯言!」這裡「格道」中的「格」字,本意法則、準則,這裡活用為動詞,有衡量的意思。在六朝,除了格道,還有格義和格言等

---

[292] 參見李翊灼校輯:《維摩詰經集注》,(臺北)新文豐出版公司 1979 年版,第 107～119 頁。

第二節　山水不足以娛其情，名理不足以解其憂

說法，特別是「格義」在 4 世紀曾風靡一時。在筆者個人看來，格義的含義可能與上述引文中「格道」的含義類似，是一種對某個佛教義理主題的清談，即引文中說的「辯」格義。竺法雅與康法朗等人在清談過程中，用中土的概念義理討論佛教的概念義理，取得的結論，即作為清談中的「勝理」固定下來，成為後人、門徒效法的典範，以訓門徒，這在清談中也是十分常見的。僧傳中說「（竺法）雅風采灑落，善於樞機，外典佛理，遞互講說，與道安、法汰每披釋湊疑，共盡經要」。應該說頗有清談的風雅，而並非拘泥的對譯手冊。湯用彤先生將格義中的「義」理解為「名稱」、「專案」、「概念」，這在先秦至六朝都是十分罕見的用法，「義」字一般都是意義、義理的含義。陳寅恪先生在 1947 年清華大學講課時說：

> 所謂「生解」者，六朝經典注疏中有「子注」之名，疑與之有關。因為「生」與「子」，「解」與「注」，都是可以互訓的字。所謂「子注」是取別本義同文異之文，列入小注之中，與大字正文互相配擬。這叫做「以子從母」、「事類相對」。這樣的本子叫「合本」。「格義」的比較，是以內典與外書相配擬；「合本」的比較，是以同本異譯的經典相參校。二者不同，但形式頗有近似之處，所以說「以經中事數擬配外書，為生解（子注）之例」。例者，格義的形式如同合本子注之例也。[293]

陳寅恪先生的這段議論是頗有見地的 [294]，東晉道安、支道林等人將他們認定的同一種佛經不同譯本會譯的做法，正是「合本」，即不再用「外書」，而是用不同譯本的內典來「格義」，反映了佛教義理研究水準的發展。另外，陳先生此說若完全成立，「以子從母」則是強調外書還需服從

---

[293]　《魏晉南北朝史演講錄》，第 61 頁。
[294]　早在 1933 年陳寅恪先生便於《支愍度學說考》中提出「合本子注」的概念，值得關注的是，不僅佛典如此，陳先生在讀史札記中也將《三國志注》、《水經注》、《世說新語注》，都視為廣義的合本子注，這對我們理解「格義」的意義和背景，頗有啟發作用。陳先生治史「廣搜群籍，考訂解釋」，合本子注是其一重要研究方法，讀者可參考盧向前《敦煌吐魯番文書論稿》，第 272～273 頁。

第六章　謝靈運〈辨宗論〉的思想脈絡

佛教本經說法，這便與今日學者理解的格義，大相逕庭；當然不可否認，用清談方式討論義理，局限很大，很多時候主要在於展示辯論技巧，《世說新語・文學》中對此多有反映，如王弼在清談中「自為主客數番」（一會兒站在正方立場，一會兒站在反方立場），再如許掾與王苟子在西寺辯論，王大屈後「許復執王理，王執許理，更相覆疏，王復屈」。支道林批評許掾：「豈是求理中之談哉？」格義等而下之者，恐多染此風，用老莊玄言牽強附會，逞一時口舌之快，遂被時人批評為「格義迂而乖本」，即用子注破了母本。慧琳所作〈龍光寺竺道生法師誄〉（《廣弘明集》卷二三）中引道生對當時佛教界的批評：「求心應事，芒昧格言」，應該也是指格義中此等不良作風。

　　皮錫瑞說：「如皇侃之《論語義疏》，名物制度，略而弗講，多以老莊之旨，發為駢麗之文，與漢人說經，相去懸絕，此南朝經疏之僅存於今者，即此可見一時風尚。」（《經學歷史・經學分立時代》）從經解到義疏是中國經學發展歷史上的一大轉變，魏晉玄風是此轉變的一大動力，此亦為當日學界普遍風氣，佛家格義自不能免。然格義最終被六朝佛教徒拋棄，相當程度上在於其「迂而乖本」，用中土典籍比附連類時，不能彰顯佛教義理的獨特性價值。謝靈運在〈辨宗論〉中表現出來的立場，之所以遭到當時大多數佛教徒的反對，原因也在於此。為道生寫誄文，支持頓悟說的慧琳作〈白黑論〉（又名均聖論），便是沿著這一路徑發展下去，主張「六度（佛教大乘的六種修行方法）與五教（儒家的五常）並行，信順（道家）與慈悲（佛家）齊立」（見《宋書》列傳第五十七「蠻夷」），「舊僧謂其貶黜釋氏，欲加擯斥。太祖見論賞之，元嘉中，遂參權要，朝廷大事，皆與議焉」，有所謂「黑衣宰相」之稱。謝靈運〈辨宗論〉中云「既以釋昌為是，何以孔昌為非耶」，實開〈均聖論〉之先河。

第二節　山水不足以娛其情，名理不足以解其憂

頓悟說，一般認為與《涅槃經》關係密切，陳寅恪先生曾經關注《華嚴經》與頓悟說的關係[295]，然當時人們常引《華嚴經‧十地品》諸早期異譯本，為漸悟之論據；在筆者看來《法華經》當對道生倡頓悟有重要的啟示，道生臨終前也是開講《法華》而非《涅槃》。而從實用功能來看，陳寅恪先生認為，魏末西晉時代的清談，與當時政治關係緊密，如鍾會的《四本論》與曹操的求才三令一樣，贊成與否成為政治黨派劃分的標準（贊成才性離異的為曹黨，贊成才性同合的為司馬黨）；東晉以來的玄談則是名士身分的點綴。

但東晉以降，清談並非全無政治意義，如《世說新語‧文學》記載東晉「張憑舉孝廉，出都」，特地找名士劉尹等人清談，清談中表現出眾，被劉尹推薦給尚未登基的簡文帝，成為「太常博士妙選」。謝靈運落魄在永嘉太守位上，「辨宗論」清談應該說有向中央正統示好的意味，不久後，崇信「黑衣宰相」的劉宋太祖登基，並在元嘉三年（西元 426 年）殺徐羨之、傅亮、謝晦，政由己出。劉宋寒族出生，宋太祖提倡頓悟說，謝靈運也風光一時，被徵召為祕書監，指定撰修晉史。作為永嘉太守的謝靈運，清談「辨宗論」，倡頓悟說，實則有自然即名教的意味。

《宋書》列傳二十七「謝靈運本傳」載其「性奢豪，車服鮮麗，衣裳器物，多改舊制，世共宗之，咸稱謝康樂也」。《世說新語‧言語》中記載「謝靈運好戴曲柄笠」，孔隱士嘲笑他說：「卿欲希心高遠，何不能遺曲蓋之貌？」野人高士所戴曲柄笠，酷似高官所用曲柄傘，暗示謝靈運仍有官場名利心，謝靈運用《莊子‧漁父》的典故回答說：「將不畏影者未能忘懷？」這個問答與〈辨宗論〉中謝靈運表現出來的「滅累之體，物我同忘，

---

[295]　陳寅恪先生有一篇未完稿《論禪宗與三論宗之關係》，認為「至頓悟之說，則與印度人輪迴之說根本衝突」，《華嚴經》「具有甚深之中央亞細亞民族色彩，故甚與輪迴觀念根本衝突之頓悟說。如《宋高僧傳》卷四順璟傳云（文稿於此中斷）」。疑陳先生所指為僧傳中「見《華嚴經》中始從發心便成佛已」等語。該文稿見《陳寅恪集‧講義及雜稿》，三聯書店 2002 年版，第 431～439 頁。

第六章 謝靈運〈辨宗論〉的思想脈絡

有無一觀」是相合的。但話雖如此，謝靈運對於世俗政治並未完全釋懷，其山水詩中總要「頓悟」出玄理，其遊山玩水間總不忘清談。或者正如黃節先生在《讀謝康樂詩札記》中所言，「山水不足以娛其情，名理不足以解其憂」[296] 吧。

---

[296] 見葛曉音編選：《謝靈運研究論集》，廣西師範大學出版社 2001 年版，第 20 頁。

第七章

東晉至南朝的僧人學風的變遷

第七章　東晉至南朝的僧人學風的變遷

竺道生「孤明先發」、「孤情絕照」，倡一闡提可以成佛，在中國思想史研究中頗受重視；然東晉六朝僧人標新立異，多發「珍怪之辭」，並非完全是因為他們的天才，實為一時的社會風氣推動。東晉南朝僧人的這種學風，受到魏晉清談的深刻影響；晉宋之後，這種學風又逐漸發生了根本性的轉變，南朝涅槃佛性說在社會上的興盛，一定程度上是竺道生標新立異的產物；但它最終的結果卻走到了自己的反面，最終終結了「孤明先發」，任意講說的風氣。本章即是對東晉南朝僧人學風的研究，以此管窺當時佛學思潮的變遷。

《出三藏記集》卷十五記載：「六卷《泥洹》先至京都，生（竺道生）剖析佛性，洞入幽微，乃說：阿闡提人，皆得成佛。於時《大涅槃經》未至此土，孤明先發，獨見迕眾。於是舊學僧黨，以為背經邪說，譏忿滋甚，遂顯於大眾，擯而遣之。」[297] 梁《高僧傳》也持此說，對道生「孤明先發」頗多讚譽。

然觀東晉六朝僧人，「孤明先發」者，並不乏人，如《出三藏記集》卷十五記載鳩摩羅什對廬山慧遠的〈法性論〉，未見經而與理合，給予充分讚揚，《高僧傳》記此事更詳：「先是中土未有泥洹常住之說，但言壽命長遠而已。遠（慧遠）乃歎曰：佛是至極，至極則無變，無變之理，豈有窮耶。因著〈法性論〉曰：至極以不變為性，得性以體極為宗。羅什見〈論〉而歎曰：邊國人未有經，便闇與理合，豈不妙哉！」[298]

「孤明先發」也並非僅限於僧人探討涅槃佛性一事，如東晉名僧支道林，「年二十五出家，每至講肆，善標宗會；而章句或有所遺，時為守文者所陋。謝安聞而善之曰：此乃九方堙之相馬也，略其玄黃，而取其駿逸」[299]。支道林「卓焉獨拔，得自天心」，常發先人所未發，特別是他對

---

[297]　《出三藏記集》，第 571 頁。
[298]　《高僧傳》，第 218 頁。
[299]　《高僧傳》，第 159 頁。

第二節　山水不足以娛其情，名理不足以解其憂

《莊子‧逍遙遊》的理解，「卓然標新理於二家之表，立異義於眾賢之外，皆是諸名賢尋味之所不得。後遂用支理」[300]。

《續高僧傳》記載梁代名僧僧旻嘗言：「宋世貴道生，頓悟以通經；齊時重僧柔，影毗曇以講論。貧道謹依經文，文玄則玄，文儒則儒耳。」[301] 孤明先發，標新立異，在東晉六朝，特別是晉宋之際的高僧中，頗為常見，與當時佛教乃至整個社會的風氣相關，是一個值得關注的話題。

唐長孺先生曾指出：「三國時期，以洛陽為中心的河南地區，玄學興起，學術上形成排除漢代章句繁瑣及讖緯迷信的新學風。當時大河之北和長江以南大體仍遵循漢代治學軌轍，學風偏於保守。西晉統一後，江南人士開始接觸這種新風尚，入洛人士或試加研習，也有人大聲斥責，但還看不出有巨大影響。永嘉亂後，大批名士南渡，本來盛行於京洛的玄學和一些新的理論，從此隨著這些渡江名士傳播到江南……正當所謂正始之音復聞於江左，即玄學清談在江南風靡之時，北方玄學卻幾乎絕響。南北學風呈現出顯著的差異。《隋書》卷75〈儒林傳〉序稱：『大抵南人簡約，得其英華；北學深蕪，窮其枝葉。』即是對這種差異的典型概括。」[302] 以洛陽為中心的玄學，永嘉之後傳入江南，清談論辯之風遂於東晉大盛，名僧皆染此風，孤明先發、標新立異者甚多，佛教借般若學於中國思想史大潮中「預流」；然發軔於晉宋之際的般若學向涅槃學的轉變，又使佛教學風為之大變。本章即力圖梳理東晉南朝僧人之學風。清人趙紹祖謂：「李延壽作《南、北史》，於《南史》不列東晉於前，而於《北史》殿隋於後，斯為贅耳。」[303] 此言甚是，東晉與南朝，佛教一脈相承，故本章合而論之。

---

[300]　《世說新語箋疏》上冊，第260頁。
[301]　《高僧傳二集》四冊之一，(臺北)佛陀教育基金會，2003年版，第151頁。
[302]　唐長孺：《魏晉南北朝隋唐史三論：中國封建社會的形成和前期的變化》，武漢大學出版社1992年版，第212～213頁。亦可參見唐長孺：〈讀〈抱樸子〉推論南北學風的異同〉，見《魏晉南北朝史論叢》，三聯書店1955年版。
[303]　趙紹祖撰，趙英明、王懋明點校：《讀書偶記》，中華書局1997年版，第68頁。

第七章　東晉至南朝的僧人學風的變遷

▎第一節　玄談風氣的影響

東晉南朝僧人能夠標新立異、孤明先發，與其浸染玄談風氣，在辯論中技高一籌，機智反應，克敵致勝，博取名望，關係密切。如廬山慧遠與心無家的辯論：「時沙門道恆，頗有才力，常執心無義，大行荊土。汰（竺法汰）曰：此是邪說，應須破之。乃大集名僧，令弟子曇一難之。據經引理，析駁紛紜。恆仗其口辯，不肯受屈。日色既暮，明旦更集。慧遠就席，設難數番，關責鋒起。恆自覺義途差異，神色微動，塵尾扣案，未即有答。遠曰：不疾而速，杼軸何為？座者皆笑矣。心無之義，於此而息。」[304] 這場辯論「大集名僧」，且連續二日，「設難數番」、「塵尾扣案」這些都是玄談常見的情景；而最後廬山慧遠用一句「不疾而速，杼軸何為」，其實並非完全從說理上攻破心無義，而是帶有一定的論辯智慧的勝利。

這種機智對答，在東晉南朝士人中十分常見，如《世說新語》記載「王文度、范榮期俱為簡文所要。范年大而位小，王年小而位大。將前，更相推在前，既移久，王遂在范後。王因謂曰：簸之揚之，糠秕在前。范曰：洮之汰之，沙礫在後」。余嘉錫箋疏：「釋慧琳《一切經音義》二十八引《通俗文》云：淅米謂之洮汰。榮期因文度比之為糠秕，故亦取義於淅米。米經洮汰，則沙礫留於最後也。」[305] 然《晉書》記此對話，雙方是孫綽與習鑿齒。[306]

習鑿齒與道安法師對談時，「四海習鑿齒」，「彌天釋道安」亦當屬此

---

[304]　《高僧傳》，第 192～193 頁。
[305]　《世說新語箋疏》下冊，第 593、594 頁。
[306]　《晉書》卷五六孫綽傳：「綽性通率，好譏調。嘗與習鑿齒共行，綽在前，顧謂鑿齒曰：沙之汰之，瓦石在後。鑿齒曰：簸之揚之，糠秕在前。」此為正史所記，且孫、習兩人年代略早，習鑿齒有腿疾，行路落於後，似更可信。

第一節　玄談風氣的影響

類對答，梁元帝蕭繹《金樓子》卷五「捷對篇十一」記此事甚詳：「習鑿齒詣釋道安，值持缽趨堂，鑿齒乃翔往眾僧之齋也，眾皆捨缽斂衽，唯道安食不輟，不之禮也。習甚恚之，乃厲聲曰：四海習鑿齒，故故來看爾。道安應曰：彌天釋道安，無暇得相看。習愈忿，曰：頭有缽上色，缽無頭上毛。道安曰：面有匙上色，匙無面上坳。習又曰：大鵬從南來，眾鳥皆戢翼。何物凍老鴟，腩腩低頭食。道安曰：微風入幽谷，安能動大材。猛虎當道食，不覺蚉虻來。於是習無以對。」[307]《金樓子》所記恐有演繹，但當時「笑人齒缺，曰：狗竇大開」[308] 這樣的所謂「名答」很多，當時名僧也多所涉及，如支道林就因相貌醜陋遭人揶揄，再如「康僧淵目深而鼻高，王丞相每調之。僧淵曰：鼻者，面之山；目者，面之淵。山不高則不靈，淵不深則不清」。[309]《高僧傳》稱「時人以為名答」[310]。

另《高僧傳》卷七：「（慧）嚴弟子法智幼有神理，年二十四往江陵，值雅公講，便論議數番，雅屢通無地。雅顧眄四眾曰：小子斐然成章。智笑曰：乃變風變雅作矣。於是聲布楚郢，譽洽京吳。」[311] 法智的回答，「變風變雅」，即用《詩經》風雅頌的典故，也暗含「雅公」的名字，可謂名答，受人推崇。這類問答並非一定是挑釁攻擊，也常有「知其不常，故戲之曰」的意味，知對方出類拔萃，有惺惺相惜、提攜後進或視為知己同類，引發注意的意思。又如：「竺法義，未詳何許人，年十三，遇深公便問：仁義是君子所行，孔丘何故罕言？深曰：物鮮能行，是故罕言。深見

---

[307]　周一良先生認為「四海習鑿齒」有語意雙關，暗指道家扣齒辟邪的修煉方法，參見〈習鑿齒與釋道安之對話〉，《魏晉南北朝讀史札記》，第 96～98 頁。
[308]　「張吳興年八歲，虧齒，先達知其不常，故戲之曰：君口中何為開狗竇？張應聲答曰：正使君輩從此出入！」（《世說新語箋疏》下冊，第 943 頁）
[309]　《世說新語箋疏》下冊，第 939 頁。
[310]　《高僧傳》，第 151 頁。
[311]　《高僧傳》，第 263 頁。此處的「雅公」，可能是竺法雅；法威少年時，在江陵見老年竺法雅（雅公）或有可能。

第七章　東晉至南朝的僧人學風的變遷

其幼而穎悟，勸令出家。」[312]

西晉僧人支孝龍即被列為「八達」之一，東晉孫綽〈道賢論〉以當時七位名僧比竹林七賢[313]，太原王蒙更謂支道林是緇門王、何。而東晉時僧團領袖道安、慧遠，也都是懂得玄談的。甚至有學者稱廬山慧遠服散：

> 魏晉時期，統治階級內部矛盾十分尖銳，有些人為了逃避政治漩渦，往往詐稱寒食散症狀發作……又據《高僧傳》，桓玄征討殷仲堪時，大軍經過廬山，桓玄邀名僧慧遠出虎溪見面，慧遠稱疾不堪，桓玄只好入山去見慧遠。晉安帝自江陵凱旋回京師，路經廬山，輔國何無忌勸慧遠候迎，慧遠仍然稱疾不行，晉安帝只好派人勞問。慧遠在寫給晉安帝的信中說：「貧道先嬰重疾，年衰益甚，猥蒙慈詔，曲垂光慰，感懼之深，實百於懷。自遠卜居廬阜，三十餘年，影不出山，跡不入俗。每送客遊履，常以虎溪為界焉。」在晉義熙十二年（西元416年）八月因寒食散藥發作而病倒，六天后就奄奄一息了。臨終前，弟子耆德等人勸他引用豉酒解毒（《醫心方》引秦承祖〈療散豉酒方〉：散發不解，或嗟寒，或心痛心嗟，皆宜服之，方用美豉二升，以清酒三升一沸，爐取溫服。又見《全晉文》卷二七王羲之《雜貼》），慧遠卻不肯違反佛教不許飲酒的戒律。[314]

廬山慧遠出家後仍服散，似不可能；但他二十一歲之後遇道安才接觸佛法，始出家，故其出家前服散，而留有後遺症是有可能的，[315]廬山慧遠也確實未老先衰，司徒王謐說他「年始四十，而衰同耳順」。《高僧傳》，

---

[312] 《高僧傳》，第172頁；《名僧傳抄》也有相似記述（《卍續藏經》第77冊，第353頁上）。
[313] 據嚴可均《全晉文》卷六二所輯〈道賢論〉：竺法護──山濤，帛法祖──嵇康，竺法乘──王戎，竺法深──劉伶，支道林──向秀，於法蘭──阮籍，於道邃──阮咸。
[314] 寧稼雨：《魏晉風度：中古文人生活行為的文化意蘊》，東方出版社1992年版，第251～252頁。
[315] 服散不當，多有長期後遺症，有時甚至長達「數十歲」，皇甫謐談到服散的副作用時說：「或暴發不常，夭害年命。是以族弟長互，舌縮入喉；東海王良夫，癰瘡陷背；隴西辛長緒，脊肉潰爛；蜀郡趙公烈，中表六散，悉寒石散之所為也。遠者數十歲，近者五六歲。」（巢元方《諸病源候總論》卷六引）

第一節　玄談風氣的影響

第 215 頁。《出三藏記集》，第 568 頁，記為「年始四十七，而衰同耳順」。

東晉南朝僧人「孤明先發」，與名僧擅長玄談，浸染玄風，有密切關係。竺道生「常以入道之要，慧解為本」[316]，有一個自己悟出的原創性想法（新義），是慧解得道的關鍵。道生在《法華經疏》中說：

> 夫未見理時，必須言津。既見乎理，何用言為。其猶筌蹄，以求魚菟。魚菟既獲，筌蹄何施。若一聞經，頓至一生補處，或無生法忍，理固無然。本苟無解，言何加乎。[317]

道生反對「若一聞經，頓至一生補處，或無生法忍」，並非貶低佛教的重要性或否定頓悟的可能性，而是強調聽經者必須有慧解，有自己的心得體會，才能頓悟成佛。

齊周顒作〈三宗論〉，理與智林合，智林致書：「貧道年二十時，便忝得此義，常謂藉此微悟，可以得道。竊每歡喜，無與共之……貧道捉麈尾以來，四十餘年。東西講說，謬重一時，其餘義統，頗見宗錄，唯有此途，白黑無一人得者。」[318] 可見，甚至到了宋齊時，有一與眾不同的立義，還是十分令人得意的，「藉此微悟，可以得道」。

玄談內容固然是一方面，但言談者自身的修養素質，表現出來的風度，有時更加重要。如前引，作為法師的支道林與作為都講的許詢，反覆問難，「眾人莫不抃舞。但共嗟詠二家之美，不辯其理之所在」。若是一味追究，喪失風度，即便內容上占上風，也不被看好，如支道林在會稽西寺評論許詢與王脩的玄談時，對許詢言：「君語佳則佳矣，何至相苦邪？豈

---

[316] 《出三藏記集》，第 571 頁。道生強調悟理成佛，他在解釋《大涅槃經》時說：「智解十二因緣，是因佛性也。今分為二：以理由解得，從理故成佛果，理為佛性也；解既得理，解為理因，是謂因之因也。」（《大般涅槃經集解》卷第五十四，見《大正藏》第三十七卷，第 547 頁下）
[317] 《卍續藏經》第 27 冊，第 15 頁中。
[318] 《高僧傳》，第 310 頁。

是求理中之談哉？」[319]佛教論辯亦是如此：「於法開始與支公爭名，後精漸歸支，意甚不忿，遂遁跡剡下。遣弟子出都，語使過會稽，於時支公正講《小品》。開戒弟子：道林講，比汝至，當在某品中。因示語攻難數十番，云：舊此中不可復通。弟子如言詣支公。正值講，因謹述開意。往反多時，林公遂屈。厲聲曰：君何足復受人寄載！」[320]這雖然是支道林理屈詞窮的表現，但也表達出他對並非出於己意、而是經人授意的不屑。

第二節　佛學風氣的改變

東晉南朝佛教受到玄談的深刻影響，東晉末年以來，僧團戒律對此多有節制[321]，但到齊梁間，還有很多名僧帶有名士風度，如《高僧傳》卷八釋道慧傳，「慧以齊建元三年（西元 481 年）卒，春秋三十有一。臨終呼取麈尾授友人智順，順慟曰：如此之人，年不至四十，惜矣！因以麈尾內棺中而斂焉」[322]。此說頗似清談領袖王濛，「王長史病篤，寢臥燈下，轉麈尾視之，嘆曰：如此人，曾不得四十！及亡，劉尹臨殯，以犀柄麈尾著柩中，因慟絕」[323]。

但佛教畢竟不同於個人思辨的哲學，基本教義不能違背，故東晉以來，雖名僧常自由講說，然不能超越底線，違背基本佛教教義，便會遭受指責，如心無義因與印度佛教般若思想差距太大，而遭到教內圍攻；而各

---

[319]　《世說新語箋疏》上冊，第 266 頁。
[320]　《世說新語箋疏》上冊，第 271 頁。另可參見《高僧傳》，第 168 頁。
[321]　如長嘯是魏晉名士抒發情感、表達個性的重要方式，僧人也有長嘯，但後遭到廬山慧遠僧團勸阻，釋僧徹「嘗至山南，攀松而嘯，於是清風遠集，眾鳥和鳴，超然有勝氣。退還諮遠：律制管弦，戒絕歌舞。一吟一嘯，可得為乎？遠曰：以散亂言之，皆為違法。由是乃止」（《高僧傳》，第 277 頁）。
[322]　《高僧傳》，第 305 頁。
[323]　《世說新語箋疏》中冊，第 755 頁。

第二節　佛學風氣的改變

種新說，也皆以能夠找到經證，與經暗合，作為最後判斷標準，否則只能是「偏而不即」、「迂而乖本」，遭到教內摒棄，如「以義學顯譽」的劉宋時僧人僧嵩「末年僻執，謂佛不應常住。臨終之日，舌本先爛焉」[324]。

盧山慧遠在評論弟子釋僧徹講經時稱：「曩者勍敵，並無遺力，汝城隍嚴固，攻者喪師。反軫能爾，良為未易。」[325] 東晉時講經，重在辯論攻防，我們在前文也多次提到如支道林等人講經時遭人發難，與後世南朝講經差異較大。東晉以後，玄談逐漸淡出，佛教講經也不再是「唯敘大意」，自由發揮，更多的是尋文比句，「謹依經文，文玄則玄，文儒則儒耳」。《續高僧傳》卷五記載：梁代三大師之一的法雲，「曾觀長樂寺法調講論，出而顧曰：震旦天子之都，衣冠之富，動靜威儀，勿易為也。前後法師，或有詞無義，或有義無詞，或俱有詞義，而過無威儀。今日法坐，俱已闕矣！皆由習學不優，未應講也」[326]。可見，到梁代法師講經，需有義理、文詞、威儀多種要求，與東晉時自由講說、辯論攻防，已不可同日而語。

嚴耕望先生指出：「早期義解諸僧講經，大抵皆為私人領徒講學性質；大規模公開講經，僧傳所見，似亦以法汰至建康，應簡文邀講《放光經》為早。自後法會講經為義解僧徒弘法活動業績表現之最主要場所。《續》三十雜科立身傳云：『江左文士多興法會，每集名僧，連宵法集。』觀兩《傳》所記，不但文士多興法會，而上自帝王貴冑乃至士大夫多建法會，徵請名僧公開講經，僧徒亦多自行舉辦者。」[327] 雖然誠如嚴先生指出，公開講經以竺法汰在建康為始，但直到東晉末年，僧伽提婆在建康講經，聽眾尚有觀其大略的風氣，《世說新語·文學》：「提婆初至，為東亭第講《阿

---

[324]　《高僧傳》，第 289 頁。
[325]　《高僧傳》，第 278 頁。
[326]　《高僧傳二集》四冊之一，第 157 頁。
[327]　《魏晉南北朝佛教地理稿》，第 208～209 頁。

第七章　東晉至南朝的僧人學風的變遷

毗曇》。始發講,坐裁半,僧彌便云:都已曉。即於坐分數四有意道人,更就餘屋自講。提婆講竟,東亭問法岡道人曰:弟子都未解,阿彌那得已解?所得云何?曰:大略全是,故當小未精核耳。」[328]

　　佛學風氣的改變,大約發生在晉宋之際,尤其以竺道生「孤明先發」,提倡一闡提可以成佛,引發般若學向涅槃學轉變為代表。這一轉變,相當程度上說,是竺道生標新立異的產物;但它最終的結果卻走到了自己的反面,最終終結了「孤明先發」、任意講說的風氣。涅槃學的許多內容,從一開始就遭到很多人的質疑,而且不久也失去了劉宋王朝的鼎力支持,《高僧傳》卷七釋僧瑾傳載,劉宋「明帝末年,頗多忌諱,故涅槃滅度之翻,於此暫息。凡諸死亡凶禍衰白等語,皆不得以對,因之犯忤而致戮者,十有七八。瑾以匡諫,恩禮遂薄」[329]。就佛學發展本身的內容來說,涅槃學興起的固有意義,自很重要,但它之所以如此勢不可擋,更大程度上是它所體現出的佛學風氣的改變,這對中國佛教日後的發展,影響甚巨。

　　除去講經,僧人著述亦可看出循規蹈矩者漸多,湯用彤先生將佛教注疏分為釋章句的「文疏」和出大意的「義疏」,東晉南朝早期,僧人多談義而略文,據陸澄《法論》,東晉南朝初期支道林的《本業略例》、《道行旨歸》卷數無多。道生《法華經疏》不過二卷,而原經尚有七卷;南朝之後,科分經文,詳疏廣解,釋文遂多而繁,如梁代三大師之一的光宅寺法雲,他的《法華經疏》,「文句紛繁,章段重疊」。[330] 宋初道生孤明先發一闡提可成佛義;到梁武帝敕命釋寶亮所作《大涅槃經集解》,已卷帙浩繁。

　　伴隨著晉宋之際般若學逐漸向涅槃學的轉變,南朝佛教教風、僧人學

---

[328]　《世說新語箋疏》上冊,第 286～287 頁。
[329]　《高僧傳》,第 295 頁。
[330]　讀者可參見《漢魏兩晉南北朝佛教史》第十五章「南北朝釋教撰述」,第 485 頁。

第二節 佛學風氣的改變

風也發生巨大的變革，其背後有深刻的社會因素。[331] 本節單就當時社會思想發展脈絡本身，談兩點看法。

（一）魏晉以來關於性情才的辯論。性與情，性與才都是魏晉清談的重要話題，當時僧人也頗多參與其間，如東晉名僧康僧淵「遇陳郡殷浩，浩始問佛經深遠之理，卻辯俗書性情之義，自晝至曛，浩不能屈，由是改觀」[332]。再如「僧意在瓦官寺中，王苟子來，與共語，便使其唱理。意謂王曰：聖人有情不？王曰：無。重問曰：聖人如柱邪？王曰：如籌算，雖無情，運之者有情。僧意云：誰運聖人邪？苟子不得答而去」[333]。

聖人無情原本是漢魏時主流看法，但王弼標新立異，倡聖人有情之說，湯用彤先生對此有過精準的分析：「聖人像天本漢代之舊義，純以自然釋天則漢魏間益形著名之新義，合此二義而推得聖人無情之說。此說既為當世顯學應有之結論，故名士多述之。何劭《傳》云：何晏主聖人無情，鍾會等述之，弼與不同。」[334] 大體說，何晏等人認為聖人純理任性而無情，而王弼則認為聖人有情，但「性其情」，以情從理，「應物而不累於物」（凡人則違理任情，為物所累）。鍾泰先生認為：「是弼雖主於無，而亦不廢有。以視晏之專於無者，說尤圓矣。」[335]

在中國思想史研究上，我們一般把王弼劃歸於「貴無派」，且認為東晉般若學的本無家與之等同，但王弼的思想，並非完全如僧肇批判本無家

---

[331] 讀者可參見湯用彤、任繼愈：〈南朝晉宋間佛教「般若」、「涅槃」學說的政治作用〉，見《漢唐佛教思想論集》。
[332] 《高僧傳》，第151頁。
[333] 《世說新語箋疏》上冊，第282頁。
[334] 湯用彤：〈王弼聖人有情義釋〉，《湯用彤選集》，第255頁。該文原載《學術季刊》第一卷第三期，1945年。《三國志》卷二八《魏書·鍾會傳》裴松之注引何劭〈王弼傳〉：「何晏以為聖人無喜怒哀樂，其論甚精，鍾會等述之，弼不同，以為：聖人茂於人者神明也，同於人者五情也。神明茂，故能體沖和以通無；五情同，故不能無哀樂以應物。然則聖人之情，應物而無累於物者也。今以其無累，便謂不復應物，失之多矣。」
[335] 鍾泰：《中國哲學史》（一），遼寧教育出版社1998年版，第140頁。該書初版於1929年商務印書館。

第七章　東晉至南朝的僧人學風的變遷

那樣「直好無之談」,「情尚於無多,觸言以賓無」[336],王弼認為聖人不累於物,但同時也強調聖人「應物」。現在一般被認為是本無家的代表人物釋道安,主「崇本以動末」,從〈安般注序〉來看,實際上是指禪定的一種境界,從凡人的境界,達到無欲無為無不為的境界。達到這種「彼我雙廢」、「守於唯守」境界也不完全是「無」,而且還有無所不能為的大神通,能夠「舉足而大千震,揮手而日月捫,疾吹而鐵圍飛,微噓而須彌舞」。[337]

《莊子》逍遙的境界是「無待」,不累於物,但「以其無累,便謂不復應物」,是王弼不能同意的,故他要反對聖人無情的說法。東晉時,最為流行的看法是適性逍遙,支道林「嘗在白馬寺,與劉系之等談《莊子‧逍遙篇》云:各適性以為逍遙。遁曰:不然,夫桀蹠以殘害為性,若適性為得者,彼亦逍遙矣。於是退而注《逍遙篇》」[338]。《世說新語》劉孝標注對此有解釋:「支氏《逍遙論》曰:夫逍遙者,明至人之心也。莊生建言大道,而寄指鵬鷃。鵬鷃以營生之路曠,故失適於體外。以在近而笑遠,有矜伐於心內。至人乘天正而高興,遊無窮於放浪,物物而不物於物,則遙然不我得。玄感不為,不疾而速,則逍然靡不適。此所以逍遙也。若夫有欲當其所足,足於所足快然有似天真,猶飢者一飽,渴者一盈,豈忘烝嘗於糗糧,絕觴爵於醪醴哉?苟非至足,豈所以逍遙乎?」[339]。

從「無待」入手,可以解釋「物物而不物於物」、「不我待」或「不我

---

[336] 石峻等編:《中國佛教思想資料選編》第一卷,第144頁。
[337] 《中國佛教思想資料選編》第一卷,第34頁。均正《四論玄義》卷六:「安肇二師與搖(瑤)法師云:聖人無心而應」,即道安、僧肇和法瑤,主張聖人最高境界是「無心而應」,即將「無心」與「應」(物)結合起來,即體一用不離。據慧達《肇論疏》,道生主張「有心而應」,但筆者以為道生不是強調聖人(佛)要起心動念,而是強調「感應有緣」,聖人感應是感同身受,「生法師云:感應有緣。或因生苦處,共於悲潛;或因愛欲,共於結縛;或因善法,還於開道。故有心而應也」,實則亦是強調「體一用不離」。
[338] 《高僧傳》,第160頁。
[339] 《世說新語箋疏》上冊,第260頁。此與成玄英〈莊子疏序〉中的引文略異,「第二支道林云:物物而不物於物,故遙然不我待;玄感不急而速,故逍然靡所不為。以斯而遊天下,故曰逍遙遊」。成玄英疏文與支道林注文,對「逍」、「遙」兩字的解釋顛倒,當有一誤(似以成玄英疏為是,先釋「逍」後釋「遙」)。

第二節　佛學風氣的改變

得」，即王弼所說的不累於物；但支道林更強調的是「玄感不為，不疾而速」、「靡所不為」。而後一半意思，在當時頗為世人所重視，廬山慧遠即是用此來破心無義，這實即王弼所說的「應物」。如何將兩者結合起來，是當時佛學界頗為關心的問題，支道林在《阿彌陀佛像讚》序中說：「佛經記西方有國，國名安養，迥遼迥邈，路逾恆沙。非無待者，不能遊其疆；非不疾者，焉能致其速？」[340] 不疾與無待，是對舉的概念，非常重要，不可偏廢一端。

法身佛性概念的引入，實有助於不累物和應物這對矛盾的最終解決。王弼說：「聖人茂於人者神明也」，「神明茂，故能體沖和以通無」，在當時的佛學家中，將神與形相對，視為無形、本、佛性。梁武帝在〈立神明成佛義記〉中說：「惑者聞識神不斷而全謂之常，聞心念不常而全謂之斷。云斷則迷其性常，云常則惑其用斷。因用疑本，謂在本可滅；因本疑用，謂在用弗移。」[341] 沈績在為該文作注時提道：「既有其體，便有其用。語用非體，論體非用。用有興廢，體無生滅。」[342]

從王弼的所謂「貴無」，到東晉般若學，其實都並非只偏重於虛無為本，涅槃佛性思想隨後大興也並非毫無根據，且「體—用」這種模式，在般若經中般若與方便（漚和拘舍羅）的關係時，亦露端倪，以下論之。

（二）佛學自身的發展。以往我們對般若思想的理解，比較強調「空」，而忽視了般若是諸佛之母，眾生透過般若波羅蜜成佛，諸佛透過般若波羅蜜照明五蘊，普度眾生等諸多含義。般若波羅蜜信仰在初期大乘中具有核心地位，是佛法的根本；而普通信眾則透過般若信仰來度一切苦厄，乃至賴此成佛。日本學者平川彰認為「視般若波羅蜜為『佛母』的思想，在古

---

[340]　《中國佛教思想資料選編》第一卷，第 68 頁。
[341]　《中國佛教思想資料選編》第一卷，第 298 頁。
[342]　《中國佛教思想資料選編》第一卷，第 299 頁。

第七章　東晉至南朝的僧人學風的變遷

譯的《般若經》裡似乎找不到」[343]。這種看法並不符合實際，十方諸佛從般若波羅蜜中出生，這種字句在《道行般若經》中隨處可見，甚至可以看到「般若波羅蜜者，是菩薩摩訶薩母」（《道行》卷三「泥犁品第五」）、「般若波羅蜜是怛薩阿竭阿羅訶三耶三佛母」（《道行》卷十「囑累品第三十」）等明確提法。[344]

僧叡〈法華經後序〉：「至如般若諸經，深無不極，故道者以之而歸；大無不該，故乘者以之而濟。然其大略，皆以適化為本。應務之門，不得不以善權為用。權之為化，悟物雖弘，於實體不足。」[345] 這番話其實道出了般若經的要害，般若經以般若波羅蜜為根本，但具體到應化萬物上，卻不得不借助方便（「善權」），即所謂般若為母，方便為父。雖然東晉以來佛學家多用體用等類似模式加以言說，但總顯支離，如何將兩者統一起來，便成了當時佛學的大問題，僧肇在〈不真空論〉末尾說：「是以聖人乘千化而不變，履萬惑而常通者，以其即萬物之自虛，不假虛而虛物也。故經云：『甚奇，世尊！不動真際，為諸法立處。』非離真而立處，立處即真也。然則道遠乎哉？觸事而真。聖遠乎哉？體之即神！」[346] 實際上只有涅槃佛性概念的出現，才能真正解決這一問題，即用涅槃佛性的概念來統合本體與妙用、般若與方便、「逍然不我待」與「遙然靡所不為」等一系列問題。

南朝以來，佛學界的熱點問題由般若學轉入涅槃佛性，孤明先發者日少，而學問僧日多。「性」這一概念，魏晉以來除與「情」相對，在很多情況下是與「才」相對的；才性之辨是魏晉時一個非常重要的話題，鍾會才性四本論名重一時，東晉僧人也有涉及才性之辨的，如：「支道林、殷淵

---

[343]　《印度佛教史》，第303頁。
[344]　讀者可參見拙作：〈對般若思想的再認識：以早期漢譯經典《道行》為中心的考察〉，《佛學研究》2010年刊。
[345]　《出三藏記集》，第306～307頁。
[346]　《中國佛教思想資料選編》第一卷，第146頁。

第二節　佛學風氣的改變

源俱在相王許。相王謂二人：可試一交言；而《才性》殆是淵源，崤、函之固，君其慎焉！支初作，改輒遠之；數四交，不覺入其玄中。相王撫肩笑曰：此自是其勝場，安可爭鋒！」[347]「性」主要是指德性操守，「才」主要指才能，本來分別是孝廉與秀才的選拔標準。才性之辨，魏晉以來與當時政治關係密切，先賢多有論述[348]；南朝以來佛教重視佛性概念，倡涅槃四德（常樂我淨），「唯才是舉」式的孤明先發，市場縮小，佛教學風走向亦可窺見。

---

[347]　《世說新語箋疏》上冊，第 277 頁。
[348]　例如，唐長孺：〈魏晉才性論的政治意義〉見《魏晉南北朝史論叢》。陳寅恪：〈書世說新語文學類鍾會撰四本論始畢後條〉，《中山大學學報》1956 年第 3 期。

第七章　東晉至南朝的僧人學風的變遷

第八章

晉宋時期般若學邁向涅槃學的多元發展

第八章　晉宋時期般若學邁向涅槃學的多元發展

　　晉宋之際，般若學向涅槃學轉變是當時佛教史上的一件大事，不同的思想家都捲入其中，般若學向涅槃學轉變過程，呈現了多元化的途徑。以往研究者比較強調孤明先發的道生模式，但在此外，至少還存在《肇論》四篇從「般若無知」到「涅槃無名」的模式。而且在道生轉變模式的討論中，毗曇學有著十分重要的作用，不應被忽視。從更加廣闊的宗教信仰背景來看，中國固有的仙化等宗教觀念，對於佛教義理對涅槃學的揀擇也發揮著重要作用。六朝時佛教相比道教，更流行立像崇拜，晉宋之際開始流行般若學者、義理僧人，死後留下肉身或部分舍利，被人立像崇拜，從中亦可窺見般若學向涅槃學轉變的信仰實踐形式。

第一節　毗曇學與《法華經》在般若學向涅槃學轉變中的作用

　　論及晉宋之際佛學思潮變革，有兩則資料值得我們重視，一是僧叡法師的〈喻疑論〉（《出三藏記集》卷五），認為佛教自漢末魏初「始有講次」，至西晉時初具規模，到「亡師」道安之後，特別是鳩摩羅什來華，「洋洋十數年中，當是大法後興之盛也」。然後作者借鳩摩羅什之口說道：「大聖隨宜而進，進之不以一途，三乘雜化由之而起。三藏祛其染滯，《般若》除其虛妄，《法華》開一究竟，《泥洹》闡其事化，此三津開照，照無遺矣。」[349]這段話向我們梳理了大乘佛學發展，由《般若》，經《法華》而趨向《涅槃》（泥洹）的路徑。此一路徑的影響十分深遠，可以說直接影響了後世對《法華經》的解讀，即從《涅槃》佛性的角度來理解和判別《法華經》。

　　另一則史料是〈范伯倫與生、觀二法師書〉（《弘明集》卷十二）：「外

---

[349]　《出三藏記集》，中華書局 2003 年版，第 234 頁。

第一節　毗曇學與《法華經》在般若學向涅槃學轉變中的作用

國風俗，還自不同。提婆始來，義觀之徒，莫不沐浴鑽仰。此蓋小乘法耳，便謂理之所極，謂無生方等之經，皆是魔書。提婆末後說經，乃不登高座。法顯後至，泥洹始唱，便謂常住之言，眾理之最，般若宗極，皆出其下。以此推之，便是無主於內，有聞輒變。譬之於射，後破奪先，則知外國之律，非定法也。」[350] 這裡則勾勒出中國佛學先是提婆小乘毗曇學取代大乘般若思想，而後涅槃學又將小乘毗曇取而代之，即由般若一變為毗曇，再變為涅槃；而且這些轉變是突然的，「無主於內，有聞輒變」，彼此轉變沒有內在理路可循。

僧叡〈喻疑論〉中，三藏（阿含）、般若、法華、涅槃的發展線索，從文意來看，是對佛陀（大聖）講經次第的一種總結，已經有判教的雛形。竺道生《妙法蓮花經疏》題解部分即同此說：「大聖示有分流之疏，顯以參差之教，始於道樹，終於泥曰。凡說四種法輪，一者善淨法輪⋯⋯二者方便法輪⋯⋯三者真實法輪⋯⋯四者無餘法輪」，即以《阿含》、《般若》、《法華》、《涅槃》為次第，而以《涅槃》為最高。

由此可見，僧叡〈喻疑論〉中般若、法華、涅槃的發展線索，只是一種判教學說，或者是當時人們對印度佛學演進的一種理解，而不一定完全是中國佛學思潮發展的實際情況。相比較而言，范泰（范伯倫）所說的情況，可能更接近中國佛學發展的實際情況。一則，范泰寫作的背景，是爭論中國僧人採用何種禮儀的問題，范泰以佛學來華多變來說明不必拘泥外國法，因此他對佛學來華的情況只是客觀陳述，而非自己的理解闡發。二則，范泰以佛學來華多變為喻，當是時人普遍公認的情況，否則不可能拿它來比喻論證；而且范泰寫信的對像是道生、慧觀，他們都是極熟悉中國佛學發展動向之人，范泰與他們辯論，顯然不能信口開河，而應持之有據。當然，筆者不是否定《法華經》對於晉宋之際佛教思想家的重要影

---

[350]　《大正藏》第 52 卷，第 78 頁中。

第八章　晉宋時期般若學邁向涅槃學的多元發展

響,而只是要強調,在當時佛學思潮中,毗曇學作為一種思潮,在社會上和信徒中產生了很大的影響,不應忽視。

由此而言,僧伽提婆所傳的小乘毗曇學,在歷史上曾是般若學與涅槃學之間存在的一個重要的中間環節。美籍華裔學者黎惠倫教授認為:「(西元) 395 年,慧遠寫作了〈三報論〉,在該論中他按照阿毘達磨的現報、生報和後報的三層報應結構來組織因果報應說。我相信,這也包含了道生兩個最為基本的主題,即『善不受報』和『頓悟成佛』。」[351] 黎教授的觀點是值得我們重視的,因為以往傳統都認為,道生的頓悟說是建立在涅槃佛性思想基礎上的[352],而黎先生則提出頓悟說是鳩摩羅什來華之前,受小乘阿毘達磨影響的產物。

西元 391 年僧伽提婆「共慧遠於廬山譯」出《阿毘曇心論》,慧遠〈三報論〉的確如黎惠倫教授所說,受到《阿毘曇心論》較大的影響。有學者認為,慧遠的「三報論」(現報、生報、後報)是源於《阿毘曇心論》的「四報論」(現報、生報、後報、不定報),例如張敬川博士認為:「慧遠的三報理論顯然是源於僧伽提婆所傳之《阿毘曇心論》,但《阿毘曇心論》中提出的是『四報』說,即現報、生報、後報和不定報。而慧遠之〈三報論〉是『因俗人疑善惡無現驗』而作,並非要解決佛教的義理問題,而是要以佛教之教義,解答俗人對善惡無現驗的疑惑。若夾雜不定之說,則必然造成理論的不嚴謹。而且,毗曇學中的不定報,是靠持戒來維護,這是對修行人而言的,世俗人士並未受戒,即無戒體所護,自不可伏住業種子不使顯現。故慧遠只取其中必然受報的『三報論』,而迴避了『不定報』之說。」[353] 筆者認為這一看法尚有進一步討論的餘地。《阿毘曇心論》中說:「若業現法報,次受於生報,後報亦復然,餘則說不定。謂業能成現法

---

[351]　《頓與漸:中國思想中通往覺悟的不同法門》,第 148 頁。
[352]　任繼愈主編:《中國哲學史》第二冊,人民出版社 1996 年第四版,第 276 頁。
[353]　張敬川:《廬山慧遠與毗曇學》,北京師範大學博士學位論文,2011 年,第 37～38 頁。

第一節　毗曇學與《法華經》在般若學向涅槃學轉變中的作用

果，時則不定。」[354] 從偈言來看，最後一句「餘則說不定」是否能構成第四報，尚不明確，因為從後面解釋的話來看，這一偈頌是講造業得報，但「時則不定」；只是強調了得報時間不定，而未涉及是否得報、修行是否能免於得報等問題。

由於《阿毘曇心論》此段論述不是很詳盡明確，我們再看與其大約同時譯出且關係密切的《雜阿毘曇心論》，與上面引文對應的部分是：「謂現法果業，次受於生果，後果亦復然，當知分各定。三業現受、生受、後受。現法受業者，若業此生作，即此生熟，名為現受；若第二生熟者，名為生受；第二生後熟者，名為後受。或有欲令四業前三及不定受，前三者不轉，不定者轉，轉者謂持戒等護故。譬喻者說：一切業轉……彼有說現法業，不必現報熟；若熟者，現法受非餘。如是說者，說八業現法報，或定或不定，乃至不定受業亦如是。是故彼說，分定、熟不定，應作四句：或分定熟不定，或熟定分不定，或分定熟亦定，或非分定亦非熟定。」[355] 從這段引文，我們可以比較清楚地看出，「不定」說主要是譬喻者的主張，即使贊成這一主張，也應看出「不定」與現、生、後報並非是並列的關係，現、生、後報是講受報的時間遲速問題，這三報是「分定」的，「當知分各定」；而「不定」是針對「熟」定與不定的。故將「不定」視為與現、生、後報並列的一報是不妥當的。《阿毘曇心論》主要強調的是三業定分，故廬山慧遠作〈三報論〉應該說是直接繼承了毗曇學思想，並沒有作擅自改動。

〈三報論〉中一段有關頓漸的話：「夫善惡之興，由其有漸，漸以之極，則有九品之論。凡在九品，非其現報之所攝。然則現報絕夫常類可知，類非九品，則非三報之所攝。」這段話還有一種常見的句讀：「然則現

---

[354]　《大正藏》第 28 卷，第 814 頁中。
[355]　《大正藏》第 28 卷，第 895 頁下。

報絕夫常類，可知類非九品，則非三報之所攝。」[356] 筆者認為這種句讀是有問題的。若為「現報絕夫常類可知」，則跟〈三報論〉開頭所講三報大略「非夫通才達識，入要之明，罕得其門」意思保持一致；若為「現報絕夫常類」，則現報既「絕夫常類」，又「絕夫九品」，常類與九品混同，其實是不符合慧遠的文意的。而慧遠所說，應為「凡夫」是「三報所攝」、「九品」不受「現報之所攝」、「非九品」不受「三報之所攝」。

有一種傳統觀點，把慧遠所說的「九品」同魏晉門閥士族「九品中正制」連繫起來[357]，這種看法或許有益於挖掘慧遠思想的社會根源，但從思想脈絡的梳理來看，慧遠所謂的「九品」，應該是直接來自於毗曇學。僧伽提婆所譯《阿毘曇心論》第二卷中說：「欲界煩惱九種，微微、微中、微上上（後一『上』字，疑為衍字），中微、中中、中上、上微、上中、上上。彼若凡夫時，已離六種，彼於後若趣證，是俱趣第二果……若已離九種是俱趣阿那含果。」[358] 由此可見「非九品」是與凡夫相對，已經脫離欲界九種煩惱，取向阿那含果的人，「已曾離六品俱斯陀含，盡離九品俱阿那含」。[359] 所以說「九滅盡不還，已出欲汙泥」，「『九滅盡不還』者，若一切九品盡是阿那含，彼不復來欲界，故說阿那含。所以者何？已出欲汙泥」[360]。所以在這個意義上，慧遠才會說「類非九品，則非三報之所攝」，因其已出欲汙泥，故不受現報，即「善不受報」；而凡夫常類，不可能不受現報，而只是受報而不明佛理，不知三報因果。由此也可以推知，道生原本的頓悟，主要是從斷除一切煩惱出發，斷除煩惱這一過程是「頓」，頓之後即不再受三報。

---

[356] 《中國佛教思想資料選編》第一卷，第88頁。
[357] 方立天：《魏晉南北朝佛教》，《方立天文集》，第2卷，中國人民大學出版社2012年版，第113頁。
[358] 《大正藏》第28卷，第819頁上。
[359] 《大正藏》第28卷，第819頁上。
[360] 《大正藏》第28卷，第819頁中。

第一節　毗曇學與《法華經》在般若學向涅槃學轉變中的作用

　　慧遠在〈三報論〉中還進一步指出：「則知有方外之賓，服膺妙法，洗心玄門，一詣之感，超登上位。如斯倫匹，宿殃雖積，功不在治，理自安消，非三報之所及。」黎惠倫教授認為「這已蘊含了道生早期頓悟思想的種子」，「道生早期頓悟思想並非出於大乘的啟發，而他的『頓悟成佛』因為總是與『善不受報』說結合在一起，這些都恰恰是對慧遠報應論思想的提煉。經由頓超因果，無論染淨，才能夠獲得開悟，而且這也不會招致進一步的業報」[361]。筆者以為這種看法是有見地的，「道生早期頓悟思想的種子」最初可能還是源於《阿毘曇心論》，「已盡為解脫，得攝於一果。不穢汙第九，滅盡應當說」，「『已盡為解脫，得攝於一果』者，無礙道至解脫道，於其中間得煩惱盡。但得果時，一切煩惱盡，得一解脫果。『不穢汙第九，滅盡應當說』者，說諸煩惱九種道所滅，但不穢汙第九，無礙道一時斷，不漸漸」[362]。在得果時，九種煩惱滅盡，「一時斷，不漸漸」；「金剛喻定，名非想非非想處離欲時，第九無礙道最後學心，於中一切諸煩惱永盡無餘，一切聖行畢竟故」[363]。我們可以理解為這是一個頓悟的過程，故此「一詣之感，超登上位」，頓悟後永斷諸煩惱，「非三報之所及」，故此「善不受報」。由此我們看出「頓悟成佛」與「善不受報」是有密切關係的兩種學說，且與毗曇學有著極深的淵源。[364]

　　按照《高僧傳》中對道生的記述，道生是先立「善不受報，頓悟成佛」，「又著《二諦論》、《佛性當有論》」等論文，由此引發「守文之徒」的諸多爭議。最後「又六卷《泥洹》先至京師，（道）生剖析經理，洞入幽微，

---

[361] 《頓與漸：中國思想中通往覺悟的不同法門》，第 149、150 頁。
[362] 《大正藏》第 28 卷，第 820 頁上。《雜阿毘曇心論》卷四也有類似的表述，如「『一時斷煩惱，正智之所說』者，此諸煩惱頓斷，不漸漸」云云（《大正藏》第 28 卷，第 905 頁下）。
[363] 《大正藏》第 28 卷，第 819 頁下。
[364] 《阿毘曇心論》中曾經討論過，在善業白報、惡業黑報、善惡業混黑白報之外，還有「第四業」，「若思能捨離，是盡無有餘，彼在無礙道，謂是第四業。謂道能滅此三業，是無礙道」（《大正藏》第 28 卷，第 814 頁下）。《雜阿毘曇心論》的解說更為詳細：「若有思能壞，彼諸業無餘，此說無閡道，謂是第四業。若道能滅彼三業，彼道相應思是第四業。此業，不染汙故，不黑不可樂故，不白不墮界故，無報。」（《大正藏》第 28 卷，第 896 頁中）

第八章　晉宋時期般若學邁向涅槃學的多元發展

乃說阿闡提人皆得成佛」，此說被「舊學」認為是邪說，道生也被擯出僧團。[365]《高僧傳》雖然沒有列出具體時間，但所列事件的先後順序是值得重視的。道生是先提出頓悟說，後闡述佛性當有，最後才提出人人皆有佛性，道生這一思想發展理路，與一般認為的先確立佛性學說，再在此基礎上提出頓悟說，恰恰相反。

由此，我們可以進一步推定，道生的頓悟說，最初很可能是在廬山跟從慧遠學習時，受到毗曇學影響的產物，而與法顯六卷本《泥洹經》沒有直接關係。謝靈運〈辨宗論〉的時間，是在永嘉三年七月至景平元年秋（西元 422 年至 423 年），此時法顯六卷本《泥洹經》已經譯出五、六年，但論中仍稱「釋氏之論，聖道雖遠，積學能至，累盡鑑生，方應漸悟」[366]，由此可見，當時人們可能仍未將涅槃佛性說與頓悟漸悟的爭論連繫起來，否則謝靈運講述頓悟時，不會認為頓悟於佛典無出處。

僧叡〈喻疑論〉不知具體作於何時，但必定是法顯六卷本《泥洹經》譯出之後，北本《涅槃經》南來之前。〈喻疑論〉中說：「今《大般泥洹經》，法顯道人遠尋真本，於天竺得之，持至揚都，大集京師義學之僧百有餘人，禪師執本，參而譯之，詳而出之。此經云：泥洹不滅，佛有真我。一切眾生，皆有佛性。皆有佛性，學得成佛。」[367] 從「皆有佛性，學得成佛」來看，當時人們也沒有直接將佛性與頓悟連繫起來，而且可能更偏向於漸悟，「學得成佛」。

我們再從法顯所譯六卷本《佛說大般泥洹經》來看，其整體傾向是次第漸進的，而很少頓悟的痕跡。因為《泥洹經》主要宣揚的是「樂常我

---

[365] 《高僧傳》，第 256 頁。
[366] 四部叢刊本「方應漸悟」為「不應漸悟」，《中國佛教思想資料選編》第一卷（第 220 頁）亦取四部叢刊本「不」字；但「不應漸悟」，顯然與「積學能至」文意不符，且與後文「今去釋氏之漸悟，而取其能至」矛盾，當為「方應漸悟」，故本文取《大正藏》本，第 52 卷，第 224 頁下～ 225 頁上。
[367] 《出三藏記集》，第 235 頁。

第一節　毗曇學與《法華經》在般若學向涅槃學轉變中的作用

淨」，因此不得不對佛教以往大力宣揚「無常、苦、空、非我」這種情況進行解釋；《泥洹經》的主要思路是安排出一個修學次第，解釋先講「無常、苦、空、非我」，後講「樂常我淨」的原因。「牛乳五味」等十分著名的比喻，至少從字面意思上講是強調漸教次第的。「眾生聞已，如來之性，皆悉萌芽，能長養大義，是故名為大般泥洹。」[368] 從總體上看，《泥洹經》有眾生的佛性是漸次生長發育的意思。

晉宋之際關於頓悟、漸悟的討論中，法顯六卷本《泥洹經》對當時的佛學家來說，確實沒有多少思想資源可以挖掘。當時引起頓漸熱議的重要原因，筆者認為，若從學理上來看，則是《法華經》的會三歸一思想。因為單從上文所討論的小乘毗曇學，《阿毘曇心論》中透露出來的「頓」，即諸煩惱「一時斷」，頓時獲得阿羅漢果或佛教最高境界，這本身並不會引起太多爭議。從道安晚年開始組織大量翻譯毗曇學著作起，此後這方面的譯著即不斷出現，廬山慧遠、道生、慧觀等人對毗曇學的基本觀點應該都是熟悉的，甚至僧肇在〈答劉遺民書〉中論及自己學術經歷時也提道：「毗婆沙法師於石羊出《舍利弗阿毘曇》胡本，雖未及譯出，時問中事，發言新奇。」[369] 而在頓漸上引起爭論的內容，並不在於是否一時得果，最終到達的那個彼岸（「能至」的「至」），因為頓悟後的境界彼此都承認是最究竟的；但頓悟本身是否存在高下之分，由於《法華經》的「三乘」思想，當時中國佛教思想家對此產生了分歧，這才是引起頓悟之爭問題的關鍵所在。

僧肇在〈涅槃無名論〉中借「有名」之口發問：「《放光》云：三乘之道，皆因無為而有差別。……若涅槃一也，則不應有三。如其有三，則非究竟。究竟之道，而有升降之殊，眾經異說，何以取中耶？」僧肇對此的回

---

[368]　《大正藏》第12卷，第886頁下～887頁上。
[369]　《中國佛教思想資料選編》第一卷，第152頁。

第八章　晉宋時期般若學邁向涅槃學的多元發展

答是：「《法華經》云：第一大道，無有兩正。……以俱出生死，故同稱無為；所乘不一，故有三名。統其會歸，一而已矣。而難云三乘之道皆因無為而有差別，此以人三，三於無為，非無為有三也。」[370] 也就是說，涅槃（無為）沒有差別，差別在於通往涅槃的道路方法有淺深，「三乘眾生，俱越妄想之樊，同適無為之境，無為雖同而乘乘各異」。「經曰：三箭中的，三獸渡河，中渡無異而有淺深之殊者，為力不同故也。三乘眾生俱濟緣起之津，同鑑四諦之的，絕偽即真，同升無為。然其所乘不一者，亦以智力不同故也。」[371]

湯用彤先生認為，「《名僧傳鈔》載〈三乘漸解實相〉一文，審其次序，當即（慧）觀作。或並出〈漸悟論〉中」[372]，從《名僧傳鈔》中的引文看，慧觀的思路與〈涅槃無名論〉類似，在解釋「實相理有三耶」、「悟三而果三耶」等疑問時說：「實相乃無一可得，而有三緣，行者悟空有淺深，因行者而有三。」

相比較而言，與僧肇、慧觀堅持《法華經》三乘思想不同，道生更強調三乘歸一，「夫真理自然，悟亦冥符。真則無差，悟豈容易」[373]。道生以理為佛性，與廬山慧遠〈法性論〉「至極以不變為性，得性以體極為宗」[374] 的思想是相一致的，並進一步認為，「真則無差，悟豈容易」，法身佛性既自然不變，那麼對法身佛性的覺悟也不容變異，因此否定三乘漸教。「譬如三千，乖理為惑，惑必萬殊。返則悟理，理必無二。如來道一，物乖謂三。三出物情，理則常一。如雲雨是一，而藥木萬殊，萬殊在乎藥木，豈雲雨然乎？」[375]

---

[370]　《中國佛教思想資料選編》第一卷，第 163 頁。〈涅槃無名論〉是否為僧肇所作，後文討論。
[371]　《中國佛教思想資料選編》第一卷，第 164 頁。
[372]　湯用彤：《漢魏兩晉南北朝佛教史（增訂本）》，昆侖出版社 2006 年版，第 576 頁。
[373]　《大正藏》第 37 卷，第 377 頁中。
[374]　《高僧傳》，第 218 頁。
[375]　《卍續藏經》第 27 冊，第 10 頁中。

第一節　毗曇學與《法華經》在般若學向涅槃學轉變中的作用

　　至此，可以看出道生的佛學思想發展歷程是，首先受到毗曇學的啟發，產生了他最初的頓悟思想；而後受到《法華經》會三歸一、《維摩經》不二等思想影響，認為「真則無差，悟豈容易」，進一步堅定了頓悟成佛學說，否定三乘漸教。開始道生的佛性思想還相對柔和，只是強調眾生「當有佛性」，而後其理論發展得更為徹底，提出人人皆有佛性，斷善性的一闡提也可成佛。法顯六卷本《泥洹經》雖然多次強調一闡提不能成佛，但經文中也時常說一切眾生，皆有佛性，佛陀視眾生當作「一子想」，「及一闡提輩，噁心潛伏，如王大臣，執犯法者，隨罪治之，佛亦如是，有壞法人，以理懲罰，令犯惡者，自見罪報。雖有眾生不蒙光明，而至死者，如來於彼，不捨大悲」。[376]《泥洹經》對眾生佛性的一些解說，可能也刺激了道生孤明先發，提出一闡提也可成佛的理念。

　　晉宋之際，從般若學向涅槃學轉變，不同思想家有著不同的理路。廬山慧遠受毗曇學影響較深，經〈法性論〉而導向神不滅。道生受慧遠影響，在毗曇學啟發下提出頓悟成佛和善不受報，後又在《法華經》啟發下強調會三歸一，否定三乘漸教，堅持一元論思想，而倡人人皆有佛性。在道生之外，還有一批佛教思想家，堅持《法華經》三乘思想，他們雖然與道生在一些觀點上有不同見解，但同樣代表了般若學向涅槃學轉變的不同路徑。下一節我們將以〈涅槃無名論〉為例，探討道生之外，另一種般若學向涅槃學轉變的模式。

---

[376]　《大正藏》第 12 卷，第 864 頁中。

第二節 《肇論》中所體現的般若學向涅槃學轉變路徑

現存《肇論》主體部分由〈物不遷論〉、〈不真空論〉、〈般若無知論〉和〈涅槃無名論〉組成。湯用彤先生在《漢魏兩晉南北朝佛教史》中對〈涅槃無名論〉的真偽提出懷疑，此後許多學者對〈涅槃無名論〉的真偽問題發表了看法，李潤生先生在 1989 年出版的《僧肇》一書，以及許抗生 1998 年出版的《僧肇評傳》對早期學者討論該問題進行了學術總結。[377] 大體來說，石峻先生進一步論證了湯用彤先生的觀點，認為〈涅槃無名論〉是偽作；而中國其他學者則對此多持保留意見，如侯外廬先生的《中國思想史》、呂澂先生的《中國佛學源流略講》，李潤生和許抗生兩位先生也都傾向於認為〈涅槃無名論〉為真或部分內容真實可信，出自僧肇之手；而日本學者對湯先生的意見多持批評態度，認為〈涅槃無名論〉為僧肇所作。[378] 石峻先生晚年為紀念湯用彤先生一百週年誕辰而撰寫的〈《肇論》思想研究〉[379]，進一步論證了自己的觀點，值得重視；而方立天先生在後期則修正了自己早年的看法，開始認為〈涅槃無名論〉至少部分反映了僧肇的思想：「僧肇撰的《注維摩詰經》中有關涅槃思想也與〈涅槃無名論〉頗有相似之處，而且對後來影響很大。由此可以說，〈涅槃無名論〉即使不是僧肇所作，也含有他的思想觀點。」[380]

筆者在本節並非要詳細討論〈涅槃無名論〉是否為僧肇所作，而只是

---

[377] 李潤生：《僧肇》，(臺北)東大圖書公司 1988 年版，第 47～62 頁。許抗生：《僧肇評傳》，南京大學出版社 1998 年版，第 26～40 頁。
[378] 參見塚本善隆編：《肇論研究》，〔日本〕法藏館 1955 年版。
[379] 《石峻文存》，第 72～88 頁。
[380] 方立天：《中國佛教哲學要義》上卷，《方立天文集》第 5 卷，中國人民大學出版社，2012 年版，第 127 頁。早年間，方立天先生傾向於〈涅槃無名論〉非僧肇所作，參見方立天：《僧肇》，見《中國古代著名哲學家評傳》第二卷，齊魯書社 1980 年版，第 389～390 頁。

第二節 《肇論》中所體現的般若學向涅槃學轉變路徑

想強調,《肇論》成書很早,〈涅槃無名論〉在劉宋年間就有著錄,是研究晉宋間佛教思想的重要資料,討論〈涅槃無名論〉的真偽問題,應該促進對〈涅槃無名論〉的深入研究,而不是像現在許多論著、翻譯那樣,對〈涅槃無名論〉存而不論。因本章旨在討論晉宋之際的佛學思想流變,而〈涅槃無名論〉劉宋時已經流行,故對本章來說〈涅槃無名論〉顯然是「真史料」。故本節將包括〈涅槃無名論〉在內的《肇論》視為一個整體,以此觀察晉宋之際般若學向涅槃學轉變的一種途徑。

據《出三藏記集》卷十二所載劉宋陸澄〈法論目錄〉,〈物不遷論〉、〈不真空論〉、〈般若無知論〉和〈涅槃無名論〉這幾篇論文,劉宋時都已流行,但並未合成《肇論》一書,而是分別以單篇的形式流傳。按照《高僧傳》的記敘,〈般若無知論〉最先寫出,「肇後又著〈不真空論〉、〈物不遷論〉等,並注《維摩》及製諸經論序,並傳於世。及(鳩摩羅)什之亡後,追悼永往,翹思彌厲,乃著〈涅槃無名論〉」[381]。

《肇論》中四篇論文,最早寫作的是〈般若無知論〉,「因出《大品》之後,肇便著〈波若無知論〉,凡二千餘言,竟以呈(鳩摩羅)什,什讀之稱善」[382]。鳩摩羅什是在西元404年翻譯完《大品般若經》的,僧肇〈般若無知論〉寫於此後。西元408年夏,道生「中途南返」經廬山,將〈般若無知論〉帶給劉遺民和慧遠;劉遺民對〈般若無知論〉中某些觀點有看法,在西元409年寫信質詢僧肇,信中提道:「論(〈般若無知論〉)至日,即與遠法師詳省之,法師亦好相領得意,但標位似各有本,或當不必理盡同矣。」[383] 即廬山慧遠也對僧肇〈般若無知論〉有異議。僧肇在次年回信答覆。也就在此時,鳩摩羅什在西元409年譯出《中論》,因〈不真空論〉、〈物不遷論〉多次引用《中論》,故湯用彤等老一輩學者認為此二論作於此

---

[381]　《高僧傳》,第250頁。
[382]　《高僧傳》,第249頁。
[383]　《中國佛教思想資料選編》第一卷,第156頁。

年後。僧肇西元 414 年卒,〈涅槃無名論〉若為僧肇所作,當寫於此前稍早,或為偽作則更在此後。

由此,我們可以看出《肇論》四篇的寫作線索。受《大品般若經》直接影響,僧肇最先創作了〈般若無知論〉,僧肇在日,此論最有影響,受到鳩摩羅什肯定,而南方佛教界對此有所訾議,並引發辯論。僧肇在總結論敵(劉遺民)的觀點時提道:「談者似謂無相與變,其旨不一,睹變則異乎無相,照無相則失於撫會」,「恐談者脫謂空有兩心,靜躁殊用,故言睹變之知,不可謂之不有耳」[384]。這實際上已經涉及遷與不遷,空與不空的問題,僧肇的〈不真空論〉和〈物不遷論〉應是在與南方佛教界論辯中,對〈般若無知論〉補充論證的產物。故僧肇在〈不真空論〉中,對南方佛教界流行的六家七宗中有代表性的心無、即色、本無三家進行批判,也就比較容易理解其寫作背景和意圖了。而最後出現的〈涅槃無名論〉,在後世南朝佛教中應該是影響最大的,這從《高僧傳》僧肇傳記中有一半的篇幅引用〈涅槃無名論〉及與該論有關的〈上秦王表〉便可看出。

筆者認為〈般若無知論〉、〈不真空論〉、〈物不遷論〉、〈涅槃無名論〉這四論,雖然側重不同,但其理論思考模式是有高度一致性的。從四論的標題來看,僧肇強調的似乎是無知、不真空、不遷、無名,但實際上僧肇要闡述的是無知即知,空即不空,遷即不遷,名即無名,只是由於世人往往只強調般若有知、真空、遷變、涅槃有名的一個方面,因此僧肇反其道而行,強調無知、不真空、不遷、無名的另一個方面。從中可以看出,龍樹中觀學說對僧肇的深刻影響,《肇論》各篇都多次引用《中論》來論證每篇的核心思想。[385]

---

[384] 《中國佛教思想資料選編》第一卷,第 154 頁。
[385] 〈不真空論〉中引用最多,有三處:「《中觀》云:諸法不有不無者,第一真諦也。」、「《中觀》云:物從緣故不有,緣起故不無。」、「《中觀》云:物無彼此。」〈物不遷論〉引用「《中觀》云:觀方知彼去,去者不至方」。〈涅槃無名論〉中「《論》曰:涅槃非有亦複非無,言語道斷,心行處滅」,一般認為是出自《中論》「觀涅槃品」:「如佛經中說,斷有斷非有,是故知涅槃,

第二節　《肇論》中所體現的般若學向涅槃學轉變路徑

《肇論》中所反映的中觀思想，對於當時中國思想界是非常新穎的一種看法，與中國固有思想有較大差異。雖然劉遺民讀完〈般若無知論〉後說，「不意方袍，復有平叔（何晏）」，但僧肇的思想，與魏晉玄學是有不同的。魏晉玄學重要代表人物王弼曾經說：「一陰一陽者，或謂之陰，或謂之陽，不可定名也。夫為陰則不能為陽，為柔則不能為剛。唯不陰不陽，然後為陰陽之宗；不柔不剛，然後為剛柔之主。故無方無體，非陰非陽，始得謂之道，始得謂之神。」[386] 也就是說王弼認為陰、陽皆不可為道，道是陰陽之先不可定名的本體，故「非陰非陽，始得謂之道，始得謂之神」。但若用魏晉玄學的這套術語來詮釋《肇論》的思想，則僧肇實際上認為，即陰即陽就是道，陰陽之外不存在一個不可定名的「陰陽之宗」，這在〈不真空論〉中對心無、即色和本無的批判中就表現得十分清楚了。「夫為陰則不能為陽，為柔則不能為剛」，這顯然是僧肇不能接受的觀點，與其一貫的中觀旨趣不符。

簡言之，《肇論》中體現出來的諸多思想是特立於中國思想界的，因此也招致了南方佛教界廬山慧遠一系的批評。廬山慧遠的思想與中國傳統思想更為接近，傾向於有一個類似於「陰陽之宗」的宗極存在，他作〈法性論〉強調「至極以不變為性，得性以體極為宗」，慧遠的這一思想也在毗曇學中找到部分支援，他在《阿毘曇心論》的序言中說：「發中之道，要有三焉：一謂顯法相以明本，二謂定己性於自然，三謂心法之生，必俱遊而同感。俱遊必同於感，則照數會之相因；己性定於自然，則達至當之有極；

非有亦非無」，以及「觀法品」：「諸法實相，心行言語斷，無生亦無滅，寂滅如涅槃」。而最早成篇的〈般若無知論〉雖然先於鳩摩羅什譯出的《中論》，但〈般若無知論〉中也對《中論》有所引用：「故《中觀》云：物從因緣故不真，不從因緣故即真。」僧肇在《中論》沒有譯出之前，當從鳩摩羅什處已了解到中觀思想。

[386]　樓宇烈校釋：《王弼集校釋》，中華書局 2009 年版，第 649 頁。此段話是王葆玹先生發現的佚文，參見王葆玹：〈《穀梁傳疏》所引王弼《周易大演論》考釋〉，《中國哲學史研究》，1983 年第 4 期，以及楊鑒生：〈王弼注《易》若干佚文考論〉，《中華文化論壇》，2010 年第 4 期。

第八章　晉宋時期般若學邁向涅槃學的多元發展

法相顯於真境,則知迷情之可反。」[387] 慧遠認為首先必須強調有作為本體的法相真境存在,然後修行者「定己性於自然」、「達至當之有極」,然後便可心法同感而生,俱遊法界。因此在慧遠這裡是不承認法真性是空的,唐代元康《肇論疏》中所引慧遠的一段話就很清楚地表明了這一點:「自問云:性空是法性乎?答曰:非。性空者,即所空而為名,法性是法真性,非空名也。」[388] 這也是廬山慧遠僧團與鳩摩羅什僧團在理論上的根本分歧所在。

廬山慧遠在西元416年去世,未及見到法顯六卷本《泥洹經》,他的法性思想因此也沒有以涅槃學的形式表現出來,而是採用了「神不滅」的表述框架,晚年受鳩摩羅什傳譯般若學(特別是《大智度論》等)的影響,也開始使用「法身」等概念。受慧遠影響很深的道生,則將法性思想進一步強化為理為佛性,強調頓悟說(「夫稱頓者,明理不可分,悟語極照」)和人人皆可成佛(「理一萬殊」)。而《肇論》四篇體現出來的中觀思想,則旨趣與此截然不同。如果借用現代學術話語,慧遠、道生強調的是本體,而僧肇則強調本體與現象的完全同一。[389]

今本《肇論》四篇之前,有一概要性質的〈宗本義〉。〈宗本義〉在南朝末期陳代慧達時才開始被認為是僧肇的作品,且其內容與《肇論》四篇多有牴觸,故很多學者懷疑其真實性。〈宗本義〉論證「本無、實相、法性、性空、緣會,一義耳」。元康疏認為這是在匯通竺法汰〈本無論〉、鳩摩羅什《實相論》、慧遠〈法性論〉、道安〈性空論〉和於道邃〈緣會二諦論〉。從《宗本論》所匯通的內容看「本無、實相、法性、性空、緣會」這些概念,都僅屬於「本體」範疇,更似廬山慧遠一系的思想,而與強調中

---

[387]　《出三藏記集》,第378～379頁。
[388]　《大正藏》第45卷,第165頁上。
[389]　如果我們用當時人們的用語,可以借助廬山慧遠俗家弟子宗炳〈明佛論〉中「由心與物絕,唯神而已」與「今心與物交,不一於神」來表達,而這一問題在理論上比較圓滿的闡釋,則需等到《大乘起信論》一心開二門的理論框架出現。

第二節 《肇論》中所體現的般若學向涅槃學轉變路徑

觀思考方式的《肇論》四篇差距較大。石峻先生指出，慧達《肇論疏》在注解〈不真空論〉時引用了廬山慧遠的一段話，其中有「本無與法性同實而異名」，「『本無』與『法性』同實而異名，則正是〈宗本義〉一篇的核心思想，因此〈宗本義〉目前雖沒有確證是慧遠所作，但是兩者的思路非常接近，那應該不成問題，大可值得注意的」[390]。石峻先生此說有一定道理，僧肇〈般若無知論〉等著作南來，首先是經廬山，後世將廬山慧遠一系〈宗本義〉混入僧肇作品，並非完全沒有可能。〈涅槃無名論〉作於鳩摩羅什去世之後，僧肇本人在鳩摩羅什去世後次年也去世，〈涅槃無名論〉可能尚未最後定稿，南傳時被後人增補也並非完全沒有可能，但從〈涅槃無名論〉的基本思想傾向來看，還是符合僧肇立場的，且被較早著錄；〈宗本義〉的情況則與〈涅槃無名論〉不盡相同，其基本思想傾向與僧肇其他作品有很大出入乃至牴觸，故本章只討論作為《肇論》主體部分的四篇論文。

《肇論》主體部分的四篇論文，從〈般若無知論〉到〈涅槃無名論〉，早期〈般若無知論〉最為熱議，而後〈涅槃無名論〉最受人們重視，這些都反映出晉宋之際般若學向涅槃學轉變的思想史大趨勢。「夫涅槃之為道也，寂寥虛曠，不可以形名得；微妙無相，不可以有心知」[391]，從〈般若無知論〉到〈涅槃無名論〉的內在理路，簡言之，是「法身無象，應物而形；般若無知，對緣而照」[392]。即認為無知而無不知的般若是在照見非有非無的法身，由此般若學的討論開始涉及涅槃學。由於僧肇在時，宣揚常樂我淨、佛性實有的《涅槃經》尚未被中國人所知，僧肇這一模式受般若中觀影響較深，因此他們從般若學到涅槃學的討論，並不像廬山慧遠那樣明確強調神不滅，也不像道生那樣力爭佛性實有、人人皆備，而是從中觀思

---

[390]　《石峻文存》，第78頁。
[391]　《中國佛教思想資料選編》第一卷，第158頁。
[392]　《中國佛教思想資料選編》第一卷，第160頁。

第八章　晉宋時期般若學邁向涅槃學的多元發展

想出發，強調「法無有無之相，聖無有無之知。聖無有無之知，則無心於內；法無有無之相，則無數於外。於外無數，於內無心，彼此寂滅，物我冥一，怕爾無朕，乃曰涅槃」[393]。

梁代寶亮《大般涅槃經集解》中收入道生以來南朝宋、齊、梁間重要的《涅槃經》著述，《集解》中除道生外，其後諸師都認為「般若」、「法身」、「解脫」是涅槃最重要的三種德性。如僧亮認為：「談般若，則三達之功顯；論法身，則應化之理同；言解脫，則眾德所以備也。」[394]曇濟認為：「語般若，明智周萬境；辨法身，明備應萬形；稱解脫，明眾累不生。」[395]曇準認為：「取其洞照虛明，目之般若；應不搖寂，字曰法身；結惑都亡，謂之解脫。」[396]這三種德性的順序，原本般若在最前，後來多將法身列為第一。如寶亮認為：「無感不應，稱曰法身；囑境皆明，謂之般若；即體無累，便名解脫。」[397]智秀認為：「圓極之體，有可軌之義，名為法身；有靜照之功，號為般若；有無累之德，稱之解脫。」[398]法安認為：「寄言三德，以其唯法為體，號曰法身；惑累斯亡，稱為解脫；所照靡遺，謂之般若。法身一名，標其妙體；智斷兩稱，舉其盛德。」[399]

以上關於涅槃三種重要德性的論述，其思路與僧肇〈涅槃無名論〉中「法身無象，應物而形；般若無知，對緣而照」是近似的，將般若、法身等都作為涅槃的諸多德性之一，實則是將以往的般若學納入了新興的涅槃學，將之作為涅槃學的重要組成部分。般若、法身、解脫，轉換成法身、般若、解脫，突出了法身的地位，「法身一名，標其妙體；智（般若）斷（解

---

[393]　《中國佛教思想資料選編》第一卷，第 162 頁。
[394]　《大正藏》第 37 卷，第 377 頁下。
[395]　《大正藏》第 37 卷，第 378 頁上。
[396]　《大正藏》第 37 卷，第 380 頁上。
[397]　《大正藏》第 37 卷，第 378 頁下～379 頁上。
[398]　《大正藏》第 37 卷，第 379 頁上。
[399]　《大正藏》第 37 卷，第 380 頁上。

脫）兩稱，舉其盛德」，即將法身作為本體，般若、解脫作為德性，體用相即不二，以此來銜接般若學與涅槃學，使之成為一個有機的理論體系。

第三節　般若學向涅槃學轉變的廣泛信仰背景

在本章以上兩節，我們討論了廬山慧遠、道生，以及《肇論》四篇，在晉宋之間般若學向涅槃學轉變中表現出來的兩種不同過渡方式。般若學向涅槃學轉變的過程是十分複雜的，受到了諸多流派佛教經論的影響，我們上文涉及的有《阿毘曇心論》、《法華經》、《中論》、《涅槃經》等，此外《十地經》（鳩摩羅什譯為《十住經》）也是現在學者討論當時頓漸之爭的一個熱點，美國學者柏夷在討論靈寶經時，還發現佛教菩薩十地思想的影響，道教的十轉明顯受到佛教的啟發，而且十轉不是逐次發生，而是可一起而成。[400]

除了佛教義理思想的演進，佛教信仰的諸多因素，例如對佛陀的崇拜等，顯然也對涅槃學的興起產生了直接的影響。本節筆者力圖在一個更加廣泛的信仰背景上，進一步討論般若學向涅槃學轉變的問題。

南朝佛道論衡有一個值得注意的現象，就是人們常常將佛教的涅槃與道教的仙化對舉。如劉宋時人顧歡[401]就認為：「道教執本以領末，佛教救末以存本。」從佛道教追求的最終目標來看，「泥洹、仙化，各是一術。佛

---

[400]　參見 Bokenkamp, Stephen R., "*Stages of Transcendence: The Bhūmi Concept in Taoist Scriptures*", in R.Buswell, Jr. ed., Chinese Buddhist Apocrypha, University of Hawaii Press, 1990, pp.119~147.

[401]　顧歡《南史》有傳。陳國符先生輯佚陳代馬樞《道學傳》卷八，記顧歡符籙驅鬼治病之事數條。(陳國符：《道藏源流考》下冊，中華書局 1992 年版，第 469 頁)《正統道藏》中收錄《道德真經注疏》和《道德真經取善集》中各有顧歡注佚文三十餘條。敦煌文獻 S.4430 殘卷存《老子》經文與注文 132 行（從第 70 章至 80 章），一般認為是《新唐書·藝文志》著錄的顧歡《老子義疏治綱》殘本。（參見王卡：《敦煌道教文獻研究》，中國社會科學出版社 2004 年版，第 172～173 頁）由現在有限的文獻，我們可以得知，顧歡擅長道術，同時研習《老子》。

第八章　晉宋時期般若學邁向涅槃學的多元發展

號正真,道稱正一,一歸無死,真會無生。在名則反,在實則合」(引自《南史》卷七十五)。對於涅槃與仙化,佛教信徒是極力反對將兩者等量齊觀的,顧歡的觀點在南朝引起了佛教徒的群起攻之(《弘明集》卷六、卷七),北朝名僧道安《二教論》也專門有一章「仙異涅槃」(《廣弘明集》卷八)來比較成仙與涅槃之不同。

在當時南朝佛教徒看來,佛道兩教的終極追求(涅槃與仙化)是有根本性差別的。〈謝鎮之書與顧道士〉:「佛法以有形為空幻,故忘身以濟眾。道法以吾我為真實,故服食以養生。且生而可養,則及日可與千松比霜,朝菌可與萬椿齊雪耶?必不可也!若深體三界為長夜之宅,有生為大夢之主,則思覺寤之道,何貴於形骸。假使形之可練,生而不死,此則宗本異,非佛理所同。何以言之?夫神之寓形,猶於逆旅,苟趣捨有宜,何戀戀於簷宇哉!夫有知之知,可形之形,非聖之體。雖復堯孔之生,壽不盈百;大聖泥洹,同於知命。是以永劫以來,澄練神明。神明既澄,照絕有無,名超四句。此則正真,終始不易之道也。又刻船者,祈心於金質;守株者,期情於羽化。故封有而行六度,凝滯而茹靈芝。有封雖乘六度之體,為之或能濟物;凝滯必不羽化,即事何足兼人。」[402] 從佛教的角度看,仙化是執著於有我。[403] 道教執著於有我、有身,則與佛教有根本性分歧。佛教認為生死交謝,身體是無常的,周孔聖人生年亦不滿百,求長生無異於刻舟求劍。佛教涅槃(泥洹),是「照絕有無,名超四句」,而道教追求的只是「無死」,且長生不死也難真的到達,所以劉宋司徒袁粲說:「仙化以變形為上,泥洹以陶神為先。變形者白首還緇,而未能無死;陶神者使塵惑日損,湛然常存。泥洹之道,無死之地,乖詭若此,何謂其同?」(引自《南史》卷七十五)

---

[402] 《大正藏》第 52 冊,第 42 頁上。
[403] 早期譯經,常將「我」翻譯成「吾我」,「無我」翻譯成「無吾我」,譯詞選擇恐受莊子「吾喪我」的影響。

第三節　般若學向涅槃學轉變的廣泛信仰背景

在理論論辯上，佛道雙方各自是非，站在道教立場，會認為仙化優勝；而站在佛教立場上，則認為道教主張的仙化不及泥洹（涅槃）。南朝佛道的論衡，提示我們涅槃學的興起，與當時人們的宗教最高理想追求有著密切的連繫，很可能在普通信徒中，高深的涅槃學義理，是被當作中國傳統思想的成仙來理解的。現今佛教思想史研究者，常謂僧肇之後，佛教思想已經擺脫了本土思想（特別是魏晉玄學）的束縛，而走上獨立發展的道路；對於菁英，佛教可能如此，但從一個更寬廣的視野來看，中國固有的宗教觀念（如仙化），可能對於佛教義理的揀擇（涅槃學的興起）發揮著更重要的作用。

晉宋之際，很多神異僧人形象，都顯示出中國本土神仙的特點，如《冥祥記》記載：「晉廬山七嶺……其崖窮絕，莫有升者……晉太元中，豫章太守范甯，將起學館，遣人伐材其山。見人著沙門服，凌虛直上。既至，則轉身距其峰；良久，乃與雲氣俱滅。時有採藥數人，皆共瞻睹。能文之士，咸為之興。沙門釋曇諦〈廬山賦〉曰：『應真凌雲以距峰，眇翳景而入冥者也。』」[404]「晉王懿，字仲德，太原人也。守車騎將軍，世信奉法。」後南歸晉帝，為徐州刺史，設齋灑掃，「見五沙門在佛坐前，威容偉異，神儀秀出。懿知非凡僧，心甚歡敬。沙門回相瞻眄，意若依然。音旨未交，忽而竦身飛空而去」。[405] 這些僧人很像白日飛昇的神仙。佛教信仰對死後往生天界的追求，應有道教昇仙的信仰心理基礎，甚至往生淨土的佛典亦被稱為「大仙方」。[406] 也有將佛教的成就稱為「長生之道」。「宋程德度，武昌人。父道惠，廣州刺史。度為衛軍臨川王行參軍」，在潯

---

[404]　《古小說鉤沉》，第 298～299 頁。

[405]　《古小說鉤沉》，第 300 頁。

[406]　相傳淨土高僧曇鸞曾從南朝陶弘景處得《仙經》十卷，後遇菩提流支，傳《無量壽經》，「此大仙方。依之修行，當得解脫生死」（《續高僧傳‧曇鸞傳》）。南北朝佛教中人的長生仙術思想，與龍樹之學有一定關係，陳寅恪先生對此有獨到之見解，參見〈南嶽大師立誓願文跋〉，見《金明館叢稿二編》。

第八章　晉宋時期般若學邁向涅槃學的多元發展

陽時，忽有一小兒，長可尺餘，對程德度說：「君卻後二年，當得長生之道」，「元嘉十七年，隨王鎮廣陵，遇禪師釋道恭，因就學禪，甚有解分。到十九年春，其家武昌空齋，忽有殊香芬馥，達於衢路。闔境往觀，三日乃歇」。[407]

在佛道論衡者，佛教信徒顯然不願意承認涅槃與仙化的直接關聯，在反覆強調兩者區別中，我們發現一個重要的理由就是「佛法以有形為空幻」，「道法以吾我為真實」，簡單來說，佛教的涅槃不同於一般肉身成仙的有形，「有知之知，可形之形，非聖之體」。

佛教徒常言道教成仙是有形或變形（羽化成仙），佛教則「以有形為空幻」，但有趣的是，在六朝的宗教實踐中，道教中並不流行神像崇拜，而佛教徒則是廣泛供奉神像的。陳國符先生對此有詳細考證：

唐釋法琳《辯正論》卷六自注：考梁、陳、齊、魏之前，唯以瓠蘆盛經，本無天尊形象。按任子《道論》及杜氏《幽求》云：道無形質，蓋陰陽之精也。《陶隱居內傳》云：在茅山中立佛道二堂，隔日朝禮。佛堂有像，道堂無像。王淳《三教論》云：近世道士，取活無方，欲人歸信，乃學佛家製作形象，假號天尊，及左右二真人，置之道堂，以憑衣食。宋陸修靜亦為此形。是宋代道教，已有形象。梁陶弘景所立道堂無像，是梁時道館立像，尚未甚通行也。[408]

由此可知，六朝時佛教的神像（佛像）遠比道教的神像普遍，道教立像是因「取活無方，欲人歸信，乃學佛家製作形象」，由此亦可見神像（佛像）崇拜在南朝是深受信徒歡迎的。而且尤其值得注意的是六朝許多高僧死後，也被信徒立像崇拜。

在梁《高僧傳》中，記錄了很多僧侶死後被人圖寫影像的例子，如康

---

[407] 《古小說鉤沉》，第 325 頁。
[408] 《道藏源流考》下冊，中華書局 2012 年 4 月第二版，第 266 頁。

第三節　般若學向涅槃學轉變的廣泛信仰背景

僧會、竺法護、於道邃、於法蘭等等。[409]而且這些高僧影像，不僅出於悼念的目的，有些是被明確記載用於崇拜供奉。如晉中山康法郎弟子令韶為其師刻木為像，「朝夕禮事」；道安的弟子釋曇徽，「圖寫安形，存念禮拜」。[410]更有甚者，有些高僧死後肉體不壞，受人供奉，例如帛僧光，太元（西元376年至397年）末年「以衣蒙頭，安坐而卒」，死後肉體不壞，劉宋孝建二年（西元455年）地方官郭鴻「入山禮拜」，可能出於好奇的原因，用如意敲打，導致「衣服銷散，唯白骨在焉」，於是郭鴻將其收入室中，「外而泥之，畫其形象，於今尚存」[411]。也是太元末年，竺曇猷在赤城山去世，「屍猶平坐，而舉體綠色」，隱士神世標在義熙末年見其屍體仍然不朽；到齊建元（西元479年至482年）中，釋慧明入山見竺曇猷屍骸不朽，「乃僱人開剪，更立堂室，造臥佛並猷公像」[412]。俗人也有立像崇拜僧侶的，如《冥祥記》記載：「晉南陽滕普，累世敬信」，見一沙門顯示神通，「普即刻木作其形象，朝夕拜禮。普家將有凶禍，則此像必先倒踣云。普子含，以蘇峻之功封東興者也」[413]。在平息蘇峻叛亂中有軍功的滕含，其父滕晉常拜一沙門偶像；而且家有禍事，其像必先倒。

僧人死後被立像供奉，乃至身體不朽，被人崇拜，這在一些應驗記中也可以找到一些例子，如晉宋時神僧慧達（劉薩訶）等。死後被立像供奉或直接崇拜不朽的肉身，很容易讓人聯想到這些高僧是涅槃，而非一般的死亡。釋慧明「造臥佛並猷公像」，臥佛是佛陀的涅槃像，似也有此意。上述高僧去世，肉身不壞，甚至發生很多離奇的變異，如「屍猶平坐，而舉體綠色」，其信仰確實與中國本土信仰中的屍變羽化有近似之處。中國人的信仰實踐，在潛意識中透過仙化來接受涅槃，成為涅槃學豁然勃興的

---

[409]　參見《高僧傳》，第18、170、166頁。
[410]　參見《高僧傳》，第154、202頁。
[411]　參見《高僧傳》，第402頁。
[412]　參見《高僧傳》，第404、425～426頁。
[413]　《古小說鈎沉》，第288頁。

第八章　晉宋時期般若學邁向涅槃學的多元發展

信仰基礎,是很有可能的。

現今的六朝佛教高僧寫真研究,一般都集中於禪僧;但從《高僧傳》來看,義理僧死後被立像崇拜的例子也很多,如上面所舉的於道邃、於法蘭、道安等,都是當時有名的般若學者。而且當時逐漸形成了一種宗教觀念,即義理僧人死後舌頭等肉身不壞,是其義理成就的一種象徵,如相傳鳩摩羅什「今於眾前發誠實誓,若所傳無謬者,當使焚身之後,舌不焦爛」,後「即於逍遙園,依外國法,以火焚屍,薪滅形碎,唯舌不灰」[414]。晉宋之際開始流行般若學者、義理僧人,死後留下肉身或部分舍利,被人立像崇拜,從中亦可窺見般若學向涅槃學轉變的信仰實踐形式。

綜上所述,晉宋之際無論從菁英佛教到民眾佛教,無論是中國的思想史還是宗教史,都發生了非常複雜的變化,面對如此複雜的歷史局面,般若學向涅槃學轉變是否可以相對準確地予以把握,還有賴於今後更加深入的研究,不過前輩學者提出般若學向涅槃學轉變這一命題,筆者相信是有助於將這一段歷史理論化、問題化的,當然這場變革是多層面、多元化發展的,抽象的概況並不能掩蓋內容的異常豐富。

---

[414]　參見《高僧傳》,第 54 頁。

第九章

北魏時期的佛教與政治關係

第九章　北魏時期的佛教與政治關係

北魏鮮卑族拓跋氏本無佛教信仰，4世紀末、5世紀初逐漸強大起來，占據北方大部分領土。北魏拓跋氏在崛起的過程中，接觸並逐漸開始接受佛教信仰，佛教也力圖迎合北魏政權。據《魏書・釋老志》記載，趙郡沙門法果在北魏皇始年間（西元396年至397年）弘揚佛法，受到北魏太祖、太宗兩位皇帝的寵信，授「道人統」，管轄僧徒，在泰常年間（西元416年至423年）去世。法果嘗謂：「太祖明睿好道，即是當今如來，沙門宜應盡禮。」更謂人曰：「能鴻道者即為人主，我非拜天子，乃禮佛也。」法果的這一主張，成為日後北朝佛教的主流觀點，沙門禮拜帝王遂成慣例，以帝王作為原型塑造佛像，也肇始於此。

雖然佛教大力迎合北魏政權，但佛教在北魏的發展並非一帆風順，期間也出現反覆，甚至出現了北魏太武帝滅佛的惡性事件，滅佛之後，北魏佛教得到恢復和發展。

第一節　北魏太武帝滅佛

在中國古代，有著名的「三武一宗」（北魏太武帝、北周武帝、唐武宗，以及後周世宗）滅佛；而唐前比較重要的滅佛運動，唐人一般認為有三次：

> 自佛法東流已來，震旦已三度為諸惡王廢損佛法。第一，赫連勃勃號為夏國，被（似應為「初」）破長安，遇僧皆殺。第二，魏太武用崔皓言，夷滅三寶，後悔，皓加五刑。第三，周武帝但令還俗。此之三君為滅佛法，皆不得久。身患癩瘡，死入地獄。有人暴死，見入地獄，受大極苦。具如別傳唐臨《冥報記》述。[415]

---

[415]　釋道世撰，周叔迦、蘇晉仁校注：《法苑珠林校注》第三冊，中華書局2003年版，第2838頁。

> 第一節　北魏太武帝滅佛

　　赫連勃勃凶殘殺戮，史有明文，但是否刻意毀佛，學術界尚有爭議，有學者認為這是「唐初三教論衡的產物。佛教徒為了回應道教的攻擊，借用夷夏之辨的方法，將赫連勃勃、拓跋燾、宇文邕等三人歸入北方邊鄙難化而又誅焚佛法的民族之列，以之與中原華夏文化構成對照」[416]。

　　北魏太武帝時期，中國歷史上發生了第一次大規模滅佛事件，開三武一宗滅佛的先河。其具體過程現略加敘述：

　　1. 北魏太武帝滅佛，看似有一個漸進的過程，即從罷沙門年五十以下者、禁止私養沙門，到貶斥著名佛教人物，最終毀寺廟經卷、坑僧人；但實際上，太武帝滅佛，往往是事到臨頭才做出的應急決定，並沒有太多的前瞻性。其滅佛的各種行為，大都是矛盾激化的結果，幾乎沒有事先計劃，由此帶來了許多教訓。

　　(1) 西元 438 年，北魏太武帝罷沙門年五十以下者，是當年北魏正與柔然戰爭需要的結果，而且明年又計劃消滅北涼，極需兵源輜重，故想到了從僧侶中「開發」勞動力和兵源。

　　(2) 西元 444 年，太武帝禁止私養沙門。相當程度上，是由於北涼僧人大量進入北魏，北涼上層僧侶與貴族來往頻繁，特別是玄高與太子的曖昧關係引起了太武帝的震怒，遂禁止王公以下私養沙門。當然這個詔書的下發，結合約時下發的禁止私人講學的詔書來看，太武帝有維護統治秩序，讓上下階層各安本分，推行漢化政策、儒家等級秩序的目的，帶有一定的正面因素。隨後殺名僧、遷名僧之墳，都是為了推行這一政策而採取的殺一儆百的措施。但殺王公貴族的沙門之師、遷墳這些措施，似乎效果並不好，在社會上還引起了很大反彈，如遷慧始之墳，「送葬者六千餘人，莫不感慟」。不但沒有打擊反而鼓舞了佛教的士氣。

　　(3) 西元 447 年，太武帝正式滅佛，更是發現沙門可能通敵，而採取

---

[416]　參見劉林魁：〈赫連勃勃誅焚佛法說證偽〉，《寧夏社會科學》，2010 年第 6 期。

第九章　北魏時期的佛教與政治關係

斷然殺戮的手段。當時蓋吳並未完全消滅，加之柔然、劉宋等處的威脅，北魏在戰爭時期，為了維護自身的統治安全，採取一些非常手段，也是可以理解的。但太武帝把這種非常時期的非常手段，在時間和空間上都無限擴大，在此後的統治期間內，在其統治地區內都採取毀滅寺院經卷、坑殺僧侶的政策，而且手法十分殘酷。《南齊書・魏虜傳》「初，佛狸討羯胡於長安，殺道人且盡。及元嘉南寇，獲道人，以鐵籠盛之」。太武帝自以為「有非常之人，然後能行非常之事」，實在是野蠻的表現。

2. 北涼佛教、沙門做賊與太武帝滅佛的關係。

太武帝本來對佛教並無太多的厭惡，真正開始反感佛教，應該說是從滅北涼時發現大量僧兵開始的。

北涼雖是少數民族政權，但其教育程度明顯高於周邊地區；陳寅恪先生在《隋唐制度淵源略論稿》中已經指出了北涼對漢文化多有保存。而且北涼的建立者沮渠氏，與月支人同族，月支人在漢地受到匈奴人威脅西遷，而同族的沮渠氏依舊留在當地。因此沮渠氏接受中亞月支佛教，在語言文化心理上都比較有優勢。北涼崇尚佛法，組織過大規模的譯場，曇無讖、浮陀跋摩、道泰、沮渠京聲等著名譯師翻譯了大量經典，尤其值得注意的是這些經典主要介紹了佛教中「護法思想」、「轉輪王思想」和「末法思想」等等，對日後的中國佛教產生了極其深遠的影響。而且佛教「護法思想」、「轉輪王思想」也成為北涼國家的主流意識形態。

就在太武帝滅佛前，在北方，北涼已成為北魏最主要的對手。北涼以佛教「護法思想」、「轉輪王思想」為意識形態，而北魏逐漸將道教奉為國教。北魏與北涼之爭，在文化意識形態方面，主要體現在道教與佛教之爭上。杜斗城教授認為：

（面對強大的北魏）北涼這個「護法之國」，已面臨著滅亡的危險。這樣的事實，曇無讖是難以接受的，更令其擔憂的是：魏主拓跋燾在改元

第一節　北魏太武帝滅佛

「太平真君」的同時，重用儒士崔浩和道士寇謙之，在平成建立同佛教「轉輪王」思想對立的「靜輪宮」，以大力推行道教。同時，又向北涼多次索要曇無讖本人。如果北魏太武帝拓跋燾是一個「護法皇帝」倒也罷了，然而這一切都與曇無讖所希望的相反。很顯然，曇無讖已感到他本人乃至整個佛教的前途是不妙的。或者說，他感到真正的「末法時代」到來了。於是，他一方面不遺餘力地翻譯佛經，介紹佛教「護法思想」，同時又策劃沮渠蒙遜在涼州大規模開鑿石窟，以此作為「像教」不滅的標誌。另一方面，以返回西域尋《涅槃》為藉口，為自己尋找退路。[417]

杜教授這段議論，年代稍有錯亂，太武帝改元太平真君、建靜輪宮都是在滅北涼後不久，那時曇無讖早已去世。不過，太武帝在滅涼後的第二年就改元太平真君，不久又至道壇受符籙，建靜輪宮，幾乎給予道教國教的地位，似乎有將滅北涼看成是靜輪王（道教）對法輪王（佛教）的勝利，有道教比佛教更加靈驗的意味。

寇謙之是北魏復興天師道的領袖人物[418]，他早年生活在關中、嵩、洛地區，被崇佛的姚秦統治。姚興（西元393年至416年在位）去世後不久，姚秦被南朝劉裕所滅，宋武帝劉裕西元422年去世，同年嵩洛一帶落入北魏明元帝手中，西元423年明元帝去世，北魏太武帝即位。此時，已經年逾花甲的寇謙之（西元365年至448年）才接受天命，要輔佐北方泰平真宗，於次年（西元424年）帶神書前往北魏的首都平城。寇謙之在平城受到司徒崔浩（西元381年至450年）的禮遇，並極力向北魏太武帝推薦。北魏鮮卑皇室自稱是黃帝的後代，寇謙之推行的新天師道恰好迎合了這一點，西元440年寇謙之為太武帝在中嶽嵩山祈福，據稱太上老君冥授太武帝「太平真君」號，太武帝親自登壇受籙。寇謙之享壽八十三歲，

---

[417]　參見杜斗城：《北涼佛教研究》，（臺北）新文豐出版股份有限公司1998年版。
[418]　關於寇謙之的研究綜述，參見莊宏誼：〈立志為帝王師：寇謙之的宗教理想與實踐〉，《輔仁宗教研究》第二十一期（2010年秋），第23～26頁。

第九章 北魏時期的佛教與政治關係

輔佐太武帝二十四年，新天師道取得了北魏國教的地位，是最為鼎盛的時期。

然而，就在太武帝扶植道教為主流意識形態的時候，社會上卻出現了許多不和諧的聲音。尤其是滅北涼後，北涼僧侶一部分隨故主入西域，一部分下南朝，而絕大部分則進入北魏，在北魏各階層都產生了很大的影響，這讓太武帝很惱火。上層貴冑寵信北涼高僧，而下層民眾中，又常常有借佛教之名，聚眾鬧事的情況出現。周叔迦指出：「自道武帝（拓跋珪）到宣武帝（元恪）時一百年間，由僧徒倡導的農民起義有七次，而且一次比一次聲勢浩大。如《魏書》所記道武帝天興五年（西元 402 年）沙門張翹自號無上王，與丁零鮮于次保聚黨於常山郡行唐縣，為太守樓伏連所破滅。」[419] 這些都使得魏武帝逐漸認為佛教「假西戎虛誕，妄生妖孽，非所以一齊政化，布淳德於萬天下」。

就在此時，與北涼同族的盧水胡蓋吳謀反，聲勢浩大，且與劉宋勾結，對北魏政權的穩定造成了很大的威脅。北魏太武帝在長安寺廟中發現大量兵器，聯想到以往北涼存在過的僧兵，懷疑沙門與蓋吳同謀，恐非空穴來風。

3. 崔浩、漢化政策與滅佛。

崔浩是北魏滅佛的關鍵人物，陳寅恪先生〈崔浩與寇謙之〉一文分析甚詳，不必多論。筆者在這裡只想指出一點，即崔浩雖然是藉助道教來打擊佛教，但其真正用意還是在推行儒教漢化政策。

崔浩為首的漢族士族高門與以太子晃為首的鮮卑貴族之間的矛盾，前人早已論及。崔浩主張滅佛，相當程度上是站在儒學立場上，意在消滅「胡神」對中華的影響，淨化華夏文化，整齊人倫，確立等級秩序。崔浩並非對道教人物言聽計從，而且他支持寇謙之道教改革，其改革的內在精

---

[419] 更為詳細的論述可參考塚本善隆〈北魏的佛教匪〉，見《支那佛教史研究北魏篇》。

第一節　北魏太武帝滅佛

神也是要引入儒家倫理規範，來清除以往道教的「三張違法」，危害國家統治的一面。

崔浩視佛教為異己，認為是漢化政策的障礙，「昔後漢荒君，信惑邪偽，妄假睡夢，事胡妖鬼，以亂天常，自古九州之中無此也。……由是政教不行，禮義大壞，鬼道熾盛，視王者之法，蔑如也」。要推行王化，就必須消滅佛教，「欲除偽定真，復羲農之治。其一切蕩除胡神，滅其蹤跡，庶無謝於風氏矣」。崔浩這種看法，未免狹隘，其實佛教當時進入中國已經數百年，業已逐漸漢化。對北魏影響極大的是北涼佛教，北涼的漢化程度比北魏鮮卑要高得多。而且當時許多漢人知識分子，大儒也是佛教的信奉者，如給慧始遷墳寫頌的高允，就是政府中僅次於崔浩的二號儒臣。

從後來的歷史發展來看，北魏最為重要的漢化過程，是在太子晃子孫手中開始的，而且也伴隨著佛教在北魏逐漸走向鼎盛。由此來看，佛教是與胡人同時在漢化，而且佛教並不阻礙，甚至推進了胡人的漢化過程。崔浩採取原教旨主義、種族主義的態度，來推行漢化政策和宗教政策其實是行不通的。而佛教從整體來看，是北魏政局的一種穩定力量，即便是在滅佛時，尚「於泥像中得玉璽二」，表明佛教徒在向北魏統治者示好，北魏統治者實不應將其推向自己的對立面。

公允地說，崔浩確實是北魏時期難得的儒家人才，文治武功，非常全面。而且他本人也十分謹慎。《魏書‧崔浩傳》：「浩既工書，人多託寫《急就章》。從少至老，初不憚勞，所書蓋以百數，必稱『馮代強』，以示不敢犯國，其謹也如此。」崔浩將「漢」字改為「代」，足見其在民族問題、政治問題上的謹慎。但最終因國史案身死，不得不說是其狹隘種族觀念的犧牲品。

《南齊書‧魏虜傳》：「魏虜，匈奴種也，姓拓跋氏。……初，匈奴女名拓跋，妻李陵，胡俗以母名為姓，故虜為李陵之後。虜甚諱之，有言其是陵後者，輒見殺。」崔浩也並沒有侮蔑北魏鮮卑人，只是說其為李陵後

235

第九章　北魏時期的佛教與政治關係

人，後世人甚至說崔浩有諂媚主子的意思，《史通‧外篇‧雜說中》「後魏書條」：「又崔浩諂事狄君，曲為邪說，稱拓跋之祖本李陵之胄。當時眾議抵斥，事遂不行。」崔浩將鮮卑人說成是李陵後裔，意在「齊整人倫，分明姓族」，推行其儒學等級門第制度；同時說鮮卑人本姓李，多少有跟道教掛鉤的意味。當年崔浩、寇謙之說「老君之玄孫，昔居代郡桑乾，以漢武世得道，為牧土宮主，領治三十六土人鬼之政」（《釋老志》），似暗示少數民族鮮卑與老子玄孫多少有些瓜葛。但將鮮卑人說成是漢人後裔，這種「老子化胡」式的做法，激怒了鮮卑人，最終崔浩滅門，不得不說是一個悲劇。

　　北魏太武帝滅佛，政策主要出於太武帝本人和漢族大臣崔浩。太武帝本人，武夫的成分多一些，在滅佛的事情上，缺乏計劃性，往往事到臨頭，頭腦一熱，便將佛教認定是對自己統治政權的威脅，做出極端的決定。而崔浩作為儒士，頭腦中儒家原教旨主義的成分比較多，往往是對正統華夏意識形態的追求，壓倒了對實際情況的了解，無視當時佛教已經高度中國化的現實，盲目認為佛教是外族夷狄的產物，是對推行儒家漢化工作的阻礙。因此，可以說北魏滅佛政策的制定存在重大失誤，從整體來說，北魏太武帝的滅佛是不成功的。西元 452 年北魏太武帝被弒後，文成帝即位隨即宣布復興佛教；實際上佛教的再度復興不僅是官方的再度提倡，佛教在民間也具有強大的生命力，如現存唯一一件北朝民間佛教傳帖原件《大慈如來告疏》，即寫於興國三年（西元 554 年），體現出民間對於復興佛教的巨大熱情。[420] 從中亦可以看出北魏太武帝激烈的滅佛政策，在當時是不合時宜的。

---

[420]　《大慈如來告疏》是 1947 年 7 月敦煌藝術研究所從中寺（土地廟）佛像肚中發現的 117 件文書之一，今藏敦煌研究所，發表號 007。書法界對該《疏》頗為重視。佛教學界對《大慈如來告疏》的研究，參見王惠民：〈北魏佛教傳帖原件《大慈如來告疏》研究〉，《敦煌研究》，1998 年第 1 期；溫玉成：〈《大慈如來告疏》研究〉，《佛學研究》，2003 年刊；古正美：〈從《大慈如來告疏》說起：北魏孝文帝的雲岡彌勒佛王造像〉，《2005 年雲岡國際學術研討會論文集（研究卷）》，2005 年。

第二節　北魏佛教的恢復與發展

一、曇曜與僧祇戶與浮圖戶制度

西元 448 年，寇謙之去世，兩年後崔浩被滅族，此後滅佛的政策日漸緩和，西元 554 年 12 月，即高宗文成帝即位後兩個月，便下詔復興佛教，不再限制佛教寺院僧侶的發展：「今制諸州郡縣，於眾居之所，各聽建佛圖一區，任其財用，不制會限。其好樂道法，欲為沙門，不問長幼，出於良家，性行素篤，無諸嫌穢，鄉里所明者，聽其出家。率大州五十，小州四十人，其郡遙遠臺者十人。各當局分，皆足以化惡就善，播揚道教也。」（《魏書・釋老志》）

復興後的佛教，受到北魏政權更加緊密的控制。（1）在組織制度上建立起一套嚴密的僧官制度，在中央設立「監福曹」，正職稱「道人統」（後改稱沙門統），地方則設立「僧曹」，以州沙門統負責管事。孝文帝時，監福曹改為「昭玄寺」，置大統一名，統一名，都維那三名，並置功曹及主簿員等。宣武帝永平年間（西元 508 年至 511 年），又在各州郡諸寺設三綱：上座、寺主、維那。（2）在信仰上，進一步強化歷代北魏皇帝為如來的觀念。西元 452 年頒布復興佛教的詔書後，「是年，詔有司為石像，令如帝身。既成，顏上足下，各有黑石，冥同帝體上下黑子。論者以為純誠所感。興光元年（西元 454 年）秋，敕有司於五緞大寺內，為太祖已下五帝，鑄釋迦立像五，各長一丈六尺，都用赤金二萬五千斤」。西元 460 年代初，道人統師賢去世後，曇曜接任，改稱沙門統，他是北魏佛教復興的重要領袖人物，他主持修建大同雲岡石窟中著名的「曇曜五窟」五尊巨大佛像，也是仿造北魏五代皇帝而成。

除了主持修建雲岡石窟，曇曜的另一大功績是建立了僧祇戶和浮圖戶

第九章　北魏時期的佛教與政治關係

的制度，據《魏書‧釋老志》：

　　曇曜奏：平齊戶及諸民，有能歲輸穀六十斛入僧曹者，即為僧祇戶，粟為僧祇粟，至於儉歲，賑給饑民。又請民犯重罪及官奴以為佛圖戶，以供諸寺掃灑，歲兼營田輸粟。高宗並許之。於是僧祇戶、粟及寺戶，遍於州鎮矣。[421]

塚本善隆教授的研究指出，「平齊戶」並非一般的編戶齊民。西元467年北魏攻打當時屬於劉宋的山東歷城，戰爭持續三年方獲勝，戰後將歷城、梁鄒兩地的居民，強制移居北魏首都平城西北，建立平齊郡。山東文化發達，強制移居平城的歷城、梁鄒居民，一些人淪為奴隸，但也有不少人保存了自由民的身分。這些平齊民，有些人逃到南朝，如注解《世說新語》的劉孝標（逃走前曾與其母一起出家，並擔任曇曜譯經的筆受）；而留在北魏的平齊戶，即便原本是望族，向上發展的空間也十分有限。特別是西元460、70年代，北方連逢凶年，平齊民更是人心動盪。曇曜抓住這個機會，上書高祖。塚本善隆已詳細論證浮圖戶、僧祇戶應該建立於高祖時，《魏書‧釋老志》誤為高宗時[422]，廢止了並齊郡，而將原本的平齊戶納入從中央到地方的各級僧曹系統管理，平齊戶中的自由民成為僧祇戶，奴隸則為浮圖戶。

嚴格來說，僧曹是北魏政府官僚機構的一部分，僧曹是在政府授權的情況下，管理僧祇戶和浮圖戶的。浮圖戶並非寺院僧侶所有的奴隸，而是由僧曹管轄並為其服務的官奴。而僧祇戶按年繳納僧祇粟後，即不再承擔國家其他賦稅，因此僧祇戶繳納的僧祇粟，屬於官物，並非僧團所有，僧曹只有管轄權，若遇凶年，僧祇粟還須發放給災民。不過僧祇粟並非免費發放給災民，而是借貸，需要償還，「僧祇之粟，本期濟施，儉年出貸，

---

[421]　《中國佛教思想資料選編》第一卷，第441頁。
[422]　參見塚本善隆著，許洋主譯：〈北魏的僧祇戶浮圖戶〉，見《日本學者研究中國史論著選譯》（第七卷：思想宗教），中華書局1993年版，第262～269頁。

第二節　北魏佛教的恢復與發展

豐則收入」，償還時還要收取利息，「規取贏息」，甚至有「償利過本」的情況。

在僧祇戶、浮圖戶制度具體實施過程中，常有寺院僧侶為自己謀利，殘酷剝削，甚至出現了逼死 50 條人命的極端事件發生，朝廷不得不讓地方官吏加強監督僧曹：

> 自今以後，不得專委維那、都尉，可令刺史共加監括。尚書檢諸有僧祇穀之處，州別列其元數，出入贏息，賑給多少，並貸償歲月，見在未收，上臺錄記。若收利過本，及翻改初券，依律免之，勿復徵責。或有私債，轉施償僧，即以丐民，不聽收檢。後有出貸，先盡貧窮，徵債之科，一準舊格。富有之家，不聽輒貸。脫仍冒濫，依法治罪。[423]

僧祇戶、浮圖戶制度在北魏末年逐漸廢止。不過總體來講，僧祇戶與浮圖戶在北魏各地的普及，對北魏佛教的迅速發展有著極大的推動作用；對於災荒賑濟、民間借貸、維護穩定也有一定的正面作用，實際上為廣大底層民眾躲避政府繁重的徭役賦稅，隱蔽在佛教寺院中，開啟了一條官方認可的通道。僧祇戶、浮圖戶制度後雖廢除，但大量人口隱匿寺院的情況，則在北朝始終存在，為北朝佛教僧侶數量急遽增加，創造了基本的條件。

二、洛陽佛教的繁榮與佛學義理的發展

5 世紀後半葉，北魏政權實際由北魏孝文帝的祖母文明皇后（西元 441 年至 490 年）控制，她積極推行漢化，革除舊俗，推行三長法、均田法、班祿法，是一位十分有作為的政治家；同時她本人及其馮氏家族，寵信佛教，積極支持曇曜等佛教領袖，發展北魏佛教。孝文帝親政後，太和十八年（西元 493 年）北魏由平城（今山西大同）遷都洛陽，在中國歷史上著名

---

[423]　《中國佛教思想資料選編》第一卷，第 444～445 頁。

第九章　北魏時期的佛教與政治關係

的北魏孝文帝漢化改革,由此推向高潮。

北魏遷都後,佛教得到進一步的發展,定都洛陽後的北魏孝文帝、宣武帝、靈太后等最高統治者都大力扶植佛教。繼舊都平城雲岡石窟之後,新都洛陽伊水河畔又開鑿了龍門石窟。據《洛陽伽藍記》記載,北魏遷都洛陽後,在 6 世紀初的鼎盛時期,洛陽寺院發展到 1,367 所,盛況空前。寺院每年舉行各種大型宗教節日,更是極盡奢華,如《洛陽伽藍記》「景明寺」記載了當時佛誕節的盛況:景明寺「伽藍之妙,最為稱首。時世好崇福,四月七日,京師諸像皆來此寺,尚書祠部曹錄影凡有一千餘軀。至八日,以次入宣陽門,向閶闔宮前受皇帝散花。於時金花映日,寶蓋浮雲,旛幢若林,香煙似霧。梵樂法音,聒動天地。百戲騰驤,所在駢比。名僧德眾,負錫為群。信徒法侶,持花成藪。車騎填咽,繁衍相傾。時有西域胡沙門見此,唱言佛國」。

然好景不長,西元 520 年代,北魏各地叛亂不斷爆發,特別是六鎮起義,動搖了北魏政權的根基,西元 528 年爾朱榮占據洛陽,殺胡太后及王公百官二千餘人,北魏統治階層消耗殆盡,史稱爾朱氏「割剝四海,極其暴虐」。爾朱氏後被高歡所滅,西元 534 年高歡遷都鄴,擁立北魏孝文帝的曾孫元善見為孝靜帝,建立東魏政權;次年,北魏將領宇文泰,在長安擁立元寶炬為文帝,建立西魏政權。西元 550 年高歡之子高洋篡奪東魏政權,改國號為齊;西元 557 年宇文泰之子宇文覺篡奪西魏政權,改國號為周。

在持續的戰亂中,顯赫一時的洛陽佛教遭到毀滅性打擊。雖然存在時局逐漸動盪等不利因素,佛學義理在北魏後期還是有較大發展的。繁榮一時的洛陽寺院佛教,也帶動了佛學義理的發展。

曇謨最是北魏佛學首屈一指的代表人物,生前頗具聲望,曾代表佛教與道教論衡,據《續高僧傳》載,正光元年(西元 520 年),清通觀道士姜

斌與融覺寺僧人曇謨最在孝明帝殿前論辯：

> 正光元年，明帝加朝服，大赦天下，召佛道二宗門人，殿前齋訖，侍中劉騰宣教：「請法師等與道士論議，以釋弟子疑綱。」時清通觀道士姜斌與融覺寺僧曇謨最對論。帝曰：「佛與老同時不？」斌曰：「老子西入化胡，佛時以充侍者，明是同時。」最曰：「何以知之？」斌曰：「按《老子開天經》是以得知。」最曰：「老子當周何王幾年而生？周何王幾年西入？」斌曰：「當周定王即位三年（西元前 605 年）……九月十四日夜子時生……至敬王元年（西元前 519 年）……年八十五，見周德淩遲，與散關令尹喜西入化胡，斯足明矣。」最曰：「佛以周昭王二十四年（西元前 1029 年）四月八日生，穆王五十三年（西元前 949 年）二月十五日滅度。計入涅槃後經三百四十五年，始到定王三年，老子方生。生已年八十五，至敬王元年，幾經四百二十五年，始與尹喜西遁。據此，年載懸殊，無乃謬乎？」斌曰：「昔佛生周昭王時，有何文記？」最曰：「《周書異記》、《漢法本內傳》並有明文。」（《廣弘明集》卷一）

佛教反對「老子化胡說」，當時採取的辦法是將佛陀生年提前，若佛陀生年早於老子，則化胡說不攻自破，所以曇謨最用當時流行的偽書《周書異記》、《漢法本內傳》論證佛陀生於西周之時。

曇謨最本人擅長涅槃、華嚴思想，並與菩提流支交好，得到後者盛讚。菩提流支還翻譯了曇謨最的代表作《大乘義章》，「傳之於西域」。據《續高僧傳·菩提流支傳》記載，菩提流支於北魏永平之初年（約西元 508 年），攜大量梵本，經蔥嶺來洛陽，得到了宣武帝的禮遇。據《洛陽伽藍記》卷四「融覺寺」條可知：

> 比丘曇謨最善於禪學，講《涅槃》、《花嚴》，僧徒千人。天竺國胡沙門菩提流支見而禮之，號為菩薩。流支解佛義，知名西土，諸夷號為羅漢，曉魏言及隸書，翻《十地》、《楞伽》及諸經論二十三部。雖石室之寫

第九章　北魏時期的佛教與政治關係

金言,草堂之傳真教,不能過也。流支讀曇謨最《大乘義章》,每彈指讚嘆,唱言微妙,即為胡書寫之,傳之於西域。沙門常東向遙禮之,號曇謨最為東方聖人。

菩提流支來華時,北魏時局已不穩定,但他從永平元年(西元508年)開始譯經,直至北魏分裂為東魏、西魏的天平二年(西元535年),在洛陽內殿、洛陽胡相國宅第、洛陽永寧寺、洛陽趙欣宅、鄴城般舟寺等處譯場,一直從事佛教經典的傳譯工作。據清信士李廓所撰《眾經錄》記載:「三藏流支自洛及鄴,爰至天平,二十餘年,凡所出經三十九部一百二十七卷。即《佛名》、《楞伽》、《法集》、《深密》等經,《勝思唯》、《大寶積》、《法華》、《涅槃》等論是也。並沙門僧朗、道湛及侍中崔光等筆受。」

曇謨最等北方舊有僧侶擅長《涅槃》、《華嚴》等5世紀上半葉即已面世的佛教經典譯著,而菩提流支在6世紀初,為當時北方佛教翻譯了大量唯識經典,如《入楞伽經》、《深密解脫經》、《十地經論》等。菩提流支所翻譯的瑜伽行派經論,對北朝佛教影響最深的是《十地經論》。《十地經論》的譯者歷來說法不一,菩提流支、勒那摩提、佛陀扇多三人都曾參與《十地經論》翻譯的可能性比較大。

關於勒那摩提生平的記載很少,河南安陽靈泉寺石窟現存貞觀六年(西元632年)靈裕弟子海雲所立碑〈大法師行記〉(《全唐文》卷九〇四有錄)中提道:

大魏太和廿二年,□天竺優迦城有大法師名勒那摩提□□寶意兼□□乘,備照五明,求道精勤,聖賢未簡,而悲矜苦海,志存傳化。遂從彼中持《十地論》,振斯東夏。授此土沙□□光禪師,其□□□□□教授如瓶瀉水,不失一滴。

又《續高僧傳·僧實傳》:「太和末,從原至洛。因遇勒那三藏,授以

第二節　北魏佛教的恢復與發展

禪法，每處皇宮諮問禪祕。」那麼在太和末年，即太和二十二年（西元 498 年）之前，勒那摩提已經到達洛陽，並開始弘法活動。從「持《十地論》，振斯東夏」來看，《十地經論》原文也是由勒那摩提最先帶入中國的。

《續高僧傳‧僧達傳》：「尋復振錫洛都，因遇勒那三藏，奉其新誨。不久，值那遷化，覆述《地論》，聲駭伊穀，令望歸信，相次稱謁。後聽光師《十地》，發明幽旨。」故勒那摩提應是死於洛陽，死前還在講述《十地經論》，僧達擔任覆講一職；勒那摩提死後，慧光接替為主講法師。

與菩提流支、勒那摩提一同在洛陽譯經的還有佛陀扇多，「從正光六年（西元 525 年）至元像二年（西元 539 年），於洛陽白馬寺及鄴都金華寺，譯出《金剛上味》等經十部」（《續高僧傳‧菩提流支傳》）。

關於《十地經論》翻譯的各種說法很多，直接參與翻譯工作的侍中崔光所寫《十地經論序》較為可信：

> 大魏皇帝，俊神天凝，玄情漢遠，揚治風於宇縣之外，敷道化於千載之下。每以佛經為遊心之場，釋典為棲照之圍。搜隱訪缺，務乎昭揚，有教必申，無籍不備。以永平元年，歲次玄枵，四月上日，命三藏法師北天竺菩提流支、魏云道希，中天竺勒那摩提、魏云寶意，及傳譯沙門北天竺伏陀扇多，並義學緇儒一十餘人，在太極、紫庭，譯出斯論，十有餘卷。斯二三藏，並以邁俗之量，高步道門，群藏淵部，罔不研攬，善會地情，妙盡論旨。皆手執梵文，口自敷唱，片辭只說，辯詣蔑遺。於時皇上，親紆玄藻，飛翰輪首；臣僚僧徒，毗贊下風。四年首夏，翻譯周訖。[424]

從年代上看，勒那摩提最先到達洛陽，可能當時已經著手翻譯《十地經論》；而菩提流支西元 508 年到達洛陽後，得到北魏皇帝禮遇，當年即命其在宮廷主持翻譯《十地經論》的定本，勒那摩提和佛陀扇多也參與翻譯工作。菩提流支當時剛到洛陽，漢語未必很好，他與勒那摩提，應該主

---

[424]　《大正藏》第 26 冊，第 123 頁上～中。

要都是負責勘定《十地經論》原文的工作,「皆手執梵文,口自敷唱」;而具體的漢譯工作可能主要由當時資格較淺,尚未獲得「三藏」地位的「傳譯沙門」佛陀扇多擔任。

《十地經論》的翻譯工作持續了四年多,期間菩提流支與勒那摩提勘定原文可能出現分歧,「在太極、紫庭,譯出斯論」,可能就是道宣所說「菩提流支初翻《十地》在紫微殿,勒那摩提在太極殿」的委婉講法。從《十地經論》是菩提流支來華後即刻著手翻譯來看,菩提流支應該是整個譯經工作的主持者,他在翻譯中有著主導作用,他的意見最終形成漢譯定本,但不排除當時還有與定本略有差異的「別本」存在,特別是勒那摩提在菩提流支來華前可能已經翻譯了《十地經論》的開頭部分,故後代注釋《十地經論》時,常在第一卷中提到「別本」。

菩提流支和勒那摩提在《十地經論》的翻譯和理解上有所分歧,日後兩者的門人弟子逐漸形成了地論師的南道派和北道派。按照傳統的說法,從洛陽到相州（鄴,今河南臨漳）之間有南北兩條道路,即「相州南道」、「相州北道」,勒那摩提的弟子慧光、法上系散處南道,菩提流支的弟子道寵系散處北道。而近代也有學者認為勒那摩提與菩提流支分處洛陽的御道之南、北,故得名南道、北道。

關於南道、北道得名的不同看法,實際上牽扯到地論師南、北道何時產生的問題,若由「相州南道」、「相州北道」而分地論師南道、北道,則地論師的內部分歧產生於由洛陽遷都鄴、北魏滅亡之後,兩派才逐漸形成;若是由洛陽御道南、北,而分地論師南道、北道,則地論師的分裂發生在北魏末年。筆者認為後一種可能性較大,即翻譯《十地經論》時,菩提流支與勒那摩提就已經產生分歧,而勒那摩提應該死於北魏末年的洛陽,而未前往鄴。

圍繞《十地經論》譯者、譯文差異的各種傳說,以及關於南道、北道

第二節　北魏佛教的恢復與發展

分歧的不同說法，都使得北魏末年的佛學傳承顯得撲朔迷離。之所以造成這種情況，固然可能是由於當時局勢的動盪，大量文獻遺失，故北魏末年的譯師、學僧生平事蹟晦暗，菩提流支等佛學領袖晚年已經到達鄴都，但關於他們的事蹟資料在北朝仍很少流傳，這不得不說在一定程度上是由於當時的社會風尚，對義學不甚重視而造成的後果。

與東晉南朝不同，北朝戰亂不斷，影響了北方佛學的發展，即便在時局較為穩定的時候，整個社會的風氣也是以建塔造像、坐禪誦經為尚，胡太后執政時，社會上甚至流行「講經者心懷彼我，以驕凌物，比丘中第一粗行」的看法，崇真寺比丘慧嶷暫死還陽，風傳其在地府之中見到佛學大家曇謨最未得善報，導致「京邑比丘皆事禪誦，不復以講經為意」[425]。現存史料未發現有對曇謨最去世時間的確切記載，關於崇真寺比丘慧嶷的這段傳說，也未記發生在何時，但當時胡太后尚在世。北魏胡太后在正光元年（西元 520 年）被元叉、劉騰囚禁；正光四年（西元 523 年）六鎮起義爆發；孝昌元年（西元 525 年）胡太后殺元叉，再度臨朝攝政；武泰元年（西元 528 年）胡太后謀殺十九歲即將成年的孝明帝，立年僅三歲的臨洮王子元釗為帝，天下譁然，引發爾朱榮之亂。同年爾朱榮在河陰溺死胡太后及幼主，並殺王公大臣兩千餘人，北魏政權統治菁英消耗殆盡。由於西元 520 年曇謨最尚在世與道士姜斌辯論，而此後數年胡太后一度失勢；由此推測，關於比丘慧嶷的這段傳說，應該發生在西元 525 年至 528 年胡太后再度攝政期間。也就是說，曇謨最在與道士姜斌辯論後數年內即去世，而在胡太后再度攝政期間（西元 525 年至 528 年）即有傳聞說他已下地府。

胡太后再度執政之時，菩提流支還在洛陽翻譯佛典，他甚為敬重的曇謨最被盛傳死後已下地獄，應該說這對菩提流支的譯經宣講活動甚為不利。曇謨最擅長講授《華嚴經》，中國最早的大部頭《華嚴經》注釋

---

[425]　參見楊衒之撰，周祖謨校釋：《洛陽伽藍記校釋》，中華書局 1963 年版，第 75～78 頁。

書——靈辨（西元 477 年至 522 年）的百卷本《華嚴經論》，完成於神龜三年（西元 519 年）。[426] 根據相關資料的記載，靈辨在西元 522 年於融覺寺去世，與曇謨最去世幾乎是同時、同地。與曇謨最身後的命運類似，靈辨的《華嚴經論》問世後即在北朝長期埋沒，直到一百多年後唐初才再度引起華嚴宗祖師的重視。可見，在爾朱榮之亂前，北魏時局尚未動盪時，菩提流支、勒那摩提等北魏譯師、學僧很可能已經被當時的社會和佛教界邊緣化，這也是造成北魏末年譯師、學僧生平事蹟晦暗不清的重要原因。

在北魏末年的佛教中心洛陽，講求義理經論的僧團與主張禪誦的僧團，兩者勢力的此消彼長，應與當時的時局有一定關係。在西元 520 年曇謨最與道士姜斌辯論時，曇謨最顯然得到了元叉支持[427]，而元叉是胡太后的政敵，胡太后再度執政後打擊以曇謨最為代表的洛陽城西融覺寺一系講經義理僧，亦好理解。

三、曇鸞與淨土教理

北魏後期，社會風尚是尊崇禪、誦，對於佛學義理不甚看重，而對於虔誠的宗教實踐推崇備至。從北魏石窟造像和銘文來看，當時淨土信仰已經盛行；北魏僧人曇鸞將當時流行的淨土信仰理論化、體系化，進一步推動了淨土信仰在北方的繁榮。

（一）曇鸞的生平時代背景

5 世紀初，北魏滅北涼，北涼大量僧侶進入北魏，北魏的佛教受到北涼的影響極大。北涼以曇無讖為首的僧人，翻譯了大量的佛經，其中許多佛教經典宣揚了「末法」思想，加之北涼當時已經處在亡國邊緣，這種思想

---

[426] 因《華嚴經論》殘卷相繼在日、韓發現，海外學者對此多有關注。中國學者張文良近年來一直關注靈辨《華嚴經論》的研究，讀者可參看他所撰寫的〈《楞伽經》與靈辨的《華嚴經論》〉，《佛學研究》，2009 年刊；〈《華嚴經論》中的一乘思想〉，《南昌航空大學學報（社會科學版）》，2011 年 03 期；〈北魏靈辨的禪定思想〉，第二屆河北禪宗文化論壇，2012 年 5 月。

[427] 參見《廣弘明集》卷一，侍中尚書令元乂（叉）宣勅語：「道士姜斌，論無宗旨，宜下席。」（《大正藏》第 52 卷，第 100 頁中、下）

第二節　北魏佛教的恢復與發展

頗為流行。北魏滅北涼不久，北魏武帝就開始滅佛，北涼流行的「末法」思想也在北魏佛教界得到廣泛的認同，這是北魏淨土信仰繁榮的社會基礎。

曇鸞（西元476年至542年），北魏時人，出身「高族」，家近五臺山，14歲入山出家。曇鸞出家後，學習「四論」（《中論》、《百論》、《十二門論》、《大智度論》），後閱讀《大集經》，著手注解。北涼曇鸞翻譯的《大集經》，介紹了種類繁多、數量驚人的鬼神系統，鬼神無所不在、控制一切，除了仰仗諸佛菩薩庇佑、依靠「陀羅尼」，似已經完全沒有自己修行的餘地。

曇鸞注解《大集經》時得了氣疾，覺得若不獲長生，很難完成自己的佛教研究，相傳51歲時，曇鸞南下，去南朝向道士陶弘景學習仙術，在茅山從陶弘景得到《仙經》十卷。此說後世常有異議，其實北朝僧侶學習道家修煉，以前長壽，並不乏見。約與曇鸞同時稍後的南嶽慧思在〈立誓願文〉中說「今故入山，懺悔修禪，學五通仙，求無上道，願先成就，五通神仙，然後乃學，第六神通，受持釋迦，十二部經，及十方佛，所有法藏，並諸菩薩，所有論藏」；「為護法故，求長壽命，不願生天及餘趣。願諸賢聖佐助我，得好芝草及神丹，療治眾病除飢渴，常得經行修諸禪。願得深山寂靜處，足神丹藥修此願，藉外丹力修內丹。欲安眾生先自安。已身有縛，能解他縛，無有是處」。[428] 此處佛、道並非截然對立，而已有後世判教「人天教」的雛形。當然，在北朝佛教徒看來，道教至多可視為佛教的初階，絕不可喧賓奪主、取而代之。曇鸞從南朝返回北魏途中，在洛陽遇到菩提流支，得授《觀無量壽經》。曇鸞遂焚《仙經》，從此專心淨土修行。

(二) 曇鸞的淨土思想

曇鸞的淨土思想，簡單說就是：在末法時代，求「阿鞞跋致」（不退轉法），最可行的方法就是靠持名念佛，蒙佛力接引到西方淨土。

---

[428]　南嶽佛教協會編：《慧思大師文集》，嶽麓書社2011年版，第12、20頁。

第九章　北魏時期的佛教與政治關係

1. 二道二力

正法、像法、末法,佛經說法不一,曇鸞取正法五百年,像法一千年的說法,認為當時已經到了末法時代(當時人們普遍相信曇讖最所論證的釋迦牟尼出生商周之世的主張),靠自力修行很難。曇鸞認為佛教修行的目標是求「阿鞞跋致」。阿鞞跋致是梵文,「阿」是「無」的意思,「鞞跋致」是「退轉」。曇鸞繼承了龍樹的觀點,提出了二道二力學說。靠自力,在末法時代求得「阿鞞跋致」是難行道;而念佛往生西方淨土,靠他力是易行道。《阿彌陀經》說往生西方淨土者「皆是阿鞞跋致」,《無量壽經》說往生西方淨土,皆入「正定聚」(必定證悟)。這樣曇鸞就將往生西方淨土等同於求得「阿鞞跋致」,獲菩薩境地了。在這點上曇鸞實際上是將龍樹二道的觀念發揮了。龍樹雖然提出難行、易行二道,念十方諸佛是求得「阿鞞跋致」的易行道,但未特指阿彌陀佛,而且最為重要的是,龍樹講求的易行道求得「阿鞞跋致」,是現世即得,而非往生淨土後才獲得。

曇鸞的「二道二力」學說,實際上是中國淨土宗的判教學說,將佛教其他各派的修行實踐說成是難行道,無形中抬高了易行道的地位,為淨土宗在理論上開宗立派,獨樹一幟奠定了基礎。但為什麼念佛就可往生西方,曇鸞還必須為他的「易行道」在理論上進一步論證。

2. 本願

大乘佛教所說菩薩的本願,是指菩薩在其修行時代,預先做出的誓願,即將來成佛之後,在其所建設之佛國內實現的某種狀態或功德。根據康僧鎧譯《無量壽經》,阿彌陀佛未成佛時是法藏菩薩,曾發四十八願。曇鸞認為這四十八願中,第十一、十八和二十二願最為重要。

法藏菩薩發願,若自己成佛,國中人天皆「住定聚」、「欲生我國」十念即可往生,「來生我國,究竟必至一生補處」。現在法藏菩薩已成阿彌陀佛,那麼他的這些願望也就相應實現了,所以,曇鸞斷定,憑藉佛的本

願力，便可入正定聚，十念往生，必成菩薩了。只要佛教徒承認佛經的權威，那麼曇鸞所提出的觀念就是非常有說服力的。對於一般的佛教信徒，這樣的論證已經足夠了。

至此，曇鸞已經完成了中國淨土宗的最核心的教義，後世關於淨土宗的各種理論探討，大體沒有跳出這個核心框架。

(三) 曇鸞倡導的念佛方法

曇鸞認為念佛方法主要有三種：

1. 實相念佛

「實相」這個概念本身就很難把握，曇鸞為實相念佛提出了「廣略相入」的理論，「略」就是彌陀淨土的本體，即法性法身；「廣」就是彌陀淨土所有莊嚴成就，即方法法身。「廣略相入」實際上就是彌陀淨土無所不在的禪觀，常人很難取得這樣的境界。

2. 觀想念佛

觀想念佛即是觀想西方阿彌陀佛淨土的莊嚴妙好，以及佛的種種形象和功德成就。觀想念佛雖然比實相念佛容易，但也很難。觀想念佛是真佛，還只是心佛，廬山慧遠和鳩摩羅什曾有過爭論，曇鸞以木和火的比喻，比較好地解決了這個問題。曇鸞在解釋「是心作佛，是心是佛」時說：木被火燒，木即是火，觀想念佛之時，心中產生佛的形象，自己也就是佛了。

3. 持名念佛

持名念佛，即口中不斷念誦「南無阿彌陀佛」或「阿彌陀佛」。持名念佛簡單易行，曇鸞最為推崇。但持名念佛為什麼能有讓人往生西方的神奇功效呢？第一，佛教認為眾生自無始以來，念念相續，輪迴不止，難以平息。念佛則以佛念占先，其他萬念（雜念）都暫時無法進入，這就是所謂「借一遣萬」、「以淨破染」。若念佛能念念相續，久而久之，就可以止一切

第九章　北魏時期的佛教與政治關係

惡了。第二，眾生念佛，也會產生一種願力，這種願力，同佛的願力相互感應，合而為一，眾生必定藉此力往生西方。第三，曇鸞引證道教咒術的有效性，來證明念佛亦有效，無疑受到道教的一定影響。

曇鸞所創立的中國淨土宗思想體系，和對持名念佛宗教實踐方法的論證，後人都再沒有根本性的突破，應該說曇鸞是中國淨土宗理論和實踐方法的確立者。

ます # 第十章

南朝時期佛教的發展與政教衝突

第十章　南朝時期佛教的發展與政教衝突

第一節　佛教在劉宋時期的發展

一、劉宋文帝時關於佛教社會作用的辯論

《弘明集》卷十一、《高僧傳》卷七「慧嚴傳」都記錄了劉宋文帝的一段話：「若使率土之濱，皆純此化，則吾坐致太平，夫復何事！」這番言論一直被佛教徒所稱道。然細觀宋文帝的佛教政策主張，並非是無條件崇佛，我們需要仔細分辨。

宋文帝說這番話的直接原因，是元嘉十二年（西元435年）五月五日，丹陽尹蕭摹之上書，認為佛教雖然有助於世道人心，但「塔寺形象，所在千計」，過於靡費，「甲地顯宅，於茲殆盡；林竹銅彩，靡損無極；違中越制，宜加檢裁」。因此蕭摹之建議：「請自今以後，有欲鑄銅像者，悉詣臺自聞，興造塔寺精舍，皆先詣所在二千石，通發本末，依事列言，本州必須報許，然後就功。其有輒鑄銅製、輒造寺舍者，皆以不承用詔書律論，銅宅材瓦，悉沒入官。」[429]而從實際結果看，宋文帝對這一提議是「奏可」的。而按照《宋書》卷九十七「蠻夷傳」的記載，宋文帝不僅對蕭摩之的建議「詔可」，而且還「又沙汰沙門，罷道者數百人」。由此可見，宋文帝並非佛教的積極擁護者，相反是限制佛教過度膨脹的。

禁止用銅鑄佛像，在宋文帝之前，國家即有此政策，如《冥祥記》載：「晉世沙門僧洪住京師瓦官寺，當義熙十二年（西元416年）時，官禁熔鑄，洪既發心鑄丈六金像：『像若圓滿，我死無恨。』便即偷鑄。鑄竟，像猶有模。所司收洪，禁在相府，鎖械甚嚴。」[430]《高僧傳》亦記此事，謂「時晉末銅禁甚嚴，犯者必死。宋武於時為相國，洪坐罪繫於相府」[431]。

---

[429]　《弘明集》卷十一，《大正藏》第52冊，第69頁上。
[430]　《古小說鉤沉》，第342頁。
[431]　《高僧傳》，第484頁。

第一節　佛教在劉宋時期的發展

銅可鑄錢，佛像用銅過多，會影響國家經濟。[432]從史料來看，禁止佛寺用銅等措施，並非虛應故事，而是得到了嚴格執行，對佛教發展影響較大，故《冥祥記》等釋氏輔教之書，對此多有記錄。

東晉末年，實則宋武帝劉裕已經掌握實權，西元416年他將私鑄銅像的瓦官寺僧洪下獄，當時應該說社會影響頗大；西元435年劉裕之子，宋文帝與侍中何承天、吏部郎中羊玄保等人，再度議論禁鑄銅像之事，「吾少不讀經，比復無暇。三世因果，未辯致懷，而復不敢立異者。正以前達及卿輩時秀，率皆敬信故也。范泰、謝靈運每云：『六經典文，本在濟俗為治耳；必求靈性真奧，豈得不以佛經為指南耶。』近見顏延年之折〈達性〉，宗少文之難〈白黑〉，〈明佛〉汪汪，尤為名理，並足開獎人意。若使率土之濱，皆純此化，則吾坐致太平，夫復何事！近蕭摹之請制，未全經通，即以相示，委卿增損，必有以式遏浮淫，無傷弘獎者，乃當著令耳」[433]。

宋文帝先謙虛自己並不懂佛理，而世人盡信，故自己也不敢立異。而宋文帝引用范泰、謝靈運的觀點：「六經典文，本在濟俗為治；必求靈性真奧，豈得不以佛經為指南耶」，實際上為儒佛定了調，即儒家治世，而佛教是個人修真的指南。在這個前提下，劉宋帝在宏觀上肯定了佛教的巨大教化功能，可以「坐致太平」；但話鋒一轉，具體到蕭摹之建議禁鑄銅像的政策上，實際上還是要予以執行的。

何承天等人實際上也揣摸到了宋文帝的意思，在後面的對答中盛讚了一番東晉渡江以來眾多名士高僧奉佛的盛舉，一方面在「論理」上，引用了廬山慧遠的一番言論：「釋氏之化，無所不可適。道固自教源，濟俗亦為要務。世主若能剪其訛偽，獎其驗實，與皇之政，並行四海，幽顯協

---

[432]　《冥祥記》記有一則劉宋大明末年，毀佛像鑄錢的反例：「時山陽諸寺，小形銅像甚眾，僧覆與其鄉里數人，積漸竊取，遂囊篋數四悉滿焉。因將還家，共鑄為錢。事既發覺，執送出都。」（《古小說鉤沉》，第332頁）

[433]　《弘明集》卷十一，《大正藏》第52冊，第69頁中。《大正藏》本作此處「蕭摹」（前為「蕭摹之」），四部叢刊本作「蕭摹之」，《高僧傳》中亦作「蕭摹之」，故校改。

第十章　南朝時期佛教的發展與政教衝突

力,共敦黎庶,何成康文景,獨可奇哉。使周漢之初,復兼此化,頌作形清,倍當速耳。」何承天「竊謂此說有契理奧」。另一方面在「徵事」上,西域大小奉佛諸國「終不相兼」;而五胡亂華後的中國,也蒙佛法護佑,「故佛圖澄入鄴,而石虎殺戮減半;澠池寶塔放光,而符健椎鋸用息;蒙遜反噬,無親虐如豺虎,末節感悟,遂成善人」[434]。雖然佛教有如此種種好處,但具體到限制佛教靡費上,又表示贊同宋文帝禁鑄銅像的主張,「蕭摹啟制,臣亦不謂全非。但傷蠹道俗,最在無行僧尼,而情貌難分。未可輕去金銅土木,雖靡費滋深,必福業所寄,復難頓絕。臣比思為斟酌,進退難安,今日親奉德音,實用夷泰」。對於何承天的表現,宋文帝甚為滿意,「釋門有卿,亦猶孔氏之有季路,所謂惡言不入於耳」[435]。

現在一般哲學史都將何承天視為唯物主義哲學家,是無神論者;但為何宋文帝說他「釋門有卿,亦猶孔氏之有季路」呢?顯然,何承天是反對佛教過分發展的,但在宋文帝面前並未對佛法有任何惡評,故宋文帝將他比喻成雖常不聽孔子的話、但對孔子忠心耿耿的子路。這次君臣義理,很明顯宋文帝是持調和折中的立場,既要限制佛教的過分發展,但又不想得罪佛教,因此在名義上對佛教的教化作用進行了充分的肯定;何承天等原本對佛教有異議的人,也充分理解了宋文帝的意思,故在言辭上也頗給佛教「面子」。

而實際上,宋初關於佛教的爭論,還是比較激烈的,宋文帝採取折中的立場,也是針對當時「近見顏延年之折〈達性〉,宗少文之難〈白黑〉,〈明佛〉汪汪,尤為名理,並足開獎人意」的情況,而調和眾人的矛盾。元嘉十年(西元 432 年)前後,宋文帝非常賞識的「黑衣宰相」僧人慧琳作〈白黑論〉,又名〈均善論〉或〈均聖論〉,認為「六度與五教並行,信順與

---

[434]　《弘明集》卷十一,《大正藏》第 52 冊,第 69 頁下。
[435]　《弘明集》卷十一,《大正藏》第 52 冊,第 70 頁上。

慈悲齊立」，主張儒、佛均聖，但在具體調和論證過程中，從儒家思想觀念出發，對佛教的輪迴等教義持有異議，這就遭到了佛教信徒的圍攻，而何承天則贊同慧琳的觀點。

慧琳本即沙門，而何承天也絕非激烈的反佛者，何承天「以為佛經者，善九流之別家，雜以道墨，慈悲愛施，與中國不異。大人君子，仁為己任，心無憶念，且以形象彩飾將諧常人耳目，其為糜損尚微，其所引益或著，是以兼而存之。至於好事者，遂以為超孔越老，唯此為貴，斯未能求立言之本，而眩惑於末說者也。知其言者，當俟忘言之人。若唯取信天堂、地獄之應，因緣不滅之驗……所以大譴也」[436]。佛教慈悲仁愛，並不違背中國傳統教化，且神像裝飾也有助教化，但好事者捨本逐末，唯以佛教為貴，認為「超孔越老」，這是何承天反對的。也就是說佛教可以作為諸子百家之一而存在，但不可超越孔老，而且在何承天看來，佛教雖好，未必完全適合中國人，「中國之人，稟氣清和，含仁抱義，故周孔明性習之教。外國之徒，受性剛強，貪欲忿戾，故釋氏嚴五戒之科。來論所謂『聖無常心，就之物性』者也。懲暴之戒，莫若乎地獄。誘善之歡，莫美乎天堂。將盡殘害之根，非中庸之謂」[437]。何承天跟宋文帝應對，所舉「徵事」的例子，無論是地處西域還是中土，實際上都是佛教教化胡人的例子，所持的還是夷夏之論。

在由〈白黑論〉引起的論辯中，宋文帝實際上是支持慧琳的，〈白黑論〉：「論行於世。舊僧謂其貶黜釋氏，欲加擯斥。太祖見論賞之。元嘉中，遂參權要，朝廷大事，皆與議焉。賓客輻輳，門車常有數十兩，四方贈賂相繫，勢傾一時。」（《宋書》卷九十七「蠻夷傳」）

---

[436] 《弘明集》卷三，《大正藏》第 52 冊，第 19 頁上。個別詞句參校四部叢刊本。
[437] 《弘明集》卷三，《大正藏》第 52 冊，第 19 頁下至 20 頁上。

二、佛教經濟、文化實力的增長與劉宋譯經的驟然勃興

帝王對佛教雖禮遇有加，而又擔憂其過度發展，從側面反映出南朝佛教自身實力的日益增強。東晉名僧「買山」隱居的記載不少，與謝靈運這樣「山居」的士族似無太大區別，都是進行農林經營的，梁武帝大同七年（西元541年）的一份詔書中便提道：「又復公私傳、屯、邸、冶，爰至僧尼，當其地界，止應依限守規，乃至廣加封固，越界分斷水陸採捕及以樵蘇，遂致細民措手無所。」（《梁書・武帝紀》）1936年何茲全先生在《食貨》半月刊（第3卷第4期）發表了〈中古大族寺院領戶研究〉一文，總結三國至中唐大族寺院領戶的方式主要有：依附、招引侵奪、賜予、庇廕制和度僧五種形式。晉唐大型寺院擁有大量勞動人口和土地，組織生產和開發，建立了龐大的寺院經濟。

佛教強大的經濟實力，也推動了其在社會文化領域的影響日益擴大。南北朝之前，主導佛教經典傳譯的主要是外族政權或西域僑民的私人翻譯著述，漢族政權一直以儒學、玄學為大宗，即便沙門義學興起的東晉，在整個西元4世紀也罕見東晉王朝內有成規模的佛教經典翻譯。但到南朝，情況發生很大改革，特別是緊接東晉之後的劉宋王朝，出現了大規模的佛教典籍的傳譯，這是一個十分令人矚目的中國文化史現象，說明外來的佛教文化，已經開始在漢族政權內能夠攫取「文化權力」；魏晉玄學開始衰落，南北朝佛學大有後來居上之勢。

劉宋王朝的佛典翻譯，不僅居以往各漢族政權之冠，而且也超過了其後南朝各代。據《開元釋教錄》，劉宋一代有譯者22人，譯出經論共465部，717卷；而齊、梁、陳三代110年間，也只譯經92部，260卷，遠不及劉宋時期的譯經。劉宋譯經事業驟然勃興，具有一定的客觀原因。（1）北方很多傳譯法師南下，首先是因為姚秦滅亡，長安僧團很多傳譯法師南下；而後北魏崛起，滅北涼時，以沮渠京聲為代表的一批佛典翻譯家逃往

第一節　佛教在劉宋時期的發展

劉宋；最後是因為北魏太武帝滅佛，又有大批僧侶逃往劉宋。(2) 南方海運線路日趨成熟，越來越多的西域僧人透過海路來到劉宋，其中不乏求那跋陀羅、求那跋摩等主要的翻譯家。

南海許多國家向劉宋王朝上表稱臣，極力讚揚佛教，這也促進了佛教透過海路向南朝的輸入。據《宋書·夷蠻傳》載：元嘉五年（西元 428 年），師子國國王剎利摩訶南奉表曰：「欲與天子共弘正法，以度難化。故託四道人遣二白衣送牙臺像以為信誓，信還，願垂音告。」元嘉十年（西元 433 年），呵羅單國王毗沙跋摩奉表曰：「常勝天子陛下：諸佛世尊，常樂安隱，三達六通，為世間道，是名如來、應供、正覺，遺形舍利，造諸塔像，莊嚴國土，如須彌山，村邑聚落，次第羅匝，城郭館宇，如忉利天宮……一切眾生，咸得受用。於諸國土，殊勝第一，是名震旦，大宋揚都，承嗣常勝大王之業，德合天心，仁廕四海，聖智周備，化無不順，雖人是天，護世降生，功德寶藏，大悲救世，為我尊主常勝天子。是故至誠五體敬禮。」元嘉十二年（西元 435 年），闍婆婆達國國王師黎婆達馱阿羅跋摩遣使奉表曰：「王有四海，閻浮提內，莫不來服。」

劉宋時期的譯經，有兩批梵文經卷值得重視：(1) 由法顯從印度、斯里蘭卡帶回的梵文經典，根據《出三藏記集》卷二的記載：「《大般泥洹》六卷（晉義熙十三年十一月一日道場寺譯出），《方等泥洹經》二卷（今闕），《摩訶僧祇律》四十卷（已入《律錄》），《僧祇比丘戒本》一卷（今闕），《雜阿毘曇心》十三卷（今闕），《雜藏經》一卷，《綖經》（梵文，未譯出），《長阿含經》（梵文，未譯），《雜阿含經》（梵文，未譯），《彌沙塞律》（梵文，未譯），《薩婆多律抄》（梵文，未譯），《佛遊天竺記》一卷。右十一部，定出六部，凡六十三卷。晉安帝時，沙門釋法顯以隆安三年遊西域，於中天竺、師子國得胡本，歸京都，住道場寺。就天竺禪師佛馱跋陀共譯出。其《長雜二阿含》、《綖經》、《彌沙塞律》、《薩婆多律抄》，猶是梵文，未得譯

257

第十章　南朝時期佛教的發展與政教衝突

出。」[438] 法顯帶回的梵經對日後中國佛教發展影響甚大，法顯生前未及譯出的經本，在劉時大都翻譯完成，如《彌沙塞律》即《五分律》，由罽賓僧人佛陀什與竺道生等譯出，《雜阿含經》由求那跋陀羅譯出。（2）支法領從于闐等地帶回長安的大批佛教典籍。支法領是廬山慧遠的弟子，西元392年慧遠感到佛典不完備，命支法領、法淨等前往西域求經，按照僧肇在〈與劉遺民書〉中的說法：「領公遠舉，乃千載之津梁也。於西域還，得《方等》新經二百餘部，請大乘禪師一人，三藏法師一人，毘婆沙法師二人。什法師於大石寺出新至諸經，法藏淵曠，日有異聞。」支法領從西域帶回大批經典，先在長安由鳩摩羅什等人翻譯，由於支法領尋經是受其師廬山慧遠之命，故他帶回的經典，應該也在江南流傳。引文中提到在長安參與翻譯這批經典的「大乘禪師」，一般認為是佛陀跋陀羅；佛陀跋陀羅南下後，繼續從事這批經典翻譯，其中最為重要的就是六十卷《華嚴經》在劉宋的翻譯：

《華嚴經》胡本凡十萬偈。昔道人支法領從于闐得此三萬六千偈，以晉義熙十四年（西元419年），歲次鶉火，三月十日，於揚州司空謝石所立道場寺，請天竺禪師佛度跋陀羅手執梵文，譯胡為晉，沙門釋法業親從筆受。時吳郡內史孟顗、右衛將軍褚叔度為檀越。至元熙二年（西元420年）六月十日出訖。

凡再校胡本，至大宋永初二年（西元421年），辛丑之歲，十二月二十八日校畢。[439]

引文中「佛度跋陀羅」即佛陀跋陀羅。《華嚴經》是唐代重要宗派華嚴宗的根本經典，對中國佛教史影響巨大；但《華嚴經》在劉宋被譯出時，並未引起當時佛教界太大反響。

劉宋時期最重要的佛教翻譯家，當屬求那跋陀羅，他在華期間翻譯佛

---

[438]　《出三藏記集》，第54～55頁。
[439]　《出三藏記集》，第326頁。

第一節　佛教在劉宋時期的發展

典百餘卷，其中反映如來藏思想的《法鼓經》、《勝鬘經》、《楞伽經》、《央掘魔羅經》，反映唯識思想的《相續解脫經》，對南北朝佛學思想的發展均產生了深遠的影響。

求那跋陀羅，是中天竺國人，元嘉十二年（435年）經師子國（斯里蘭卡）由海路抵達廣州，隨即前往首都建康，得到宋太祖的禮遇，在只洹寺譯出《雜阿含經》，東安寺譯出《法鼓經》，後在丹陽郡譯出《勝鬘經》、《楞伽經》；求那跋陀羅後隨譙王劉義宣前往荊州，譙王在荊州十年，求那跋陀羅得其供養，住荊州辛寺，翻譯了《央掘魔羅經》、《相續解脫經》等大批佛典。西元454年因譙王謀反失敗，求那跋陀羅受到牽連，被俘後送往京城，宋世祖「戲問曰：『念丞相不？』答曰：『受供十年，何可忘德，今從陛下乞願，願為丞相三年燒香。』帝悽然慘容，義而許焉。」但宋世祖並未就此對求那跋陀羅完全放心，「及中興寺成，敕令移住，為開三間房」。這種安排恐屬後世《僧道格》中有關「散禁」的規定，雖未收監，但被軟禁在中興寺的三間房中。後因求那跋陀羅年邁，面聖時有意展現滿頭白髮，自謂「七十老病，唯一死在」，意在表示對朝廷無任何威脅，遂得宋世祖的諒解：

後於東府宴會，王公畢集，敕見跋陀，時未及淨髮，白首皓然。世祖遙望顧謂尚書謝莊曰：「摩訶衍聰明機解，但老期已至，朕試問之，其必悟人意也。」跋陀上階，因迎謂之曰：「摩訶衍不負遠來之意，但唯有一在。」即應聲答曰：「貧道遠歸帝京，垂三十載，天子恩遇，銜愧罔極，但七十老病，唯一死在。」帝嘉其機辯，敕近御而坐，舉朝屬目。[440]

劉宋時，寺院經濟長足發展，大批佛教經典譯出，僧人得到統治階層的廣泛禮遇，甚至利用與提防。佛教在南朝社會政治、經濟、文化各個領域的全面拓擴，引起了中國社會其他階層的強烈反應，表現在思想文化上，就是佛教與儒、道各家中國固有思想的激烈衝突。

---

[440]　《高僧傳》，第133頁。

第十章　南朝時期佛教的發展與政教衝突

第二節　涅槃與仙化：南朝釋道二教論衡

　　從現有史料來看，東晉時佛道二教論爭的情況尚不多見；但自南朝起，佛道論衡日趨激烈，究其原因，與佛道二教在南朝的長足發展關係密切。本節主要梳理南朝釋道二教論衡的主要爭論焦點，探討其思想史意義，兼及其對當時佛道教信仰發展的影響。

一、南朝日趨激烈的佛道論衡

　　《晉書・王羲之傳》：「羲之雅好服食養性，不樂在京師，初渡浙江，便有終焉之志。會稽有佳山水，名士多居之，謝安未仕時亦居焉。孫綽、李充、許詢、支遁等，皆以文義冠世，並築室東土，與羲之同好。」東晉時，信奉五斗米道的王羲之，尚可與名僧支道林（支遁）、佛教徒孫綽等人友善。然到南朝，時過境遷，釋道二教逐漸形成水火不容之勢，幾不可調和。南齊張融，「吾門世恭佛，舅氏奉道」，與佛道二教都頗有淵源，《南齊書》本傳謂其臨終遺囑「左手執《孝經》、《老子》，右手執《小品》、《法華經》」，但張融這類人在南朝屬於少數；他生前「見道士與道人戰儒墨，道人與道士辨是非」[441]，作〈門律〉[442]欲調和釋道二教，旋即遭到眾人

---

[441]　此處道人、道士分別指佛教僧侶與道教道士。讀者可參考周一良：《耆婆與道士》條：「錢大昕《十架齋養新錄》十九『道人道士之別』條及《廿二史考異》二二謂六朝稱僧為道士……敦煌卷子北魏永平、延昌時寫經（斯 1427 號、0341 號、2067 號、伯 2179 號），卷末寫經人名後，皆有『校經道人』字樣。然早期所譯佛經中，菩薩修行尚未得道時，亦稱道士，如吳康僧會譯《六度集經》五睒菩薩章及《摩天羅王經》等，皆稱信佛修行者為道士。東晉桓玄與慧遠書中稱沙門為道士，見《弘明集》一一。六朝僧人亦自稱貧道。北周之釋道安《二教論》言：『自於上代，爰至符姚，皆呼眾僧以為道士。至寇謙之始竊道士之號（見《廣弘明集》八）』」（周一良《魏晉南北朝史札記》，第 118～119 頁）。周一良先生此說大體不差，但從《弘明集》卷八釋玄光《辯惑論（並序）》中一條注文來看：「又道士、蟻賊、制酒、米賊，此是世人之所目也。」（《大正藏》52 冊，第 49 頁上）道士這一稱呼，在南朝似為民間通行叫法，而非某人推行才叫開的。又《幽明錄》載晉代「俗人謂巫師為道人」（魯迅校錄：《古小說鉤沉》，齊魯書社 1997 年版，第 161 頁。《珠林》六二，《御覽》三百七十五，《廣記》二百八十三，有引），故「道人」一詞原本亦可指民間巫覡。

[442]　《南齊書》、四部叢刊本《弘明集》卷六等作「門論」，今中國哲學史、佛教史資料選編，多用「門論」。然無論是四部叢刊本還是大正藏本，其內都有張融自謂：「所以制是〈門律〉，以律

第二節　涅槃與仙化：南朝釋道二教論衡

非難。可見東晉、南朝，佛道二教關係發生了很大的變化。

東晉以前佛道二教尚能和諧共處[443]，晉宋之際，謝靈運〈辨宗論〉、慧琳〈白黑論〉（均善論），以及《弘明集》所錄東晉道恆〈釋駁論（並序）〉，都屬儒佛論衡。北魏武帝崇道滅佛，與此同時，劉宋中後期以來，釋道二教也是論爭不斷，勢同水火。從梁釋僧祐彙集《弘明集》，唐道宣《廣弘明集》、《集古今佛道論衡》等資料，亦可得見當時南朝釋道二教論辯的激烈程度。

魏晉佛教以般若為宗，清談老莊者尚多；然晉宋之際般若學向涅槃學轉向，學風為之大變。雖然南朝般若學者代不乏人，但經過涅槃佛性洗禮過的般若學，已不可跟魏晉時同日而語，對般若空義頗有研究的周顒嘗言：「言道家者，豈不以二篇為主；言佛教者，亦應以般若為宗。二篇所貴，義極虛無。般若所觀，照窮法性。」[444] 道教之虛無、佛教之法性，在佛教徒看來已有天淵之別。《涅槃經》聖行品，以牛、乳、生酥、熟酥、醍醐比喻佛經從十二部經到《涅槃》的演進，直接刺激了中國佛教判教的產生，參與《涅槃經》南本改定的慧觀，在劉宋時提出頓、漸與五時判教，教理高下判攝日趨分明，教外思想自是等而下之。晉宋亦是道教發展的重要時期，不少道教學者都將劉宋視為經教道教誕生時期。三皇、靈寶、上清，三類道經也在這一時期逐漸發展完善，劉宋陸修靜在太始七年（西元 471 年）最終獻上奉敕編纂的《三洞經書目錄》，以三洞為主體的道藏體系開始確立。

隨著佛道兩教在晉宋時期的長足發展，從南朝開始，兩教之爭亦愈演

其門，非佛與道，門將何律」，又《廣弘明集》卷五所記「梁《弘明集》辯惑篇目錄」中亦載「張融〈門律〉周顒難」，可見當以「門律」為是。

[443]　《集古今佛道論衡》卷甲載後漢明帝感夢金人，「騰蘭入洛，道士等請求角試事」，事乃晚出。老子化胡遭到佛教徒激烈反對，亦是南朝事。

[444]　《弘明集》卷六，《大正藏》第 52 冊，第 39 頁下。參考四部叢刊本，即上海商務印書館縮印明刊本（下同）。

第十章　南朝時期佛教的發展與政教衝突

愈烈。在南朝，最先在思想界引發佛道教激烈辯論的是劉宋時人顧歡。顧歡《南史》有傳；陳國符先生輯佚陳代馬樞《道學傳》卷八，記顧歡符籙驅鬼治病之事數條[445]；《正統道藏》中收錄《道德真經注疏》和《道德真經取善集》中各有顧歡注軼文三十餘條。敦煌文獻 S.4430 殘卷存《老子》經文與注文 132 行（從第 70 章至 80 章），一般認為是《新唐書·藝文志》著錄的顧歡《老子義疏治綱》殘本。[446] 由現在有限的文獻，我們可以得知，顧歡擅長道術，同時研習《老子》。《南史》本傳載：「初，歡以佛道二家教異，學者互相非毀，乃著〈夷夏論〉……歡雖同二法，而意黨道教。宋司徒袁粲託為道人通公駁之。」《南史》錄顧歡〈夷夏論〉，並節略收錄袁粲駁文、顧歡答文，以及明僧紹〈正二教論〉、司徒從事中郎張融〈門律〉，太子僕周顒難張融文。《弘明集》卷六收錄的明僧紹〈正二教論〉、張融〈門律〉、周顒〈難張長史門律（並問答三首）〉、張融〈答周顒書〉、周顒〈重答張長史書〉、謝鎮之〈與顧道士書〉、〈重與顧道士書（並頌）〉，以及卷七收錄的朱昭之〈難顧道士夷夏論（並書）〉、朱廣之〈諮顧道士夷夏論（並書）〉、釋慧通〈駁顧道士夷夏論（並書）〉、釋僧愍〈戎華論折顧道士夷夏論〉。後又有「道士假稱張融」[447] 作〈三破論〉，《弘明集》卷八收入劉勰〈滅惑論〉、釋僧順〈釋三破論〉（答道士假稱張融三破論十九條），反駁〈三破論〉。

此後，雖還有一些佛道辯難，如陶弘景難沈約〈均聖論〉[448] 等，但因梁武帝捨道入佛，而使南朝釋道二教論衡，暫時告一段落。南朝末年至唐

---

[445]　《道藏源流考》，第 465 頁。
[446]　參見《敦煌道教文獻研究》，第 172～173 頁。
[447]　《大正藏》第 52 冊，第 51 頁下。
[448]　見《廣弘明集》卷五「〈均聖論〉，齊常侍沈約（陶隱居難並解）」，《大正藏》第 52 冊，第 121 頁中至 123 頁上。相傳梁代孟智周道士亦與法雲有過交手，《三洞珠囊》卷二〈敕追召道士品〉引《道學傳》卷一二：「梁靜惠王撫臨神忮，請智周講。光宅寺僧法雲來赴，發講，法雲淵解獨步，甚相淩忽，及交往復，盛其辭辯。智周敷釋煥然，僧眾歎伏之也。」（《道藏源流考》下冊，第 477 頁）

262

第二節　涅槃與仙化：南朝釋道二教論衡

初，道教受佛學刺激，重玄學勃興，道體、道性理論成熟，實為釋道二教交涉的一大碩果。[449]

二、泥洹與仙化

上文提到張融調和釋道二教，認為「道也與佛，逗極無二。寂然不動，致本則同。感而遂通，逢跡成異」，二教本無二致，如同一大鴻鳥，「越人以為鳧，楚人以為乙（鳦）。人自楚越耳，鴻常一鴻乎！夫澄本雖一，吾自俱宗其本；鴻跡既分，吾已翔其所集。汝可專尊於佛跡，而無侮於道本」[450]。張融此說，遭到周顒反駁：「論云：『致本則同。』請問：何義是其所謂本乎？言道家者，豈不以二篇為主；言佛教者，亦應以般若為宗。二篇所貴，義極虛無；般若所觀，照窮法性。虛無、法性，其寂雖同，位寂之方，其旨則別論。所謂『逗極無二』者，為逗極於虛無，當無二於法性耶？將二塗之外，更有異本？儻虛無法性，其趣不殊乎？若有異本，思告異本之情；如其不殊，願聞不殊之說。」[451]

虛無、法性，在周顒看來，兩者並不能同日而語，然兩者差別在何處呢？張融恰認為兩者並無本質差別，「答彼周曰：法性雖以即色圖空，虛無誠乃有外張義。然環會其所中，足下當加以半思也。至夫遊無蕩思，心塵自拂。思以無蕩，一舉形上。是雖忘有，老如驚釋；然而有忘，釋不伐老」[452]。湯用彤先生認為張融「意謂佛家法性即色是空，體用一如」，而「謂老氏未明言體用不離，似於有外另張無之宗極也」。即將張融原文理解為「老子誠於『有』外別張無義」。[453]然觀張融本意，實言佛老本無二致。

---

[449]　參見陳弱水：〈隋代唐初道性思想的特色與歷史意義〉，《唐代文士與中國思想的轉型》，廣西師範大學出版社 2009 年版，第 141～163 頁。
[450]　《弘明集》卷六，《大正藏》52 冊，第 38 頁下。
[451]　《大正藏》第 52 冊，第 39 頁上。
[452]　《大正藏》第 52 冊，第 39 頁下。
[453]　參見《漢魏兩晉南北朝佛教史》下冊，第十八章南朝《成實論》之流行與般若三論之復興，「三宗論」部分。第 646 頁。

第十章　南朝時期佛教的發展與政教衝突

正因為如此，張融才說「是雖忘有，老如騖釋；然而有忘，釋不伐老」，即在究竟意義上說，老子總說虛無而不言假有，似與佛教不同；但佛教也不執著於有，在這一點上佛教並不反對老子的虛無。所以張融引《莊子・齊物論》「得其環中」的典故，讓周顒深思體會佛道二教中心觀念相同。總之，張融認為：佛教的法性、道教的「虛無」，都是體用一如，匯通有無的。

而周顒認為，道教並沒有達到這種境界，「夫有之為有，物知其有；無之為無，人識其無。老氏之署有題無，無出斯域。是吾三宗鄙論，所謂取捨驅馳，未有能越其度者也」[454]。周顒的〈三宗論〉現已亡佚[455]，然當時頗有盛名。[456] 不過從當時的佛學思想水準來看，張融「是雖忘有，老如騖釋；然而有忘，釋不伐老」，實際上還是偏於無的，思想水準並不算高，故周顒說「諸法真性，老無其旨」[457]，就與張融的辯論脈絡來看，「二篇所貴，義極虛無」的看法是有一定道理的。

縱觀當時的釋道二教爭衡，雙方對聖人契合有無的最高境界，認知基本上是相同的，分歧就在於老子、佛陀，及其主張，誰最終能夠到達這一境界。這一點，從以上討論的張融與周顒的爭論已經看得比較明顯了。其實顧歡早就指出：「道教執本以領末，佛教救末以存本」，從佛道教追求的最終目標來看，「泥洹、仙化，各是一術。佛號正真，道稱正一，一歸無死，真會無生。在名則反，在實則合」(《南史》卷七十五)。但在具體操作上，站在道教立場，會認為仙化優勝；而站在佛教立場上，則認為道教主張的仙化不及泥洹（涅槃）。明僧紹在〈正二教〉中針對顧歡的言論，提

---

[454]　《大正藏》第 52 冊，第 40 頁中。
[455]　吉藏《中觀論疏》卷二末、《二諦章》卷下，曾引用周顒〈三宗論〉的核心內容。
[456]　《南齊書》本傳：周顒「著〈三宗論〉，立空假名，立不空假名。設不空假名難空假名，設空假名難不空假名。假名空難二宗，又立假名空」。西涼州智林道人遺顒書曰：「始是真實行道第一功德。」語見《南齊書》卷四十一，參見《高僧傳》，第 310 頁。
[457]　《大正藏》第 52 冊，第 41 頁上。

第二節　涅槃與仙化：南朝釋道二教論衡

出：「佛明其宗，老全其生，守生者蔽，明宗者通。」[458]而道家之所以強調守生長壽，因為他們沒有三世觀念，而只一生，「夫佛開三世，故圓應無窮。老止生形，則教極澆淳」[459]。明僧紹的這一觀點，被當時很多佛教徒所接受，如周顒認為佛陀成道，多世度眾，而老子只有一生，高下判然，「前白所謂黃老實雄者也，何舊說皆云：『老不及聖』？……夫大士應世，其體無方，或為儒林之宗，或為國師道士，斯經教之成說也；乃至宰官長者，咸託身相。何為老生，獨非一跡？但未知涉觀淺深，品味高下耳。此皆大明未啟，權接一方」[460]。

三世輪迴觀念，不僅是學者思辨，從現存六朝應驗記等小說故事來看，至少晉宋以來已深入人心，民間亦常有奉道者，因不識業報輪迴，而死後陷入地獄受苦的故事，如《冥祥記》載：「晉程道惠，字文和，武昌人也。世奉五斗米道，不信有佛。常云：『古來正道，莫逾李老。何乃信惑胡言，以為勝教。』太元十五年，病死」。死後在地獄中，「惠因自憶先身奉佛，已經五生五死。忘失本志，今生在世，幼遇惡人，未達邪正，乃惑邪道。既至大城，逕進聽事」[461]。

面對道教不知三世的指責，道教對此亦有反駁。如宋明帝太始三年詔請陸修靜出山，明帝至華林館與其會晤，有王公質問：「都不聞道家說二世。」陸修靜答：「經（《道德經》）云：吾不知誰之子，象帝之先。既已有先，居然有後。既有先後，居然有中。《莊子》云：方生方死。此並明三世。但言約理玄，世未能悟耳！」[462]南朝道教已接受三世觀念，這樣道教的仙化，也發生了一定程度的改變，所以明僧紹說：「今之道家所教，唯以長生為宗，不死為主。其練映金丹，飡霞餌玉，靈升羽蛻，屍解形化，

---

[458]　《大正藏》第 52 冊，第 38 頁中。
[459]　《大正藏》第 52 冊，第 37 頁下。
[460]　《大正藏》第 52 冊，第 40 頁下。
[461]　《古小說鉤沉》，第 300 頁。
[462]　馬樞：《道學傳》卷七，見《道藏源流考》第 463 頁。

第十章　南朝時期佛教的發展與政教衝突

是其託術。驗之,而竟無睹其然也。又稱其不登仙,死則為鬼,或召補天曹,隨其本福。雖大乖老莊立言本理,然猶可無違世教。」[463] 道教仙化,本以金丹服食為主,或屍解成仙;受佛教天堂地獄業報輪迴觀念影響,因生前善惡報應,死後隨其本福,可召補天曹,成為仙官的觀念也大行其道。

死後因生前功德或僧人法事功德而昇天,本是六朝佛教常見話題,如《冥祥記》載:晉史世光死後,頭七之時沙門支法山為其誦《小品般若經》,有人見史世光顯靈,自云:「我本應墮龍中,支和尚為我轉經,曇護、曇堅迎我上第七梵天快樂處矣。」[464] 此類昇天模式,在道教題材的神異故事中,也可發現類似題材,如宋劉義慶《幽明錄》載:「許攸夢烏衣吏奉漆案,案上有六封文書。拜跪曰:『府君當為北斗君,明年七月。』復有一案,四封文書云:『陳康為主簿。』覺後陳康至,曰:『今來當謁。』攸聞益懼,問康曰:『我作道師,死不過作社公。今日得北斗、主簿,余為忝矣!』明年七月,二人同日而死。」[465] 從這段引文來看,作為道師,死後成為社公,似已成定制;而若優異者,亦可昇天為仙官,則為優厚特例。

佛道二教論衡,對道教的理論和信仰是有影響和推動的,同樣,在劉宋以後,佛教涅槃學大盛,亦有道教仙化的刺激;而佛教流行往生天界,應有道教昇仙的信仰心理基礎,甚至往生淨土的佛典亦被稱為「大仙方」。[466] 不過在理論論辯上,佛道雙方各自是非。在當時的佛教徒看來,佛道兩教的終極追求是有根本性差別的,〈謝鎮之書與顧道士〉:

> 佛法以有形為空幻,故忘身以濟眾。道法以吾我為真實,故服食以養生。且生而可養,則及日可與千松比霜,朝菌可與萬椿齊雪耶?必不可

---

[463]　《大正藏》第52冊,第38頁上。
[464]　《古小說鉤沉》,第289頁。
[465]　《古小說鉤沉》,第188頁。
[466]　相傳淨土高僧曇鸞曾從南朝陶弘景處得《仙經》十卷,後遇菩提流支,傳《無量壽經》,「此大仙方。依之修行,當得解脫生死」(《續高僧傳·曇鸞傳》)。

第二節　涅槃與仙化：南朝釋道二教論衡

也！若深體三界為長夜之宅，有生為大夢之主，則思覺寤之道，何貴於形骸。假使形之可練，生而不死，此則宗本異，非佛理所同。何以言之？夫神之寓形，猶於逆旅，苟趣捨有宜，何戀戀於簷宇哉！夫有知之知，可形之形，非聖之體。雖復堯孔之生，壽不盈百。大聖泥洹，同於知命。是以永劫以來，澄練神明。神明既澄，照絕有無，名超四句。此則正真，終始不易之道也。又刻船者，祈心於金質，守株者，期情於羽化。故封有而行六度，凝滯而茹靈芝。有封雖乖六度之體，為之或能濟物，凝滯必不羽化，即事何足兼人。[467]

從佛教的角度看，仙化是執著於有我。[468] 道教執著於有我、有身，則與佛教有根本性分歧。佛教認為生死交謝，身體是無常的，周孔聖人生年亦不滿百，求長生無異於刻舟求劍。佛教涅槃（泥洹），是「照絕有無，名超四句」，而道教追求的只是「無死」，且長生不死也難真的到達，所以劉宋司徒袁粲說「仙化以變形為上，泥洹以陶神為先。變形者白首還緇，而未能無死；陶神者使塵惑日損，湛然常存。泥洹之道，無死之地，乖詭若此，何謂其同？」（《南史》卷七十五）不過，這種仙佛混同的思維，不論在當時還是後世，在中國信徒中一直有著很深的影響力。[469]

三、夷夏與二諦

《南史》「顧歡傳」提到：齊代「文惠太子、竟陵王子良並好釋法，吳興孟景翼[470]為道士，太子召入玄圃，眾僧大會。子良使景翼禮佛，景翼

---

[467]　《大正藏》第 52 冊，第 42 頁上。

[468]　早期譯經，常將「我」翻譯成「吾我」，「無我」翻譯成「無吾我」，譯詞選擇恐受莊子「吾喪我」的影響。

[469]　例如，晚至明末高僧蓮池袾宏在《正訛集》「泥洹」條還提道：「『泥洹』出自佛經，有以頂門泥丸宮而一之。此訛也。梵語『泥洹』，此云『無為』，即無上涅槃之大道也。彼泥丸宮者，色身之頂，縱能運氣沖透，不過輕身延年之術而已，安得與無為涅槃之道同日而語？」（蓮池著述，孔宏點校：《明清四大高僧文集‧竹窗隨筆》，北京圖書館出版社 2005 年版，第 195 頁）

[470]　孟景翼，是南朝著名道士，《道學傳》卷七載梁武帝天監二年置大小道正，孟景翼為大道正，「屢為國講說」（《道藏源流考》第 464 頁）。有學者懷疑孟景翼即是確立以「四輔」佐「三洞」

第十章　南朝時期佛教的發展與政教衝突

不肯。子良送《十地經》與之，景翼造〈正一論〉，大略曰：《寶積》云，『佛以一音廣說法』。老子云，『聖人抱一以為天下式』。一之為妙，空玄絕於有境，神化贍於無窮。為萬物而無為，處一數而無數。莫之能名，強號為一。在佛曰『實相』，在道曰『玄牝』。道之大象，即佛之法身。以不守之守守法身，以不執之執執大象。但物有八萬四千行，說有八萬四千法。法乃至於無數，行亦達於無央，等級隨緣，須導歸一。歸一曰迴向，向正即無邪。邪觀既遣，億善日新。三五四六，隨用而施，獨立不改，絕學無憂。曠劫諸聖，共遵斯一。老、釋未始於嘗分，迷者分之而未合。億善遍修，修遍成聖，雖十號千稱，終不能盡。終不能盡，豈可思議」。

如前文所言，南朝釋道二教爭論，在聖人境界體用一如、契合有無上，本無分別，但對於佛陀、老子及其教法，誰能達到這一最高境界，是最重要的爭議焦點。站在道教立場上，則認為「道則佛也，佛則道也。其聖則符，其跡則反」。孟景翼認為，佛教的實相就是道教的玄牝，佛教的法身就是道教的大象，「空玄絕於有境，神化贍於無窮」，即便（佛陀）累世修行，曠劫諸聖，最終都是要歸於（道教的這個）「一」，這便是正一論要強調的內容。

當時道教徒一般認為，從究竟境界上說，佛道本無原則差異；但就具體教導化跡上，則有夷夏之別，這便牽扯到當時佛道二教爭論的另一大焦點問題，即夷夏問題。「虛無、法性，其寂雖同位；寂之方，其旨則別論」，大家爭論的就是具體的這個「方」。[471] 佛教開的方子是外來的「洋方

道經體系的重要道教著作《玉緯七部經書目》的作者「孟法師」（法法師是劉宋陸修靜之後，梁陶弘景之前的人物）；不過也有不少人持反對意見（參見李養正、盧國龍：〈《玉緯七部經書目》作者考〉，《中國道教》第16期，1985年3月；王承文：〈南朝天師道七部經書分類體制考釋〉，《文史》，2008年第1期）「七部者，三洞四輔也。四輔者，太玄輔洞真，太平輔洞玄，太清輔洞神，正一通貫，總成七部。」（《雲笈七籤》卷三〈道教本始部道教三洞宗元〉），觀現存孟景翼的正一論，強調「歸一」，確與「正一通貫，總成七部」的三洞四輔道經體系有相合之處。

[471] 這種辯論方法，到韓愈「仁與義是定名，道與德是虛位」還有這樣的印跡。「虛位」上佛老可能說得不錯，但在「定名」上儒家更好。大體來看，在南朝，道教一般傾向於佛道雙方在

第二節　涅槃與仙化：南朝釋道二教論衡

子」，這是當時道教學者攻擊佛教的一個重點，「雖舟車均於致遠，而有川陸之節，佛道齊乎達化，而有夷夏之別。若謂其致既均，其法可換者，而車可涉川，舟可行陸乎？今以中夏之性，效西戎之法，既不全同，又不全異。下棄妻孥，上絕宗祀。嗜欲之物，皆以禮伸，孝敬之典，獨以法屈。悖禮犯順，曾莫之覺，弱喪忘歸，孰識其舊。且理之可貴者道也，事之可賤者俗也，捨華效夷，義將安取？」（顧歡〈夷夏論〉，引自《南史》卷七十五）

面對這些指責，(1)佛教學者一方面強調指出，化跡風俗是次要的，如謝鎮之〈重書與顧道士〉：「夫道者一也，形者二也。道者真也，形者俗也。真既猶一，俗亦猶二。盡二得一，宜一其法。滅俗歸真，必其違俗。是以如來制軌，玄劫同風。」[472]即無形之道是第一性，有形之跡是第二性，故強調風俗不同是無關宏旨的，因為修道的最終目的是「滅俗歸真」，故「必其違俗」。華夷之別，都是「俗禮之小異耳」，且反俗（反華夏風俗）亦有好處，「修淳道者，務在反俗。俗既可反，道則可淳。反俗之難，故宜袪其甚泰。袪其甚泰，必先墮冠削髮，方衣去食。墮冠則無世飾之費，削髮則無笄櫛之煩，方衣則不假工於裁製，去食則絕想嗜味。此則為道者日損，豈夷俗之所制！」在謝鎮之看來，有助於去奢除欲，是為道日損的表現，與是否「夷俗」無涉。

(2)另一方面，有些佛教學者也指出道教許多固有齋醮儀式，也是傷風敗俗的。如廣陵釋僧敏〈戎華論折顧道士夷夏論〉中，指責道士「首冠黃巾者，卑鄙之相也。皮革苦頂者，真非華風也。販符賣籙者，天下邪俗也。搏頰扣齒者，倒惑之至也。反縛伏地者，地獄之貌也。符章合氣者，

「體」上是一樣，但在「用」上道教更適合中國人；而佛教在「用」上（夷夏問題）沒有優勢，所以常常在「體」上做文章，認為佛法真空妙有更高明一些。

[472]　《大正藏》第52冊，第42頁下。四部叢刊本，「必其違俗」為「必反其俗」，意思是一樣的。

269

第十章 南朝時期佛教的發展與政教衝突

奸狡之窮也。斯則明闇已顯，真偽已彰」[473]。釋玄光〈辨惑論〉主要針對傳統五斗米道，指其有三逆、六極，指斥道教與中國固有傳統禮教背道而馳，如「塗炭齋者，事起張魯，氐夷難化，故制斯法。乃驢輾泥中，黃鹵泥面，擿頭懸柳，埏埴使熟。此法指在邊陲，不施華夏。至義熙初，有王公，其次貪寶憚苦，竊省打拍。吳陸修靜，甚知源僻，猶泥揍額，懸縻而已。痴僻之極，幸勿言道」[474]。

南朝僧侶道士，為維護各自利益，相互攻擊。除卻人身攻擊，其中也可以發現一些宗教史、思想史意義。如道教從以夷變華角度對佛教的攻擊，對佛教的本土化實亦是一大助緣；而佛教對道家傷風敗俗的攻擊，也對道家齋醮儀式改革有促進作用，如塗炭齋和過度儀在道教齋醮儀式的淡出，有學者認為與佛教的攻擊有關。[475]

而從思想史的角度來看，「滅俗歸真，必其違俗」，雖可反駁對佛教以夷變華的指責，但實有割裂有無、斬斷本末，不合「中道」的嫌疑。有無關係一直是魏晉南北朝佛學的熱點問題，大家都力圖不壞假名而說實相，夷夏風俗不同，本屬世俗諦，因此亦可放到真俗二諦的模式中去探討。應該說到南朝末期，吉藏從理論上比較好地解決了這一問題。他在〈二諦義〉卷中說：「今明：世與俗是橫豎之名。何者？俗名則橫，世名則豎。

---

[473] 《大正藏》第52冊，第47頁下。
[474] 《大正藏》第52冊，第49頁上。
[475] 參見葛兆光：〈從「六天」到「三天」：六朝到隋唐道教齋醮儀式的再研究〉，《中國學術》第十四輯，商務印書館2003年版，第97～102頁。如前引「搏頰扣齒」、「反縛伏地」即指塗炭齋；佛教對過度儀這類道教儀式的攻擊更是不遺餘力，如釋玄光在〈辨惑論〉「合氣釋罪是其三逆」指出：「夫滅情去欲，則道心明真。群斯班姓，妄造黃書，咒癇無端，以伏輕誚。（咒曰：天道畢三五成日月明出窈窈入冥冥，氣入真氣通神氣布道氣行奸邪鬼賊皆消亡，視我者盲，聽我者聾，敢有謀圖我者，反繫其殃，我吉而彼凶。至甲子詔為醮錄，男女娉合，尊卑不別，吳陸修靜複勤行此）。乃開命門，抱真人嬰兒，回戲龍虎，作如此之勢，用消災散禍。其可然乎！其可然乎！漢時儀君行此為道，魁魅亂俗，被斥燉煌。後至孫恩，俠蕩滋甚，士女溷漫，不異禽獸。夫色塵易染，愛結難消。況交氣丹田，延命仙穴。肆兵通玉門之禁，變態窮龍虎之勢，生無忠貞之節，死有青笈之苦。誠願明天攬鏡斯輩，物我端清，莫負冥詔。」（《大正藏》第52冊，第48頁中至下）

第二節　涅槃與仙化：南朝釋道二教論衡

俗橫者，俗是風俗義，處處皆有風俗之法。故云：君子行禮，不求變俗。一切國土，各有風俗，故俗名即橫也。世名豎者，世是代謝隔別，三世遷異，豈非是豎？內外具明，經云生生世世，書云三十年為一世。雖然，終以代謝隔別為世，故世是豎名也。然此二名，並是當體。俗當體是浮虛，世當體代謝。不有世而已有世，即是代別；不有俗而已有俗，即是浮虛。當體是浮虛代謝，豈有褒貶於其間哉！故不可也。次望真釋之。論云：世俗諦者，一切法性空，世間顛倒虛妄謂有，諸賢聖真知性空；俗諦既顛倒虛妄謂有，當知俗諦虛妄顛倒。俗既然，世亦爾。此則望聖，世與俗，皆虛妄顛倒。就顛倒中，自有俗有世，有橫有豎也，此有差別、無差別義。以聖望之，同是顛倒，故無差別；而不無世俗橫豎，故有差別也。」[476]

　　吉藏創造性地將二諦中俗諦的「俗」理解成風俗的「俗」。在吉藏看來，風俗有橫、豎兩種差別，即風俗有地域差別，中外不同；也有時間差別，古今不同。風俗屬世俗諦，雖然千差萬別，當體即空，夷夏實無本質區別可言；然俗諦並非完全虛無，它還是假有，故一切國土各有風俗，「君子行禮，不求變俗」。因此，就經教來說，各地風俗不同，本無所謂，都是虛無假有，但就戒律而言，卻不能變異，這樣才能佛法久住：「浮虛釋俗，約經也；風俗釋，就律者，明律中不得道，諸法浮虛無所有，不得道人是浮虛草木浮虛。何以故？為制戒令佛法久住故。所以不得明物浮虛無所有，但明國土風俗不同也。」[477]。

　　二諦學說，在東晉南朝具有重要意義，就釋道二教之爭來看，說真諦而不廢有，故可以說佛性勝於道教虛無；說俗諦而不離真，故可以解決夷夏之辨。相對來說，南朝釋道二教論衡，佛教一方具有相當的理論造詣，這在一定程度上也刺激了道教哲學的發展，應該說到唐初道教重玄學的建

---

[476]　《大正藏》第 45 冊，第 96 頁中～96 頁下。
[477]　《大正藏》第 45 冊，第 95 頁上

第十章　南朝時期佛教的發展與政教衝突

立，其理論也日臻完善了。夷夏風俗不同，故應實行不同教化。道教原本是有一系統的論述，例如南朝劉宋天師道士徐氏撰《三天內解經》云：「中國陽氣純正，使奉無為大道。外胡國八十一域，陰氣強盛，使奉佛道，禁誡甚嚴，以抑陰氣。楚越陰陽氣薄，使奉清約大道。」中原地區「陽氣純正」，所以實行「無為大道」；西域外國「陰氣強盛」，所以流行佛道；南方楚越地區「陰陽氣薄」，所以奉行清約大道。這段話的目的雖然是想在南朝推行「神不飲食，師不受錢」的天師道改革，但也反映出當時人們對夷夏的看法。夷狄屬陰，是魏晉時人的常識，如《晉書‧索紞傳》：「（索）充後夢見一虜，脫上衣來詣充。紞曰：『虜（虜）去上中，下半男字，夷狄陰類，君婦當生男。』終如其言。」若「夷狄陰類」有爭議，索紞是不會以此占夢的。

從最早期佛教的翻譯來看，當時佛教並不忌諱用「陰」這個概念。但從劉宋以後的《三天內解經》來看，夷狄屬陰，已有貶低佛教的意味：

蓋三道同根而異支者，無為大道、清約大道、佛道，此三道同是太上老君之法，而教化不同，大歸於真道。老子主生化，釋迦主死化。故老子剖左腋而生，主左，左為陽氣，主青宮生錄。釋迦剖右腋而生，主右，右為陰氣，主黑簿死錄。是以老子、釋迦教化，左右法異。左化則隨左官生氣，使舉形飛仙。右化則隨右宮死氣，使滅度更生。法服悉黑，使著黑衣以法陰氣，入於黑簿也。太上作此三道教化，法雖殊塗，終歸道真，無有異也。但人受元氣以得成形，方復經壞，受陰化輪轉，自為難耳。右化雖不及左宮速易，輪轉歸真，亦為善乎。所以言右不如左者，《經》言：真道好生而惡殺。長生者，道也，死壞者，非道也。死王乃不如生鼠。故聖人教化，使民慈心於眾生，生可貴也。夫有心者，可熟案《五千文》。此經皆使守道長存，不有生死。道之宗本，在乎斯經也。[478]

---

[478]　《道書集成》第四冊，第 293 頁下～ 294 頁上。

第三節　與儒學的一次交鋒：神不滅辯論的佛學意義

南朝以後,「五陰」的譯法逐漸被佛教拋棄,而本節所討論的吉藏對於「俗諦」的創造性詮釋,應該說在理論上也回應了道教的指責。不過,佛教主死、道教主生,和尚作「白事」、道士作「紅事」的宗教儀式分工,後世中國長期存在,大眾信仰心理,並不因個別高深的理論論述就可以徹底改變。

第三節　與儒學的一次交鋒：
　　　　神不滅辯論的佛學意義

南朝著名無神論者范縝在南齊永明年間撰寫了名動一時的〈神滅論〉,引起了當時齊竟陵王蕭子良的不滿,並組織高僧、文士與其辯論。而對范縝〈神滅論〉更大規模的「圍剿」,則是西元 507 年梁武帝〈敕答臣下神滅論〉,《弘明集》現存 62 位王公大臣的回應文字。「問題是,為什麼梁武帝在登基五年之後,突然對范縝一篇寫於二十年前的文章發動了這樣一番『大批判』呢？」[479]田曉菲教授認為,西元 505 年范縝由於為對梁武帝「大不敬」的王亮鳴不平,而被流放廣州,西元 507 年范縝被召回京師任中書郎;范縝一回到京師,梁武帝即展開了對他的批判。田曉菲教授所言,應為梁武帝選擇在西元 507 年組織批判范縝的導火線;而儒、佛的進一步交鋒,在筆者看來,則可能是更深層次的原因,這也是梁武帝要求各主要王公大臣必須在此問題上表態的直接原因。

關於范縝〈神滅論〉的研究,自近代以來可謂汗牛充棟;不過以往中國學者對范縝的評價有過分拔高之嫌。日本學者蜂屋邦夫認為,「范縝的立場從一方面來說是站在人民一邊的,但是,從根本上看,他並未跨出

---

[479]　田曉菲:《烽火與流星》,中華書局 2010 年版,第 35 頁。

第十章　南朝時期佛教的發展與政教衝突

保守的儒家這一局限，繼承了貴族的『口辨』的傳統」[480]，筆者認為是大體得當的。范縝基於包括唯物論與神祕主義的中國固有思想，主張自因論和偶因論的自然觀，除了非常大膽的「神滅論」結論外，其思考方式和水準，在思想史上很難說有獨特的創新。但神滅論在當時產生了巨大的社會影響，對佛教產生了巨大衝擊，成為南朝佛教界不得不認真面對的問題，其中原委卻是值得我們認真思考的。南北朝時期，是佛教的上升期，最終形成三教鼎足之勢。儒教面對佛教的挑戰，必須表明立場，其神滅論的主張，是對漢代讖緯神學的進一步揚棄，而單方面強調儒家的入世傳統，一方面是對佛教的打擊，另一方面實則亦是將出世的精神領域讓渡給佛教處理。佛教也藉助神不滅的討論，進一步整合其思想，將其對世界觀的關注進一步集中於心性問題，既順應了業已展開的佛性討論，又肇始了唯識思潮。

東晉佛教般若學勃興，南朝初年劉宋時，涅槃佛性大盛；爾後南朝佛學主要從外「境」與內「智」兩個角度來統合佛教理論。前者使「二諦」一直為南朝佛學的討論重點，先時《成實論》在南朝大興，匯通有無，後《中論》崛起，開四重二諦；南朝末年，三論宗認為二諦是教，非是理，天台宗從一心三觀、三智一心出發，提出三諦圓融，最終將外「境」與內「智」打成一片。而後者，使神智不滅成為南朝佛學辯論的熱點。梁武帝提出神明無明為正因佛性，而稍後傳入中土的唯識學說也加入這一問題的討論，而《大乘起信論》「一心二門」相對圓滿地解決了這一問題，並影響到日後華嚴宗理論的建構。本節主要討論南朝神不滅辯論及其對當時佛教理論發展的影響。

---

[480]　蜂屋邦夫：〈范縝「神滅論」研究〉，見蜂屋邦夫著，雋雪豔、陳捷等譯：《道家思想與佛教》，遼寧教育出版社 2000 年版，第 344 頁。

第三節　與儒學的一次交鋒：神不滅辯論的佛學意義

一、南朝神不滅的爭論

《牟子理惑論》在論證「人死當復更生」時，即已經明確提出神不滅：「魂神固不滅矣，但身自朽爛耳。身譬如五穀之根葉，魂神如五穀之種實；根葉生必當死，種實豈有終亡。得道身滅耳。」[481] 而對神不滅進行比較系統化理論論證的，首推晉宋之際的宗炳。宗炳是廬山慧遠的弟子，著〈明佛論〉以「明佛治道」和「精神不滅」之論。

在南朝影響最大的神不滅爭論，無疑是范縝。范縝主要的活動年代是齊梁間，他著〈神滅論〉先是在南齊引起軒然大波，齊竟陵王蕭子良組織人與范縝進行過辯論；而後到梁代，梁武帝〈敕答臣下神滅論〉更是引起對范縝〈神滅論〉大規模的圍攻。范縝被評價為繼王充之後，中國另一位偉大的「無神論者」，一直是中國學術界研究的重點。以往學者認為神不滅論是佛教因果報應的理論基石，從唯物主義與唯心主義的鬥爭角度，對此問題進行過充分的討論。不過南朝神不滅理論，不僅僅是為了論證因果輪迴，而是涉及佛性等當時諸多佛教重要問題，是一種具有較高思辨性的哲學理論，故本節從此方面入手，對以往神不滅研究中較少涉及的內容，進行一些補充討論。

范縝的〈神滅論〉，《梁書》、《南史》和《弘明集》都有收入，但文句彼此有差異。《梁書》或有節略，但主要內容都有呈現，《中國哲學史教學數據彙編》以《梁書》為底本，參校《弘明集》，對〈神滅論〉的文字進行過勘定[482]，本章採用此校本。我們先來看一段引文：

問曰：「形即是神者，手等亦是神邪？」答曰：「皆是神之分也。」

問曰：「若皆是神之分，神既能慮，手等亦應能慮也？」答曰：「手等

---

[481] 《大正藏》第 52 冊，第 3 頁中。
[482] 見《中國哲學史教學資料彙編（魏晉南北朝部分）》下，中華書局 1964 年版，第 480～487 頁。

亦應能有痛癢之知,而無是非之慮。」

問曰:「知之與慮,為一為異?」答曰:「知即是慮,淺則為知,深則為慮。」

問曰:「若爾,應有二慮。慮既有二,神有二乎?」答曰:「人體唯一,神何得二。」

問曰:「若不得二,安有痛癢之知,復有是非之慮?」答曰:「如手足雖異,總為一人;是非痛癢雖復有異,亦總為一神矣。」

問曰:「是非之慮,不關手足,當關何處?」答曰:「是非之慮,心器所主。」

問曰:「心器是五藏之主,非邪?」答曰:「是也。」

問曰:「五藏有何殊別,而心獨有是非之慮乎?」答曰:「七竅亦復何殊,而司用不均。」

問曰:「慮思無方,何以知是心器所主?」答曰:「心病則思乖,是以知心為慮本。」

問曰:「何不寄在眼等分中邪?」答曰:「若慮可寄於眼分,眼何故不寄於耳分邪?」

問曰:「慮體無本,故可寄之於眼分;眼自有本,不假寄於他分也。」答曰:「眼何故有本而慮無本;苟無本於我形,而可遍寄於異地,亦可張甲之情,寄王乙之軀,李丙之性,託趙丁之體。然乎哉?不然也。」

問曰:「聖人形猶凡人之形,而有凡聖之殊,故知形神異矣。」答曰:「不然。金之精者能昭,穢者不能昭,有能昭之精金,寧有不昭之穢質。又豈有聖人之神而寄凡人之器,亦無凡人之神而託聖人之體。是以八采、重瞳,勳、華之容;龍顏、馬口,軒、皞之狀,此形表之異也。比干之心,七竅列角;伯約之膽,其大若拳,此心器之殊也。是知聖人定分,每

第三節　與儒學的一次交鋒：神不滅辯論的佛學意義

絕常區，非唯道革群生，乃亦形超萬有。凡聖均體，所未敢安。」[483]

形神關係無疑是〈神滅論〉中討論的焦點。范縝主張形即神，那麼手腳等就是「神之分」，手腳也有「知」，但比較「淺」，只是痛癢之知；而比較「深」的「是非之慮」是「心器」所主。[484] 隨著問題的展開，論辯雙方的分歧比較明顯了，主張神不滅的一方認為「慮思無方」、「慮體無本」，故反對思慮為心臟器官所主，換言之神智是不拘泥於形的，由此可推理出形盡而神不滅；而范縝用了幾個反例來論證思慮為心所主，一則「心病則思乖，是以知心為慮本」，二來「苟無本於我形，而可遍寄於異地」，就會出現「張甲之情，寄王乙之軀，李丙之性，託趙丁之體」這樣不可能發生的事情。

一般佛教徒都相信「宿命通」和「他心通」，未必會對范縝所舉「張王李趙」、「甲乙丙丁」這類反例過於吃驚。但范縝這個例子對於理解佛教的「無我」，很有幫助，故下面稍微展開討論。本節不涉及「我」在印度佛教中的本來含義，但在中國人理解中，「我」比較明顯地從「我形」轉變為「神我」。

「吾我」是漢譯早期佛教經典中一個比較常見的詞彙，具體意思略相當於後來中國佛教中「我」的概念，有靈魂的意思，佛教主張「無我」，所以「吾我」一直作為一個負面的詞彙存在，直到《六祖壇經》中也是如此，例如《六祖壇經》批評梁武帝沒有達到無相布施的境界，執著於布施所得的功德，便謂：「為吾我自大，常輕一切」，「吾我不斷，即自無功，自性

---

[483]　《中國哲學史教學資料彙編（魏晉南北朝部分）》下，第 481～483 頁。
[484]　在這裡范縝迴避了人身體上頭髮、指甲等沒有痛癢感覺的部分，這部分其實很難被認為是「神之分」，范縝的這一說法實有漏洞。早在劉宋時鄭道子〈神不滅論〉實際上已經提到了這個問題：「一體所資，肌骨則痛癢所知，爪髮則知之所絕，其何故哉？豈非肌骨所以為生，爪髮非生之本耶？生在本，則知存。生在末，則知滅。一形之用，猶以本末為興廢。況神為生本，其源至妙，豈得與七尺同枯戶牖俱盡者哉！推此理也，則神之不滅，居可知矣。」（《弘明集》卷五，《大正藏》第 52 冊，第 28 頁上）

虛妄不實,即自無德」。人執著「吾我」,容易妄自尊大,漢譯早期經典都是主張「無吾我」的。

「吾我」這兩個第一人稱連用,在語法現象上比較奇特,並不太符合一般人的語言習慣,因此逐漸被後來佛經翻譯所淘汰。「吾」、「我」的區別,在近代語言學上有不少討論,比較著名的是瑞典漢學家高本漢和中國學者胡適,他們的觀點大體相近,認為「吾」是主格,「我」是目的格;近年來也有不少學者對他們的結論提出異議。不過這場語言學上的爭論,並沒有涉及「吾我」的連用問題。《論語》中有「毋我」的提法,《莊子》裡出現過「吾喪我」的說法,早期佛經翻譯者,或許受此啟發,提出「無吾我」的翻譯方法,來表達佛教無我的主張。

漢譯佛經翻譯,無我另一個早期常見的譯法是「非身」。「非身」這個翻譯方法,我們不應該把它簡單視為早期翻譯不準確的產物,而是反映了對無我觀點上認知的差異性。我們先來看《雜譬喻經》中的一則故事:

昔有一人,受使遠行,獨宿空舍。中夜有一鬼,擔死人來著其前。後有一鬼,逐來瞋罵前鬼:「是死人是我許,汝何為擔來?」二鬼各捉一手諍之。前鬼言:「此有人,可問是死人是誰擔來?」是人思唯:「此二鬼力大,若實語亦當死,若妄語亦當死,二俱不免,何為妄語。」語言:「前鬼擔來。」後鬼大瞋,捉手拔出著地,前鬼取死人一臂補之。即著如是,兩腳頭骨皆被拔出,以死人身安之如故。於是二鬼共食所易人身,拭口而去。其人思唯:「我父母生我身,眼見二鬼食盡。今我此身盡是他身肉,我今定有身耶,為無身耶?若以有者,盡是他身;若無者,今現身如是。」思唯已,其心迷悶,譬如狂人。明旦尋路而去,到前國者,見有佛塔眾僧,不可問餘事,但問己身為有為無。諸比丘問:「汝是何人?」答言:「亦不自知是人非人。」即為眾僧廣說上事。諸比丘言:「此人自知無我,易可得度。」而語之言:「汝身從本已來,恆自無我,非適今也。但此四大合故,

第三節　與儒學的一次交鋒：神不滅辯論的佛學意義

計為我身。」即度為道，斷諸煩惱即得羅漢道。是為能計無我虛，得道不遠。[485]

　　這段經文，宣講的是不要將自己的身體執著成為「我」的道理，在這裡，「無我」顯然是「無身」的意思。鳩摩羅什在其所編譯的《大智度論》[486] 卷十二也載有完全相同的故事，以此說明「有時於他身生我」，「有時他身亦計為我，不可以有彼此故，謂有神」。如《論》云：「問曰：何以說無我？一切人各個自身中生計我，不於他身中生我；若自身中無我，而妄見為我者，他身無我，亦應於他身而妄見為我。」鳩摩羅什實際上將上述經文故事作為反例，若自身中無我而偏要執著一個「我」，那麼為何不在同樣沒有「我」的他身中也執著一個我呢？鳩摩羅什的解讀應該說是有所發揮的。如此一來，在「吾我」之外還應該有個「他我」，這兩者（吾他二身的我）都是不存在的。──「他我」是原文沒有的術語，筆者提出這個說法，便於我們理解鳩摩羅什的意思，也方便我們更容易理解「吾我」。

　　范縝所舉「張王李趙」這個反例與《雜譬喻經》中這個故事相似，但用意卻與《大智度論》不同；范縝堅持「我形」，用不可能「於他身生我」來論證形神不可分；而《大智度論》則也從「於他身生我」這樣的悖謬出發，要類推出於我身中生我同樣荒謬，即主張「無我」的佛教理念。

　　主張神不滅，看似違背無我的佛教基本教義，那麼南朝佛教徒又為何紛紛持此主張呢？是為了為輪迴找一個主體嗎？其實廬山慧遠主張「不順化以求宗」已經解決了輪迴的問題：凡夫執我，在大化輪迴中受苦；而聖人無我，故不順化，跳出六道輪迴而解脫。但南朝涅槃學大盛之後，誰成

---

[485]　比丘道略集、鳩摩羅什譯《雜譬喻經》卷上。此經五種譯本，支讖等譯本未見該段故事。
[486]　《大智度論》傳統上認為是龍樹菩薩所造，但近代學術界對此頗有懷疑，許多學者提出《大智度論》是鳩摩羅什本人的作品。即便是按照佛教傳統的說法，《大智度論》梵文有上千卷，鳩摩羅什漢譯為百卷，也不僅僅是翻譯，至少可以說鳩摩羅什是漢文《大智度論》的刪削編訂者。

第十章　南朝時期佛教的發展與政教衝突

佛、成佛的主體和根據是什麼，又成為人們關注的焦點，而南朝神不滅主張主要是要討論這一問題。

在這一問題上，范縝認為成聖不在於神我，而在於我形，強調聖人天生異稟，「豈有聖人之神而寄凡人之器」，這樣實際上否定了聖人神仙可學而致，否定了神我的陶冶之功，在理論和社會思想意義上都有所倒退。而當時南朝主流思想界對此是不能接受的。下面我們從梁武帝〈立神明成佛記〉入手，展開此問題的討論。

二、無明神明與一心二門

劉宋初年，宗炳在〈明佛論〉中對神不滅的討論，雖然主要是針對輪迴問題，但也已涉及成佛問題。由於神不滅，「自恐往劫之桀紂，皆可徐成將來之湯武。況今風情之倫少，而泛心於清流者乎。由此觀之，人可作佛，其亦明矣」；「識能澄不滅之本，稟日損之學。損之又損，必至無為無欲。欲情唯神獨照，則無當於生矣。無生則無身，無身而有神，法身之謂也」；「偽有累神，成精粗之識。識附於神，故雖死不滅，漸之以空。必將習漸至盡，而窮本神矣，泥洹之謂也」。[487]

而到梁武帝〈立神明成佛記〉，神不滅與佛性的關係更加密切，思辨水準也更高。該文不長，我們將正文引在下面：

夫涉行本乎立信，信立由乎正解，解正則外邪莫擾，信立則內識無疑。然信解所依，其宗有在。何者？源神明以不斷為精，精神必歸妙果。妙果體極常住，精神不免無常。無常者，前滅後生，剎那不住者也。若心用心於攀緣，前識必異後者，斯則與境俱往，誰成佛乎？經云：心為正因，終成佛果。又言：若無明轉，則變成明。案此經意，理如可求。何者？夫心為用本，本一而用殊，殊用自有興廢，一本之性不移。一本者，

---

[487] 《中國佛教思想資料選編》第一卷，第 231、232、233 頁。

第三節　與儒學的一次交鋒：神不滅辯論的佛學意義

即無明神明也。尋無明之稱，非太虛之目，土石無情，豈無明之謂？故知識慮應明，體不免惑，惑慮不知，故曰無明。而無明體上，有生有滅，生滅是其異用，無明心義不改。將恐見其用異，便謂心隨境滅，故繼無明名下，加以住地之目。此顯無明，即是神明，神明性不遷也。何以知然？如前心作無間重惡，後識起非想妙善，善惡之理大懸，而前後相去甚迴，斯用果無一本，安得如此相續？是知前惡自滅，惑識不移，後善雖生，暗心莫改。故經言：若與煩惱諸結俱者，名為無明；若與一切善法俱者，名之為明。豈非心識性一隨緣異乎？故知生滅遷變，酬於往因；善惡交謝，生乎現境。而心為其本，未曾異矣。以其用本不斷，故成佛之理皎然；隨境遷謝，故生死可盡明矣！[488]

梁武帝認為心是正因佛性[489]，心之本是「無明神明」。這裡說的「無明」並非土石死物，而是有情生物「識慮應明」，但因受惑不明，所以才叫無明。也就是說「無明」是當明而不明，即無明是依止（神）明的。無明體上是有生有滅的，這是其不同的「用」，但不能因為其有不同的「用」，就說「心隨境滅」；相反，體上生滅的無明，所依止的神明卻是「不遷」的。至此，梁武帝就論證了「本一而用殊」、「無明神明」之心，「以其用本不斷，故成佛之理皎然；隨境遷謝，故生死可盡明矣」。

梁武帝所提出的「無明神明」概念，有佛教義理的根據，曇無讖譯《大涅槃經‧如來性品》有類似的表示：「若言無明，因緣諸行，凡夫之人，聞已分別，生二法想，明與無明；智者了達，其性無二，無二之性，即是實性。」[490]

---

[488]　《中國佛教思想資料選編》第一卷，第 298～300 頁。
[489]　在梁武帝這裡，佛性分為正因佛性和緣因佛性，梁代沈績隨文注解中說：「略語佛因，其義有二，一曰緣因，二曰正因。緣者，萬善是也；正者，神識是也。萬善有助發之功，故曰緣因；神識是其正本，故曰正因。」（《中國佛教思想資料選編》第一卷，第 299 頁）
[490]　《大正藏》第 12 冊，410 頁下。

第十章　南朝時期佛教的發展與政教衝突

同時我們也應該看到，梁武帝的這種論證方式，頗似中國傳統哲學太極陰陽的模式；不過梁武帝時代已經完全可以用佛教術語進行闡述，而較早時宗炳表達這層意思，尚保留有連類的痕跡，「今稱『一陰一陽謂道』，『陰陽不測之謂神』者。蓋謂至無為道，陰陽兩渾，故曰：一陰一陽也。自道而降，便入精神，常有於陰陽之表，非二儀所究，故曰：陰陽不測耳。君平之說『一生二』，謂神明是也。若此二句，皆以明無，則以何明精神乎？然群生之神，其極雖齊，而隨緣遷流，成粗妙之識，而與本不滅矣。」[491] 宗炳的意思是，這兩句並非只言無，而是說無說有，陰陽不測之神即是有，眾生之神雖然精粗有別，隨緣流轉，但與道同在，「與本不滅矣」。

梁武帝實際上將道與陰陽的關係，轉化為神明與無明的關係。為了表達兩者相即不離，故創造了一個獨特的「無明神明」，以此作為「心」之本。而這一理論在《大乘起信論》中，得到進一步的完善和解決。

應該說南朝關於神不滅的爭論，佛教一方表現出了很高的理論修養，並進一步促進了思想史的發展；而此後儒家學者也不得不開始反思和修正自己的立場。在南朝神不滅討論不久，北齊儒家內部圍繞《孔子家語》中的一段話，也進行了類似的探討。《孔子家語·曲禮子貢問》中講到春秋末年吳國季札出使齊國，歸國時沒有將自己兒子的屍體帶回吳國，而是就地安葬，並說：「骨肉歸於土，命也。若魂氣，則無不之。」此話得到孔子的讚許：「延陵季子之禮，其合矣。」

《北齊書·杜弼傳》記載，當時大才子邢邵認為季札所說的「無不之」就是靈魂在死後「散盡」，由於當時並不認為《孔子家語》是偽書，若孔子贊同「無不之」的說法，就是聖人肯定死後靈魂散盡，等於贊同了范縝的

---

[491]　《中國佛教思想資料選編》第一卷，第230頁。《大正藏》本「若此二句，皆以明無」中，「明無」為「無明」，從上下文意，當以「明無」為是。「二句」指的是「一陰一陽謂道」，「陰陽不測之謂神」。

第三節　與儒學的一次交鋒：神不滅辯論的佛學意義

神滅論。而杜弼同邢邵書信往復論辯，最終「邢邵理屈而止」，說明當時的儒家在神滅神不滅的立場上，已日趨認同佛教的看法。

第十章　南朝時期佛教的發展與政教衝突

第十一章
六朝時期僧人尺牘書信文化

第十一章　六朝時期僧人尺牘書信文化

本章以六朝佛教書信為研究對象，首先概述僧侶、佛教居士、朝廷權貴之間私人通信往來的禮節、慣例，隨信附帶經論、禮品，以及信使等諸問題；接著探討六朝佛教兩類公開信對於清談論辯、重大佛教政策決議的重要意義；最後總結六朝佛教書信在當時發揮的四種主要功能，在建構中國中世佛教共同體方面發揮的重要作用。

梁啟超先生云：「清儒既不喜效宋明人聚徒講學，又非如今之歐美有種種學會學校為聚集講習之所，則其交換知識之機會，自不免缺乏。其賴以補之者，則函札也。」[492] 梁先生雖然專論清代學術，然在中國古代文人社會，同樣具有普遍意義。六朝佛教人物，在講經論辯、注疏立說之外，書信往來也是一種極其重要的佛學觀點表達、爭論的方式，從中我們可以看出當時佛教共同體的許多特點。六朝佛教書信，尚缺乏專門的研究，故本章對此加以探討。

第一節　六朝佛教書信概述

木簡厚重，縑帛昂貴，六朝時紙張工藝取得了長足發展，「古無紙，故用簡，非主於敬也。今諸用簡者，皆以黃紙代之」(《太平御覽》卷六百五引《桓玄偽事》)。東晉末年桓玄時，紙張已經全面代替簡帛，無疑為六朝書信往返帶來極大便利。從現存史料來看，梁代僧祐編輯的《弘明集》、唐代道宣編輯的《廣弘明集》，收入涉及佛教內容的書信甚多，僧祐《出三藏記集》、梁代慧皎《高僧傳》也常常提及僧人間書信往來。此外，在佛教史上一些著名的文獻，如東晉僧肇《肇論》中收入的書信、依據慧遠與鳩摩羅什書信往返問答而編成的《大乘大義章》等，都是研究六朝佛教書信

---

[492]　梁啟超：《清代學術概論》，復旦大學出版社 1998 年版，第 52 頁。

第一節　六朝佛教書信概述

的重要資料。

現存史料中，有如此多的佛教書信得以保留，這從一個側面也說明至少當時部分僧人是有意保留、收集，甚至是展示書信的。例如據《出三藏記集》卷十四載，劉宋時來華的著名僧人求那跋陀羅，受到譙王寵信，後譙王謀反失敗，「初跋陀在荊州十載，每與譙王書疏，無不記錄。及軍敗檢簡，無片言及軍事者。孝武明其純謹，益加禮遇。」[493] 求那跋陀羅與譙王同處一地，「譙王鎮荊州，請（跋陀）與俱行，安止辛寺，更創殿房」[494]，但文書往來仍是重要的溝通手段。由此我們可以推測，書信是當時僧人與當權者交往的重要媒介，信件文書常得以妥善保存。

書信往返，不僅用於高級僧侶回答當權者諮詢，也是交結權貴的一種重要方式。權貴之間，也有替僧侶寫介紹信、推薦信的情形。如習鑿齒與謝安書曰：「來此見釋道安，故是遠勝，非常道士。師徒數百，齋講不倦。無變化伎術可以惑常人之耳目，無重威大勢可以整群小之參差，而師徒肅肅，自相尊敬，洋洋濟濟，乃是吾由來所未見。其人理懷簡衷，多所博涉，內外群書，略皆遍觀，陰陽算數，亦皆能通。佛經故最是所長，作義乃似法蘭、法祖輩，統以大無，不肯稍齊物等智，在方中馳騁也。恨不使足下見之！其亦每言思得一見足下。」[495] 從該信最後一句，我們可以看出，這封信當是東晉高僧釋道安想拜見南朝宰相謝安，而由習鑿齒寫的介紹信。再如「吳郡張融與周顒書曰：古人遺族故留兒女，法寵法師絕塵如棄唾，若斯之志大矣遠矣」[496] 盛讚了梁代高僧法寵。從這些介紹信、推薦信評語的流行，我們可以明白為何當時不少高僧「其為時賢所重如此」的原因。

---

[493]　《出三藏記集》，第 549 頁。
[494]　《出三藏記集》，第 548 頁。
[495]　《出三藏記集》，第 562～563 頁。
[496]　《大正藏》第 50 卷，第 461 頁上。

第十一章　六朝時期僧人尺牘書信文化

　　六朝佛教書信往返，常常附帶最近的譯經或論著。附帶義理論著若篇幅較長，則與問候信函分開，如僧肇答劉遺民的信，「書有二幅，前短札，後長幅」[497]，問候信件一般較短，是「尺寸小緣」式的短札，而牽扯義理論辯的長篇大論則為「長幅」。隨信附帶經論，有時是為了唱和結交，如鳩摩羅什翻譯完《大智度論》後，北朝姚秦皇帝姚興寫信給慧遠，請慧遠作序，並隨信寄去了剛剛翻譯完成的《大智度論》譯稿，「《釋論》（《大智度論》）新出，興送論並遺書曰：『《大智論》新譯訖，此既龍樹所作，又是方等旨歸，宜為一序，以申作者之意。然此諸道士，咸相推謝，無敢動手，法師可為作序，以貽後之學者。』」[498] 隨信附帶經論，有時則是為了論辯博弈，如劉宋時佛教界因慧琳所作〈白黑論〉（又稱〈均善論〉）而發生辯論，支持慧琳的何承天隨信將〈白黑論〉送與廬山慧遠弟子宗炳，宗炳回信表示不能贊同慧琳的觀點：「所送琳道人〈白黑論〉，辭情致美，但吾暗於照理，猶未達其意。」[499] 而從何承天的回信中，我們也可以看出他將〈白黑論〉寄予宗炳的意圖，即是要宗炳表明立場觀點：「前送〈均善論〉，並諮求雅旨。」[500]

　　僧人書信往返結交，信末常附有詩文唱和，有時還會隨書信附帶贈送禮品。廬山慧遠聽說鳩摩羅什來華，去信結交，書信末尾提到：「今往比量衣裁，願登高座為著之，並天漉之器，此既法物，聊以示懷。」鳩摩羅什回信說：「損所致比量衣裁，欲令登法座時著，當如來意，但人不稱物，以為愧耳。今往常所用鍮石雙口澡灌，可備法物之數也，並遺偈一章曰：既已捨染樂，心得善攝不？若得不馳散，深入實相不？畢竟空相中，其心無所樂。若悅禪智慧，是法性無照。虛誑等無實，亦非停心處。仁者所得

---

[497]　《中國佛教思想資料選編》第一卷，第151頁。
[498]　《高僧傳》，第218頁。
[499]　《大正藏》第52卷，第18頁上。
[500]　《大正藏》第52卷，第19頁上。

法，幸願示其要。」[501] 廬山慧遠與鳩摩羅什，隨書用日常貼身之物「禮尚往來」，拉近了彼此的關係。信中附帶的詩偈唱和，也是僧侶間交流感情的常見手法。對於鳩摩羅什的詩偈，慧遠也作了應和：「並報偈一章曰：本端竟何從，起滅有無際。一微涉動境，成此頹山勢。惑想更相乘，觸理自生滯。因緣雖無主，開途非一世。時無悟宗匠，誰將握玄契？來問尚悠悠，相與期暮歲。」[502]

帝王權貴與僧人結交，隨信更是常常附帶禮品，如泰山僧朗，「晉孝武致書遺，魏主拓跋珪亦送書致物，其為時人所敬如此」[503]。《廣弘明集》卷二十八收入六位帝王致僧朗書，〈北代魏天子招拔圭書〉：「今遣使者，送素二十端，白氈五十領，銀缽二枚，到願納受」；〈晉天子司馬昌明書〉：「今遣使者，送五色珠像一軀，明光錦五十匹，象牙簟五領，金缽五枚，到願納受」；〈秦天子符堅書〉：「今並送紫金數斤，供鍍形象，綾三十匹，奴子三人，可備灑掃。至人無違，幸望納受，想必玄鑑見朕意焉」；〈燕天子慕容垂書〉：「今遣使者，送官絹百匹，袈裟三領，綿五十斤，幸為咒願」；〈南燕天子慕容德書〉：「使者送絹百匹，並假東齊王，奉高、山荏二縣封給。書不盡意，稱朕心焉」；〈秦天子姚興書〉：「今遣使者，送金浮圖三級，經一部，寶臺一區。庶望玄鑑，照朕意焉。」[504]

有時帝王不僅自己餽贈禮品，還直接要求臣下也向高僧餽贈禮品。如前面提到的秦主姚興，與廬山慧遠「致書殷勤，信餉連接，贈以龜茲國細縷雜變像，以申欵心，又令姚嵩獻其殊像」[505]；再如北齊文宣帝優崇僧稠，「詔書手敕，月別頻至；尺寸小緣，必親言及。又敕侍御徐之才崔思

---

[501]　《高僧傳》，第217頁。
[502]　《高僧傳》，第217頁。
[503]　《高僧傳》，第190頁。
[504]　參見《大正藏》第52卷，第322頁上～322頁下。
[505]　《高僧傳》，第218頁。

第十一章　六朝時期僧人尺牘書信文化

和等,送諸藥餌,觀僧疾苦。」[506] 有時餽贈的數量是很大的,可接濟僧團日用之需,如「高平郤超遣使遺米千斛,修書累紙,深致殷勤。安(道安)答書云:『損米彌覺有待之為煩』」。[507] 宋武帝向廬山慧遠「遣使齎書致敬,並遺錢米」[508],對於帝王權貴的大量餽贈,僧團領袖一般要與僧團大眾供享,有時也婉言謝絕,如僧稠「以佛法要務志在修心,財利動俗事乖道化,乃致書返之」。

古時交通不便,遠距離的通信一般時間較長。廬山與長安僧團通信,常常要往返經年,如廬山慧遠弟子劉遺民去信長安僧肇問候僧肇「歲末寒嚴,體中如何?」又信中提到「去年夏末,始見生上人示〈無知論〉」,僧肇回信說:「慧明道人至,得去年十二月疏,並問……八月十五釋僧肇疏答。」[509] 由此則可知,劉遺民在廬山於去歲夏得到道生從長安帶回的僧肇書信論著,並於歲末嚴冬十二月回信,轉過年來,慧明道人北上帶信,僧肇於八月十五才寫信給劉遺民。可見,廬山與長安,往返信件一次至少需半年以上的時間。

遠距離書信往返,常常需要遊僧作為信使,但遊僧帶信不能保證時間,因此有時由於雙方書信往來非常頻繁,也出現了專職的僧人作為信使,其中最具代表性的僧人信使就是曇邕。曇邕「關中人,少仕偽秦至衛將軍,形長八尺,雄武過人。太元八年(西元383年),從苻堅南征,為晉軍所敗,還至長安,因從安公出家。安公既往,乃南投廬山,事遠公為師……後為遠入關,致書羅什,凡為使命,十有餘年,鼓擊風流,搖動峰岫,強悍果敢,專對不辱」[510]。曇邕身體強壯,熟悉南北方情況,作為南北方僧團的信使,是非常合適的人選。另外,值得注意的是,曇邕在廬山慧遠僧團

---

[506]　《大正藏》第50卷,第554頁下。
[507]　《高僧傳》,第180頁。
[508]　《高僧傳》,第216頁。
[509]　《中國佛教思想資料選編》第一卷,第155、151頁。
[510]　《高僧傳》,第236～237頁。

中的資歷地位很高,「遠(慧遠)神足高抁者其類不少,恐後不相推謝,因以小緣託擯邑出」[511],從信使地位之高,亦可反襯出當時僧侶之間書信往來之重要性。

第二節　公開信

　　六朝佛教信函,寫作目的常常出於應酬、弘法或辯論,因此往往並不具備私密性質,甚至可以稱之為公開信。本節主要討論六朝佛教書信中的兩類公開信,一類是私人朋友同道之間為探討某一問題而產生的公開信;另一類則是具有政府公函性質的公開信。

　　私人朋友同道之間,為某一話題產生爭論,就會寫信相互交流,有時論辯對手不止一人,因此會出現一封信同時寫與數人的情況,如《弘明集》收入的劉宋時范泰〈與生、觀二法師書〉、〈與王司徒諸公論沙門踞食書〉,李淼〈與高、明二法師難佛不見形書〉,後秦主姚略〈與恆、標二公勸罷道書〉、〈與僧遷等書〉、劉宋時謝靈運的〈辯宗論諸道人王衛軍問答〉等等。

　　除了私人的公開信函,有些六朝佛教公開信函還具有公函性質,這些公函一般由帝王等當權者發出,敕令高僧、臣下作答。

　　六朝帝王寫給僧人的書信並非都是敕令詔書,如前文提到北齊文宣帝寫給僧稠的書信即分不同類型,「詔書手敕,月別頻至;尺寸小緣,必親言及。」不過,不可否認,六朝帝王等當權者的部分書信具有公函性質,並蓋有印信,如陳代高僧智顗受到陳主禮遇,「因降璽書,重迓徵入」。[512]

---

[511]　《高僧傳》,第237頁。
[512]　《大正藏》第50卷,第565頁下。

第十一章 六朝時期僧人尺牘書信文化

具有公函性質的六朝佛教公開信，常常是討論決策諸如是否沙汰沙門、僧尼禮儀等涉及佛教的重大事件，比較有名的如桓玄的〈與八座論沙門敬事書〉。祝總斌先生從六朝政治制度方面入手，對此事有比較深入的分析：從東晉開始，門下已經被視為「喉舌機要」，責任在於「出納王命」，即詔書必須經過門下下達，才有效力。

（皇帝）詔令經過門下下達的主要指導思想……在其創立之時很可能是晉元帝為了用以限制王導的權力，但這是一個時期內統治集團內部矛盾尖銳所誘發的特殊動機，就整個東晉南朝（以及北朝）的一般情況說，主要目的恐怕還是為了透過門下的把關，保證所下詔令能更符合整個統治階級的利益。

《弘明集》卷十二：桓玄篡晉稱帝，頒下「許沙門不致敬禮詔」。詔書經過門下，侍中卞嗣之、給事黃門侍郎袁恪之、門下通事令史馬範不同意，啟請桓玄重新考慮，桓玄堅持己見，最後門下方才通過。卞嗣之表示：「臣暗短不達，追用愧悚，輒奉詔付外，宣攝遵承。」卞嗣之等原啟請不同意詔書的理由是為了維護皇帝至高無上尊嚴，不許存在任何例外，所謂「率土之民，莫非王臣，而以向化法服，便抗禮萬乘之主，愚憑所未安。拜起之禮，豈虧其道，尊卑大倫，不宜都廢。」同樣是從整個統治階級利益著眼的。[513]

作為公函的佛教公開信，往往是當權者在做出涉及佛教的重大決策前，表明自己立場、製造輿論的一種方式，如果反對意見並不激烈，則政策就得以推行；若反彈較大，則暫緩實行。南北朝數次沙汰沙門之前，都有類似舉動，此類公開信已經納入統治決策機制，值得重視。

再如，梁武帝因反對范縝〈神滅論〉，作〈敕答臣下審神滅論〉，並由梁代高僧法雲以及王公朝貴等六十二人作答，也屬於公函性質的六朝佛教

---

[513] 祝總斌：《兩漢魏晉南北朝宰相制度研究》，中國社會科學出版社 1998 年第 2 版，第 284～285 頁。

公開信，從中我們可以看出此類公開信的運作模式。首先是帝王等當權者做出本論，梁武帝作〈敕答臣下審神滅論〉，然後下發給相關高僧及王公權貴，如〈莊嚴寺法雲法師與公王朝貴書〉所云：「主上〈敕答臣下審神滅論〉，今遣相呈。」[514] 相關人員收到當權者的本論後，即著手做出應答。因對於梁武帝批判〈神滅論〉，梁代高僧與各權貴並無異議，故回信都加以附和，大都依慣例成文，即以辱告惠示或伏覽〈敕答臣下審神滅論〉為開頭，接著順承梁武帝本論之意，並對范縝〈神滅論〉加以批駁，最後以某某「和南」或某某「呈」、「白答」等落款。

第三節　小結：六朝佛教書信的功能

六朝佛教書信在當時具有諸多功能，現小結如下：

(1) 攀援結交，相互推介，品評人物。透過書信互致問候、聯繫感情、增進友誼，是書信的基本功能。初次結交，透過書信，也有自我介紹、餽贈禮品、進行攀援的效果，或透過他人書信進行推介。六朝書信往返間，也常常評論人品學問，從客觀上也有形成公開學術評價機制的作用，如「時遠（慧遠）講《喪服經》，雷次宗、宗炳等，並執卷承旨。次宗後別著義疏，首稱雷氏，宗炳因寄書嘲之曰：『昔與足下共於釋和上間，面受此義，今便題卷首稱雷氏乎？』其化兼道俗，斯類非一。」[515] 除了介紹信，有些書信還有辯護調解、周旋人事的重要作用，如佛陀跋陀羅被長安僧團驅逐，廬山慧遠「以賢之被擯，過由門人，若懸記五舶，止說在同意，亦於律無犯，乃遣弟子曇邕，致書姚主及關中眾僧，解其擯事。」[516]

---

[514]　《大正藏》第 52 卷，第 60 頁中。
[515]　《高僧傳》，第 221 頁。
[516]　《高僧傳》，第 72 頁。

(2) **回答諮詢，交流學問，互通消息**。六朝高僧常常透過書信回答權貴釋夢占卜乃至軍政上的諮詢，上文提到的求那跋陀羅，雖然譙王軍敗「檢簡，無片言及軍事者」，但實際上求那跋陀羅在政治上是給予譙王參謀意見的，如「元嘉將末，譙王屢有怪夢，跋陀答以京都將有禍亂。未及一年，而二凶構逆。」[517] 僧侶之間書信，交流譯經資訊、探討佛學義理，更為常見，最具代表性的是廬山慧遠與鳩摩羅什的通信，極大地促進了南北朝佛教義理的交流與發展，慧遠寫信詢問鳩摩羅什佛教義理，並非禮節性的虛應故事，而是帶有很強的系統性，如慧遠在聽說鳩摩羅什計劃回國後，去信：「日有涼氣，比復何如？去月法識道人至，聞君欲還本國，情以悵然。先聞君方當大出諸經，故來欲便相諮求，若此傳不虛，眾恨可言。今輒略問數十條事，冀有餘暇，一二為釋。此雖非經中之大難，欲取決於君耳。」[518] 慧遠一次去信就詢問數十條事，可見僧侶間透過書信交流學問分量之重。除了請教義理，也有漢地僧人透過書信請求胡僧誦出經典流通中國的事例，如現在《出三藏記集》中保存的一封廬山慧遠寫給曇摩流支，請出《十誦律》：「佛教之興，先行上國，自分流已來，近四百年，至於沙門德式，所闕猶多。頃西域道士弗若多羅者，是罽賓持律，其人諷《十誦》胡本。有鳩摩耆婆者，通才博見，為之傳譯。《十誦》之中，始備其二，多羅早喪，中塗而廢。不得究竟大業，慨恨良深。傳聞仁者齎此經自隨，甚欣所遇，冥運之來，豈人事而已耶！想弘道為物，感時而動，叩之有人，必情無所吝。若能為律學之眾留此經本，開示梵行，洗其耳目，使始涉之流，不失無上之津；參懷勝業者，日月彌朗。此則惠深德厚，人神同感矣！幸望垂懷，不孤往心。一二悉諸道人所具，不復多白。」[519]

(3) **往復辯論，探求義理，佛道論衡**。現存六朝佛教書信，數量最多

---

[517] 《出三藏記集》，第 548 頁。
[518] 《高僧傳》，第 217 頁。
[519] 《出三藏記集》，第 117 頁。

第三節　小結：六朝佛教書信的功能

的是就某一個問題往復論辯而產生的多通書信，南朝以來，最為引人注目的就是大量關於佛道論衡的書信，通信各方包括僧侶、佛教居士、道士、王公朝貴。在南朝，最先在思想界引發佛道教激烈辯論的是劉宋時人顧歡，顧歡是南朝著名道士，《南史》本傳載「初，歡以佛道二家教異，學者互相非毀，乃著〈夷夏論〉……歡雖同二法，而意黨道教。宋司徒袁粲託為道人通公駁之。」《南史》並錄顧歡〈夷夏論〉，並節略收錄袁粲駁文，顧歡答文，以及明僧紹〈正二教論〉、司徒從事中郎張融〈門律〉，太子僕周顒難張融文。《弘明集》卷六收錄的明僧紹〈正二教論〉、張融〈門律〉、周顒〈難張長史門律（並問答三首）〉、張融〈答周顒書〉、周顒〈重答張長史書〉、謝鎮之〈與顧道士書〉、〈重與顧道士書（並頌）〉，以及卷七收錄的朱昭之〈難顧道士夷夏論（並書）〉、朱廣之〈諮顧道士夷夏論（並書）〉、釋慧通〈駁顧道士夷夏論（並書）〉、釋僧愍〈戎華論折顧道士夷夏論〉。後又有「道士假稱張融」[520]作〈三破論〉，《弘明集》卷八收入劉勰〈滅惑論〉、釋僧順〈釋三破論〉（答道士假稱張融三破論十九條），反駁〈三破論〉。書信往復是六朝佛教義理辯論最重要的展示舞臺，也是佛道論衡最引人注目的「戰場」。

（4）徵集意見，表明立場，左右決策。 六朝當權者在做出涉及佛教的重大決策前，常常以公開信的形式表明立場，並以敕答的形式徵集僧侶、權貴意見。重要僧侶做出的答辯，常常有左右決策的效果，最為著名的是廬山慧遠的〈沙門不敬王者論〉、〈與桓太尉論料簡沙門書〉等，直接阻止了統治者嚴格管控佛教僧侶的政策發表。再如劉宋時圍繞慧琳〈白黑論〉朝廷權貴書信往復辯論，其背景實則「元嘉十二年五月五日，有司奏，丹陽尹蕭摹之上言稱：佛化被於中國已歷四代，塔寺形象所在千計……而自頃世以來，情敬浮末，不以精誠為至，更以奢競為重。舊宇頹阤曾莫之

---

[520]　《大正藏》第 52 卷，第 51 頁下。

第十一章　六朝時期僧人尺牘書信文化

修，而各造新構以相誇尚。甲地顯宅於茲殆盡，林竹銅彩靡損無極。違中越制，宜加檢裁。不為之防，流遁未已。請自今以後，有欲鑄銅像者，悉詣臺自聞。興造塔寺精舍，皆先詣所在二千石。通發本末，依事列言本州。必須報許，然後就功。其有輒鑄銅製，輒造寺舍者。皆以不承用詔書律論，銅宅材瓦，悉沒入官。奏可。」[521]而元嘉中，慧琳權傾一時，有「黑衣宰相」之稱。《宋書》卷九十七載：慧琳「元嘉中，遂參權要，朝廷大事，皆與議焉。賓客輻湊，門車常有數十兩，四方贈賂相繫，勢傾一時。」其所作〈白黑論〉，認為儒釋道三教均善，各有長處，得到宋文帝賞識，而引起佛教界不滿，並在朝廷權貴中引發爭議：慧琳「著〈白黑論〉，乖於佛理。衡陽太守何承天，與琳比狎，雅相擊揚，著〈達性論〉，並拘滯一方，詆呵釋教。顏延之及宗炳撿駁二論，各萬餘言。」[522]宋文帝高度關注這場辯論，謂侍中何尚之曰：「吾不讀經，比復無暇。三世因果，未辨致懷。而復不敢立異者，正以前達及卿輩時秀，率皆敬信故也。范泰、謝靈運每云：六經典文，本在濟俗為治耳。必求性靈真奧，豈得不以佛經為指南耶！顏延年之折〈達性〉，宗少文之難〈白黑〉，〈明佛〉汪汪，尤為名理，並足開獎人意。若使率土之濱，皆純此化，則吾坐致太平，夫復何事？近蕭摹之請制，未全經通，即已相示，委卿增損。必有以式遏浮淫，無傷弘獎者，乃當著令耳。」[523]宋文帝關心〈白黑論〉的爭議，並非完全出於理論上的興趣，「近蕭摹之請制」顯然是一個重要原因，與其制定佛教政策密切相關。永嘉太守顏延之、太子中舍人宗炳，動輒萬言的書信反覆爭辯，顯然意在左右朝廷政策。

　　透過上面的分析，我們可以看出，六朝佛教書信往來，不僅在一定程

---

[521]　《大正藏》第 52 卷，第 69 頁上。
[522]　《高僧傳》，第 268 頁。
[523]　《大正藏》第 52 卷，第 69 頁中。

第三節　小結：六朝佛教書信的功能

度上建構了類似艾爾曼所謂的清代「學者社會」、「學者共同體」[524]，而且透過書信往來，佛教僧團與朝廷權貴建立密切的關係，甚至可以說是部分構成了類似於谷川道雄意義上的「豪族共同體」[525] 或說佛教共同體，及其對外交際。這是因為，六朝佛教高級僧侶不僅是一般的知識分子，而且更是僧團領袖，甚至重要的僧團領袖如廬山慧遠，「素王廬山」[526]，實是一方割據諸侯；又如前文提到的東晉泰山僧朗，「燕主慕容德欽朗名行，假號東齊王，給以二縣租稅，朗讓王而取租稅」[527]；再如「陳宣帝下詔曰：禪師（智顗）佛法雄傑，時匠所宗，訓兼道俗，國之望也。宜割始豐縣調以充眾費，蠲兩戶民用供薪水。」[528] 這類僧團領袖，透過書信往來與各方勢力建立起溝通管道，對於我們理解中古佛教乃至中古社會，都極有研究價值。

---

[524]　這方面詳盡的討論，讀者可以參考張瑞龍：〈書信往來與清代學術：以清中葉學者書信往來為中心的考察〉，見香港《九州學林》2009 年夏季七卷二期，第 140～204 頁。
[525]　參見谷川道雄著，馬彪譯：《中國中世社會與共同體》，中華書局 2002 年版。
[526]　《高僧傳》，第 216 頁。
[527]　《高僧傳》，第 190 頁。
[528]　《大正藏》第 50 卷，第 565 頁上～565 頁中。

第十一章　六朝時期僧人尺牘書信文化

第十二章

民間佛教徒對死後世界的信仰

第十二章　民間佛教徒對死後世界的信仰

第一節　南朝民眾的佛教地獄信仰研究

本節主要以現存南朝各種應驗記為資料，探討在南朝民眾佛教信徒中廣泛存在的地獄信仰。正是這種民眾地獄信仰，在中國傳統中潛移默化地注入了因果報應、六道輪迴等佛教信仰。生前作惡，死後在地獄中受苦，受苦贖罪完畢，亡者可以昇天轉世，這是南朝地獄信仰的基本模式；而為了儘早結束地獄之苦，齋醮誦經、經像崇拜等各種佛教元素紛紛加入地獄信仰之中，這也迫切要求最終出現一位佛教的度人師，總管惡鬼超拔。總之，南朝佛教的地獄信仰，幾乎能夠整合當時中國人所有的佛教信仰實踐，並催生了許多新的中國佛教信仰元素。

海外中國佛教史研究專家陳觀勝教授，在其久負盛名的《中國佛教》一書中，將魏晉南北朝佛教史概括為南朝的士大夫佛教（Gentry Buddhism）與北朝的國家佛教（State Buddhism）[529]，後來華裔學者黎惠倫教授透過研究在北朝佛教邑社中影響甚廣的偽經《提謂波利經》，進一步提出在南方的士大夫佛教和北方的國家佛教之外，於稍後的5世紀中國北方還出現了民眾佛教（Plebeian Buddhism）。[530] 中國大陸佛教專家方廣錩教授，依據敦煌佛教文獻，提出魏晉南北朝之世，在義理佛教之外，尚有信仰型佛教存在，「義理佛教與信仰型佛教都出現了自己的領導人物——釋道安與劉薩訶」，後者即「在北方信仰性佛教中占據重要地位的劉薩訶（劉師佛）」。[531]

---

[529] 參見 Kenneth Chen, Buddhism in China, pp.121～183. 另一位研究中國佛教史的著名海外學者許理和教授在其名著《佛教征服中國》中也曾提出類似的一對概念：「王室佛教」（court Buddhism）與「士大夫佛教」（gentry Buddhism）。

[530] Whalen W. Lai, "The Earliest Folk Buddhist Religion in China: Ti-Wei Po-li Ching and Its Historical Significance" eds. David W. Chappell, Buddhist and Taoist Practice in Medieval Chinese Society, (Honolulu: University of Hawaii Press, 1987), p.11.

[531] 方廣錩：〈敦煌遺書與佛教研究〉，麻天祥主編：《佛學百年》，武漢大學出版社 2008 年版，第 373～374 頁。

第一節　南朝民眾的佛教地獄信仰研究

　　民眾佛教（或民眾信仰型佛教）在魏晉南北朝佛教史中的地位，逐漸受到學者重視，在學術研究上開始與士大夫佛教研究、國家佛教（或王室佛教）研究鼎足而立。但是，現有魏晉南北朝民眾佛教研究大都局限在中國北方，主要利用北方石窟碑刻、敦煌遺書等資料進行研究；而實際上，中國南方的民眾佛教也十分發達，現存各類佛教應驗記（「釋氏輔教之書」）也不少，像在北方影響巨大的「劉薩訶」也多次出現在南朝佛教應驗故事之中，甚至故事鋪陳更加豐富。南朝佛教史研究大都集中於南朝發達的佛教義理，而南朝民眾佛教研究則遭遇了不應有的忽視。有鑒於此，筆者即以佛教應驗記為主要資料，透過對地獄信仰的研究，管窺南朝的民眾佛教信仰，以求教於方家。

一、晉宋時民眾接受的地獄信仰

　　描述地獄的各類譯經，已有學者進行了梳理。[532] 但有一個現象值得我們注意，那就是魏晉南北朝時期，各類佛經關於地獄的說法很不統一，經文分歧很大：

　　隨著佛經的傳譯，佛家的地獄思想便間接地被帶入中國。而有關地獄的經論，譯述的也早，遠在東漢桓、靈帝之世，安世高便譯有《佛說十八泥犁經》、《佛說罪業應報教化地獄經》等。稍後靈、獻之時，支婁迦讖所譯《道行般若經》中有「泥犁品」，康巨譯有《問地獄事經》……雖然佛家的地獄說傳入的早；有關地獄的文字，譯著的多；但由所傳入的佛家經論來看，在六朝之世，佛家對地獄的說法仍極分歧。不僅對地獄的名稱、數目諸經說法不同，甚至連地獄在何處也有異說。這種分歧的情形，嚴重到幾乎難得找到幾本經論的說法是完全相同的。而地獄說源自印度，由此也可看出印度初期的地獄說，本是紛雜不統一的。[533]

---

[532] 可參閱〈佛家諸經論所言地獄異說表〉，見蕭登福：《漢魏六朝佛道兩教之天堂地獄說》，（臺北）臺灣學生書局 1989 年版，第 175～203 頁。
[533] 《漢魏六朝佛道兩教之天堂地獄說》，第 65 頁。

第十二章　民間佛教徒對死後世界的信仰

　　本節並非要從譯經史的角度來探討地獄觀念的傳入，或追述印度本土的地獄觀念；而是關心如此紛雜的地獄說法，透過各類譯經、外國僧侶傳入中國後，哪些地獄觀念產生了較大的影響，中國人是如何接受這些地獄觀念，又是如何將其進行整合的。下面我們將主要從晉宋時流行的「地府遊記」對此問題進行探討：

　　晉趙泰，字文和，清河貝丘人也。祖父京兆太守。泰，郡舉孝廉；公府闢，不就。精思典籍，有譽鄉里。當晚乃膺仕，終於中散大夫。泰年三十五時，嘗卒心痛，須臾而死。下屍於地，心暖不已，屈伸隨人。留屍十日，平旦，喉中有聲如雨，俄而蘇活。說初死之時，夢有一人，來近心下。復有二人，乘黃馬，從者二人，夾扶泰腋，徑將東行，不知可幾里，至一大城，崔嵬高峻，城色青黑，狀錫。將泰向城門入，經兩重門，有瓦屋可數千間；男女大小，亦數千人，行列而立。吏著皁衣，有五六人條疏姓字，云當以科呈府君。泰名在三十。須臾，將泰與數千人男女，一時俱進。府君西向坐，簡視名簿訖，復遣泰南入黑門。有人著絳衣，坐大屋下，以次呼名，問生時所事：「作何孽罪，行何福善？諦汝等辭，以實言也。此恆遣六部使者，常在人間，疏記善惡，具有條狀，不可得虛。」泰答：「父兄仕官，皆二千石。我少在家，修學而已，無所事也，亦不犯惡。」乃遣泰為水官監作使，將二千餘人，運沙裨岸，晝夜勤苦。後轉泰水官都督，知諸獄事，給泰馬兵，令案行地獄。所至諸獄，楚毒各殊。或針貫其舌，流血竟體；或被頭露髮，裸形徒跣，相牽而行，有持大杖，從後催促，鐵床銅柱，燒之洞然，驅迫此人，抱臥其上，赴即焦爛，尋復還生；或炎爐巨鑊，焚煮罪人，身首碎墮，隨沸翻轉。有鬼持叉，倚於其側。有三四百人，立於一面，次當入鑊，相抱悲泣。或劍樹高廣，不知限量，根莖枝葉，皆劍為之。人眾相誓，自登自攀，若有欣意。而身首割截，尺寸離斷。泰見祖父母及二弟，在此獄中，相見涕泣。泰出獄門，見有二人齎文書來，語獄吏，言有三人，其家為其於塔寺中縣幡燒香，救解

第一節　南朝民眾的佛教地獄信仰研究

其罪，可出福舍。俄見三人，自獄而出；已有自然衣服，完整在身。南詣一門，云名「開光大舍」，有三重門，朱采照發。見此三人，即入舍中。泰亦隨入。前有大殿，珍寶周飾，精光耀目。金玉為床。見一神人，姿容偉異，殊好非常，坐此座上。邊有沙門，立侍甚眾。見府君來，恭敬作禮。泰問：「此是何人，府君致敬。」吏曰：「號名世尊，度人之師，有願令惡道中人皆出聽經。」時云有百萬九千人，皆出地獄，入百里城。在此到者，奉法眾生也。行雖虧殆，尚當得度，故開經法。七日之中，隨本城作善惡多少，差次免脫。泰未出之頃，已見十人，升虛而去。出此舍，復見一城，方二百餘里，名為「受變形城」。地獄考治已畢者，當於此城，更受變報。泰入其城，見有土瓦屋數千區，各有坊巷。正中有瓦屋高壯，闌檻採飾，有數百局吏，對校文書，云：殺生者當作蜉蝣，朝生暮死；劫盜者當作豬羊，受人屠割；淫洗者作鶴鶩獐麋；兩舌者作鴟梟鵂鶹；捍債者為驢騾牛馬。泰案行畢，還水官處。主者語泰，「卿是長者子，以何罪過，而來在此？」泰答：「祖父兄弟，皆二千石。我舉孝廉；公府闢，不行。修志念善，不染眾惡。」主者曰：「卿無罪過，故相使為水官都督。不爾，與地獄中人無以異也。」泰問主者曰：「人有何行，死得樂報？」主者唯言：「奉法弟子，精進持戒，得樂報，無有謫罰也。」泰復問曰：「人未事法時，所行罪過，事法之後，得以除不？」答曰：「皆除也。」語畢，主者開縢篋，檢泰年紀，尚有餘算三十年在，乃遣泰還。臨別，主者曰：「已見地獄罪報如是，當告世人，皆令作善。善惡隨人，其猶影響，可不慎乎？」時親表內外候視泰者，五六十人，同聞泰說。泰自書記，以示時人。時晉太始五年七月十三日也。乃為祖父母二弟延請僧眾，大設福會。皆命子孫改意奉法，課勸精進。時人聞泰死而復生，多見罪福，互來訪問。時有太中大夫武城孫豐，關內侯常山郝伯平等十人，同集泰舍，款曲尋問，莫不懼然，皆即奉法也。（《法苑珠林》七，《太平廣記》三百七十七）[534]

---

[534] 　《古小說鉤沉》，第278～281頁。

第十二章　民間佛教徒對死後世界的信仰

　　這個故事,《幽明錄》中也有收入[535],個別細節略有不同,《幽明錄》記載趙泰三十五歲去世時的時間是宋太始五年七月十三日夜半;自西門從兩重城門入陰間後見到的是「數十梁瓦屋,男女當五六十」,而不是上面引文說的「數千間」、「數千人」;在「開光大舍」中的見聞,《幽明錄》記敘與上述引文略有差異:趙泰「見大殿珍寶耀日,堂前兩師子並伏象,一金玉床,云名師子之座。見一大人,身可長丈餘,資顏金色,項有日光,坐此床上,沙門立侍甚眾,四座名真人菩薩,見泰山府君來作禮,(趙)泰問吏:『何人?』吏曰:『此名佛,天上天下,度人之師。』便聞佛言:『今欲度此惡道中及諸地獄人。』皆令出應,時云有萬九千人,一時得出地獄,實時見呼十人,當上生天,有車馬迎之,升虛空而去」;另外,《幽明錄》中提到懸幡燒香時,都提到了「轉《法華經》」。其他地方,兩書紀錄基本相同。

　　從上面這個故事,我們可以看出:人死後,被一隊吏卒押解來到地府,地府是一座有城門圍牆的大城。新死到地府的各亡靈,具有登記「條疏姓字」,並以此名單呈報地獄的主管「府君」。由府君再審批亡靈,先詢問亡靈生前的善惡行為,而且在審判時,府君已經事先掌握了該亡靈生前善惡行為的檔案紀錄。如果生前表現好,則可以在地府任職,如趙泰被任命為「水官監作使」,後由於表現良好,又升任「水官都督」;如果生前作惡,當入各種地獄受苦。地獄中針扎棒打,痛苦不堪,主要的地獄酷刑有三類:一是讓亡魂抱臥用火燒熱的銅柱鐵床,受炮烙之苦後,皮膚恢復,循環往復地受苦不盡;二是將亡魂叉入沸水小耳朵之中,「身首碎墮,隨沸翻轉」;三是攀爬劍樹,有些類似後世常說的上刀山,「身首割截,尺寸離斷」。

　　家人如果為亡者做佛教法事,如「其家為其於塔寺中縣(懸)幡燒香」,

---

[535]　《古小說鉤沉》,第 198～201 頁。

則可出地獄而入「開光大舍」，其大殿中有眾沙門簇擁的「神人」，「號名世尊，度人之師，有願令惡道中人皆出聽經」。亡魂聽經後得到超渡，可以「升虛而去」；若未得超渡，亡魂在地獄中受苦已盡，就會進入一座方圓二百餘里的大城「受變形城」，亡魂在此輪迴轉世。若生前作惡過多，則下一世託生之身也不會太好，「殺生者當作蜉蝣，朝生暮死；劫盜者當作豬羊，受人屠割；淫泆者作鶴鶩獐麇，兩舌者作鴟梟鵂鶹，捍債者為驢騾牛馬。」只有生前信奉佛法的人，死後才會有樂報，而且只要信奉佛法，未信佛法之前的惡業也會得以消除。

以上對地獄的描述，從下圖來看，就比較清楚了：

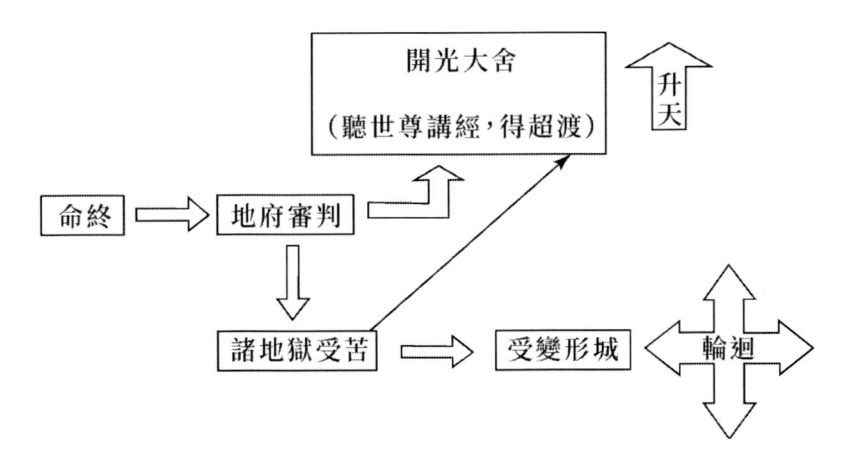

```
                    ┌──────────────────┐
                    │    開光大舍       │    ↑
                    │(聽世尊講經，得超渡)│   升天
                    └──────────────────┘
                            ↑
┌────┐    ┌────────┐       │
│命終│ ⇒  │地府審判│───────┘
└────┘    └────────┘
              ⇓
          ┌──────────┐    ┌────────┐
          │諸地獄受苦│ ⇒ │受變形城│ ⇔ 輪迴
          └──────────┘    └────────┘
```

從上圖我們可以看出，當時人們的佛教地獄觀念，大體來說是二元的，即經過地府的審判，好人或者說信奉佛法的人，入開光大舍，聽世尊（度人師）講經即得超渡而昇天；壞人或者說不信奉佛法的人，依其生前罪孽入各種地獄受苦，受苦折抵罪責後，入變形城輪迴轉世。不過在各地獄受苦時，若家人做佛事活動，亡靈也有可能從其所受苦的地獄中直接進入開光大捨得到超渡。

下面，我們再補充一條《冥祥記》中關於地獄的紀錄：

第十二章　民間佛教徒對死後世界的信仰

　　晉程道惠,字文和,武昌人也。世奉五斗米道,不信有佛。常云:「古來正道,莫逾李老,何乃信惑胡言,以為勝教!」太元十五年,病死。心下尚暖,家不殯殮,數日得蘇。說初死時,見十許人縛錄將去。逢一比丘,云此人宿福,未可縛也。乃解其縛,散驅而去。道路修平,而兩邊棘刺森然,略不容足。驅諸罪人,馳走其中,肉隨著刺,號呻聒耳。見惠行在平路,皆嘆羨曰:「佛弟子行路,復勝人也!」惠曰:「我不奉法。」其人笑曰:「君忘之耳。」惠因自憶先身奉佛,已經五生五死,忘失本志。今生在世,幼遇惡人,未達邪正,乃惑邪道。既至大城,徑進聽事。見一人,年可四五十,南面而坐。見惠,驚問曰:「君不應來。」有一人著單衣幘,持簿書對曰:「此人伐社,殺人,罪應來此。」向所逢比丘亦隨惠入,申理甚至,云:「伐社非罪也。此人宿福甚多,殺人雖重,報未至也。」南面坐者曰:「可罰所錄人。」命惠就坐,謝曰:「小鬼謬濫,枉相錄來。亦由君忘失宿命,不知奉大正法教也。」將遣惠還,乃使暫兼覆校將軍,歷觀地獄。惠欣然辭出,導從而行。行至諸城,城城皆是地獄,人眾巨億,悉受罪報。見有犂狗,齧人百節,肌肉散落,流血蔽地。又有群鳥,其喙如鋒,飛來甚速,鳩然血至,入人口中,表裡貫洞;其人宛轉呼叫,筋骨碎落。其餘經見,與趙泰、屑荷大抵粗同,不復具載。唯此二條為異,故詳記之。觀歷既遍,乃遣惠還。復見向所逢比丘,與惠一銅物,形如小鈴,曰:「君還至家,可棄此門外,勿以入室。某年月日,君當有厄。誡慎過此,壽延九十。」時道惠家於京師大街南,自見來還。達皂莢橋,見親表三人,住車共語,悼惠之亡。至門,見婢行哭而市。彼人及婢,咸弗見也。惠將入門,置向銅物門外樹上,光明舒散,流飛屬天,良久還小,奄爾而滅。至戶,聞屍臭,惆悵惡之。時賓親奔吊,突惠者多,不得徘徊,因進入屍,忽然而蘇。說所逢車人及市婢,咸皆符同。惠後為廷尉,預西堂聽訟,未及就列,欻然煩悶,不識人,半日乃愈。計其時日,即道人所戒之期。頃之,遷為廣州刺史。元嘉六年卒,六十九矣。(《珠林》五十五)[536]

---

[536]　《古小說鉤沉》,第 300～301 頁。

第一節 南朝民眾的佛教地獄信仰研究

引文中說「其餘經見，與趙泰、屑荷大抵粗同，不復具載。唯此二條為異，故詳記之」。因為《冥祥記》全書已佚，「屑荷」條已不可得見，而「趙泰」條即是本節所引第一個故事，故此處所引「程道惠」可以看作是「趙泰」條的補充。引文中強調的兩點，是我們前述三大類地獄之外，又增加了惡狗撲食的地獄，「齧人百節，肌肉散落，流血蔽地」；以及群鳥啄食的地獄，群鳥「其喙如鋒」，讓地獄中受苦的亡靈「筋骨碎落」。

另外，上述「程道惠」引文中還有兩點值得注意：第一，如果前世信奉，而此生不信佛，甚至信奉五斗米道，也會因前世信佛而在地獄中得到優待；第二，人死後，在前往地府的途中，道路十分崎嶇難行，「兩邊棘刺森然，略不容足」，行走其上「肉隨著刺，號呻聒耳」，而佛教徒死後得到優待，可以走平坦的好路。這一點在很多條筆記小說中都有提到，如《冥祥記》「石長和」條中提到，去往地府之路，「道之兩邊，棘刺森然，皆如鷹爪，見人甚眾，群走棘中，身體傷裂，地皆流血。見(石長)和獨行平道，俱嘆息曰：『佛子獨行大道中。』」[537]

此外，筆記小說中提到地獄酷刑還有不少，除了上面提到的炮烙、湯煮、爬劍樹，以及狗咬、鳥啄之外，常見的還有鐵輪，如晉初沙門支法衡在地府時，「俄見有鐵輪，輪上有鐵爪，從西轉來；無持引者，而轉駛如風。有一吏呼罪人當輪立，輪轉來輾之，翻還如此，數人碎爛。」此類地獄酷刑甚多，文繁不詳引。

在民眾接受的佛教信仰中，地獄酷刑甚多，首先固然是佛教相關經文的傳入；其次也是中國本土信仰對死後世界恐懼的一種反映。秦漢以來，中國人對死後生活是存在一種恐懼心理的，如東漢王充《論衡‧薄葬》：「是以世俗內持狐疑之議，外聞杜伯之類；又見病且終者，墓中死人來與相見，故遂信是，謂死如生。閔死獨葬，魂孤無副，丘墓閉藏，穀物乏匱，

---

[537]　《古小說鉤沉》，第 308 頁。

第十二章　民間佛教徒對死後世界的信仰

故作偶人以侍屍柩,多藏食物,以歆精魂。積浸流至,或破家盡業以充死棺,殺人以殉葬,以快生意……以為死人有知,與生人無以異。」[538]秦漢時中國人普遍認為,人在死後與生時一樣,仍有知覺,仍會遇到各種恐怖事物;佛教的地獄觀念,恰好迎合並加強了上述觀念。

第三,地獄中的酷刑在當時現實生活中也已司空見慣,人們耳濡目染,易於接受。在《冥祥記》記錄的當時人們的生活中,這類慘絕人寰的酷刑多有所見,例如「晉沙門釋開達,隆安二年,登壠採甘草,為羌所執。時年大飢,羌胡相啖。乃至達柵中,將食之。先在柵者,有十餘人;羌日夕烹俎,唯達尚存。」再如「晉張崇,京兆杜陵人也。少奉法。晉太元中,符堅既敗,長安百姓有千餘家,南走歸晉,為鎮戍所拘,謂為遊寇,殺其男丁,虜其子女。崇與同等五人,手腳共械,銜身掘坑,埋築至腰,各相去二十步。明日將馳馬射之,以為娛樂。」無論異族還是漢人,烹煮食人、荼毒取樂,這類事件的發生和傳聞,已為晉宋時人所熟悉,而且應該造成當時人們巨大的心理陰影。

面對天下大壞,許多人主張嚴刑峻法,「肉刑除復之議」辯論激烈。[539]是否恢復肉刑的議論,直到隋唐時新刑法體系的確立才告終。恢復肉刑的想法一直沒有得以實行,但在漢末至南北朝,歷代都有主張恢復肉刑的議論,應該說恢復肉刑的觀點是有市場的。其主要理由不外乎兩點:一則給犯罪者以切膚之痛的教訓,並警示他人;二則讓犯罪者苟全性命,留有出路且利於人口繁衍。而這兩點在佛教地獄中,都有很好的體現。一方面,在地獄中,犯罪者在肉體上得到切實的懲罰,既懲罰其惡行,也宣揚了因果報應思想,警示世人;另一方面,犯罪者在地獄中受刑,肢體離散後立即複合,雖不斷受苦,但刑滿之後還可輪迴轉世,並非趕盡殺絕。應該

---

[538]　王充:《論衡》,上海人民出版社1974年版,第252頁。
[539]　參見蒲堅:《中國古代法制叢鈔》第一卷,光明日報出版社2001年版,第579～584頁。

第一節　南朝民眾的佛教地獄信仰研究

說，民眾信仰中的這種地獄觀念，是符合當時人們的思想潮流的。

　　晉宋上層僧侶，也在理論上探討了亡靈在地獄中，肉體是否真的受苦，得到懲罰的問題。因為佛教主張「無我」（早期譯經翻譯為「非身」），人體由「四大」即地、水、火、風四種元素構成，人死形散，亡魂如何在地獄中切實感受到身體上的受刑罰，就是一個在理論上必須探討的問題。晉宋之際重要的僧團領袖廬山慧遠（西元334年至416年）在〈明報應論〉中，詳細討論了這個問題。

　　廬山慧遠在〈明報應論〉中首先要回答的問題就是：「問曰：佛經以殺生罪重，地獄斯罰，冥科幽司，應若影響。余有疑焉。何者？夫四大之體，即地水火風耳，結而成身，以為神宅，寄生棲照，津暢明識，雖託之以存，而其理天絕。豈唯精粗之間，固亦無受傷之地，滅之既無害於神，亦由滅天地間水火耳。」[540] 人體是由地、水、火、風等元素構成，它不過是人的靈魂（「神」）暫時寄居的房子。地獄刑罰，折磨肉體，就像興滅天地間水火等元素，對人的靈魂又有什麼損害呢？

　　慧遠對此的回答是：「請尋來問之要，而驗之於實。難旨全許地水火風結而成身，以為神宅，此即宅有主矣。問主之居宅，有情耶？無情耶？若云無情，則四大之結，非主宅之所感。若以感不由主，故處不以情，則神之居宅無情、無痛癢之知。神既無知，宅又無痛癢以接物，具是伐卉剪林之喻，無明於義。若果有情，四大之結，是主之所感也。若以感由於主，故處必以情，則神之居宅，不得無痛癢之知。神既有知，宅又受痛癢以接物，固不得同天地間水火風明矣。」[541] 慧遠指出，如果將「形」視為「神」所居的屋子，那麼這個屋子的主人，其性質如何？顯然這個屋子的主人不是像草木一樣的無情物，否則在身體上實施刑法就如同修剪花木

---

[540]　《中國佛教思想資料選編》第一卷，第89頁。
[541]　《中國佛教思想資料選編》第一卷，第90頁。

一樣，而沒有痛感。人體是四大所結成，但它對於神是有感應的，因此解除外物是有痛癢的，故此構成人體的四大，與體外無關痛癢的四大是不同的。

慧遠的這番解釋，並不淵深，但解決了一個重要的問題，即亡魂是在地獄中切切實實受苦的。那麼，亡魂為何要在地獄受苦、觸犯了哪些佛教的禁忌、這些痛苦又將如何得到解脫，這一系列的問題，可以說將當時幾乎所有的佛教信仰的要素與地獄觀念整合到了一起。

二、地獄觀念與佛教其他教理的整合

周一良先生在〈《宋書》札記〉中提到魏晉南北朝「久喪不葬」的情況：「東晉南朝營墓須臨時燒磚，頗為勞費。家貧者甚至須鄉里『出伕力助作磚』……以貧而不得葬，其原因蓋多在於無力燒製墓磚。據北魏墓誌所記死亡及埋葬年月，亦每每相隔數月以至經年，原因當亦由於燒磚需時也。……南朝是否亦如北魏之比例，一匹絹當磚二百，不可知。從元澄傳所載，推斷南朝磚價似亦殊不少也。卷九一郭平原傳，『本性智巧，既學構塚，尤善其事。每至吉歲，求者盈門』。知必待吉歲始葬亦是久喪不葬之一因。」[542]

南朝久喪不葬，「此風可能漢代已然」，故為醫學上假死者提供了「復活」的機會，久喪不葬當是「釋氏輔教之書」中亡者死而復活，言地獄見聞的社會習俗基礎。這種死而復活的敘事，有秦漢以來中國傳統模式的影響，如在劉薩訶（慧達）的故事中，慧達在地獄中「見一嫗乘車，與荷一卷書。荷受之。西至一家，館宇華整。有嫗坐於戶外，口中虎牙。屋內床帳光麗，竹蓆青幾。」「口中虎牙」之嫗，顯然是漢代墓畫中常見的西王母形象。另外，人死而復活，演講陰間見聞，這種敘事模式，秦漢時已見端

---

[542] 周一良：《周一良集》第二卷，遼寧教育出版社 1998 年版，第 297～298 頁。

倪，如嚴可均《全上古三代文》卷十五輯錄《古文周書》（西晉初年汲塚出土，原書已散佚）一則故事（《文選》卷十五〈思玄賦〉注引）：

> 周穆王姜后，晝寢而孕，越姬嬖，竊而育之，斃以玄鳥二七，塗以麑血，置諸姜后，遽以告王。王恐，發書而占之，曰：「蜉蝣之羽，飛集於戶。鴻之戾止，弟弗克理。重靈降誅，尚復其所。」問左史氏，史豹曰：「蟲飛集戶，是曰失所。唯彼小人，弗克以育君子。」史良曰：「是謂閼親，將其留身，歸於母氏，而后獲寧。冊而藏之，厥休將振。」王與令尹冊而藏之於櫝。居三月，越姬死，七日而復，言其情曰：「先君怒予甚，曰：『爾夷隸也，胡竊君之子，不歸母氏？將置而大戮，及王子於治。』」

該則故事主要是說，越姬用「塗以麑血」的玄鳥換了姜后所生王子，三個月後，越姬暴斃，死後七日復活，講述自己的行為在陰間遭到周代先王的怒斥。

再如1986年甘肅省天水市北道區黨川鄉放馬灘一號秦墓出土了四百餘枚簡牘，其中七枚被稱為〈墓主記〉的簡文，講述了一位叫「丹」的人，死而復活，並告知世人鬼的多項喜惡，以及後人祭祀的注意事項，如「丹言：祠墓者毋敢慇（唾，吐口水）。慇，鬼去敬走」等等。尤其值得注意的是，這則軼事是地方官以公文形式正式向上級御史彙報的：「卅八年八月己巳，邸丞赤敢謁御史。」[543]

「丹」的言論，主要是祭祀的注意事項，而沒有六朝「釋氏輔教之書」中宣揚的因果善惡報應的痕跡。越姬在陰間是受到「先君」也就是其家族長輩的訓斥。漢代人們觀念中死後世界的生活，大約與其生前的生活相似，對於普通百姓來說，比較關心的是在陰間的賦稅和勞役，如鎮墓文中

---

[543] 參見何雙全：〈天水放馬灘秦簡綜述〉，《文物》，1989年第2期；李學勤：〈放馬灘簡中的志怪故事〉，《文物》，1990年第4期；倪晉波：〈近出秦簡牘文獻之文學觀照〉，《淡江人文社會學刊》第四十一期，2010年3月。另，該簡年代，現有秦昭王八年（西元前299年）和秦昭王三十八年（西元前269年）兩說。

第十二章　民間佛教徒對死後世界的信仰

會提到向「地吏」交「地下稅」:「黃豆瓜子，死人持給地下賦」;用鉛人代服勞役:「鉛人，持代死人」。[544] 這與我們在上節討論的，人死後將在地獄中受苦，是截然不同的觀念。漢代人們普遍認為，死後世界與現實世界類似，人生前的貴賤貧富大體也可以對映到死後，那麼對死後人們的祭祀而保證其在陰間較好的生存條件，就是人們非常關心的事情。而佛教觀念的引入，使人們在死後的狀態將主要由其生前的善惡業報所決定，那麼因果報應和佛教各種超渡即成為人們關心的重點。這種死後關心重點的轉移，對於中國人的信仰生活是一件大事；佛教也以此為契機，其因果報應思想以及很多重要觀念，都以可超渡亡魂的實際效果，而被普通民眾逐漸接受。關於「丹」的故事，李學勤先生在〈放馬灘簡中的志怪故事〉中指出:「與後世眾多志怪小說一樣，這個故事可能出於虛構，也可能實有其人，逃亡至秦，捏造出這個故事，藉以從事與巫鬼迷信有關的營生。」同樣的道理，「釋氏輔教之書」也透過具有佛教色彩的地獄遊記，在宣揚其所重點突出的教理和行為實踐，乃至儀式法事活動。

魏晉南北朝筆記小說中的地府遊記，一般採取的模式都是鬼卒誤抓不應死之人，後者因此有機會在地府巡遊，後被放回陽界，將地獄中見聞講出。可見，在當時人們看來，鬼卒誤抓的事情並不罕見。在《冥祥記》中劉宋沙門僧規被誤收入陰間，還遭到地獄主管的責備:

> 帝曰:「汝是沙門，何不勤業，而為小鬼橫收捕也？」(僧)規稽首諸佛，祈恩請福。帝曰:「汝命未盡，今當還生；宜勤精進，勿屢遊白衣家！殺鬼取人，亦多枉濫，如汝比也。」規曰:「橫濫之厄，當以何方而濟免之？」帝曰:「廣設福業，最為善也；若不辦，爾可作八關齋；生免橫禍，死離地獄，亦其次也。」[545]

---

[544]　池田溫:〈中國歷代墓卷略考〉,《東洋文化研究所紀要》86，1981年，第273頁；參見蒲慕州:《追尋一己之福:中國古代的信仰世界》，上海古籍出版社2007年版，第188頁以下。
[545]　《古小說鉤沉》，第313頁。

第一節　南朝民眾的佛教地獄信仰研究

雖然「殺鬼取人，亦多枉濫」，但亡靈在地府中接受正式的審判，則不會出現差錯，即如僧規在接受審判時：

有一人衣幘並赤，語規曰：「汝生世時，有何罪福？依實說之，勿妄言也。」規惶怖未答，赤衣人如局吏云：「可開簿檢其罪福也。」有頃，吏至長木下，提一匱土，縣鐵梁上稱之，如覺低昂，吏謂規曰：「此種量罪福之秤也。汝福少罪多，應先受罰。」俄有一人，衣冠長者，謂規曰：「汝沙門也，何不念佛？我聞悔過，可度八難。」規於是一心稱佛，衣冠人謂吏曰：「可更為此人稱之，既是佛弟子，幸可度脫。」吏乃覆上匱稱之，稱乃正平。[546]

上文中提到了「量罪福之秤」來保證審判的公正性，另外常見的則是讓證人作證。筆記小說中經常提到讓陽間之人暫死到陰間作證，甚至還有讓動物作證，如僧人慧達（劉薩訶）在陰曹受審「有人執筆，北面而立，謂荷曰：『在襄陽時，何故殺鹿？』跪答曰：『他人射鹿，我加創耳。又不啖肉，何緣受報？』時即見襄陽殺鹿之地，草樹山澗，忽然滿目。所乘黑馬，並皆能言，悉證訶殺鹿年月時日。訶懼然無對。」[547]

這種審判的公正性，以及審判標準的有章可循，讓人們開始關心哪些事情是不可以做的，哪些事情、儀式功德是值得做的。下面我們就以僧人慧達在地府的見聞故事為例，來探討一下當時佛教透過地府見聞這類傳說，向民眾傳達了什麼樣的資訊，從中我們便可以窺見當時佛教大量信仰觀念湧入中土，哪些信仰觀念是被突出強調的。

慧達（劉薩訶）是在南朝傳播地獄信仰的一位著名的神異僧，甚至被稱為「劉師佛」，在佛教科儀中扮演重要的角色。[548] 劉薩訶，出家名慧

---

[546]　《古小說鉤沉》，第 313 頁。
[547]　《古小說鉤沉》，第 303 頁。
[548]　方廣錩：〈劉師禮文及其後代變種〉，見中國人民大學佛教與宗教學理論研究所主辦《宗教研究》2009 年刊。

第十二章　民間佛教徒對死後世界的信仰

達,是活動於東晉末到南北朝初期的一位稽胡族僧人,稽胡族主要生活在陝西、山西交界黃河兩岸的山地,是由當地人、匈奴和西域胡人組合而成的「雜胡」,在講求門第的社會中,雜胡的地位較低。南齊王琰《冥祥記》,梁代僧祐的《出三藏記集》、慧皎《高僧傳》,唐代道宣的《續高僧傳》、《廣弘明集》、《釋迦方志》、《集神州三寶感通錄》,道世的《法苑珠林》,《梁書・諸夷傳》等都有對劉薩訶的記載。20世紀,在敦煌又發現了敦煌本〈劉薩訶因緣記〉和莫高窟的相關壁畫。1970年代陳祚龍先生發表了〈劉薩訶研究:敦煌佛教文獻解析之一〉[549]一文,從此開啟了劉薩訶研究的熱潮,眾多學術名家都從敦煌學切入對劉薩訶的研究。[550]

劉薩訶出家後,曾遊化南方,梁《高僧傳》提到他出家後,「晉寧康中(西元373年至375年)至京師」,《續高僧傳》:「曾往吳越,備如前傳。至元魏太武大延元年(西元435年),流化將訖,便事西返。」《集神州三寶感通錄》的記述大體相同。如此,慧達(西元345年至436年)至少在西元374年至435年間在南方遊歷,可見慧達生活在晉宋之際,大半生在南朝度過。本節並非要對慧達(劉薩訶)本人進行研究,而比較關注的是,慧達作為一位北方「雜胡」僧人,其傳說事蹟在南朝發生影響,特別是在有關他的廣泛傳播的故事中,反映出哪些佛教信仰元素。[551]我們先來看《冥祥記》中的記述:

> 晉沙門慧達,姓劉名薩荷(訶),西河離石人也。未出家時,長於軍旅,不聞佛法;尚氣武,好畋獵。年三十一,暴病而死。體尚溫柔,家未殮。至七日而蘇。說云:將盡之時,見有兩人執縛將去,向西北行。行路轉高,稍得平衢,兩邊列樹。見有一人,執弓帶劍,當衢而立。指語兩

---

[549]　陳祚龍:〈劉薩訶研究〉,《華岡佛學學報》第三卷,1973年5月,第33～56頁。
[550]　參見尚麗新:〈劉薩訶研究綜述〉,《敦煌學輯刊》,2009年第1期,第135～143頁。
[551]　本節主要依據的資料是《冥祥記》中的慧達故事(魯迅《古小說鉤沉》本),並附以《高僧傳・慧達傳》(湯用彤點校本)、〈劉薩訶因緣記〉(陳祚龍點校本),以及《續高僧傳・慧達傳》(大正藏本)、《集神州三寶感通錄》(大正藏本),並參考《法苑珠林》(周叔迦點校本)的引文。

第一節　南朝民眾的佛教地獄信仰研究

人,將荷西行。見屋舍甚多,白壁赤柱。荷入一家,有女子美容服。荷就乞食,空中聲言,勿與之也。有人從地踴出,執鐵杵,將欲擊之。荷遽走,歷入十許家皆然,遂無所得。復西北行,見一嫗乘車,與荷一卷書。荷受之。西至一家,館宇華整。有嫗坐於戶外,口中虎牙。屋內床帳光麗,竹蓆青幾,復有女子處之。問荷:「得書來不?」荷以書卷與之,女取餘書。比之,俄見兩沙門,謂荷:「汝識我不?」荷答:「不識。」沙門曰:「今宜歸命釋迦文佛。」荷如言發念,因隨沙門俱行。遙見一城,類長安城,而色甚黑,蓋鐵城也。見人身甚長大,膚黑如漆,頭髮曳地。沙門曰:「此獄中鬼也。」其處甚寒,有冰如席,飛散著人,著頭頭斷,著腳腳斷。二沙門云:「此寒冰獄也。」荷便識宿命,知兩沙門往維衛佛時,並其師也。作沙彌時,以犯俗罪,不得受戒。世雖有佛,竟不得見從。再得人身,一生羌中,今生晉中。又見從伯,在此獄裡,謂荷曰:「昔在鄴時,不知事佛。見人灌像,聊試學之,而不肯還直,今故受罪。猶有灌福,幸得生天。」次見刀山地獄。次第經歷,觀見甚多。獄獄異城,不相雜廁。人數如沙,不可稱計。楚毒科法,略與經說相符。自荷履踐地獄,示有光景。俄而忽見金色,暉明皎然。見人長二丈許,相好嚴華,體黃金色。左右並曰:「觀世大士也。」皆起迎禮。有二沙門,形質相類,並行而東。荷作禮畢,菩薩具為說法,可千餘言,末云:「凡為亡人設福,若父母兄弟,爰至七世姻媾親戚,朋友路人,或在精舍,或在家中,亡者受苦,即得免脫。七月望日,沙門受臘,此時設供,彌為勝也。若製器物,以充供養,器器摽題,言為某人親奉上三寶,福施彌多,其慶逾速。沙門白衣,見身為過,及宿世之罪,種種惡業,能於眾中儘自發露,不失事條,勤誠懺悔者,罪即消滅。如其弱顏羞慚,恥於大眾露其過者,可在屏處,默自記說,不失事者,罪亦除滅。若有所遺漏,非故隱蔽,雖不獲免,受報稍輕。若不能悔,無慚愧心,此名執過不反,命終之後,克墜地獄。又他造塔及與堂殿,雖復一土一木,若染若碧,率誠供助,獲福甚多。若見塔殿,或有草穢,不加耘除,蹈之而行,禮拜功德,隨即盡矣。」又曰:

第十二章　民間佛教徒對死後世界的信仰

「經者尊典,化導之津。《波羅蜜經》功德最勝。《首楞嚴》亦其次也。若有善人,讀誦經處,其地皆為金剛,但肉眼眾生,不能見耳。能勤諷持,不墜地獄。《般若》定本,及如來鉢,後當東至漢地。能立一善,於此經鉢,受報生天,倍得功德。」所說甚廣,略要載之。荷臨辭去,謂曰:「汝應歷劫,備受罪報;以嘗聞經法,生歡喜心,今當見受輕報,一過便免。汝得濟活,可作沙門。洛陽、臨淄、建業、鄮陰、成都五處,並有阿育王塔。又吳中兩石像,育王所使鬼神造也,頗得真相。能往禮拜者,不墜地獄。」語已東行。荷作禮而別,出南大道,廣百餘步,道上行者,不可稱計。道邊有高座,高數十丈,有沙門坐之。左右僧眾,列倚甚多。有人執筆,北面而立,謂荷曰:「在襄陽時,何故殺鹿?」跪答曰:「他人射鹿,我加創耳。又不啖肉,何緣受報?」時即見襄陽殺鹿之地,草樹山澗,忽然滿目。所乘黑馬,並皆能言。悉證荷殺鹿年月時日。荷懼然無對。須臾,有人以叉叉之,投鑊湯中。自視四體,潰然爛碎。有風吹身,聚小岸邊,忽然不覺,還復全形。執筆者復問:「汝又射雉,亦嘗殺雁。」言已,又投鑊湯,如前爛法。受此報已,乃遣荷去。入一大城,有人居焉,謂荷曰:「汝受輕罪,又得還生,是福力所扶。而今以後,復作罪不?」乃遣人送荷。遙見故身,意不欲還,送人推引,久久乃附形,而得蘇活。奉法精勤,遂即出家,字曰慧達。太元末,尚在京師。後往許昌,不知所終。(《珠林》八十六)[552]

根據上述《冥祥記》記載,劉薩訶的傳記涉及當時的宗教實踐活動很多:(1)浴佛:浴佛者死後可昇天,浴佛需向寺院繳納費用,否則要下地獄。敦煌本《因緣記》此處紀錄更為詳細:「伯父報云。我平生之日,曾與家人臘月八日,共相浴佛,兼許施粟六石。承此福力,雖處三塗,且免諸苦。然吾當發心,捨粟六石,三石已還。三石未付,倏忽之間,吾身已逝。今若施粟福盡,即受不還粟三石妄語之罪。汝可令家人,速為填納,

---

[552] 《古小說鉤沉》,第 301～304 頁。

即得生處，免歷幽冥也。」[553] 由此可見，浴佛的時間是臘八[554]，浴佛的費用並不低，甚至允許分期付款。(2)「為亡人設福」，可以在寺院中舉行，也可以在俗人家中舉行，這種法事活動可以惠及七世父母、親朋好友，乃至路人。(3) 七月十五，即現在的盂蘭盆節（民間的鬼節），這一日僧人受臘，懺悔滅罪；俗人供養布施，得福最多，在所布施的物品上還貼上布施者或受益者的名字。(4) 塔殿崇拜，建築和維持佛殿、佛塔，要盡量供助，一草一木都要恭敬，禮拜殿塔，還要勤於打掃。(5) 經像聖物崇拜，文中特別強調了《波羅蜜經》（般若經）和《首楞嚴經》（首楞嚴三昧經）。(6) 阿育王塔崇拜，特別指出洛陽、臨淄、建業、鄮陰、成都五處阿育王塔，以及吳中兩座阿育王所立石像，禮拜有特別功德，不墮地獄。《高僧傳》還記敘，劉薩訶在陰間見一僧人「令出家，往丹陽、會稽、吳郡覓阿育王塔像，禮拜悔過，以懺先罪。既醒，即出家學道，改名慧達。」[555] 阿育王塔像崇拜，《高僧傳》慧達傳對此記敘十分詳盡。最後當然還有觀音大士崇拜，以上諸多條，皆為觀音所說，在魏晉南北朝最為信仰觀音，各類應驗故事極多。[556]《冥祥記》透過劉薩訶在地府中的見聞，將民眾的地獄信仰與上述佛教諸多教理整合成一個有機的體系，由此亦可見地獄信仰在民眾佛教中的樞紐作用。

從現存文獻來看，慧達（劉薩訶或劉薩荷）的最早文獻是產生於南齊的《冥祥記》和梁《高僧傳》。慧達（劉薩訶）的傳記在梁《高僧傳》中的「興福篇」首位，在《續高僧傳》中列在「感通篇」第三位。臺灣學者劉苑如在〈重繪生命地圖：聖僧劉薩荷形象的多重書寫〉中對劉薩荷現存史料進

---

[553] 引自陳祚龍校本，《華岡佛學學報》，1973 年 5 月第三卷，第 53 頁。
[554] 關於浴佛時間的討論，參見林子青：〈浴佛〉，中國佛教協會編：《中國佛教》二，知識出版社 1982 年版，第 371～373 頁。
[555] 《高僧傳》，第 477 頁。
[556] 參見董志翹：《觀世音應驗記三種譯注》。較早的校注版本還有：牧田諦亮《六朝古逸觀世音應驗記の研究》；孫昌武《觀世音應驗記三種》。

第十二章　民間佛教徒對死後世界的信仰

行了梳理，認為以王琰《冥祥記》、慧皎《高僧傳》、道宣《集神州三寶感通錄》為代表，劉薩荷形象積澱「從輔教雜傳而至僧人正傳，以至於作為僧人宣驗的傳記記載」。[557]

從內容上看，《冥祥記》只敘述了劉薩訶死後遊歷陰間的情景，復活後即便出家，出家後的情景只記敘了一句「太元末，尚在京師。後往許昌，不知所終」，可見《冥祥記》中劉薩訶故事的形成和流傳是在南朝，劉薩訶在太元（西元376年至396年）末年離開建康（南京）以後的情況就不甚了解了。而《高僧傳》和《續高僧傳》則重點講述劉薩訶出家以後經像崇拜和感應的情況。對其出家前的情況，《高僧傳》卷十三僅提到：「少好田獵。年三十一，忽如暫死，經日還蘇，備見地獄苦報。見一道人云是其前世師，為其說法訓誨，令出家。」[558]《續高僧傳》也只提到：「後因酒會遇疾，命終備睹地獄眾苦之相，廣有別傳，具詳聖蹟。（慧）達後出家。」《集神州三寶感通錄》也與僧傳類似，重點是記述劉薩訶出家後的經像感應。

因此，在傳世的文獻中，劉薩訶的資料可以分為兩大類：A類是《冥祥記》的記述，主要講地府遊記；B類是僧傳和《感通錄》的記述，主要講經像感應。而敦煌本〈劉薩訶因緣記〉三份抄卷的編號是：P2680（甲本），P3570（乙本），P3727（丙本），內容基本相同。陳祚龍先生認為：「這種『因緣記』的製作年代，最早也只是在初唐，而且它的『藍本』，諒必仍是釋道宣的《續高僧傳》。」[559]但從《因緣記》的內容來看，主要由兩部分組成，第一部分主要講述劉薩訶出家前在地獄的遊記，第二部分則是講述劉薩訶出家後的經像感應，應該是上述A、B兩類資料的彙編。

本節重點討論A類資料。《因緣記》中的地府遊記，相對《冥祥記》簡

---

[557]　劉苑如：〈重繪生命地圖：聖僧劉薩荷形象的多重書寫〉，《中國文哲研究集刊》第三十四期，2009年3月，第36頁。
[558]　《高僧傳》，第477頁。
[559]　陳祚龍：〈劉薩訶研究〉，第53頁。

第一節　南朝民眾的佛教地獄信仰研究

略，但也有所不同，其相關部分引用如下：

　　和尚俗姓劉氏，字薩河（訶），丹州定陽人也。性好遊獵，多曾殺鹿。後忽卒亡，乃被鬼使擒捉，領至閻羅王所。問薩河：汝曾殺鹿已否？薩河因即詆毀。須臾怨家競來相證，即便招承。聞空中唱聲：「薩河為鹿。」當即身變成鹿，遂被箭射肚下，迷悶無所覺知。實時又復人身。

　　唯見諸地獄中，罪人無數，受諸苦毒。和尚遍歷諸地獄。忽見友人王叔談，在茲受罪，乃囑和尚曰：「若卻至人間，請達音耗。謂我妻男，設齋造像，以濟幽冥。」更有無數罪人，皆來相囑。

　　又見亡過伯父，在王左右，逍遙無事。和尚問伯父。何得免其罪苦。伯父報云：「我平生之日，曾與家人臘月八日，共相浴佛，兼許施粟六石。承此福力，雖處三塗，且免諸苦。然吾當發心，捨粟六石，三石已還，三石未付。倏忽之間，吾身已逝。今若施粟福盡，即受不還粟三石妄語之罪。汝可令家人，速為填納，即得生處，免歷幽冥也。」

　　又見觀世音菩薩，處處救諸罪人。語薩河言：「汝今卻活，可能便作沙門以否？和尚依然已為廣利群品之心。」言訖而墮高山。豁然醒悟，即便出家。[560]

　　將《冥祥記》和《因緣記》對比，可列下表：

劉薩訶在地府遭遇的事件	《冥祥記》的記敘	《因緣記》的記敘
乞食十餘家不得	「有人從地踴出，執鐵杵，將欲擊之。荷遽走，歷入十許家皆然，遂無所得。」	無
見老嫗授書	「見一嫗乘車，與荷一卷書。」	無

---

[560]　《因緣記》完整錄文，除陳祚龍點校本外，還可參考楊寶玉：《敦煌本佛教靈驗記校注並研究》，甘肅人民出版社 2009 年版，第 263～268 頁。

第十二章　民間佛教徒對死後世界的信仰

劉薩訶在地府遭遇的事件	《冥祥記》的記敘	《因緣記》的記敘
見二沙門	勸劉薩荷（訶）「歸命釋迦文佛」	無
見地獄諸苦	敘述詳細	敘述簡略
見王叔談	無	委託捎信家人，「設齋造像，以濟幽冥」
見伯父	「昔在鄴時，不知事佛。見人灌像，聊試學之；而不肯還直。今故受罪。猶有灌福，幸得生天。」	敘述更詳
見觀世音菩薩	觀世音菩薩說法教化，篇幅甚長	敘述簡略
殺鹿受報	投鑊湯中	變鹿被射
殺雁受報	投鑊湯中	無

從上述地獄見聞中，我們可以看出其所宣揚的內容大體可以分為三類：

（一）善惡因果，業報輪迴

在諸惡事中，殺生罪重，像上述故事中，劉薩訶生前喜田獵，遂受惡報。這類故事在六朝筆記小說中最多，如《冥祥記》記錄晉湘東太守庾紹之，死後：

義熙中，忽見形詣協，形貌衣服，具如平生，而兩腳著械。既至，脫械置地而坐。協問：「何由得顧？」答云：「暫蒙假歸，與卿親好，故相過也。」協問鬼神之事，紹輒漫略，不甚諧對，唯云：「宜勤精進，不可殺生；若不能都斷，可勿宰牛，食肉之時，無啖物心。」協云：「五臟與肉，乃復異耶？」答曰：「心者，善神之宅也，其罪尤重。」[561]

---

[561]　《古小說鉤沉》，第 306 頁。

第一節　南朝民眾的佛教地獄信仰研究

上面這則東晉的靈驗故事，有一些本土信仰的因素，如尤其反對吃動物的心臟；但其用地獄觀念來勸阻威懾人們減少殺業，宣揚因果報應思想還是非常明顯的。此類內容在地獄信仰中很多，甚至包括許多古代和當時的名人死後受報的例子，如《幽明錄》記載：

東萊王明兒居在江西，死經一年，忽形見還家。經日，命招親好敘平生，云天曹許以暫歸，言及將離，語便流涕，問訊鄉里，備有情焉。敕兒曰：「吾去人間，便已一週，思睹桑梓。」命兒同觀鄉閭。行經鄧艾廟，令燒之。兒大驚曰：「艾生時為征東將軍，沒而有靈，百姓祠以祈福，奈何焚之？」怒曰：「艾今在尚方摩鎧，十指垂掘，豈其有神？」因云：「王大將軍亦作牛，驅馳殆斃，桓溫為卒，同在地獄。此等並因劇理盡，安能為人損益？汝欲求多福者，正當恭順，盡忠孝，無恚怒，便善流無極。」又令可錄指爪甲，死後可以贖罪。又使高作戶限，鬼來入人室，記人罪過，越限撥腳，則忘事矣。[562]

在這段引文中，原本赫赫有名、受人祭祀的鄧艾，死後「暫歸」的人認為「今在尚方摩鎧，十指垂掘，豈其有神」，而「王大將軍亦作牛，驅馳殆斃，桓溫為卒，同在地獄」。這類宣揚因果報應的應驗紀錄，有改變人們價值評價體系的作用，其對中國人世界觀、人生觀的影響應該是十分巨大的，同時有打擊中國本土信仰的效果，值得我們注意。

（二）經像崇拜

慧達（劉薩訶）在地獄中的見聞，宣講了設齋造像濟拔幽冥、浴佛（灌像）祈福死後生天的信仰，這些都可以歸之為經像崇拜。崇拜經像，透過僧人轉經拜像等宗教儀式活動，死者可以減少或免除地獄之苦，早日得以昇天。佛像崇拜大家都比較熟悉，這裡重點談一下佛經崇拜。

---

[562]　（《廣記》三百二十）《古小說鉤沉》，第 191 頁。

第十二章　民間佛教徒對死後世界的信仰

晉史世光者，襄陽人也。咸和八年，於武昌死。七日，沙門支法山轉《小品》，疲而微臥，聞靈座上，如有人聲。史家有婢，字張信，見世光在靈上……語信云：「我本應墮龍中（《廣記》引作獄中），支和尚為我轉經，曇護、曇堅迎我上第七梵天快樂處矣。」護、堅並是山之沙彌，已亡者也。後支法山復往為轉《大品》，又來在坐，以二幡供養。時在寺中，乃呼張信：「持幡送我。」信曰：「諾。」便絕死……見世光入一黑門，有頃來出（《廣記》引作尋即出來），謂信曰：「舅在此，日見榜撻，楚痛難勝。省視還也。舅生犯殺罪，故受此報。可告舅母：會僧轉經，當稍免脫。」舅即輕車將軍報終也。（《珠林》五，《廣記》一百十二）[563]

晉時，人死後找僧人念大小品般若經，可以幫助死者早日脫離地獄之苦，超生天上，這可以看作是東晉般若學勃興的一個信仰基礎。當時僧人齋會誦讀般若經者很多，「晉周璫者，會稽剡人也，家世奉法……正月長齋竟，延僧設受八關齋。至鄉市寺，請其師竺僧密及支法階、竺佛密，令持《小品》，齋日轉讀。至日，三僧赴齋，忘持《小品》。至中食畢，欲讀經，方憶，意甚惆悵。璫家在阪怡村，去寺三十里，無人遣取。至人定燒香訖，舉家恨不得經。」[564] 若在齋會中忘記持經誦讀，則意甚惆悵，也從反面說明了般若經信仰的深入人心。除了大小品般若，當時常見的還有《楞嚴經》信仰，如「晉董吉者，於潛人也……恆齋戒誦《首楞嚴經》。村中有病，輒請吉讀經，所救多愈。」[565] 再如撰寫過《觀世音應驗》（一卷十餘事）的晉代著名隱士謝慶緒[566]，也是《楞嚴經》的信仰者，曾「手寫《首楞嚴經》」，謝死後，元嘉八年，此經遇火不焚，「一城嘆異，相率敬信」。[567]

---

[563]　《古小說鉤沉》，第 289 頁。
[564]　《古小說鉤沉》，第 291 頁。
[565]　《古小說鉤沉》，第 290 頁。
[566]　參見《〈觀世音應驗記三種〉譯注》，第 1 頁。
[567]　《古小說鉤沉》，第 297 頁。

第一節　南朝民眾的佛教地獄信仰研究

《般若經》和《楞嚴經》信仰的盛行，從慧達在地獄中所遇觀世音大士的言論中，也可以得到印證：「經者尊典，化導之津。波羅蜜經，功德最勝。首楞嚴亦其次也。若有善人，讀誦經處，其地皆為金剛，但肉眼眾生，不能見耳。能勤諷持，不墜地獄。《般若》定本，及如來鉢，後當東至漢地。能立一善，於此經鉢，受報生天，倍得功德。」[568]其他經典，如《法華經》等，在地獄應驗故事中也有提及，不再多舉。

從上面的討論中，我們看到，經籍的轉讀念誦對助人解脫地獄之苦、上生天界，有著十分重要的作用。我們在上一節討論關於趙泰的應驗記時，指出《幽明錄》和《冥祥記》在紀錄中的一些差異。在《幽明錄》中，作為「度人之師」的佛，只說了一句：「今欲度此惡道中及地獄人。」號令一出，即「有萬九千人，一時得出地獄」，並有十人昇天；而《冥祥記》中作為「度人之師」的世尊，是大開經法，「令惡道中人皆出聽經」，透過講經來度脫惡道眾生。《幽明錄》是劉宋臨川康王義慶編，早於大約在齊梁間成書的王琰《冥祥記》，由此可以推測，南朝佛教信仰中，佛經在解脫惡道中的作用是不斷被加強的。

在南朝地獄信仰中，地獄實際上是一個昇天（或輪迴）之前的中轉站，中國人最初接受的地獄觀念，實際上是一種類似「煉獄」模式的地獄，例如下面《冥祥記》中一則劉宋時期的故事，提到一位僧人「逢新寺難公」，因生前飲酒一次，死後須在地府住破屋三年，方可昇天：

> 宋蔣小德，江陵人也，為兵州刺史。朱循時為聽事監師，少而信向，勤謹過人。循大喜之，每有法事，輒令典知其務。大明末年，得病而死。夜三更，將殮，便蘇活。言有使者，稱王命召之，小德隨去。既至，王曰：「君精勤小心，虔奉大法，帝敕精旨，以君專至，宜速生善地；而君筭猶長，故令吾特相召也。君今日將受天中快樂欣然。」小德嘉諾。王曰：

---

[568]　《古小說鉤沉》，第 303 頁。

第十二章　民間佛教徒對死後世界的信仰

「君可且還家，所欲屬寄及作功德，可速之，七日復來也。」小德受言而歸。路由一處，有小屋殊陋弊，逢新寺難公於此屋前。既素識，具相問訊。難云：「貧道自出家來，未嘗飲酒，旦就蘭公，蘭公苦見勸逼，飲一升許，被王召，用此故也。貧道若不坐此，當得生天，今乃居此弊宇，三年之後，方得上耳。」小德至家，欲驗其言，即夕，遽遣人參訊難公，果以此日於蘭公處睡臥，至夕而亡。小德既愈，七日內大設福供，至期奄然而卒。朱循即免家兵戶。蘭、難二僧並居新寺，難道行大精，不同餘僧。（《珠林》九十四）[569]

人們生前犯各種罪過，特別是殺業，死後在地獄中經受各種酷刑，而受苦的劇烈程度和時間長短，則依生前業報而定，生前罪咎贖完便可上升天堂或轉世為人等；若生前、甚至前世信佛，或在地獄中蒙佛菩薩拯救，或家人做八關齋等法事，亡靈都可以在地獄中被優待、得到超拔。這樣，這種「煉獄」模式的地獄觀念，一方面融合了因果報應、輪迴轉世的佛教信仰，另一方面又突出了佛菩薩救苦救難、佛教信仰和法事活動的巨大功效。可以說，這種煉獄觀念，將普通中國人接觸到的各種佛教資訊、觀念進行了初步的整合，是晉宋佛教信仰極為重要的內容。這種觀念在當時各類筆記小說中記錄的篇幅最長，比例也非常高，值得我們充分重視和深入研究。南朝民眾佛教中這種「煉獄」式地獄信仰，當與六朝道教人死後在地府為經受各種鍛鍊最終成就仙品的信仰觀念有關。

(三) 佛菩薩等度人師崇拜

為慧達說法千餘言的菩薩「觀世大士」，是應驗記中地獄裡「度人之師」這一角色。至遲到東漢晚期，中國人死後世界已經科層官僚化[570]，而魏晉南北朝出現的「度人之師」遊離於地府科層官階外，顯然是一個新鮮

---

[569]　《古小說鉤沉》，第332頁。
[570]　參見《追尋一己之福：中國古代的信仰世界》，第178～184頁。

事物。單就佛教內部而言，在地獄中設立一個度人之師的角色（無論是觀音還是世尊），已經可以看到日後地藏信仰的基本形態。而日後地藏逐步取代觀音在地獄中的位置，尹富博士認為：「8 世紀初之前，在現世苦難的救贖故事中，觀音菩薩已扮演了相當重要的角色，地藏菩薩與觀音菩薩在救濟功能上有很多重合之處，但在隋及唐初才興起、在高宗武後時期獲得快速發展的地藏信仰顯然不可能代替、排擠掉觀音信仰，那麼，它的發展路向也就可能指向其他途徑，這一途徑便是尚未有佛菩薩以專門救贖者的面目出現的幽冥世界。」[571] 正是南朝佛教地獄信仰的興盛，「度人之師」的出現，才使得在中國傳統地獄官僚機構之外，需要一位佛教的地獄救主（即後世的地藏菩薩信仰），這一地獄信仰模式是南朝時在中國信徒心中逐漸奠定的。

第二節　地府與淨土，中國人死後世界信仰的重新建構

本節從三教關係出發，探討在漢唐時期中國人死後世界信仰的確立和發展變化過程中，中國儒家原本「事死如事生」的死後世界觀念，在普通民眾中逐漸形成了高度官僚化的地府形態，逐級被佛道教提倡的修行功德、超拔度人的宗教思想實踐打破。佛、道的修行者不應屬地府官僚體制束縛管轄，那又該身處何方呢？漢魏以來，佛教淨土信仰的傳入，無疑為解決這一難題創造了條件；中國人以「地仙」模式來理解死後不歸地府，而往生他方淨土。道教逍遙自在的地仙信仰與佛教的十方淨土觀念相互影

---

[571]　尹富：《中國地藏信仰研究》，巴蜀書社 2009 年版，第 176～177 頁。此外，尹博士還列舉了其他原因，如地藏原是印度神話中的地神轉化，《須彌藏經》、《十輪經》的影響，地藏的沙門形象與幽冥救助的僧侶身分符合等，文繁不詳引。

第十二章　民間佛教徒對死後世界的信仰

響，逐漸在死後世界「體制外」建立起一塊「飛地」——西方極樂世界，為中國人死後的「去向」提供了更多的選擇。佛道教地府超拔與淨土的逐漸成熟，成為儒教正統生死觀的重要補充，在民間尤其有著廣泛的影響。

一、引言：原始反終，知生死之說

《論語·先進》中子路問死後的問題，孔子說：「未知生，焉知死。」但這並不能說明傳統儒教對死亡問題漠不關心，而是強調儒家是將生死、始終問題，通盤考慮的，《易傳》即言：「原始反終，知生死之說。」

中國人信仰中的死後世界，大體包括天上、人間、地下三類。先秦以降，死後世界逐漸以地下世界為主導，漢代人死後的地下世界日益官僚化，漢代人死後的生活在形式上基本「複製」了其生前生活的樣態，「人多半的時候總是從已知想像未知。我們看到，漢人所想像的死後世界具有與此生相類的政治與社會組織，那麼，死者在此世界中的生活情景大約亦不外生前的翻版。」[572]

中國人這種「事死如事生」的死後世界信仰模式，在漢代發生了一次重要的轉變，亦引發中國宗教信仰的重大變革。佛教在漢代傳入中國，加強了中國人對生前世界與死後世界的區分。佛教中超渡的觀念，對中國傳統地府的官僚制度有一定程度的破壞，進一步動搖了死後世界不過是生前世界翻版的樸素信仰觀念，為加入佛、道教各種宗教信仰元素創造了空間。中國人固有死後世界觀的動搖，使得佛教的因果報應、輪迴轉世，道教的屍解仙、地下主得補仙官等等佛、道教元素在六朝時紛紛加入到中國人原本的地府觀念之中；而儒家的倫理觀念，也透過佛教的果報思想、道教的積功累德等觀念，潛移默化地進入中國人死後世界信仰之中。

佛教對中國人死後世界的另一項重要的影響，便是淨土觀念的引入。

---

[572]　蒲慕州：《追尋一己之福：中國古代的信仰世界》，（臺北）允晨文化 1995 年版，第 216 頁。

第二節　地府與淨土，中國人死後世界信仰的重新建構

漢代高度官僚化的地府，為崇尚逍遙的魏晉士人所不喜，佛教他方淨土的觀念與道教隱逸地仙的觀念相互發明，最終使得「家家阿彌陀，戶戶觀世音」，淨土信仰在中國蔚為大觀。

萬志英（Richard Von Glahn）教授認為，中華帝國的宗教轉型有兩個非常重要的時期，一是漢代，出現了死亡和死後生活的新觀念，並在其後成為佛教與道教的試金石；二是宋代，其時的宗教生活經歷了信仰觀念、文字、儀式實踐的通俗化，而通俗化後的宋代信仰體系成為至今中國宗教的基礎。[573] 本章主要探討漢唐之間，儒釋道三教如何相互影響，最終建構起地府與淨土這兩項最為重要的中國人死後世界的信仰。

二、三教相容的「煉獄」式地府信仰

漢魏兩晉南北朝時，各種漢譯佛教典籍關於地獄的說法很不統一，經文分歧很大。如此紛雜的地獄說法傳入中國後，哪些地獄觀念產生了較大的影響，中國人是如何接受佛教這些地獄觀念，又進行了怎樣的選擇，是如何將其進行整合而成為「有中國特色」的地獄觀念，就是一個十分值得研究的話題。探究六朝時中國人實際持有的佛教地獄信仰觀念，顯然不能僅從海外傳來的佛教譯經入手，而魯迅先生所謂的「釋氏輔教之書」，無疑是最有價值的資料。本節即主要以六朝佛教應驗記為主要資料，探究三教共同影響下的地府信仰的形成與發展。

（一）六朝地府中的「度人之師」

在六朝佛教應驗故事中，經常出現類似泰山府君、西王母、水官這類中國本土信仰常見的角色，在這些六朝佛教應驗故事中，尤其值得注意的「度人之師」這一角色的出現。佛教應驗故事中的「度人之師」，很容易讓

---

[573]　參見 Von Glahn, Richard, *The Sinister Way: The Divine and the Demonic in Chinese Religious Culture*, Berkeley: University of California Press, 2004.

第十二章　民間佛教徒對死後世界的信仰

人聯想起，四、五世紀之交道教大量興起的靈寶度人經。正如已故法國學者索安指出：

> 5世紀的早期靈寶經，特別是未經刪除且占了敦煌抄本之主體的那一部分，表明其大量借用了大乘佛教的術語、文體和概念，以至於我們幾乎可稱其為「佛道混融」。其新穎之處在於普遍的宇宙－政治拯救觀念，它取代了獨自尋求不死的思想（被誣衊為「小乘」道教）。古代儀式和天子所扮演的儀禮和巫術角色與慈悲度人的菩薩形象混同起來。靈寶派道士視他們的宗教為「大乘」，它超越了個人對不死的追求。這種較早時期的目標是防止形體消滅，它被人死後透過陰間「太陰」煉形術加以淨化和復原的信仰所取代。靈寶派雖然和上清派一樣源出於南方貴族，卻變成了更有群眾性的宗教，發展為更具體制性的教團：道德準則、集體儀式、國家典禮、教會組織和等級制度取代了個人存想、長生實踐與煉丹。[574]

六朝佛教傳說故事中，在地府中設立一個度人之師的角色已很常見，如趙泰的故事中度人之師是世尊（佛），而在敦煌出土的〈劉薩訶因緣記〉等文獻中更為常見的則是觀音菩薩——這些佛教地府中「度人之師」的角色，已經可以看到日後地藏信仰的基本形態。而日後地藏逐步取代觀音在地獄中的位置，專門以救贖者的面目出現在幽冥世界中。如前文所述，地藏菩薩成為中國佛教地獄救主的原因十分複雜，尤其值得關注的是，這一地獄信仰模式是南朝時在中國佛教徒心中逐漸奠定的，而這其中道教因素的影響是顯而易見的。

東晉末年到南朝初年，正是道教「靈寶度人經」誕生並開始流行的時期，當時道教中的度人之師，多與災劫有關，度人之師幫助信教「種民」度過即將到來的大災難，而非超渡死後由因果報應而產生的煉獄之苦的佛教度人模式。可見，佛、道教的度人師模式，一在現世，一在地獄，是有

---

[574]　《西方道教研究編年史》，第25頁。

第二節　地府與淨土，中國人死後世界信仰的重新建構

所不同的。但不可否認，這兩種度人模式是有相互影響的。如《冥祥記》記載：劉宋時，廣陵人李旦，死而復活，言說地獄等諸事，「又云：『甲申年當行病癘，殺諸惡人，佛家弟子，作八關齋，心修善行，可得免也。』旦本作道家祭酒，即欲棄籙本法，道民諫制，故遂兩事，而常勸化，作八關齋。」[575] 佛教應驗記中宣揚「甲申年當行病癘」，用八關齋度人的模式，可能是受到道教影響，李旦本人即是天師道祭酒。此亦可反證道教度人常見的度人信仰模式是大災將至，度人災劫，而與佛教常見的超拔因果報應之苦（即後世流行的地藏信仰）是有區別的，但在實際信仰中從這則應驗故事又可看出兩者的相互影響。

(二) 佛教地獄的「煉獄」模式及其道教影響

六朝釋氏輔教之書，篇幅最多的是地府遊記故事，宣揚的是：人生前犯各種罪過，特別是殺業，死後在地獄中經受各種酷刑，而受苦的劇烈程度和時間長短，則依生前業報而定，生前罪業贖完便可上升天堂或轉世為人等，例如《冥祥記》中提到劉宋時期一位僧人「逢新寺難公」，因生前飲酒一次，死後須在地府住破屋三年之後，方可昇天。[576] 若生前、甚至前世信佛，或在地獄中蒙佛菩薩拯救，或家人做八關齋等法事，亡靈都可以在地獄中被優待、得到超拔。六朝時佛教的地獄觀念頗似「煉獄」模式，即在地獄中受各種懲罰磨鍊，將生前的罪惡贖盡，便可轉世乃至成仙。由此可見，這類地獄並非永久的居所，而是一個中轉站。

當時人們的佛教地獄觀念，大體來說是二元的，即經過地府的審判，好人或者說信奉佛法的人，入開光大舍，聽世尊講經即得超渡而昇天；壞人或者說不信奉佛法的人，依其生前罪孽入各種地獄受苦，受苦折抵罪責後，入變形城輪迴轉世。當然這二元之間也有轉換，例如在各種地獄受苦

---

[575]　《古小說鈎沉》，第 317～318 頁。
[576]　《古小說鈎沉》，第 332 頁。

第十二章　民間佛教徒對死後世界的信仰

時，若家人做佛事活動，亡靈也有可能從其所受苦的地獄中直接進入開光大舍得到超渡。

這裡的「開光大舍」，頗似南朝道教所謂的「朱火宮」。南朝道教認為地府之人，若有升遷補受仙官的機遇，可以入朱火宮（南宮）煉形昇仙。如《真誥》卷十五載，南朝著名佛教居士何充，「始從北帝內禁御史，得還朱火宮受化，以其多施惠之功故也（……按如此旨，鬼職雜位非四明公，而猶得受化朱宮，升居仙品者，此當是深功厚德之所致也。）」[577] 按照《真誥》記載，儒教聖人周文王、周武王尚於地府之中，未登仙位，陶弘景對此的解釋是「此父子並得稱聖德，而不免官鬼，雖為煞戮之過，亦當是不學仙道故也」[578]。可見，六朝道教認為修仙是免除地獄之苦，最為重要的條件。其次，生前多積功德也頗為重要，何充雖然信仰的是佛教，但按照佛教修行實踐，亦獲道教認可，故可入南宮煉化。而當時佛教徒的地府觀念，入「光明大舍」超渡昇天，或於「受變形城」輪迴轉世，大體也吸納了道教地府的信仰邏輯。

佛教地府中這種二元模式，根源在於有些人能夠解脫昇天、有些人不能解脫昇天這一兩分法，在「人人皆有佛性」這一觀點被佛教界普遍接受之前，六朝普通佛教徒中這種兩分法的信仰模式，顯然與道教傳統上認為人是否具有仙品這一二元劃分是一致的。道教中人是否有仙品的二元劃分，直接影響到地府中二元模式，即一部分原本具有仙品的人去世後，在地府還將繼續修煉成仙，正如陶弘景所言：「所以隸仙官者，以為天下人不盡皆死，其中應得真仙，則非北帝所詮。或有雖死而神化反質者，如此皆在真仙家簡錄，故司命之職，應而統之也。」[579] 道教中這一信仰模式，

---

[577]　《真誥校注》，第 476 頁。
[578]　《真誥校注》，第 473 頁。
[579]　《真誥校注》，第 471 頁。該段文字原屬《真誥》卷十三「稽神樞第三」，《真誥校注》編著者認為有錯簡，移入卷十五「闡幽微第一」中，參見該書第 406 頁校 1。

第二節 地府與淨土，中國人死後世界信仰的重新建構

成為稍後在南朝廣泛流行的「煉獄」式佛教地獄的範本——即對於不少死者來說，地獄就成為成仙前煉養的一個中轉站。下面我們就以《真誥》專科門講述道教地府的「闡幽微」為例，對此加以說明。

最早的釋氏輔教之書，大都出自南朝宋齊之際，而《真誥》正文（諸真的降授）則為東晉中後期作品。《真誥》「闡幽微」中明確指出，在地府中「其中宿運先世有陰德惠救者，乃時有徑補仙官。或入南宮受化，不拘職位也。在世之罪福多少，乃為秤量處分耳。大都行陰德，多恤窮厄，例皆速詣南宮為仙。（在世行陰功密德，好道信仙者，既有淺深輕重，故其受報亦不得皆同。有即身地仙不死者，有託形屍解去者，有既終得入洞宮受學者，有先詣朱火宮煉形者，有先為地下主者乃進品者，有先經鬼官乃遷化者，有身不得去、功及子孫、令學道乃拔度者。諸如此例，高下數十品，不可以一概求之。）」[580]

人死後在地府經受各種鍛鍊，最終成就仙品，道教這一觀念，無疑深刻地影響了佛教地獄觀念。在六朝釋氏輔教之書中，這類觀念十分常見。甚至南朝時有的佛教應驗記，將地府描述成類似太學的地方，人們在此學成後，上升天界：

晉孫稚，字法暉，齊國般陽縣人，父祚，晉太中大夫。稚幼而奉法。年十八，以咸康元年八月病亡。祚後移居武昌。至三年四月八日，沙門於法階行尊像，經家門。夫妻大小出觀，見稚亦在人眾之中，隨侍像行⋯⋯其年七月十五日，復歸，跪拜問訊，悉如生時⋯⋯稚兄容，字思淵，時在其側。稚謂曰：「雖離故形，在優樂處，但讀書無他作，願兄勿復憂也。但勤精進，繫念修善，福自隨人矣。我二年學成，當生國王家。同輩有五百人，今在福堂，學成，皆當上生第六天上。我本亦應上生，但以解救先人，因緣纏縛，故獨生王家耳！」[581]

---

[580] 《真誥校注》，第492頁。
[581] 《古小說鉤沉》，第292頁。

第十二章　民間佛教徒對死後世界的信仰

　　這則故事中，在地府「福堂」中學成，可以上升到佛教的「第六天上」，這種敘述模式頗似《真誥》中提及的道教信仰中「易遷館」、「童初府」之類的地方：「易遷、童初二府，入晏東華上臺，受學化形，濯景易氣。十二年氣攝神魂，十五年神束藏魄，三十年棺中骨還附神氣，四十年平復如生人，還遊人間，五十年位補仙官，六十年得遊廣寒，百年得入昆盈之宮，此即主者之上者，仙人之從容矣。」[582]

　　從上面的比較中，我們可以看出，佛、道教兩者對待地府的「煉獄」功能是近似的，不過佛教在修學年限上大大簡化了，而道教則動輒要求數十年，甚至更長：「夫至忠至孝之人，既終皆受書為地下主者，一百四十年，乃得受下仙之教，授以大道。從此漸進，得補仙官。一百四十年，聽一試進也。」、「夫有上聖之德，既終，皆受三官書為地下主者，一千年，乃轉補三官之五帝，或為東西南北明公，以治鬼神。復一千四百年，乃得遊行太清，為九宮之中仙也。」、「夫有蕭邈之才，有絕眾之望，養其浩然，不營榮貴者，既終，受三官書為善爽之鬼。四百年，乃得為地下主者。從此以進，以三百年為一階。」、「夫有至貞至廉之才者，既終，受書為三官清鬼。二百八十年，乃得為地下主者。從此以漸，得進補仙官，以二百八十年為一階耳。」等等[583]。從上面引文可知，道教地府中的鍊度成仙的時間是十分漫長的，這也應是中國佛教徒最終放棄了地府煉獄昇天的解脫模式，而相對簡易的往生淨土解脫模式得以廣泛流行的重要原因之一。

三、從地府到淨土：儒釋道三教對死後世界「地仙」信仰模式的建構

　　現存六朝佛教筆記小說中，有大量佛教徒、佛教僧侶在陰間受到種種禮遇的入冥類應驗故事。但漢魏以來流行的神仙三品說，無論天仙、地

---

[582]　《真誥校注》，第 404 頁。易遷館等是女性死後修煉成仙的地方。
[583]　《真誥校注》，第 507～508 頁。

第二節　地府與淨土，中國人死後世界信仰的重新建構

仙、屍解仙，都不在地府管轄之列。在佛教徒看來，神仙尚且如此，佛教修行者更不應屬地府管轄。隨著佛教信仰在中國的發展，佛教修行者等同於神仙，死後不應屬地府管轄的觀念，逐漸深入人心。佛教修行者死後不再神遊地府，其後應處何方呢？漢魏以來，佛教淨土信仰的傳入，無疑為解決這一難題創造了條件；中國人以「地仙」模式來理解死後不歸地府，而往生他方淨土。本節最後以晉唐間佛教傳說中神祕的「竹林寺」為例，探討佛教式的隱仙、遊仙信仰與西方淨土的潛在關聯。

(一) 佛教修行者不屬地府管轄的觀念

六朝大量應驗記表明，雖然僧侶、佛教居士死後在地府受到優待，但畢竟死後須到地府報到，經閻羅王（平等王）甄別後，才可受到禮遇。從現存史料來看，直到六朝末年，佛教徒死後須前往地府的觀念還是存在的。《洛陽伽藍記》卷二載「崇真寺比丘慧嶷死經七日還活，經閻羅王檢閱，以錯召放免。慧嶷具說過去之時，有五比丘同閱」云云[584]，即僧人死後，依其生前所作佛教功課，受到閻羅王的高下評判。這則故事發生的時間是 6 世紀初。至 6 世紀末，類似的信仰觀念仍然存在，如道宣《集神州三寶感通錄》卷上記載：「隋開皇初，有揚州僧忘其名，誦通《涅槃》，自矜為業。岐州東山下村中沙彌誦《觀音經》，二俱暴死，心下俱暖。同至閻王所，乃處沙彌金高座，甚恭敬之；處涅槃僧銀高座，敬心不重。事訖勘問，二僧餘壽皆放還。」[585] 這則發生在 6 世紀末的故事，與近百年前崇真寺比丘慧嶷遊地府的故事，情節結構十分類似，這反映出南北朝始終存在著佛教徒死後歸於地府，須受到閻王的審判這一說法。

當然，閻王的審判標準，在六朝佛教應驗記中必然是佛教式的，甚至在一些故事中，地府中還有「經藏所」，以備勘驗。敦煌遺書《持誦金剛經

---

[584]　《洛陽伽藍記校釋》，第 75 頁。
[585]　《大正藏》第 52 冊，第 427 頁下。

第十二章　民間佛教徒對死後世界的信仰

靈驗功德記》：「開皇十一年，太府寺丞趙文昌身死……至閻羅王［所］，［王］問昌曰：『從生已來，作何福業？』昌曰：『更無餘功德，唯常誦持《金剛般若經》。』王……即語執人曰：『汝更勘案，勿錯將來不？其人實錯將來不？』聞即語昌曰：『可向經藏中取《金剛般若經》來。』令一人引昌西南下至經藏所，見大舍數十餘間，甚精麗，其中經滿，並金軸寶袟，廣嚴妙好，華芳不復可言……昌怕懼此非《般若》，求其使人請換。不肯，昌即開看，乃是《金剛般若》。將至王所，令執人在西，昌在東立，誦《金剛般若經》一遍，並得通利。王即放還，約束昌受持此經，實莫廢忘。」[586]

地府中藏有佛經，乃至有菩薩（最著名的是地藏菩薩）超渡眾生，並不稀奇，但地府中所關押的，乃至須被地府中菩薩解救的眾生，應是生前犯有罪業之人，而生前修習佛法之人，是不該到地府的。如上面這則故事，閻羅王一聽說趙文昌能誦《金剛般若經》，便立即問「執人」有沒有抓錯人，在勘驗其確實能夠誦經後，就下令「放還」了。再如同書記載，唐初貞觀元年，遂州有人死後到地府，見一僧說會誦《金剛般若經》，閻羅「王聞即起，合掌贊言：『善哉！既是受持《金剛般若波羅蜜經》，當得昇天，何因錯將來至此？』王言未迄，引師上天去也」。[587]

漢魏以來流行的神仙三品說，無論天仙、地仙、屍解仙，都不在地府管轄之列，神仙尚且如此，在佛教徒看來，佛教修行者更不應屬地府管轄，故在佛教應驗故事結構中，僧侶、居士只能由於錯抓這一原因，才會出現在地府之中。在六朝應驗記中，佛教修行者開始被逐漸等同於神仙，不受地府冥官的轄制，這一觀念在唐代得到進一步發展。《宋高僧傳》卷二十四載：「釋雄俊，俗姓周，成都人也……大曆中，暴亡入冥。見王者訶責畢，引入獄去。俊抗聲大呼曰：『雄俊儻入地獄，三世諸佛即成妄語

---

[586]　《敦煌本佛教靈驗記校注並研究》，第 246～247 頁。
[587]　《敦煌本佛教靈驗記校注並研究》，第 248 頁。

第二節　地府與淨土，中國人死後世界信仰的重新建構

矣。曾讀《觀經》，下品下生者造五逆罪，臨終十念，尚得往生。俊雖造罪，不犯五逆，若論念佛，莫知其數。佛語若有可信，暴死卻合得回。』與雄俊傳語云：『若見城中道俗告之，我已得往生西方。』言畢承寶臺直西而去。」[588] 這則故事旨在宣傳臨終十念往生淨土，但從中我們可以看出，佛教修行者死後不應屬地府管轄的觀念，已經深入人心，甚至可以在閻王面前，據理力爭。

（二）地仙與佛教的淨土

佛教修行者等同於神仙，死後不應屬地府管轄，其後應處何方呢？漢魏以來，佛教淨土信仰的傳入，無疑為解決這一難題創造了條件。

六朝佛教流行的入冥故事，都是神遊地府，但隨著淨土信仰的發達，佛教徒死後神遊淨土的應驗故事也開始出現。《法苑珠林》卷十五引《冥祥記》：「宋魏世子者，梁郡人也。奉法精進，兒子遵修，唯婦迷閉，不信釋教。元嘉初，女年十四，病死。七日而甦，云可安施高坐，並《無量壽經》。世子即為具設經座。女先雖齋戒禮拜，而未嘗看經。即升座轉讀，聲句清利。下啟父言：兒死便往無量壽國，見父兄及己三人，池中已有芙蓉大華，後當化生其中。唯母獨無，不勝其苦，乃心故歸啟報。語竟復絕。母於是乃敬法云云。」[589] 傳統的入冥故事，出現了新的題材，成為入淨土的應驗故事。從上面引文中，我們可以看到，以化生蓮花的方式進入淨土的觀點，已經為信眾接受。「化生」是印度佛教傳入的概念；但魏晉時屍解成仙觀念已經普遍被中國人接受，人的形體化為寶劍、竹杖等物件，乃至於火解、兵解，而神靈成仙。六朝道教屍解，人體透過超常變異而成仙；而佛教徒透過化生蓮花而達西方淨土，都是一種「非常」的變

---

[588]　贊寧撰，范祥雍點校：《宋高僧傳》，中華書局 1987 年版，第 621 頁。
[589]　《法苑珠林校注》，第 520 頁。

第十二章　民間佛教徒對死後世界的信仰

化。[590]當時希求往生淨土的佛教徒，修行方式尚未定型於稱名念佛，故梁《高僧傳》關於西方淨土信仰的記載，散見於習禪、明律、亡身、誦經、義解諸篇之中。[591]

生前依各種佛法修行，死後往生淨土，與得道成仙，在六朝人眼中，有頗多近似之處。《法苑珠林》卷十五引《冥祥記》：劉宋時人「葛濟之，句容人，稚川後也。妻同郡紀氏，體貌閑雅，甚有婦德。濟之世事仙學，紀氏亦同，而心樂佛法，常存誠不替。元嘉十三年，方在機織，忽覺雲日開朗，空中清明。因投釋筐梭，仰望四表，見西方有如來真形及寶蓋幡幢，蔽映天漢。心獨喜曰：經說無量壽佛，即此者耶！便頭面作禮。濟之敬其如此，仍起就之。紀授濟手，指示佛所。濟亦登見半身及諸幡蓋。俄而隱沒。於是雲日鮮彩，五色燭曜。鄉比親族，頗亦睹見。兩三食頃，方稍除歇。自是村間多歸法者。」[592]

上面這則故事，我們可以看出，在南朝求仙之人看來，西方無量壽佛（阿彌陀佛），與其嚮往的神仙，似無二致。魏晉南北朝，莊園發達，隱逸思想盛行，也影響到人們的信仰世界，在漢魏以來流行的神仙三品說中，天界仙官已不再具有特別的吸引力，而隱逸地仙的逍遙成為人們追求的目標。故葛洪借白石先生之口說：「天上豈能樂比人間乎？但莫使老死耳。天上多至尊，相奉事更苦於人間」；「以其不汲汲於昇天為仙官，亦猶不求聞達者也。」「按《抱樸子‧微旨篇》的說法，當時流傳的天上宮府觀念已發展為三官九府百二十曹的官僚結構，所以白石先生也不願為仙官，寧為

---

[590] 道教方面關於「非常」的討論，可參見李豐楙的《神化與變異：一個「常與非常」的文化思維》（中華書局 2010 年版）。六朝佛教亦有此方面的資料，如廬山慧遠著名的〈沙門不敬王者論〉提出「不順化以求宗」。當然，道教的屍解，是講身體化為寶劍、竹杖等，留於此世；而佛教往生極樂，是在淨土中化生蓮花，兩者是有明顯差別的。

[591] 讀者可以參見聖凱在《晉唐彌陀淨土的思想與信仰》中所列的相關表格（中國社會科學出版社 2009 年版，第 4～6 頁）。

[592] 《法苑珠林校注》第二冊，第 518～519 頁。

第二節　地府與淨土，中國人死後世界信仰的重新建構

地仙而逍遙於天下名山。」[593]東晉名僧支道林對此也感同身受，故其在〈阿彌陀佛像讚並序〉（《廣弘明集》卷十五）中強調：「佛經記西方有國，國名安養……其佛號阿彌陀，晉言無量壽，國無王制班爵之序。」[594]

地仙信仰，與道教原本的海島仙山、福地洞天思想、中國傳統的山嶽崇拜、漢代緯書，都有著密切的關係。在魏晉南北朝，對於許多人來說，地仙顯然比天仙有吸引力，當時流行著大量諸如《十洲記》、《洞仙傳》之類地仙典籍。而中國佛教，十方諸佛淨土的信仰，死後往生淨土的追求，對於熟悉地仙信仰的中國人來說，是十分易於理解和接受的。

道教的地仙「遊於名山」、「棲集崑崙」，可以自由往來於諸海島仙山之間。而南北朝時，十方諸佛淨土，也為佛教徒提供了諸多選擇，《續高僧傳》載：北齊名僧釋真玉，「忽聞東方有淨蓮華佛國，莊嚴世界，與彼不殊。乃深唯曰：『諸佛淨土，豈限方隅，人並西奔，一無東慕，用此執心，難成迴向。』便願生蓮華佛國，曉夕勤到，誓不久留，身無疹癢，便行後事。」[595]此與後世淨土信仰，強調西方淨土的殊勝，阿彌陀佛的接引對於往生西方的決定性作用，有很大的不同。[596]

（三）佛教的「隱仙」與「遊仙窟」故事

我們在上文討論了佛教的淨土信仰與道教地仙信仰有許多類似之處，後文將對此作進一步的展開。特別就六朝佛教中與道教地仙信仰近似的隱逸、遊仙進行探討，並進一步指出其與淨土信仰的潛在關係。

南齊陸杲《繫觀世音應驗記》載：釋道冏「以姚興弘始十八年（西元

---

[593] 參見李豐楙：《仙境與遊歷：神仙世界的想像》，中華書局 2010 年版，第 31～32 頁。
[594] 《中國佛教思想資料選編》第一卷，第 68 頁。
[595] 《大正藏》第 50 卷，第 475 頁下。
[596] 侯旭東教授透過對北朝石刻的研究，甚至認為，崇奉無量壽佛（或阿彌陀佛）與祈願西方淨土，在北朝佛教信徒中是兩種互不相干的觀念（參見《五、六世紀北方民眾佛教信仰》，第 99 頁以下）。侯教授主要論證了佐藤智水〈北朝造像銘考〉（《史學雜誌》86 卷 10 期，1977 年，第 23 頁）的觀點。

第十二章　民間佛教徒對死後世界的信仰

416年）──晉義熙之十二年也──為師道懿往河南霍山採鐘乳，與同學道朗等四人，把炬探山穴。入洞三里許，有深水，橫木過之。道冏最先渡，無他。後伴悉落水死。」[597] 鐘乳是中藥材，六朝時僧人服食者，僧傳多有紀錄，[598] 入洞穴採鐘乳。六朝佛教僧侶，由於修禪、採藥等原因，常出入於山谷、洞穴等人跡罕至之地，由此亦產生許多古老傳言。陶弘景說：「世人採藥，往往誤入諸洞中，皆如此，不便疑異之……然得入者雖出，亦恐不肯復說之耳。」[599] 道教情況如此，佛教亦然，仙山石洞中常有精舍神僧棲身的傳說。如梁《高僧傳》載東晉僧人竺曇猷坐禪的「赤城巖與天台瀑布、靈溪四明並相連屬。而天台懸崖峻峙，峰嶺切天。古老相傳云：上有佳精舍，得道者居之。雖有石橋跨澗，而橫石斷人，且莓苔青滑，自終古以來，無得至者。猷行至橋所，聞空中聲曰：『知君誠篤，今未得度。卻後十年，自當來也。』猷心悵然，夕留中宿，聞行道唱薩之聲。旦復欲前，見一人鬚眉皓齒，問猷所之，猷具答意。公曰：『君生死身，何可得去？吾是山神，故相告耳。』猷乃退還……猷每恨不得度石橋，後潔齋累日，復欲更往，見橫石洞開。度橋少許，睹精舍神僧，果如前所說。因共燒香中食，食畢，神僧謂猷曰：『卻後十年，自當來此，今未得住。』於是而返。顧看橫石，還合如初。」[600]

　　這則故事與漢唐道教流行的諸多遊仙窟故事，情節結構有類似之處，在凡人難以企及之處，「古老相傳云：上有佳精舍，得道者居之」。後機緣巧合，禪僧竺曇猷得以「睹精舍神僧，果如前所說」。而且值得注意的是，按照山神的說法，「君生死身，何可得去」，只有得道之人，才能進入隱祕的神妙寺院，與神僧共居；竺曇猷雖然修禪頗有成就，但仍須「卻後十年」，才得共住。這裡隱含的意思是，只有佛法修行有所成就之人，才

---

[597]　《「觀世音應驗記三種」譯注》，第185頁。
[598]　釋道冏因師病《高僧傳》，第462頁。
[599]　《真誥校注》，第357頁。
[600]　《高僧傳》，第404頁。

第二節　地府與淨土，中國人死後世界信仰的重新建構

能得見神祕的寺院，與神僧共住；這與凡人修行到一定程度才能得見神仙洞府，居地仙之位是類似的，亦與依佛法修行到一定成就，而得見淨土、往生極樂的六朝淨土信仰相通。

在六朝僧傳、應驗記中，佛教徒由於種種機遇，得入神妙精舍、得遇神僧的記載並不罕見，其中尤以禪僧居多。而六朝口耳相傳，最為隱蔽而神祕的寺院，當屬「竹林寺」。[601] 南北朝時，「竹林寺」是非常著名的佛教隱祕寺院，神妙莫測，傳說甚多。竹林寺並非實有此寺，「乃流俗之恆傳耳」，亦常有僧人或明或暗地以竹林寺僧人自居，而常被人視為「詐聖」。[602] 但社會上此類「遊仙窟」式的佛教徒入竹林寺的奇遇，屢被提及，《續高僧傳・釋圓通傳》[603] 即是較為著名的一例，其與道教遊仙故事有所差異，如一般遊仙故事常有與神女的豔遇、品味種種奇珍異果等，佛教此類故事，礙於戒律，絕無男女之事，飲食也須持午（「中食」），「食如鄴中常味」。但無意間闖入仙境，在仙境中遇到得道高人、欣賞珍奇景物，最終得而復失，這一模式大體也適用於此類故事。

「竹林寺」顯然是南北朝最為著名的佛教式「隱仙」、「地仙」的居所，我們在下文將詳細討論其與淨土信仰的關係。

(四) 竹林寺與淨土信仰

道宣在《續高僧傳》中，對釋圓通遊竹林寺這一經歷，進行了評點：「前者舉鍤驅僧，假為神怪，令通獨進，示現有緣耳。言大和上者，將不是賓頭盧耶？《入大乘論》：尊者賓頭盧羅睺羅等十六諸大聲聞，散在諸

---

[601]　項裕榮：〈竹林寺傳說的演變：文言小說史中佛教傳說的儒道化現象研究〉，《學術研究》，2009年第12期，對竹林寺傳說資料進行了初步的梳理，可以參考，然該文收集史料標準較寬，如其以《高僧傳・杯度傳》為資料認為有「海島聖寺類」的「竹林寺」，然《高僧傳・杯度傳》並未提及「竹林寺」之名。另外，在資料方面，金建鋒：〈三朝高僧傳中的竹林寺〉，《宗教學研究》，2009年第1期，亦可參考。

[602]　《大正藏》第50卷，第649頁上。

[603]　《大正藏》第50卷，第648頁上～648頁下。

第十二章　民間佛教徒對死後世界的信仰

山渚中。又於餘經亦說：九十九億大阿羅漢，皆於佛前取籌，住壽於世，並在三方諸山海中，守護正法。今石窟寺僧，每聞異鐘唄響，洞發山林，故知神宮仙寺，不無其實……自神武遷鄴之後，因山上下並建伽藍，或樵採陵夷，工匠窮鑿，神人厭其喧擾，捐舍者多。故近代登臨，罕逢靈蹟。而傳說竹林，往往殊異。良由業有精浮，故感見多矣。」[604]

在道宣看來，神宮仙寺，討厭喧鬧，故常隱匿，人們難以找尋。而竹林寺傳說眾多且各異，實由各人因緣感應不同。佛教隱祕的「地仙」，道宣用佛教義理解釋為長久住世的阿羅漢；凡人嚮往的神宮仙寺則是這些「地仙」阿羅漢們的神祕處所。

在中國佛教中，阿羅漢被視為小乘佛教的最高果位，唐初道宣將「竹林寺」這類佛教「隱仙」、「地仙」的居所，視為阿羅漢所居，在標榜大乘的晉唐佛教中地位並不算高。而淨土是諸佛菩薩所居，地位尊崇。在唐代，「竹林寺」進一步與淨土信仰掛上了鉤，佛教「地仙」的地位進一步抬升。唐代淨土宗祖師法照所感應的「大聖竹林寺」，是由文殊與普賢二位菩薩（而非羅漢）住持，文殊菩薩還告誡法照：念彌陀佛決定往生。現存《宋高僧傳》、北宋沙門戒珠《淨土往生傳記》（卷下）等傳世文獻以及敦煌卷子，均提到法照感竹林寺瑞相，在五臺寺建大聖竹林寺。中唐時代的僧人法照，生前有關於竹林寺的宗教體驗，並依此在五臺山建有竹林寺，當是事實。

北宋延一《廣清涼傳》卷中略引了竹林寺碑：「德宗皇帝貞元年……刻石記紀頌，其詞略曰：彌陀居西國，照師宗焉。帝堯在位，郄公輔焉。是知佛寶國寶，殊躅而同體也。竹林精剎，應現施工，已立西方教主。大師法照，自南嶽悟達真要，振金錫之清涼，根瑞相以徘徊，躡雲衢而直進，躋靈山入化寺，周歷而□□□百二十院，所睹異光奇蹟，具紀於大師實

---

[604]　《大正藏》第 50 卷，第 648 頁下。

第二節　地府與淨土，中國人死後世界信仰的重新建構

錄，□□□播，故略而不書。茲乃淨土教主東流也，故治地□□寺焉。文多不能具載。」[605] 碑文中，將竹林寺稱為「化寺」，視為西方淨土的化現，法照入竹林寺等諸多宗教體驗，已經記於《實錄》之中，事蹟遠播，故碑文略而不書。總之，淨土名僧法照感應竹林寺，在唐代已遠近咸知。

晚唐日僧圓仁《入唐求法巡禮行記》卷二提到，竹林寺「有般舟道場，曾有法照和尚於此堂念佛，有敕謚為大悟和上，遷化來二年，今造影安置堂裡」。[606] 竹林寺在唐代已是淨土信仰的一處聖地，當無異議。前引《淨土往生傳記》卷下，關於法照得梵僧預示「汝之淨土，華臺生矣，後三年華開」，用三年建成竹林寺而後圓寂等傳說，亦在突出竹林寺與法照、與淨土信仰的關係。

不可否認，中國淨土信仰是印度、中亞佛教傳入的產物，歷代中土僧侶的義學論爭亦對其有至關重要的影響；但中國民眾接受淨土思想的信仰心理，同樣至為重要，本節即從「地仙」信仰模式這一中國人的視角來考察淨土思想在中國的發展情況。由於民眾信仰心理的古代文獻稀少，這方面的研究受到很大的局限，幸而相關文獻中，保留了「竹林寺」這一佛教傳說。從這一傳說的演變發展，我們可以窺見中國傳統隱仙（地仙）、遊仙傳統與西方淨土信仰的直接關聯，是西方淨土在中國得以廣泛傳播的助因之一。

---

[605]　《大正藏》第 51 卷，第 1116 頁上。
[606]　釋圓仁著，白化文、李鼎霞、許德楠校注：《入唐求法巡禮記校注》，花山文藝出版社 2007 年版，第 262 頁。

第十二章　民間佛教徒對死後世界的信仰

第十三章
魏晉南北朝時期的佛教講經制度

第十三章　魏晉南北朝時期的佛教講經制度

近幾十年來，中外學者對佛教講經制度多有關注，尤以唐代佛教講經制度研究成果最為豐富。唐代講經制度傳世資料較多，如日僧圓仁《入唐求法巡禮行記》，以及敦煌遺書等。唐前講經制度相關資料則較為零散，湯用彤、孫楷第等前輩學人有所整理。[607] 魏晉南北朝佛教講經制度，不僅是佛教儀式研究的重要組成部分，且與魏晉清談、都講制度、格義等諸思想史問題有密切關係，更是民眾佛教、佛教社會史研究的領域。筆者將魏晉南北朝講經法會分為僧講、尼講、俗講（或稱「齋講」）加以論述。

俗講是或僧或俗的導師（「唱導」）在齋會上用說唱形式針對普通世俗信眾講法。講者可以即興發揮，也可依據較為固定的說唱內容和曲調套路，但不必拘泥於佛經原文文句。尼講是尼僧講法，其講經制度與男僧類似，只是規模一般較小。而僧講在魏晉南北朝影響巨大，是寺院僧侶的重要收入來源之一，對佛學義理發展也有重要影響。魏晉南北朝的講經法會制度，大體定型於東晉道安、廬山慧遠之後。講經之前先行香讚頌；主講僧人登上「經座」（高座）；宣布所要講解的題目（開題）；都講僧人用某種固定的聲調唱誦（轉讀）出所要宣講的佛經原文，有時亦應信眾要求，唱誦流行經典，收取布施。轉讀之後，主講僧人開始講解經文。

主講僧人講經前需要先「豎義」，即根據所講經文提煉出所要講解的主要觀點或內容；豎義之後，聽眾可以自由提問發難。[608] 主講回答問難時，需要舉起麈尾，麈尾若長時間叩案，則說明主講無法回答所提問題。若無問題，或者主講人能夠圓滿回答聽眾的各種問題，主講人則可以「入文」，進入具體經文的詳細解說。學僧聽經，可以「試聽」，自由選擇，但

---

[607]　如《漢魏兩晉南北朝佛教史》上冊，第 104～109 頁；孫楷第先生所撰〈唐代俗講規範與其文之題材〉（見《俗講、說話與白話小說》，作家出版社 1956 年版，第 42～98 頁），亦多涉及魏晉南北朝的情況。

[608]　侯沖教授利用敦煌遺書，結合日僧圓仁《入唐求法巡禮行記》，對唐代佛教論義有比較細緻的分析，讀者可以參考侯沖：〈漢地佛教的論義：以敦煌遺書為中心〉，《世界宗教研究》，2012 年第 1 期。

學僧聽經須持有或抄寫所講經論，而聽講的筆記（「私記」），則常常成為流行於世的經文注疏。長期追隨的固定學僧，可以擔任「分講」等角色，成為主講僧人的入室弟子，傳承學派。

第一節　唱導與齋講

要探討魏晉南北朝佛教講經制度，首先要明確幾個概念。梁代慧皎的《高僧傳》是我們研究魏晉南北朝佛教史的重要史料，「昔草創高僧，本以八科成傳。卻尋經、導二技，雖於道為末，而悟俗可崇。故加此二條，足成十數」[609]。也就是說，慧皎原本撰寫《高僧傳》時，僅有八科，後加入「經師」、「唱導」兩類高僧，湊成十數。

僧人「唱導」之法，是廬山慧遠時才最終確立的。「昔佛法初傳，於時齊集，止宣唱佛名，依文致禮。至中宵疲極，事資啟悟，乃別請宿德，升座說法。或雜序因緣，或傍引譬喻。其後廬山釋慧遠，道業貞華，風才秀發，每至齋集，輒自升高座，躬為導首。先明三世因果，卻辯一齋大意。後代傳受，遂成永則。」[610] 唱導是與八關齋之類的齋會密切相關的，「唱導」（導師）實則是齋會的核心人物，如「宋衡陽文王義季鎮荊州……每設齋會，無有導師。王謂光（釋曇光）曰：『獎導群生，唯德之本，上人何得為辭？願必自力。』光乃迴心習唱，製造懺文，每執爐處眾，輒道俗傾仰」[611]。以唱導聞名的僧人，「每赴齋會，常為大眾說法」。北周僧人僧崖焚身供佛，阿迦膩吒寺僧慧勝常以此題材唱導，「有時在於外村，為崖設會。勝自唱導曰：『潼州福重，道俗見瑞，我等障厚，都無所見。』因即

---

[609]　《高僧傳》，第 521 頁，該書「卻尋經、導二技」，漏一「導」字，據《大正藏》本補。
[610]　《高僧傳》，第 521 頁。
[611]　《高僧傳》，第 514 頁。

第十三章　魏晉南北朝時期的佛教講經制度

應聲，二百許人，悉見天花如雪，紛紛滿天，映日而下，至中食竟，花形漸大，如七寸盤，皆作金色，明淨耀日。四眾競接，都不可得，或緣樹登高，望欲取之，皆飛上去。」[612] 從這則唱導的應驗故事中，我們可以得知，慧勝這次設會唱導，是在村邑中進行，有 200 多人參加，演唱題材是近期發生的佛教僧侶焚身供佛事蹟。可見「唱導」的內容是十分靈活的，題材不僅限於佛經，甚至可以加入近期轟動性的佛教事蹟，以招感信徒。

另外，值得注意的是，也有以俗人為「唱導」的，如釋慧重未出家時，「已長齋菜食。每率眾齋會，常自為唱導，如此累時，乃上聞於宋孝武。大明六年敕為新安寺出家，於是專當唱說」[613]。釋慧重是宋武帝時人，與廬山慧遠同時稍晚，此時尚有俗人為「唱導」。筆者推測，「唱導」可能起於民間，在晉宋之際逐漸被僧人規範化、儀式化。僧人主動爭取主導「唱導」一職，一方面是有齋會上傳播佛教教義、擴大影響的需求，因為「唱導」是一種民眾喜聞樂見的弘法形式，「至如八關初夕，旋繞行周，煙蓋停氛，燈唯靖耀，四眾專心，叉指緘默。爾時導師則擎爐慷慨，含吐抑揚，辯出不窮，言應無盡。談無常，則令心形戰慄；語地獄，則使怖淚交零。徵昔因，則如見往業；核當果，則已示來報。談怡樂，則情抱暢悅；敘哀戚，則灑淚含酸。於是闔眾傾心，舉堂惻愴，五體輸席，碎首陳哀。各各彈指，人人唱佛」[614]。另一方面，可能也與經濟收入有關，赴齋會不計貴賤報酬的「唱導」，是僧傳頌揚的美德，如劉宋釋曇穎「性恭儉，唯以善誘為先。故屬意宣唱，天然獨絕。凡要請者，皆貴賤均赴，貧富一揆」[615]；南齊著名「唱導」釋法鏡「誓心弘道，不拘貴賤，有請必行，無避寒暑。財不蓄私，常興福業」[616]。此亦可反證供養「唱導」是僧人主持齋會收入

---

[612]　《大正藏》第 50 卷，第 680 頁上～ 680 頁中。
[613]　《高僧傳》，第 516 頁。
[614]　《高僧傳》，第 521 ～ 522 頁。
[615]　《高僧傳》，第 511 頁。
[616]　《高僧傳》，第 520 頁。

第一節　唱導與齋講

的重要組成部分。「唱導」是八關齋等齋會的重要內容，是「導師」講說佛法的重要方式，故筆者將「唱導」視為魏晉南北朝齋講的最典型代表加以討論：

原則上，八關齋戒需要持「一日一夜不失」。在魏晉南北朝的實踐中，八關齋等佛教儀式通常通宵達旦。《八瓊室金石補正》卷十五〈馬鳴寺根法師碑〉記載北魏根法師：「八關之夜，立論之際，法師淵□後發，風機獨遠。判衡微於百氏之中，裁疑滯於一攬之內，理與妙共長，辭與玄同遠。興難則眾席喪氣，復問則道俗雷解，音清調逸，雅有義宗。」[617] 又北周保定二年（西元 562 年）《張操造像記》：「四部大眾一百人等，體別心同，建八關邑，半月懺悔，行籌布薩，夙宵不眠，慚愧自責。」[618] 再如《廣弘明集》中所錄「〈八關齋詩序〉：間與何驃騎，期當為合八關齋，以十月二十二日，集同意者，在吳縣土山墓下，三日清晨為齋，始道士白衣凡二十四人，清和肅穆，莫不靜暢。至四日朝，眾賢各去。」[619] 無論是民間八關齋還是上層貴胄參與的八關齋，都是通宵達旦，晝夜進行。而夜晚舉行儀式，參與者容易犯睏，如梁簡文〈八關齋制序〉中多次提到儀式中睡眠將會受罰：「睡眠，籌至不覺，罰禮二十拜」；「鄰座睡眠，維那至而不語者，罰禮十拜四」；「鄰座睡眠，私相容隱，不語維那者，罰禮十拜五」。[620]

「唱導」在齋會中出現的時間，一般是夜半時分，此時參加儀式的信眾容易疲憊，因此「宣唱法理，開導眾心」的「唱導」出場。「唱導」具有說唱曲藝性質，故可振奮情緒，是通宵達旦的齋會儀式中不可缺少的環節。「爰及中宵後夜，鐘漏將罷。則言星河易轉，勝集難留。又使人迫懷

---

[617]　《新編續補歷代高僧傳》，第 2 頁。
[618]　北京魯迅博物館、上海魯迅博物館：《魯迅輯校石刻手稿》2 函 5 冊，上海書畫出版社 1987 年版，第 939 頁。
[619]　《大正藏》第 52 卷，第 350 頁上。
[620]　《大正藏》第 52 卷，第 324 頁下。

第十三章　魏晉南北朝時期的佛教講經制度

抱,載盈戀慕。當爾之時,導師之為用也。其間經師轉讀,事見前章。皆以賞悟適時,拔邪立信。其有一分可稱,故編高僧之末。若夫綜習未廣,諳究不長,既無臨時捷辯,必應遵用舊本。」[621]「唱導」可以即興發揮,但一般情況下,都有詞曲「舊本」依據,「既無臨時捷辯,必應遵用舊本」。按照廬山慧遠的規定,則主要是宣講佛教因果報應思想,說明舉行齋會的意義。

《廣弘明集》卷十五「佛德篇」目錄中有「梁簡文〈唱導佛德文〉(十首)」、「梁王僧孺〈唱導佛文〉」、「梁〈唱導文〉蕭綱在蕃作」,而現存《大正藏》本《廣弘明集》,實際只收有梁簡文〈唱導文〉和王僧孺的〈初夜文〉,是現存兩篇唱導「舊本」。值得注意的是,梁簡文〈唱導文〉除了佛教內容外,還有不少篇幅是讚頌當今聖上、國泰民安的內容:「當今皇化之基,格天網地,扇仁風於萬古,改世季於百王,覆載蒼生,慈育黎首,天涯海外,奉義餐風,抱嗉吹唇,含仁飲德,民無賢肖,愛均一子。眾等宜各克己丹誠,澄心懺到。」[622]我們知道,5世紀初,自明元帝開始北魏就「又崇佛法,京邑四方,建立影像,仍令沙門敷導民俗」(《魏書·釋老志》)。期間雖經北魏太武帝滅佛,但不久到文成帝時佛教又得以復興,而唱導顯係僧侶「敷導民俗」的重要手段。從上引這篇〈唱導文〉來看,不僅在北朝,南朝的唱導也有輔助王化的作用。

〈初夜文〉是一篇較為完整的唱導文,由於出自上層人物之手,應較一般民間唱導文辭優雅,但亦可見其嘆詠生死輪迴,動人心弦之魅力:

夫遠自無始,至於有身⋯⋯曾不知稟此形骸,所由而至。將斯心識,竟欲何歸?唯以勢位相高,爭嬌華於一旦;車徒自盛,競馳騖於當年。莫不恃其雄心壯齒,紅顏緇髮,口恣肥饒,身安輕靡。繁弦促柱,極滔漂而

---

[621]　《高僧傳》,第522頁。
[622]　《大正藏》第52卷,第205頁上。

不厭;玉床象席,窮靡曼而無已。謂蒙泉若木出沒,曾不關人;蹲鳥顧兔升落,常自在彼。殊不知命均脆草,身為苦器,何異犬羊之趣屠肆,麋鹿之入膳廚。秋蛾拂焰而不疑,春蠶縈絲而靡悟。[623]

另外,〈初夜文〉文末有兩處為南平王祈福的段落:

制之日夜,稱為八關。以八正篇,為法關捷。斯實出世之妙津,在家之雄行。眾等相與運誠,奉逮南平王殿下禮,云云。願大王殿下,叡業清暉,與南嶽而相固;貞心峻節,等東溟而共廣。萬累煙消,百災霧滅。巧幻所不惑,強魔莫能嬈。逐慘舒而適體,隨暄涼而得性。自稟儀天之氣,永固繕衛之道。得六神通力,具四無礙智。[624]

願大王殿下,入不二門,登一相道。德階不動,智超遠行。洋溢惠聲,與八風而共遠;優遊玉體,等六律而相調。餐雪山之良藥,挹露城之甘味。袞服桓珪,與四時而永久;朱輪緹幟,貫千祀而常然。[625]

這說明此次是南平王出資辦八關齋,故在唱導佛理之後,唱導文末為辦齋施主祈福。此當是唱導的慣例。

第二節　轉讀與都講、麈尾

《高僧傳》中的「經師」,是專門負責「轉讀」佛經的一類僧人。「轉讀」一詞,《高僧傳》中的定義十分明確,「天竺方俗,凡是歌詠法言,皆稱為唄。至於此土,詠經則稱為轉讀,歌讚則號為梵唄。」[626] 也就是說,「轉讀」是用歌詠的方式唱誦佛經。[627] 從內容上說,「唱導」與「轉讀」是截然

---

[623]　《大正藏》第 52 卷,第 207 頁中～ 207 頁下。
[624]　《大正藏》第 52 卷,第 207 頁下。
[625]　《大正藏》第 52 卷,第 208 頁上。
[626]　《高僧傳》,第 508 頁。
[627]　陳寅恪先生在其名篇〈四聲三問〉(《清華學報》第九卷第二期,1934 年;後收入《金明館叢

第十三章　魏晉南北朝時期的佛教講經制度

不同的,「唱導」是即興或依據「舊本」,用民眾通俗易懂、喜聞樂見的形式宣揚佛教教義;而「轉讀」是用特定的曲調來唱誦佛經經文,貴在「聲文兩得」,而決不允許因唱誦曲調優美,而隨意變動佛教原文,「但轉讀之為懿,貴在聲文兩得,若唯聲而不文,則道心無以得生;若唯文而不聲,則俗情無以得入。……而頃世學者,裁得首尾餘聲,便言擅名當世。經文起盡,曾不措懷。或破句以合聲,或分文以足韻。豈唯聲之不足,亦乃文不成詮。聽者唯增恍忽,聞之但益睡眠」。[628]

「轉讀」與「唱導」的另一重要區別是,轉讀不僅應用於一般信徒參與的齋會,亦可以成為相對獨立的修行實踐活動、宗教儀式。如周武帝廢佛時,同寺僧人慧恭與慧遠,一去荊楊,一去長安,三十年後相見,互道所學,慧恭唯習誦《觀音經》一卷,「乃於庭前結壇,壇中安高座,繞壇數匝,頂禮升高座。遠不得已,於是下據胡床,坐聽。恭始發聲,唱經題,異香氛氳,遍滿房宇。及入文,天上作樂,雨四種花。樂則寥亮振空,花則霧霏滿地。經訖下座,自為解座梵,訖,花樂方歇。慧遠接足頂禮,淚下交連」。[629]從中可以得知,獨立的轉經儀式,需結壇,轉讀者「繞壇數匝」後頂禮,坐壇中高座,聽眾於下坐胡床上聽經。轉讀,先唱經題,然後「入文」。轉讀經典結束後,還有「解座梵」,梵唄結束後,方才散席。

更為重要的是,轉讀在南北朝時,逐漸成為僧人講經儀式中的重要組成部分。三論宗創始人吉藏講《法華經》,「都講才唱,傾耳詞句,擬定經文,藏既闡揚」。[630]在吉藏講經之前,須由都講以轉讀形式,唱出經文。再如東晉著名「經師」支曇籥的弟子釋法平、法等兄弟二人,「弟貌小醜,

---

稿初編》)中提出,在中國詩歌史上影響甚巨的永明聲律說的產生是受佛經轉讀影響,此後數十年在文學史界爭訟不已。讀者可參考吳相洲:〈永明體的產生與佛經轉讀關係再探討〉,《文藝研究》,2005 年第 3 期,第 62～69 頁;戴燕:《魏晉南北朝史研究入門》,復旦大學出版社 2009 年版,第 32～40 頁。
[628]　《高僧傳》,第 508 頁。
[629]　《大正藏》第 50 卷,第 687 頁上。
[630]　《大正藏》第 50 卷,第 688 頁中。

第二節　轉讀與都講、麈尾

而聲蹦於兄。宋大將軍於東府設齋，一往以貌輕之。及聞披卷三契，便扼腕神服，乃嘆曰：『以貌取人，失之子羽，信矣。』後東安嚴公發講，等作三契經竟，嚴徐動麈尾曰：『如此讀經，亦不減發講。』遂散席。明更開題，議者以為相成之道也」。[631] 法等作為「經師」，既在宋大將軍於東府所設齋會上「轉讀」，後又於東安嚴公講經法會上「轉讀」。

從上面引文，我們可以得知，在一般情況下，講經法會上應由主講法師先「開題」確定所講經文，然後由「經師」轉讀佛經，最後主講法師才「發講」。因法等轉讀佛經過於優美感人，「如此讀經，亦不減發講」，所以嚴公不再發講而散席，第二日另選題目開講，此是特例，即轉讀經文十分精采感人，已經有講經的作用，故不必再講，第二日轉換題目。這些都表達了對法等這位轉讀者的尊重。[632]

此外，值得注意的是嚴公說「如此讀經，亦不減發講」時，手中「徐動麈尾」。麈尾是魏晉名士清談時，常持之物，後僧侶也常應用，如梁代智林在《與汝南周顒書》中提到：「貧道捉麈尾以來，四十餘年東西講說，謬至一時。」[633]《續高僧傳》中記載一則傳說，梁代高僧釋慧韶圓寂，「當終夕，有安浦寺尼，久病悶絕，及後醒云：送韶法師及五百僧，登七寶梯，到天宮殿講堂中，其地如水精。床蓆華整，亦有麈尾幾案，蓮華滿地，韶就座談說，少時便起。」[634] 從中我們可以看出，麈尾是講堂必備之物，故人們設想天宮中講堂亦當如此。再如相傳陳代僧人智文，其母「懷文之始，夢睹梵僧，把松枝而授曰：爾後誕男，與為麈尾。及文生也，卓

---

[631]　《高僧傳》，第499頁。
[632]　經典唱囀，有攝人心魄的魅力，僧傳多有記敘。如南朝末年，鄂州僧朗「素乏聲哢，清靡不豐，乃潔誓誦之，一坐七遍。如是不久，聲如雷動，知福力之可階也……聲韻諧暢，任縱而起，其類箏笛，隨發明瞭。故所誦經時，旁人觀者，視聽皆失，朗唇吻不動，而囀起咽喉，遠近亮澈，因以著名。」（《大正藏》第50卷，第650頁下）後入隋，「官人懼以惑眾，遂幽而殺之」。
[633]　《大正藏》第52卷，第274頁下。
[634]　《大正藏》第50卷，第471頁中。

第十三章　魏晉南北朝時期的佛教講經制度

異恆倫」。[635] 此亦可見麈尾為義學高僧必備之物。

據《入唐求法巡禮行記》的記載，唐代僧人講經，都講發問時，主講右手舉麈尾，都講發問完畢，主講將麈尾放下，然後又立即舉起麈尾，對發問致謝並回答問題。講經時，不斷將麈尾舉起、放下、再舉起，往返問答。[636] 就現存史料來看，魏晉南北朝時僧人講經問難，已經採取這種形式。如《高僧傳》竺法汰傳載，東晉「時沙門道恆，頗有才力，常執心無義，大行荊土。汰曰：『此是邪說，應須破之。』乃大集名僧，令弟子曇一難之。據經引理，析駁紛紜。恆仗其口辯，不肯受屈。日色既暮，明旦更集。慧遠就席，設難數番，關責鋒起。恆自覺義途差異，神色微動，麈尾扣案，未即有答。遠曰：『不疾而速，杼軸何為。』座者皆笑矣。心無之義，於此而息。」[637]

在講經論辯過程中，麈尾不能長時間放下，「麈尾扣案，未即有答」就等同於論辯失敗。再如《續高僧傳》記載，梁時依舊保持此風，釋寶瓊「乃為學侶復請還都，發《成實》題。僧正慧令，切難聯環。瓊乃徐拂麈尾，從容而對。令乃引遠公舊責曰：『不疾而速，杼軸何為。』答曰：『不思造業，安得精固。』令閒舉止，雅音調。賓主相悅，殊加稱賞」。[638] 可見，發言時必舉揚（或「拂」）麈尾，亦為僧侶講說之規範；尚未拿起麈尾，則表示還在思考，不能作答。再看一例，「文宣嘗請柔次二法師，於普弘寺共講《成實》。大致通勝冠蓋成陰。旻（釋僧旻）於末席論議，詞旨清新，致言宏邈，往復神應，聽者傾屬。次公乃放麈尾而嘆曰：『老子受業於彭城，精思此之五聚，有十五番以為難窟。每恨不逢勍敵，必欲研盡。自至金陵

---

[635]　《大正藏》第 50 卷，第 609 頁中。
[636]　參見福井文雅著，徐水生、張谷譯：《漢字文化圈的思想與宗教》，武漢大學出版社 2010 年版，第 84 頁。
[637]　《高僧傳》，第 192～193 頁。
[638]　《大正藏》第 50 卷，第 478 頁下～479 頁上。

第二節　轉讀與都講、麈尾

累年，始見竭於今日矣。且試思之，晚講當答。」[639] 梁代高僧釋僧旻少年時，才思敏捷，聽《成實論》時，與主講者往復論辯，最後迫使主講者放下麈尾，「且試思之，晚講當答」。

魏晉南北朝佛教講經過程中，已存在都講制度，即在主講僧人之外，另設一都講，不斷向主講發問，主要作用在於引導主講人深入講法，便於信眾聽講理解。在魏晉清談、熱衷辯論的社會風氣下，都講與主講，可能會成為辯論的對立雙方，例如《世說新語》記載：「支道林、許掾諸人共在會稽王齋頭，支為法師，許為都講。（《高逸沙門傳》曰：『道林時講《維摩詰經》。』）支通一義，四坐莫不厭心；許送一難，眾人莫不抃舞。但共嗟詠二家之美，不辯其理之所在。」[640] 都講制度，中國漢代即已存在，按照湯用彤先生的觀點：「至於儒家都講誦讀經文，則見於《魏書·祖瑩傳》。漢代都講是否誦經，實無明文。而據上述之〈安般序〉及《明度經》，佛家在漢魏間已有都講，則都講誦經發問之制，疑始於佛徒也。」[641] 從現存魏晉南北朝早期的文獻記載來看，在魏晉前期，都講主要任務是向主講經文者發問，而誦讀經典似不是其主要任務，主講與都講更似問難對手，地位相對平等，而不強調都講為主講執役誦讀。在講經法會上，都講以「轉讀」方式誦經，似流行於晉宋之後。如梁武帝講《般若經》，〈發般若經題〉：「都講枳園寺法彪唱曰：『《摩訶般若波羅蜜經》。』」然後是梁武帝的

---

[639] 《大正藏》第 50 卷，第 462 頁上。
[640] 《世說新語箋疏》上冊，第 268～269 頁。
[641] 《漢魏兩晉南北朝佛教史》上冊，第 108 頁。儒家的都講制度，前人研究成果可參看古勝隆一的研究，他總結了余嘉錫、湯用彤、孫楷第、牟潤孫、福井文雅、荒牧典俊數家說法（古勝隆一：《中國中古の學術》〔日本〕研文出版社 2006 年第 169～195 頁）。中國教育史研究專家丁鋼先生則認為，佛教與儒教雖然都有「都講」，但名同實異。佛教的都講與講法師相對平等，而儒教的都講則是「都講生」，仍為弟子身分，但在魏晉南北朝時期佛教對儒教的都講制度有影響，如《魏書·祖瑩傳》記載中書博士張天龍講《尚書》，即選弟子祖瑩為都講，在講解前先由祖瑩誦讀經文。（參見丁鋼：《中國佛教教育：儒佛道教育比較研究》，四川教育出版社 1988 年版，第 79～84 頁。）但就筆者所見，魏晉南北朝佛教史料中，也有都講地位較低的記載，如將都講說成是「對揚小師」，而與「萬人法主」相對。佛教都講制度與儒教都講制度應該是相互影響的，是否可以截然分開，尚有進一步探討的餘地。

第十三章　魏晉南北朝時期的佛教講經制度

講解「制曰……」以及「六人論義：中寺僧懷、冶城寺法喜、大僧正靈根寺慧令、龍光寺僧綽、外國僧伽陀娑、宣武寺慧巨」。[642] 唱誦轉讀經題、經文，已經成為都講的主要職責。

轉讀一法晚出，都講一職轉讀經文，出現亦不會太早。「自大教東流，乃譯文者眾，而傳聲蓋寡。良由梵音重複，漢語單奇。若用梵音以詠漢語，則聲繁而偈迫；若用漢曲以詠梵文，則韻短而辭長。是故金言有譯，梵響無授。始有魏陳思王曹植，深愛聲律，屬意經音。既通般遮之瑞響，又感魚山之神制。於是刪治《瑞應本起》，以為學者之宗。傳聲則三千有餘，在契則四十有二。其後帛橋、支籥亦云祖述陳思，而愛好通靈，別感神制，裁變古聲，所存止一十而已。至石勒建平中，有天神降於安邑廳事，諷詠經音，七日乃絕。時有傳者，並皆訛廢。逮宋齊之間，有曇遷、僧辯、太傅、文宣等，並慇懃嗟詠，曲意音律，撰集異同，斟酌科例。存仿舊法，正可三百餘聲。自茲厥後，聲多散落。人人致意，補綴不同。所以師師異法，家家各制，皆由昧乎聲旨，莫以裁正。」[643] 歌詠梵唄，雖然遠可追溯到傳說中曹植所制魚山梵唄，但從上面引文中可以推知，各家「轉讀」法，實則流行於5世紀「宋齊之間」。此時的都講由主講的辯論對手，已降格為執役誦讀者，雖有法等之流受講師敬重，畢竟為少數，都講地位已大不如前。劉宋時的僧導，「至年十八，博讀轉多，氣幹雄勇，神機秀發，形止方雅，舉動無忤。僧叡見而奇之，問曰：『君於佛法且欲何願。』導曰：『且願為法師作都講。』叡曰：『君方當為萬人法主，豈肯對揚小師乎。』」[644] 梁慧皎所撰《高僧傳》將以轉讀為業的「經師」，以及主要在齋會上教化俗人的「唱導」列為最後二科，唐初道宣《續高僧傳》則進一步歸併為最末一科「雜科聲德」，不為時人所尚。梁代僧旻「年十三，隨回

---

[642]　《大正藏》第52卷，第238頁上。
[643]　《高僧傳》，第507～508頁。
[644]　《高僧傳》，第280～281頁。

（僧回）出都，住白馬寺。寺僧多以轉讀、唱導為業，迴風韻清遠，了不厝意」。[645] 都講在講經法會上，日益以轉讀為業，故不為人所重。

第三節　上講與問難

湯用彤先生曾暗示魏晉時期的「格義」，可能與都講制度有關，張風雷教授對此也多有發明。[646] 若確如湯用彤先生所言：「後代之子注會譯，同由最初所採講經方式演進。即格義亦此有關。」[647] 那麼與格義相對應的是魏晉早期主要以問難答疑為主的都講制度，而非後期以轉讀誦經、提示講解者經文脈絡為主要任務的都講制度。

當然，說魏晉早期都講制度中不強調轉讀的作用，並非是說早期佛教講經制度中沒有誦經這一程序。梁僧祐《出三藏記集》中說東晉道安之前，「舊譯時謬，致使深義未通，每至講說，唯敘大意，轉讀而已」。[648] 從中我們可以得知，大體來說，東晉之前講經「唯敘大意，轉讀而已」，也就是說當時在講經制度中，講經與誦經，同後世相比，區分不是十分清晰，而道安之後，這種情況逐漸改變。《高僧傳》載道安曾制定「條為三例：一曰行香定座上講經上講之法；二曰常日六時行道飲食唱時法；三曰布薩差使悔過等法」。[649] 第一條應為道安制定的講經制度。關於「行香定座上（講）經上講之法」的句讀，中外學者多有爭議[650]，而筆者認為應斷

---

[645]　《大正藏》第 50 卷，第 462 頁上。
[646]　張風雷：〈論「格義」之廣狹二義及其在佛教中國化進程中的歷史地位〉，《佛學與國學：樓宇烈教授七秩晉五頌壽文集》，第 36～49 頁。
[647]　《漢魏兩晉南北朝佛教史》上冊，第 106 頁。
[648]　《出三藏記集》，第 561 頁。
[649]　《高僧傳》，第 183 頁，該書以《大正藏》為底部，然其所校《弘教藏》、《磧砂藏》、《金藏》及《金陵刻經處》諸本，均為「一日行香定座上經上講之法」。
[650]　參見湛如：《敦煌佛教律儀制度研究》，中華書局 2003 年版，第 34～35 頁，特別是福井文雅指出道安的「行香、定座、上經、上講之法」與唐代的俗講程序上有相似之處（福井文雅：

第十三章　魏晉南北朝時期的佛教講經制度

為「行香、定座、上經、上講之法」，原文衍一「講」字，即講經之前，先行香讚頌，主講人上「經座」（高座），都講轉讀經文，主講人開始講解經文。唐初編輯的《法苑珠林》載：「關內關外吳蜀唄辭，各隨所好。唄讚多種，但漢梵既殊，音韻不可互用。至於宋朝有康僧會法師，本康居國人，博學辯才，譯出經典。又善梵音，傳《泥洹》唄，聲制哀雅，擅美於世。音聲之學，咸取則焉。又昔晉時，有道安法師，集制三科，上經、上講、布薩等。先賢立制，不墜於地，天下法則，人皆習行。」[651]康僧會是三國時吳國僧侶，非劉宋時人。說明東晉道安法師是在前人各種講經梵唄基礎上，制定的上經、上講諸程序。

「上講」為講經說法，含義較為明確，《續高僧傳》中有多處可證，如「釋智欣……曾入棲靜寺，正值上講，聞十二因緣義，云：『生死輪轉無有窮已。』便慨然有離俗之志」。[652]再如前引文提到在聽講《成實論》時，僧旻與主講人次公論辯，次公要求晚講作答，「及晚上講，裁複數交，詞義遂擁。次公動容顧四坐曰：『後生可畏，斯言信矣』」。[653]前一例中「上講」是講經者自陳演法，後一例中「上講」為講經時的論辯。「上講」是講經法會的主體部分，如果主講者水準高超，「上講」可以有打動人心、吸引信徒的作用，如北齊「有儒生馮袞」不信佛法，「試往候光（釋惠光），欲論名理，正值上講，因而就聽，矚其威容，聆其清辯，文句所指，遣滯為先，即坐盡虔，傷聞其晚，頓足稽顙，畢命歸依」。[654]總之，將「上講」理解為講經說法，當無疑問。

「上講」之前，一般還要轉讀經典。《續高僧傳》載，梁代僧旻「嘗於講

〈唐代俗講儀式的成立及相關問題〉，見《大正大學研究紀要》第54輯）。湛如教授斷句為「行香、定座上、講經上講」，恐有值得商榷之處。
[651]　《法苑珠林校注》第三冊，第1170～1171頁。
[652]　《大正藏》第50卷，第460頁下。
[653]　《大正藏》第50卷，第462頁上。
[654]　《大正藏》第50卷，第608頁中。

第三節　上講與問難

日謂眾曰：『昔彌天釋道安，每講於定坐後，常使都講等，為含靈轉經三契。此事久廢，既是前修勝業，欲屈大眾各誦《觀世音經》一遍。』於是合坐欣然，遠近相習。爾後道俗捨物乞講前誦經，由此始也。」[655] 按照這一說法，道安在「定座」之後，講經說法（「上講」）之前，「常使都講等，為含靈轉經三契」，即讓都講等人轉讀經文；僧旻進一步加強了這部分的宗教儀式內容，在講經之前讓大眾誦讀在信眾中流行的經典（不一定是後面「上講」所要講解的經文），並以此尋求布施，作為講經法會的一項收入來源。如與僧旻同時略晚的法雲，「每於講次，有送錢物乞誦經者，多獲徵應」。[656]

都講的功能主要變為轉讀經文之後，南北朝講經並非不再有問難辯論，辯論的形式主要是由講法者先「豎義」，然後由聽經者提問。如《續高僧傳》曇鸞傳載：「鸞至殿前，顧望無承對者，見有施張高座，上安幾拂，正在殿中，傍無餘座。徑往升之，豎佛性義。三命帝曰：『大檀越，佛性義深，略已標敘，有疑賜問。』」[657] 再如慧榮傳載：「本邑道俗，欲光其價，而忌其言令也。大集諸眾，令其豎義。榮曰：『余學廣矣，輒豎恐致餘詞，任眾舉其義門，然後標據。』眾以其博達矜尚，乃令豎八十種好，謂必不能誦持。榮曰：『舉眾無人也。斯乃文繁，義可知耳。』即部分上下，以法繩持。須臾牒數，列名出體。僉雖難激，蓋無成濟。」[658] 慧榮所遇情況，較為特殊，是因眾人要發難，令其豎「八十種好」義，在一般情況下，主講者應自己豎義，所豎義應與其講經內容相關或為其獨特心得；「輒豎恐致餘詞」，隨意豎義會招人異議。如果豎義得當，會博得很大聲望，如興皇法朗「豎諸師假名義」後，「東朝於長春殿義集，副君親搖玉柄，述朗所豎諸師假名義，以此榮稱。豈唯釋氏宗匠，抑亦天人儀表」。[659] 有時信徒

---

[655]　《大正藏》第 50 卷，第 463 頁中。
[656]　《大正藏》第 50 卷，第 465 頁上。
[657]　《大正藏》第 50 卷，第 470 頁中。
[658]　《大正藏》第 50 卷，第 487 頁下。
[659]　《大正藏》第 50 卷，第 477 頁下～478 頁上。

第十三章　魏晉南北朝時期的佛教講經制度

還將「豎義」神聖化，如《續高僧傳》法聰傳載，梁湘東王「立為寶光寺，請聰居之，王述般若義，每明日將豎義，殿則夜放光明，照數里不假燈燭，議者以般若大慧智光幽燭所致，及宣帝末，臨亦同前」。[660]

主講人所豎之義，必須經過聽眾各種問難考驗。講經中的這種提問，並非像都講一樣須事先禮請、安排，而是由聽經者任意發問，坐於末席者也可發問。僧傳中不乏處聽講末席的少年才俊，對居高坐的主講成功問難，驟然博得大名的事例，如北朝著名佛教領袖法上，少年時善於發問，「故時人諺曰：黑沙彌若來，高座逢災也」。[661]再如〈南齊安樂寺律師智稱法師行狀〉：「齊竟陵文宣王，顧輕千乘，虛心八解，嘗請法師講於邸寺。既許以降德，或謂宜修賓主。法師笑而答曰：『我則未暇。』及正位函丈，始交涼燠。時法筵廣置，髦士如林，主響既馳，客容多猛。發題命篇，疑難鋒出。法師應變如響，若不留聽。圍辯者土崩，負強者折角。莫不遷延徙靡，亡本失支，觀聽之流，稱為盛集。法師性本剛克，而能悅以待問。發言盈庭，曾無忤色。虛己博約，咸竭厥才，依止疏附，訓之如一。」[662]有人勸智稱法師，講經前「宜修賓主」，智稱則以「我則未暇」加以婉拒，不事前作應對準備，臨場發揮，博得好評。

當然智稱這類主講人畢竟是少數，有時辯論是十分激烈的，甚至出現主講人因害怕問難，事先請託他人不要提問的情況。

潞州上邑，思弘《法華》，乃往岩州林慮縣洪谷寺請僧，忘其名，往講。琛（釋明琛）素與知識，聞便往造。其人聞至，中心戰灼，知琛論道，不可相抗。乃以情告曰：「此邑初信，事須歸伏，諸士俗等，已有傾心，願法師不遺故舊，共相成贊。今有少衣裁，輒用相奉。」琛體此懷，乃投絹十匹。琛曰：「本來於此，可有陵架意耶？幸息此心。」然不肯去，

---

[660]　此段文字，《大正藏》三十卷本缺，此據四十卷本第二十卷，《高僧傳二集》，第537～538頁。
[661]　《大正藏》第50卷，第485頁上。
[662]　《大正藏》第52卷，第269頁中。

第三節　上講與問難

欲聽一上。此僧彌怖，事不獲已，如常上講。琛最後入堂，齎絹束掇在眾中曰：「高座法師昨夜以絹相遺，請不須論議。然佛法宏曠，是非須分，脫以邪法化人，幾許誤諸士俗。」高座聞此，懼怖無聊，依常唱文，如疏所解。琛即喚住，欲論至理。高座爾時，神意奔勇，泰然待問。琛便設問，隨問便解，重迭雖多，無不通義。琛精神擾攘，思難無從，即從座起曰：「高座法師，猶來闇塞。如何今日，頓解若斯。當是山中神鬼，助其念力，不爾何能至耶。」高座合堂，一時大笑。[663]

洪谷寺僧應邀往潞州上邑講《法華經》，因怕釋明琛提問，講經前送他十匹絹；該僧上座後，講經法會如常進行，「依常唱文，如疏所解」，但明琛卻依舊前往問難，不過主講僧人應對自如，法會有驚無險。從這則故事中，我們可以體會到南北朝講經法會，問難有時甚為激烈。敦煌寫本《啟顏錄》亦記錄了幾則儒、釋豎義辯難的例子，雖然是笑話性質，未必全為事實，但對於我們了解南北朝時的豎義辯難也有一定的參考價值，現舉一例：

高祖又嘗作內道場，時有一大德法師，先立「無一無二，無是無非」義。高祖乃令法師升高座講，還令立其舊義。當時儒生學士、大德名僧，義理百端，無難得者。動筩即請難此僧，必令結舌無語。高祖大悅，即令動筩往難。動筩即於高座前褰衣閣立，問僧曰：「看弟子有幾個腳？」僧曰：「兩腳。」動筩又翹一腳向後，一腳獨立，問僧曰：「更看弟子有幾個腳？」僧曰：「一腳。」動筩云：「向有兩腳，今有一腳，若為得無一無二？」僧即答云：「若其二是真，不應有一腳，腳既得有一，明二即非真。」動筩既以僧義不窮，無難得之理，乃謂僧曰：「鄉者劇問法師，未是好義，法師既云：『無一無二，無是無非』，今問法師此義，不得不答。弟子聞『天無二日，土無二王』，今者天子一人，臨御四海，法師豈更得云無一？卦有乾坤，天有日月，皇后配於天子，即是二人，法師豈更得云無二？今者

---

[663]　《大正藏》第 50 卷，第 656 頁上～ 656 頁中。

第十三章　魏晉南北朝時期的佛教講經制度

帝德廣臨，無幽不照，昆蟲草木，皆得其生，法師豈更得云無是？今既四海為家，萬方歸順，唯有宇文黑獺獨阻皇風，法師豈更得云無非？」於是僧遂嘿然以應，高祖撫掌大咲。[664]

此段引文是說有僧人在北齊高祖高歡所立內道場中登高座，先豎義「無一無二，無是無非」，而後王公大臣，乃至俳優，各色人等爭相問難。而問難的依據不限於佛法，亦有世俗常情，此處即是動箄「天無二日，土無二王」來逼問講經僧就範。

主講人豎義後，若無問題，或問題答覆完畢，講法者便進入具體講解的經文（「入文」或「解文」）。《續高僧傳》法開傳載：「沙門智藏，後遊禹穴講化《成論》。開往觀之，鯁難累日，賓僚餐悅。藏曰：『開法師語論已多，自可去矣。吾欲入文。』開曰：釋迦說法，多寶踊現。法師指南命眾，而遣客何耶？藏有慚色。」[665] 法開引用《法華經》釋迦說法，多寶佛從地湧現的典故，譏諷智藏急於「入文」，不欲讓其再興問難。從這則事例中可以看出，照例主講應該圓滿回答完所有問難，才可以「入文」。再如北周道安，「曾於一日，安公正講《涅槃》，俊（慧俊）命章設問，遂往還迄暮，竟不消文。明旦又問，講難精拔。安雖隨言即遣，而聽者謂無繼難。俊終援引文理，徵並相訕。遂連三日，止論一義。後兩捨其致，方事解文」。[666] 由於同學慧俊的問難，道安費時三日，才開始「解文」。

總之，講經法會有時存在問難過於激烈的情況，這難免有出風頭、心存彼我之譏，招人非議。《洛陽伽藍記》載：「崇真寺比丘慧嶷，死經七日還活，經閻羅王檢閱，以錯召放免。惠嶷具說過去之時，有五比丘同閱。一比丘云是寶明寺智聖，以坐禪苦行得昇天堂。有一比丘是般若寺道

---

[664]　董志翹：〈敦煌寫本《啟顏錄》箋注（選）〉，《西南民族大學學報（人文社會科學版）》，2012年第3期，第193頁。
[665]　《大正藏》第50卷，第474頁上。
[666]　《大正藏》第50卷，第628頁中。

品，以誦四十卷《涅槃》，亦昇天堂。有一比丘云是融覺寺曇謨最，講《涅槃》、《華嚴》，領眾千人。閻羅王曰：『講經者心懷彼我，以驕淩物，比丘中第一粗行。今唯試坐禪、誦經，不問講經。』其曇謨最曰：『貧道立身以來，唯好講經，實不闇誦。』閻羅王敕付司，即有青衣十人送曇謨最向西北門。屋舍皆黑，似非好處……時太后聞之，遣黃門侍郎徐紇依惠嶷所說即訪寶明等寺……皆實有之……自此以後，京邑比丘皆事禪誦，不復以講經為意。」[667] 後來，佛門為此找到了經典依據，《法苑珠林》「說聽篇第十六」，引《佛藏經》卷中法淨品：「如是凡夫無有智慧，心無決定，但求名聞，疑悔在心，而為人說。是故舍利弗，身未證法而在高座，身自不知而教人者，法墮地獄。」[668]

總之，問難過多，出風頭，就會破壞講經法會的神聖性，為信眾的宗教情感帶來負面影響。故魏晉南北朝講經法會，日漸呈現程序化、儀式化的發展趨勢。

第四節　講經法會的程序化

魏晉南北朝中後期，講經制度不斷完備，變得日益繁複。《續高僧傳》記載一則傳說，北魏勒那摩提「帝每令講《華嚴經》，披釋開悟，精義每發。一日正處高座，忽有持笏執名者，形如大官，云：『奉天帝命，來請法師講《華嚴經》。』意曰：『今此法席尚未停止，待訖經文，當從來命。雖然，法事所資，獨不能建。都講、香火、維那、梵唄，咸亦須之。可請令定。』使者即如所請，見講諸僧。既而法事將了，又見前使。云：『奉天帝命，故來下迎。』意乃含笑熙怡，告眾辭訣，奄然卒於法座。都講等僧，

---

[667]　《洛陽伽藍記校釋》，第 75～78 頁。
[668]　《法苑珠林校注》第二冊，第 754 頁。

亦同時殞。魏境聞見,無不嗟美」。[669] 又北魏僧意圓寂前,傳言有天帝請其講經,「意便洗浴燒香,端坐靜室,候待時至。及期,果有天來入寺及房,冠服羽從,偉麗殊特。眾僧初見,但謂:『是何世貴,入山參謁』,不生驚異。及意爾日,無疾而逝,方知靈感。其都講住在光州,自餘香火唄匿,散在他邑,後試檢勘,皆同日而終焉」。[670] 勒那摩提,漢譯「寶意」,恐即僧意。從上述引文中,我們可以得知,召開講經法會,除了主講僧人,都講、香火、維那、梵唄等僧,亦須分別邀請,講經法會的儀式化內容日趨複雜。

隨著講經中儀式部分不斷加強,也突出了對講法者威儀的要求,梁代高僧法雲,年少時「曾觀長樂寺法調講論,出而顧曰:震旦天子之都,衣冠之富,動靜威儀,勿易為也。前後法師,或有詞無義,或有義無詞,或俱有詞義而過無威儀。今日法坐,俱已闕矣。皆由習學不優,未應講也。」[671] 到了唐初,《法苑珠林》引用《增一阿含經》將主講法師的品評進一步系統化:「世間亦有四人,當共觀知。云何為四?一、或有比丘顏貌端正,威儀成就,然不能有所諷誦諸法初中後善。是謂此人形好聲不好。二、或有人聲好而形醜,出入行來,威儀不成,而好廣說,精進持戒,初中後善,義理深邃。是謂此人聲好而形醜。三、或有人聲醜形亦醜,謂有人犯戒不精進,復不多聞,所聞便失。是謂此人聲醜形亦醜。四、或有人聲好形亦好,謂比丘顏貌端正,威儀具足,然復精進修行善法,多聞不忘,初中後善,善能諷誦。是謂此人聲好形亦好也。」[672]「是四種云,而像世間四種人。一、云何比丘雷而不雨?或有比丘高聲誦習十二部經,諷誦不失其義,然不廣與人說法。是謂雷而不雨。二、云何雨而不雷?或

---

[669] 《大正藏》第 50 卷,第 429 頁上。
[670] 《大正藏》第 50 卷,第 647 頁上。
[671] 《大正藏》第 50 卷,第 463 頁下～464 頁上。
[672] 《法苑珠林校注》第二冊,第 754 頁。

第四節　講經法會的程序化

有比丘顏貌端正，威儀皆具，然不多聞高聲誦習十二部經，復從他受，亦不忘失，好與善知識相隨，亦好與他人說法。是謂雨而不雷。三、云何不雨不雷？或有人顏色不端，威儀不具，不修善法，亦不多聞，復不與他人說法。是謂此人不雨不雷。四、云何亦雨亦雷？或有人顏色端正，威儀皆具，好喜學問，亦好與他說法，勸進他人，令便承受。是謂此人亦雨亦雷。」[673] 此兩段經文，雖出自《增一阿含經》，但被佛教類書專門提舉出來，亦見對其重視，從中可知魏晉南北朝以來，對主講法師的威儀要求，是與義理、口才並重的。

若講經說法時出錯，有損威儀，則要受罰。如慧韶領眾誦講《涅槃經》、《大品般若》，「如有謬忘，及講聽眠失者，皆代受罰，對眾謝曰：『斯則訓導不明耳。』故身令獎物，其勤至若此」[674]。即便沒有明顯過失，也有主講者講授完畢後，例行懺悔，以示謹慎的，如北周僧妙，「每講下座，必合掌懺悔云：『佛意難知，豈凡夫所測，今所說者傳受先師，未敢專輒，乞大眾於斯法義，若是若非，布施歡喜。』」[675] 由此可知，南北朝時，講經的宗教儀式氣氛濃厚，絕非單純的知識傳授。唐初釋道世在《法苑珠林》中說：「是以一象既虧，則六爻斯墜；一言有失，則累劫受殃。故知傳法不易，受聽極難。良由去聖日久，微言漸昧。而一說一受，固亦難行。恐名利關心，垢情難淨也。」《法苑珠林校注》第二冊，第 747 頁。並非虛言。

當時信眾，在聽法時，多有期待出現祥瑞的宗教心理，如《續高僧傳》北齊僧範傳載：「嘗有膠州刺史杜弼，於鄴顯義寺請範冬講，至華嚴六地，忽有一雁飛下，從浮圖東順行入堂，正對高座，伏地聽法，講散徐出，還順塔西，爾乃翔遊。又於此寺夏講，雀來在座西南伏聽，終於九旬。又曾

---

[673]　《法苑珠林校注》第二冊，第 754～755 頁。
[674]　《大正藏》第 50 卷，第 471 頁上。
[675]　《大正藏》第 50 卷，第 486 頁上。

第十三章 魏晉南北朝時期的佛教講經制度

處濟州,亦有一鵝飛來入聽,訖講便去。斯諸祥感眾矣。自非道洽冥符,何能致此。」[676]再如,僧安「齊文宣時,在王屋山,聚徒二十許人講《涅槃》,始發題,有雌雉來座側伏聽。僧若食時,出外飲啄,日晚上講,依時赴集。三卷未了,遂絕不至。眾咸怪之。安曰:『雉今生人道,不須怪也。』武平四年,安領徒至越州行頭陀,忽云:『往年雌雉,應生在此。』徑至一家,遙喚雌雉,一女走出,如舊相識,禮拜歌喜。女父母異之,引入設食。安曰:『此女何故名雌雉耶?』答曰:『見其初生,髮如雉毛,既是女故,名雌雉也。』安大笑為述本緣,女聞涕泣,苦求出家,二親欣然許之。為講《涅槃》,聞便領解,一無遺漏,至後三卷,茫然不解」。[677]此類傳說,為當時的講經法會,增添了很多神祕色彩。

魏晉南北朝中後期,講經法會,隨著宗教氣氛日漸濃郁,也日益奢華,如陳時名僧興皇法朗「法衣千領,積散恆結。每一上座,輒易一衣。闡前經論,各二十餘遍,二十五載,流潤不絕」。[678]講堂建構,更為宏偉,陳代慧勇「住大禪眾寺十有八載。及造講堂也,門人聽侶,經營不日,接溜飛軒,制置弘敞,題曰般若之堂也」。[679]

從《廣弘明集》、《國清百錄》中所存原始資料來看,講經法會,發起時要有道俗的〈請講疏〉、〈發講疏〉,結束時要有〈解講疏〉。講經法會多安排在僧侶安居期間,即農曆四月十五至七月十五,如沈約〈南齊皇太子解講疏〉:「皇太子以建元四年四月十五日,集大乘望僧於玄圃園,安居寶池禁苑,皆充供具,珍臺綺榭,施佛及僧……九旬而功就,暨七月既望,乃敬舍寶軀,爰及輿冕,自纓以降,凡九十九物。願以此力普被幽明。帝室有嵩華之固,蒼黔享仁壽之福。若有淪形苦海,得隨理悟,墜體翱塗,

---

[676] 《大正藏》第 50 卷,第 483 頁下。
[677] 《大正藏》第 50 卷,第 657 頁上。
[678] 《大正藏》第 50 卷,第 477 頁中~477 頁下。
[679] 《大正藏》第 50 卷,第 478 頁中。

第四節　講經法會的程序化

不遠斯復。十方三世，咸證伊言，茲誓或寒，無取正覺。」[680] 此講經法會是建元四年（西元482年）農曆四月十五日開始至七月望，歷時九旬；皇太子為講經法會廣為布施，祈求國泰民安，幽冥普被。另外，當時一般認為農曆二月初八是佛陀成道日，也常於此時講經，如沈約〈齊竟陵王發講疏（並頌）〉：「乃以永明元年二月八日，置講席於上邸，集名僧於帝畿，皆深辨真俗，洞測名相，分微靡滯，臨疑若曉，同集於邸內之法雲精廬。演玄音於六宵，啟法門於千載，濟濟乎實曠代之盛事也。自法主以降，暨於聽僧，條載如左，以記其事焉。」[681] 這次法會是永明元年（西元484年）農曆二月初八開始，「演玄音於六宵」，〈發講疏〉中還記錄了法主、聽僧的名字，可見不僅講者、施主，參加講經法會的聽僧，亦有功德。

　　講經法會開始，座次排定也有嚴格的規定，即我們前文提到的「定座」。我們先看一則史料，梁武帝為推行僧侶斷肉食，令當時的名僧法雲講《大涅槃經・四相品》：「二十三日旦，光宅寺法雲，於華林殿前登東向高座為法師。瓦官寺慧明，登西向高座為都講，唱《大涅槃經・四相品四分之一》，陳食肉者，斷大慈種義。法雲解釋。輿駕親御，地鋪席位於高座之北。僧尼二眾，各以次列坐。講畢，耆闍寺道澄，又登西向高座，唱此斷肉之文，次唱所傳之語。唱竟，又禮拜懺悔。普設中食竟出。」從中我們可以得知，講經法會中，主講法師登東向高座，都講登西向高座，皇帝出席講經法會，並不登「高座」，而是「地鋪席位於高座之北」。劉宋時謝靈運〈山居賦〉自注中說：「南倡者都講，北居者法師。」[682] 總之，主講人和都講應對坐「高座」，聽眾下席；主講法師南或東向，居尊位，定座後，先由一位都講轉讀經文，陳說大義，而後主講法師再解釋，正式開始講經；主講法師講經結束後，另一位都講再唱說經文大意，禮拜懺悔，講

---

[680]　《大正藏》第52卷，第232頁上～232頁中。
[681]　《大正藏》第52卷，第232頁中。
[682]　湯用彤先生對此段史料有徵引和分析，參見《漢魏兩晉南北朝佛教史》上冊，第108頁。

第十三章　魏晉南北朝時期的佛教講經制度

法結束。故僧傳等史料中，常見一主講法師，兩位都講的記載。

　　法師、都講上座及落座後，亦有諸多要求，《法苑珠林》曾引《三千威儀》、《十住毘婆沙論》等佛教經典，予以規範：「如《三千威儀》云：上高座讀經有五事：一、當先禮佛；二、當禮經法上座；三、當先一足躡阿僧提上正住座；四、當還向上座；五、先手按座乃卻坐已。座有五事：一、當正法衣安座；二、揵椎聲絕，當先讚偈唄；三、當隨因緣讀；四、若有不可意人，不得於座上瞋恚；五、若有持物施者，當排下著前。又問經有五事：一、當如法下床問；二、不得共座問；三、有解不得直當問；四、不得持意念外因緣；五、說解頭面著地作禮，反向出戶。」[683]「又《十住毘婆沙論》云：法師處師子座有四種法。何等為四？一者，欲升高座，先應恭敬禮拜大眾，然後升座。二者，眾有女人，應觀不淨。三者，威儀視瞻，有大人相。敷演法音，顏色和悅，人皆信受，不說外道經書，心無怯畏。四者，於惡言問難，當行忍辱。復有四法：一、於諸眾生作饒益想。二、於諸眾生不生我想。三、於諸文字不生法想。四、願諸眾生從我聞法，於阿耨菩提而不退轉。復有四法：一、不自輕身，二、不輕聽者，三、不輕所說，四、不為利養。」[684]

　　魏晉南北朝講經日趨儀式化，逐漸成為一種盛大的宗教儀式，這與講經法會日益承載祈禱國家風調雨順、國泰民安的宗教功能有關，講經祈雨等應驗故事，也屢見僧傳，這些需求都突出了對講經法會的威儀和程序化要求。另外，講經法會也日益擔負起為寺院僧侶吸引信眾、謀求布施的任務，這也是促使魏晉南北朝佛教講經法會日益繁複莊嚴，乃至奢華的內在原因之一。各地寺院間潛在的競爭關係，也是促使講經法會不斷改進程序、吸引聽眾的重要因素。南朝佛教繁盛時，不僅首都建康「剎寺如林，

---

[683]　《法苑珠林校注》第二冊，第 750 頁。
[684]　《法苑珠林校注》第二冊，第 750～751 頁。

義筵如市」，甚至「於時成都法席恆並置三四，法鼓齊振，競敞玄門」。[685] 不過大體來講，與齋講多於村邑舉行不同，講經多在都會舉行，如梁代梓橦涪人釋植相「往益聽講，以生在邊鄙，玄頗涉俗，雖遭輕誚，亡懷在道，都不忤意」。[686] 釋植相生在當時較為閉塞之地，往益州聽講，故遭人嘲笑，但他不以為意，潛心問道，終成一代名僧。不同地域的僧徒參與都會的講經法會，對於佛教義理的交流傳播，無疑是有極大的推動作用的。

第五節　總結：僧講、尼講、俗講

　　魏晉南北朝講經法會，大體可分為僧講、尼講、俗講（或稱「齋講」）：

　　（一）**俗講（齋講）**　　針對普通世俗信眾，或僧或俗的導師（「唱導」）在齋會上用說唱形式講法，我們前文已經討論過了。雖然一般的僧講、尼講中也多有俗人參加，但本章所謂的俗講與之有兩點不同，一是若是僧侶組織俗講，多在齋會中舉行，故本處也稱之為「齋講」，而非專門的講經法會。僧侶俗講，多要依託或自己組織俗人信會，齋講布施較多，有時組織齋講還有募捐造像功德等宗教目的，如興皇法朗，「洎朗來儀創會，公私齋講，又盛符焉」[687]；再如北魏法貞與僧建齊名，「貞乃與建，為義會之友，道俗斯附，聽眾千人，隨得嚫施，造像千軀，分布供養」。[688]

　　另一個不同點是，俗講主要是用說唱形式，演繹佛理，並非具體講授某部佛經的文句。我們在前文討論「唱導」時已經對此有所涉及，這裡再舉一例：北齊名僧釋真玉，「生而無目」，幼年時，其母「教彈琵琶，以為

---

[685]　《大正藏》第 50 卷，第 471 頁上。
[686]　《大正藏》第 50 卷，第 646 頁上。
[687]　《大正藏》第 50 卷，第 477 頁下。
[688]　《大正藏》第 50 卷，第 474 頁中。北朝以俗人為主的佛經社團法邑，中外學者專門研究甚多，本文不再贅述，然此是南北朝「唱導」齋講的社會基礎，讀者須留意。

窮乏之計。而天情俊悟，聆察若經，不盈旬日，便洞音曲」。有了一定音樂基礎的釋真玉，「後鄉邑大集，盛興齋講，母攜玉赴會，一聞欣領，曰：『若恆預聽，終作法師，不憂匱餒矣。』母聞之，欲成斯大業也，乃棄其家務，專將赴講，無問風雨艱關，必期相續。玉包略詞旨，氣攝當鋒，年將壯室，振名海岱」。[689] 由此可知，北朝齋講盛行時，在齋講中唱導主講，已經相當職業化，可以養家餬口，「不憂匱餒矣」；而齋講的內容曲目套路，應已成型，需要專門研習，所以釋真玉才需要「恆預聽」，必須風雨無阻，「必期相續」。釋真玉後得皇帝禮遇，成為一代名僧，由此可見齋講在社會上的影響力之大。尤須注意的是，由於盲目，釋真玉始終不能閱讀經典，「常令侍者讀經，玉必跪坐，合掌而聽」[690]，故其不可能詳細講解佛經文句，此亦可見唱導齋講與真正意義上的僧侶講經之區別。

再如陳代以唱導聞名的僧人慧明，「其利口奇辯，鋒湧難加，摛體風雲，銘目時事，吐言驚世，聞皆諷之。後乃聽採經論，傍尋書史，捃掇大旨，不存文句。陳文御世，多營齋福，民百風從，其例遂廣。眾以明騁銜唇吻，機變不思，諸有唱導，莫不推指。明亦自顧才力有餘，隨聞即舉，牽引古今，包括大致，能使聽者欣欣，恐其休也」。[691] 從中我們可以看出，好的「唱導」，博通古今，旁涉文史、時事，說唱內容「捃掇大旨，不存文句」，唱導時不假思索，隨機應變，對聽眾具有極大的吸引力，「能使聽者欣欣，恐其休也」。另外，有時僧人俗講時，還會利用畫像等進行輔助，圖文並茂，增加感染力。[692] 總之，魏晉南北朝時，無論城市、鄉村，唱導都為信眾喜聞樂見。

---

[689]　《大正藏》第 50 卷，第 475 頁中。
[690]　《大正藏》第 50 卷，第 475 頁下。
[691]　《大正藏》第 50 卷，第 700 頁下～701 頁上。
[692]　參見劉淑芬：〈五至六世紀華北鄉村的佛教信仰〉，林富士主編：《禮俗與宗教》，中國大百科全書出版社 2005 年版，第 233～235 頁。（該文原刊於《中央研究院歷史語言研究所集刊》第 63 本第 3 分冊，1993 年）

第五節　總結：僧講、尼講、俗講

俗講的出現和流行，與魏晉南北朝邑義、齋會林立的社會環境密不可分。魏晉南北朝，特別是北朝，社會動盪，邑義、齋會在地方社會中承擔了很多政治經濟、慈善救濟等社會功能，廣大宗教徒也積極參與其中。漢末五斗米道即有「義舍」、「義米肉」，但劉淑芬教授認為：「漢末以後道教徒似乎不見有以置義舍、義米肉方式傳教的活動，中世紀道教徒也沒有救濟式的供養。基本上，佛教徒的社會救濟是修行的方法之一，因此它和漢末五斗米道的義米肉似乎沒有直接的關聯，而和先前存在於中國社會中的社會救濟有關。」[693] 劉教授此觀點尚有可商榷之處，就筆者所見，漢末以來，至少四川部分地區是存在民間「道會」的，《續高僧傳》益州釋寶瓊傳，還記載有佛教僧侶與道會的交涉和改造利用。「本邑連比，什邡諸縣，並是道民，尤不奉佛。僧有投寄，無容施者。致使老幼之徒，於沙門像，不識者眾。瓊雖桑梓，習俗難改，徒有開悟，莫之能受。李氏諸族，正作道會，邀瓊赴之，來既後至，不禮而坐。僉謂：『不禮天尊，非法也。』瓊曰：『邪正道殊，所事各異，天尚不禮，何況老君。』眾議紜紜，頗相淩侮。瓊曰：『吾禮非所禮，恐貽辱也。』遂禮一拜，道像並座，動搖不安。又禮一拜，連座返倒，摧殘在地。道民相視，謂是風鼓，競來周正。瓊曰：『斯吾所為，勿妄怨也。』初未之信，既安，又禮，如前崩倒。合眾驚懼，舉掌禮瓊，一時回信，從受戒法。傍縣道黨，相將嘆訝，咸復奉法。時既創開釋化，皆授菩薩戒焉。」[694] 益州釋寶瓊將什邡諸縣的許多道會，變為佛教邑義，「率勵坊郭，邑義為先，每結一邑，必三十人，合誦《大品》，人別一卷。月營齋集，各依次誦。如此義邑，乃盈千計」。雖然這些義會的信仰取向發生變化，但其經濟基礎、社會功能當不會發生太大改變。總而言之，魏晉南北朝以來，廣泛存在的民間社會義會組織，是

---

[693]　劉淑芬：〈北齊標異鄉義慈惠石柱：中古佛教社會救濟的個案研〉，梁庚堯、劉淑芬主編：《城市與鄉村》，中國大百科全書出版社 2005 年版，第 70 頁。(該文原刊於《新史學》5 卷 4 期，1994 年)
[694]　《大正藏》第 50 卷，第 688 頁上～ 688 頁中。

各宗教齋會存在的社會基礎，也是俗講繁榮的必備條件。

（二）**尼講** 傳統上認為始於東晉比丘尼道馨。[695]從現存文獻來看，魏晉南北朝尼講例項較多。梁寶唱《比丘尼傳》妙智尼傳載，「齊武皇帝敕請妙智講《勝鬘》、《淨名》，開題及講，帝數親臨，詔問無方，智連環剖析，初無遺滯，帝屢稱善，四眾雅服」。[696]由此可見，尼講中「開題」，及後講解、論難，其程序與一般僧侶講經大體相同。尼講的聽眾，男女四眾皆有，有時人數不少，前文提到，俗名「雌雉」的女子，傳其前世聽僧安講《涅槃》，後出家，「於時始年十四，便就講說，遠近咸聽，嘆其宿習，因斯躬勸，從學者眾矣」。[697]再如德樂尼「歲建大講，僧尼不限，平等資供」[698]，淨行尼「齊竟陵文宣王蕭子良，厚加資給；僧宗、寶亮二師，雅相賞異，及請講說，聽眾數百人。官第尼寺，法事連續，當時先達，無能屈者」。[699]

有時尼講，也會招人猜忌，如《續高僧傳》僧朗傳載：「有比丘尼，為鬼所著，超悟玄解，統辯經文，居宗講導，聽採雲合，皆不測也，莫不讚其聰悟。朗聞曰：『此邪鬼所加，何有正理，須後撿挍。』他日清旦，猴犬前行，徑至尼寺，朗隨往到，禮佛遶塔，至講堂前。尼猶講說，朗乃厲聲呵曰：『小婢，吾今既來，何不下座。』此尼承聲崩下，走出堂前，立對於朗，從卯至申，卓不移處，通汗流地，默無言說。問其慧解，奄若聾痴，百日已後，方服本性。」[700]由此亦可見，魏晉南北朝時，雖屢有尼僧講法，但畢竟存在阻力，社會影響力有限。

---

[695] 湯用彤先生在《康復札記四則》中對此有異議，認為道馨是「誦經」而非「講經」，王孺童對此有辨正，見釋寶唱著，王孺童校注：《比丘尼傳校注》，中華書局2006年版，前言第23～24頁。

[696] 《比丘尼傳校注》，第131頁。

[697] 《大正藏》第50卷，第657頁上。

[698] 《比丘尼傳校注》，第160頁。

[699] 《比丘尼傳校注》，第199頁。

[700] 《大正藏》第50卷，第650頁下～651頁上。

第五節　總結：僧講、尼講、俗講

（三）僧講　無疑最為重要，不僅在社會上是弘法的重要方式，而且對於義僧培養、佛教思想史演變，都有舉足輕重的作用。

學僧聽講經，熱情很高，人數眾多，甚至出現講堂空間不足的情況，梁「天監末年，下敕於莊嚴寺，建八座法輪，講者五僧，以年臘相次，旻（僧旻）最處後，眾徒彌盛。莊嚴講堂，宋世祖所立，欒櫨增映，延袤遐遠，至於是日，不容聽眾。執事啟聞，有敕聽停講五日，悉移窗戶，四出簷溜。又進給床五十張，猶為迫迮。桄桯摧折，日有十數。得人之盛，皆此類焉。旻因捨什物嚫施，擬立大堂，慮未周用，付庫生長，傳付後僧」。[701]

寺院組織高僧講經，按慣例要求學僧必須抄寫經論；而學僧則可自由選擇聽經，甚至還有「試聽」。前文多次提到的梁僧慧韶「十二厭世出家，具戒便遊京楊。聽莊嚴旻公講釋《成論》，才得兩遍，記注略盡。謂同學慧峰曰：『吾沐道日少，便知旨趣，斯何故耶？將非所聞義淺，為是善教使然乎。』乃試聽開善藏法師講，遂覺理與言玄，便盡心鑽仰。當夕感夢，往開善寺採得李子數斛，撮欲噉之，先得枝葉。覺而悟曰：『吾正應從學，必踐深極矣。』尋爾藏公遷化，有龍光寺綽公，繼踵傳業，便回聽焉。既闕論本，制不許住。唯有一坡，又屬嚴冬，便撤之用充寫論。忍寒連噤，方得預聽文義」。[702] 學僧聽講，也會對主講有所議論評判，慧韶試聽，認為「理與言玄，便盡心鑽仰」；但有時也有負面評價存在，「聽沙門法珍《成論》，至滅諦初，聞三心滅無先後，超（釋道超）曰：『斯之言悟，非吾師也。』」[703] 這種學術評判機制，對於佛學發展，無疑是有益的。

學僧聽法時的筆記，也成為許多流傳注疏的底本，如陳代名僧寶瓊早年聽南澗仙師講法，「仙嘗覽瓊私記，三複嗟賞，後於高座普勸寫之，自

---

[701]　《大正藏》第 50 卷，第 462 頁下～ 463 頁上。
[702]　《大正藏》第 50 卷，第 470 頁下。
[703]　《大正藏》第 50 卷，第 472 頁中。

第十三章　魏晉南北朝時期的佛教講經制度

爾門徒傳寫此疏」。[704]而講經的需求也推動了僧侶創作注疏，如北周釋寶象，「武陵王問師，大集摩訶堂，令講《請觀音》。初未綴心，本無文疏，始役情慧，抽帖句理，詞義洞合，聽者盈席，私記其言，因成疏本，廣行於世」。[705]

學僧對主講師可以選擇品評，而主講人對於學僧有時也會有所選擇，如北齊林法師，「在鄴盛講《勝鬘》，並制文義，每講人聚，乃選通三部經者，得七百人，預在其席」。[706]因此，有些主講僧人，追隨其聽經的學僧（「常徒」），人數相對固定，「並是常隨門學」；有些僧人講法，則需收取學費，如北齊釋明琛講法，「故來學者，先辦泉帛」，但此次收費講學並不長久，「餘有獲者，不能隱祕，故琛聲望，少歇於前」。[707]收學費的做法在名僧講法中罕見記載，名僧一般供養豐厚，不必如此，收費者一般為中下層僧侶。敦煌變文《廬山遠公話》中提到晉文皇帝敕令「若要聽道安講者，每人納絹一疋，方得聽一日」，後又漲價為「要聽道安講者，每人納錢一百貫文，方得聽講一日」[708]，應都是後世演繹。此文後又提到，當朝崔宰相「相同每日朝下，常在福光寺內聽道安講經，納錢一百貫文」[709]云云，都是俗人捐資，並非繳納學費，而更似施主照例布施。

較大型的講經法會都會有大施主，或者有眾多信眾布施，如沈約〈南齊禪林寺尼淨秀行狀〉記載淨秀尼：「請輝律師講，內自思唯，但有直一千，心中憂慮事不辦。夜即夢見鴉鵲鳩鴿雀子，各乘車，車並安軒。車之大小，還稱可鳥形。同聲唱言：『我助某甲尼講去。』既寤歡喜，知事當

---

[704]　《大正藏》第50卷，第478頁下。
[705]　《大正藏》第50卷，第486頁下。
[706]　《大正藏》第50卷，第552頁中。
[707]　《大正藏》第50卷，第656頁上。
[708]　劉堅、蔣紹愚主編：《近代漢語語法資料彙編（唐五代卷）》，商務印書館1990年版，第257頁。
[709]　《近代漢語語法資料彙編（唐五代卷）》，第264頁。

第五節　總結：僧講、尼講、俗講

成。及至就講，乃得七十檀越設供，果食皆精。」[710] 淨秀尼請師講經，只有錢一千，後得七十檀越布施，講經法會順利進行。

有些主講僧人對聽法弟子的教學是十分耐心細緻的，有固定的教學方法，如北周靜藹法師講《大智度論》、《中論》、《百論》、《十二門論》等四論，「其說法之規，尊而乃演，必令學侶，袒立合掌，殷懃鄭重，經時方遂，乃敕取繩床，周繞安設，致敬坐訖。藹徐取論文，手自指摘，一偈一句，披釋取悟。顧問聽者，所解云何，令其得意，方進後偈。旁有未喻者，更重述之，每日垂講，此法無怠」。[711]

在比較特殊的情況下，還會對學僧進行考試，如陳代「宣帝下詔：國內初受戒者，夏未滿五，皆參律肆，可於都邑大寺廣置聽場，仍敕瑗（釋曇瑗）總知監檢，明示科舉，有司準給衣食，勿使經營形累，致虧功績。瑗既蒙恩詔，通誨國僧，四遠被徵，萬里相屬，時即搜擢明解詞義者二十餘人，一時敷訓，眾齊三百。於斯時也，京邑屯鬧，行誦相諠，國供豐華，學人無弊，不踰數載，道器大增。其有學成，將還本邑，瑗皆聚徒，對問理事，無疑者方乃遣之」。[712] 陳宣帝命令受戒未滿五年者，必須在由國家出資、釋曇瑗組織的講肆中聽律，聽講結束後，曇瑗還要集中問話，能夠準確無誤回答問題者才能放回。此次講說後進行考試，是由於朝廷出資要求新戒聽律。

除了講律，南北朝政府也曾資助講法。如北魏孝文帝時，透過門下省向中央僧官機構昭玄寺下詔，動用「僧祇粟」資助各州僧人安居時講經，事見《帝令諸州眾僧安居講說詔》：「門下：憑玄歸妙，固資真風；餐慧習慈，實鍾果智。故三炎檢攝，道之恆規；九夏溫詮，法之嘉猷。可敕諸州，令此夏安居清眾，大州三百人，中州二百人，小州一百人，任其數處

---

[710]　《大正藏》第 52 卷，第 270 頁下。
[711]　《大正藏》第 50 卷，第 626 頁上～626 頁中。
[712]　《大正藏》第 50 卷，第 609 頁上。

第十三章　魏晉南北朝時期的佛教講經制度

講說,皆僧祇粟供備。若粟匙徒寡不充此數者,可令昭玄量減還聞。其各欽旌賢匠,良推叡德,勿致濫濁,惸茲後進。」[713]魏晉南北朝時,「官寺」的供養十分豐厚,「既住官寺,厚供難捨」,除飲食還有寒衣,如釋圓通在高齊武平四年(西元573年)於鄴都大莊嚴寺坐夏安居,聽《涅槃經》,「夏中講下」後,照顧一生病客僧,該僧人病好後要離寺,圓通勸其:「今授衣將逼,官寺例得衣賜,可待三五日間,當贈一襲寒服。」[714]官寺僧侶,受四時供養,這是其能夠安心聽經的經濟基礎。當然,並非所有僧人都有資格居於官寺,「凡受官請,為報不淺,依如僧法,不得兩處生名」,即每位有資格進入官寺的僧侶,都需登名造冊,若要改換寺廟,則需「今且還去,除官名訖,來必相容」。[715]而僧人出家,也會分配寺院,若寺院僧侶多寡過於懸殊,也會進行調配,「至明年(武平五年)夏初,以石窟山寺僧往者希,遂減莊嚴、定國、興聖、總持等官寺百餘僧為一番,通時爾夏,預居石窟」。[716]圓通在武平四年住鄴都大莊嚴寺,後因石窟寺僧侶稀少,故將莊嚴、定國、興聖、總持等官寺僧侶調往石窟寺,故第二年,圓通即住石窟寺。唐代有非常完善的僧侶新出家的「配名」制度和僧侶寺院間遷移的「移隸」制度[717],而其雛形則在南北朝已經孕育。官寺供養,雖然只能覆蓋部分僧侶,但卻成為南北朝都市講經法會興隆的重要物質保障。

由於在都市官寺中,學僧生活學習均有保障,故主講法師常常是桃李滿天下,僧傳中經常記載,主講僧人比較滿意的弟子,可以擔任「分講」。此類分講,師徒傳承比較明確,開始具有學派的形態。「分講」常有

---

[713]　《大正藏》第52卷,第272頁下。
[714]　《大正藏》第50卷,第648頁上。北齊被北周滅後,此項福利取消,但寺院僧侶亦可得到民間布施供養。「暨周武平齊,例無僧服。鄴東夏坊,有給事郭彌者,謝病歸家,養素閭巷,洽聞內外,慈濟在懷,先廢老僧,悉通收養。」(《大正藏》第50卷,第648頁下~649上。原文「僧服」誤為「別服」)
[715]　《大正藏》第50卷,第648頁中。
[716]　《大正藏》第50卷,第648頁上。
[717]　參見周奇:〈唐代宗教管理研究〉,復旦大學博士論文,2005年,第102~106頁。

第五節　總結：僧講、尼講、俗講

主講者衣缽傳人的意味，甚至常伴有神話傳說。如陳僧智文，「學士分講者，則寶定、慧峙、慧巘、智升、慧覺等。唯道志、法成，雙美竹箭，擁徒建業。文昔夢泛舟海釣，獲二大魚，心甚異之。及於東安寺講，麈尾才振，兩峰俱落，深怪其事。以詢建初瓊上人，乃曰：斯告之先見，必有二龍傳公講者。其言果矣」。[718]

高僧舉行講經法會，傳習經論，改變了受玄學清談影響、魏晉「六家七宗」僧人自由辯論的風氣，有利於南北朝專尊一經或一論的經師、論師出現，為南北朝佛教學派出現創造了條件。講經制度也潛移默化地影響了當時佛教思想的發展，魏晉南北朝中後期，經論注疏，汗牛充棟，高僧長於演繹經題，科判經文，也與講經制度中的「開題」、「上講」有密切關係。而講經法會，也便於高僧自由演出自己獨到見解，甚至出現講經時「分剖文句，皆臨機約截，遍遍皆異」。[719] 這些都為創宗立說創造了條件；同時講經法會更是其傳播思想、培養僧徒，乃至日後開宗立派的舞臺。

---

[718]　《大正藏》第 50 卷，第 609 頁下。
[719]　《大正藏》第 50 卷，第 486 頁中。

第十三章　魏晉南北朝時期的佛教講經制度

第十四章
南北朝中後期的佛教演變

第十四章　南北朝中後期的佛教演變

第一節　北朝均田制的破壞與末法信仰

5 世紀末到 6 世紀初的幾十年間，是北朝佛教發展一個十分值得關注的時期，《魏書·釋老志》記載，北魏太和元年（西元 476 年）「京城內寺，新舊且百所，僧尼兩千餘人，四方諸寺，六千四百七十八人，僧尼七萬七千二百五十八人」。而到了北魏正光年間（西元 520 年至 525 年）之後，「正光以後，天下多虞，王役尤甚，於是所在編戶相與入道，假慕沙門，實避調役，猥濫之極，自中國之有佛法，未之有也。略而計之，僧尼大眾二百萬矣，其寺三萬有餘」。短短半個世紀的時間，北朝的僧侶數目就從不到八萬人一躍而至二百萬人，占據了政府編戶人口的十五分之一。而且數百萬僧侶的數目在北朝中後期一直得以保持，北周武帝滅佛之前據說至少還有三百萬僧徒，「時僧尼反服者，三百餘萬」（《佛祖統紀》卷三十八）。其間僧侶數目是否有誇大，今天已經不可能詳細考證，但綜合各家史料記載[720]來看，可以說 5 世紀末至 6 世紀初，北朝僧侶數目暴增，僧侶數目保持高位直到北朝末年，應是不爭的事實。

法國學者謝和耐教授拋開了中國史籍的紀錄，他認為僧尼名籍受政治影響過大，並不可靠，他從農業社會是否能夠承擔這一新視角探討古代僧尼人數的問題，提出中國古代僧尼數目一直穩定在低於總人口數 1% 的水準的結論。[721] 謝和耐教授的研究視角不無啟發性，但他的研究有一個潛在的前提，即僧侶脫離農業生產，而這顯然不符合事實，北朝廣大流民湧入佛門，就是依附寺院經濟，從事農業生產與依附豪強並無矛盾。因此，

---

[720] 《魏書·釋老志》、《洛陽伽藍記》、《歷代三寶記》記載北魏末年僧尼人數近二百萬，《大唐內典錄》、《歷代三寶記》記載北齊僧尼人數近二百萬，《歷代三寶記》、《辨正論·十代奉佛篇》記載北周僧尼人數近一百萬。參見王仲犖：《魏晉南北朝史》下冊「十六國與北朝僧尼人數、寺院數目、譯經部數表」，中華書局 2007 年版，第 863～864 頁。

[721] 參見謝和耐著，耿昇譯：《中國 5—10 世紀的寺院經濟》，甘肅人民出版社 1987 年版，第 13～30 頁。

第一節　北朝均田制的破壞與末法信仰

各史籍中關於北朝僧侶數目二、三百萬的記載，並不能輕易否定。

佛教僧侶人數快速發展的時候，恰是北朝社會政治生活極其動盪的時候。5世紀末、6世紀初僧侶人數的暴增，與北魏均田制度崩潰有著直接的關係。西元485年北魏孝文帝頒布均田法，但不到三十年的時間，均田制度就接近崩潰了。在均田制度下獲得土地的自耕農，必須承擔繁重的徭役，特別是由於北魏末年戰爭頻繁，兵役成為自耕農破產的重要原因，正如著名歷史學家王仲犖先生指出：「由於『兵士役苦』，均田農民甚至自己拋棄了土地，所謂『競棄本生，飄藏他土。或詭名託養，散沒人間；或亡命山藪，漁獵為命；或投杖強豪，寄命衣食』（《北史‧孫紹傳》）。到此農民不是亡命山澤，便是庇廕到世家豪族大地主那裡去作佃客部曲；此外便是『絕戶而為沙門』。」[722]

從太和五年（西元481年）沙門法秀在平城招結奴隸策劃起義算起，太和十四年（西元490年）沙門司馬惠卿、永平二年（西元509年）涇州沙門劉慧、永平三年（西元510年）秦州沙門劉光秀、延昌三年（西元514年）幽州沙門劉僧紹、延昌四年（西元515年）冀州沙門法慶，共有六次由僧侶領導的起義暴動，幾乎占了北魏末年重要的農民起義半數。可見流民亡命山澤、隱匿釋門問題之嚴重。北魏滅亡之後，北朝僧侶數目依舊穩定在二、三百萬的規模，是因為均田制崩潰所產生的流民問題，一直沒有得到真正的解決。

西魏北周，據西北地區，均田制的恢復與發展的情況相對較好；而東魏北周，地居中原，最為富庶，土地兼併嚴重，均田制破壞得更為嚴重，北齊的流民逃禪的情況也尤其突出。「在東魏初年，高歡還能派遣使者蒐括無籍戶口。及至北齊後期，『暴君慢吏，賦重役勤。人不堪命，多依豪室』（《通典‧食貨典‧丁中》）。至於『假慕沙門，實避調役』的壯丁，

---

[722]　王仲犖：《魏晉南北朝史》下冊，第560頁。

第十四章　南北朝中後期的佛教演變

更發展到二百餘萬人之多，約占北齊全國人口（北齊亡國時，有人口二千萬六千八百八十人）總數的十分之一（如五口有一壯丁的話，約占全國壯丁人數的二分之一），造成了國內『戶口調租，十亡六七』（《隋書·食貨志》）的嚴重現象；到這時候，連『括戶』也不勝其括了。」[723]

明白了北朝中後期僧侶數目暴增的社會原因是均田制崩潰、流民問題的產物，我們就可以相對容易明白北朝僧侶數目暴增，貌似佛教大發展、大繁榮的時代，為何同時對於末法時代來臨的憂慮與信仰又如此流行，這一看似弔詭的現象。北朝僧侶數目的暴增，實即「假慕沙門，實避調役」，與「競棄本生，飄藏他土」、「詭名託養，散沒人間」並無本質區別。這在相當程度上並非佛教繁榮的產物，而是多為人生困苦而無奈的選擇，廣大下層僧侶尤其如此。由此，北朝中後期佛教界瀰漫著末法的悲情氣氛，加之滅佛法難的壓力，對自身前途的不確定性預期，都促進了末法信仰在北朝的瀰漫。

佛陀滅度之後的時代，被分為正法、像法、末法三個時期，佛教經典對這三個時期的年限說法不一。末法信仰傳入中國較早，特別是在北魏滅北涼之前，於北涼盛極一時。在傳世文獻中，北朝中後期，智顗的老師、被後世推舉為天台宗祖師之一的慧思，是倡導末法信仰非常重要的一位僧人，他於西元 558 年撰寫了〈立誓願文〉，〈立誓願文〉依據《悲門三昧觀眾生品本起經》，認為「釋迦牟尼說法住世八十餘年，導利眾生，化緣既訖，便取滅度。滅度之後，正法住世逕五百歲。正法滅已，像法住世逕一千歲。像法滅已，末法住世逕一萬年」[724]。文中慧思大師對於自己的生平，全部以末法紀年，而未用南北朝當時任何一位帝王的年號。

近年來的實地考察，發現了北朝中後期，特別是北齊境內，有多處以

---

[723]　王仲犖：《魏晉南北朝史》下冊，第 597 頁。
[724]　《慧思大師文集》，第 5 頁。《大正藏》第 46 卷，第 787 頁上。

第一節　北朝均田制的破壞與末法信仰

佛滅紀年的摩崖石刻。如山東省東平縣洪頂山 1995 年發現的摩崖刻經之中有題記數行，後經辨識：「釋迦雙林後一千六百廿三年……大沙門僧安道一書刊大空王佛七……」[725] 此外，洪頂山的摩崖刻經中，尚不止這一處佛滅紀年。〈安公之碑〉署刻：「雙林後千六百廿年」[726]；〈僧安道一題名記〉後所署文末：「林後一千……」[727] 洪頂山刻經之中，有北齊河清三年（西元 564 年）中天竺釋法洪的題記，足證其時在北齊。[728]

近代著名歷史學家陳寅恪先生對慧思〈南嶽思大禪師立誓願文〉評價很高：「天台宗創造者慧思作〈誓願文〉，取本人一生事蹟，依年歲編列。其書不獨研求中古思想史者，應視為重要資料，實亦古人自著年譜最早者之一。故與吾國史學之發展，殊有關係。」[729] 陳寅恪先生認為〈立誓願文〉絕非偽作，其記載可靠，並可糾正道宣《續高僧傳》之不足。陳先生對〈誓願文〉的考證，主要是依據〈誓願文〉記錄的史實，而最近發現的諸多北齊摩崖題記以佛滅紀年，亦旁證慧思〈誓願文〉為當時歷史情況的真實紀錄。

慧思的末法思想，並非其獨創新發，而是瀰漫於北朝中後期末法信仰的反映。以末法、佛滅紀年尤其值得注意，蓋在儒家傳統中，紀年對於國家政治有著極其重要的意義，「春王正月」，大一統也。不用王朝帝號紀年，而以末法、佛滅紀年，在一定程度上反映了當時佛教信仰者的人心背

---

[725]　賴非主編：《中國書法全集・北朝摩崖刻經卷》，榮寶齋出版社 2000 年版，圖 7。
[726]　《中國書法全集・北朝摩崖刻經卷》，圖 9。
[727]　《中國書法全集・北朝摩崖刻經卷》，圖 8。
[728]　以上參見張總：〈末法與佛曆關係初探〉（《法源》中國佛學院學報第十七期，1999 年刊）、〈末法與佛曆關聯再探〉（《法源》中國佛學院學報第二十一期，2003 年刊）。張總在〈再探〉一文中還指出：山東省東平縣洪頂山近年發現北齊摩崖刻石「題銘有北齊河清三年（西元 564 年）的紀年。假定依此河清紀年為准而上推，則佛陀雙林入滅度約應在西元前 1059 年。此與慧思大師誓願所說極為接近，因而很可能同出一源。而且石刻雕銘，並不能定在河清三年一年，完全可以在此前後延續數年。亦有可能提早八年，如此則佛滅為前 1067 年，與慧思之說相合」。
[729]　陳寅恪：〈南嶽大師立誓願文跋〉，陳寅恪：《金明館叢稿二編》，第 240 頁。

第十四章 南北朝中後期的佛教演變

向,不得不說是體現了北朝均田制度崩潰之後、脫離於編戶齊民的「化外之人」的心態。

我們在前文已經提到,北涼面臨北魏威脅時,已經有明顯的末法意識,《文選》李善注引〈頭陀寺碑文〉:「曇無讖云:釋迦佛正法五百年,像法(像者似也)一千年,末法一萬年。」目前學術界已知的十四座北涼時期的微型塔「北涼石塔」,即已反映出明顯的末法信仰內容。這些北涼石塔的塔基都為八角形,每面龕中浮雕七佛與彌勒菩薩(未來佛),這七佛一菩薩又與中國的八卦相配,以《說卦》順序排列,第一佛維衛佛配東方的震卦,即《說卦》「帝出乎震」,象徵一年正春肇始,太陽東方初生:

以次循環至第七釋迦牟尼佛,均與北方的坎卦一個方位。象徵聖人的現在佛釋迦牟尼,坐在北方,面對南方(閻浮提)而治天下,同時在這一方位已是太陽完全沉沒的黑暗之時,也是一年之中的萬物歸息時期,說明現在佛已經過去,正面臨或處於末法無佛的黑暗時期。

第八身的彌勒均位於東北方的艮卦。以該卦在冬末春初之際,一日的黎明之時,象徵彌勒菩薩,預示著彌勒將作為未來佛出世;也說明第八佛彌勒既可以說是第一身,亦可看作末尾一身,既是始,也是終,周而復始,循環往復。[730]

七佛加彌勒菩薩(未來佛)擬配八卦,對於我們理解4世紀初中國佛教「佛身」觀念與「法身」觀念的發展,頗有啟發意義;同時,現在佛釋迦牟尼佛處於坎卦位上,說明現在進入黑暗時期,末法時代;但中國的卦氣說是循環往復的,不同於線性的末世論。現在雖處於末法時代,但並非毫無希望,這是中國末法信仰非常重要的一個特點;這對於後世影響深遠,不論是農民起義以未來佛彌勒信仰為旗號,還是歷代統治者如齊文宣帝、

---

[730] 杜斗城等著:《河西佛教史》,中國社會科學出版社2009年版,第191頁。

第一節　北朝均田制的破壞與末法信仰

隋文帝、武則天以月光童子[731]、彌勒等佛教救世主自居。

中國末法思想中，這種循環往復的觀念，同樣也說明佛教在北朝的作用絕非總是破壞性的，亦有建設性的一面。民間廣大義邑、法社，經濟勢力強勁的佛教莊園，在招撫流民、穩定社會方面有著巨大的作用，否則也不會有那麼多人口能夠依附於佛教。末法時代帶來的也並不總是悲觀的氣氛，最典型的一個代表就是5世紀出現的疑偽經《佛說法滅盡經》，在描述末法時，特別強調「時有菩薩、闢支、羅漢，眾魔驅逐，不預眾會。三乘入山，福德之地，恬怕自守，以為欣快，壽命延長，諸天衛護。月光出世，得相遭值，共興吾道」。「自此之後難可數說，如是之後數千萬歲，彌勒當下世間作佛，天下泰平，毒氣消除，雨潤和適，五穀滋茂，樹木長大，人長八丈，皆壽八萬四千歲，眾生得度，不可稱計。」[732] 指出月光童子（菩薩）、彌勒菩薩（未來佛）的救世作用。

6世紀上半葉出現的偽經《像法決疑經》[733]，以「常施菩薩」問、佛答的形式，指出佛滅千年後，佛法衰微，僧侶應該加強戒律，尤其要布施救濟孤苦。正像天師道衰微之後，道教「新出」很多經典要改革天師道；《像法決疑經》也是在佛教腐化墮落之時，強調透過改革而振興佛教，因此它對稍後新興的佛教教團三階教產生了重要的影響，也吸引了天台宗師智者大師、三論宗師嘉祥吉藏大師的注意；而其強調對貧困者慈善布施，也順應了本節所講北朝均田制崩潰後大量流民的社會現實，這也是《像法決疑經》在北朝中後期產生的時代背景。

6世紀另一部疑偽經《普賢菩薩說證明經》：「爾時尊者問空王：何人為聖主？何人作明王？空王佛言：釋迦涅槃後七百年，天地大震動，天呼

---

[731] 參見古正美：〈齊文宣與隋文帝的月光童子信仰與形象〉，《從天王傳統到佛王傳統——中國中世佛教治國意識形態研究》，第155～222頁。

[732] 《大正藏》第12卷，第1119頁上～1119頁中。

[733] 牧田諦亮：〈佛說像法決疑經について〉（見《結城教授頌壽記念：仏教思想史論集》）文末附《像法決疑經》本文校注。

第十四章　南北朝中後期的佛教演變

地呼,一月三怪,苦困百姓。療除穢惡,分簡五種,專行疫病,平治罪人。有法盡生,無法盡滅。卻後九十九年,七百年以過,三千大千世界,六種震動,七日日闇。卻後數日,天出明王,地出聖主,二聖並治,並在神州,善哉治化,廣興佛法,慈潤一切,救度生死,得出火宅,得見大乘。引導生死,來詣化城,明王聖主,俱在化城。」在《普賢菩薩說證明經》中,「化城」是末法時代普賢菩薩請彌勒所造、釋迦牟尼成道的地方,亦是信徒理想的天堂聖境,與淨土信仰關係密切。《普賢菩薩說證明經》還特別強調法明王信仰,是否與摩尼教有關,還有進一步探討的餘地。總之,末法救世信仰融合了當時印度、中亞、中國多重信仰因素,內容十分豐富。

7世紀後半葉出現的北朝疑偽經《首羅比丘經》也體現出了同樣的價值取向[734],特別是敦煌藏本《首羅比丘經》後還附有《五百仙人在太寧山中並見月光童子經》一卷(與《首羅比丘經》同時略晚),對《首羅比丘經》進行了闡發,特別批判了上層僧侶的腐敗墮落,被認為是後世三階教普敬、普拜,認罪懺悔的源頭之一,體現了改革佛教的志趣。

北朝末法信仰,常與佛教改革乃至期盼佛教救世主的信仰糾纏在一起,這是北朝末法信仰的一大特點。《首羅比丘經》就是依月光童子受記,末法時於脂那國做大王、護持佛法的預言為根據的。北朝末年至隋,月光童子的佛教救世主形象非常流行。費長房《歷代三寶紀》卷十二:「《德護長者經》二卷(開皇三年六月出,沙門慧琨筆受,一名《屍利崛多長者經》,與《申日兜本經》、《月光童子經》體大同。譯名異)。」「《護德護長者經》

---

[734]　《首羅比丘經》的全稱是《首羅比丘見五百仙人並月光童子經》,歷代經錄皆列入偽經目錄中。宋代以後,該經佚失。敦煌石室藏鈔本若干,日本輯《大正藏》時,依據倫敦所藏斯2697號殘卷錄文,刊入該藏第85卷中。1988年,北京大學白化文先生參稽知見諸卷,錄成足本,遂使該經全貌面世。(溫玉成:〈《首羅比丘經》若干問題探索〉,《佛學研究》,1999年刊)並參見白化文:〈《首羅比丘見五百仙人並月光童子經》校錄〉,臺北《敦煌學》第十六輯,1990年,第47～59頁。

如來記云：月光童子於當來世佛法末時於閻浮提脂那國內作大國王，名為大行。彼王能令脂那國內一切眾生住於佛法，種諸善根……」署名竺法護所譯《申日經》，「脂那國」（中國）明確為十六國的「秦國」：「佛告阿難：我般涅槃千歲已後，經法且欲斷絕，月光童子當出於秦國作聖君，持我經法興隆道法。秦土及諸邊國鄯善、烏長、歸茲、疏勒、大宛、于闐，及諸羌虜夷狄，皆當奉佛尊法。」而《護德護長者經》則將「秦」換為「隋」，並新增了佛缽信仰的內容[735]，更加明確大隋國王是正法的護持者。[736] 由此可見，末法與救世主不僅為民間佛教、農民起義所利用，也是王朝統治者論證自身政權合法性的依據。在這雙重作用下，北朝末法與救世信仰廣為流行。

第二節　北周武帝滅佛及當時的佛學論辯

相比北魏太武帝滅佛而言，北周武帝（西元561年至578年在位）滅佛，準備充分，醞釀多時，特別是由於一百多年來，佛教的急遽膨脹，確實帶給社會許多負面的影響。在周武帝之前，統治者就已經開始有排佛的謀劃了。到了周武帝時，他先利用道教與佛教的矛盾，多次開展三教論衡，力圖做到出師有名，最後佛、道二教一併剷滅。滅佛時，手段也並不是像北魏太武帝那樣殘忍，對還俗的僧人在政策上還給予一定優待，鼓勵其參加生產勞動。

湯用彤先生在其讀書筆記《佛教史雜鈔》第十一本中有關於「北周佛道之爭」的一段話：

---

[735] 就筆者所見，月光童子與佛缽信仰連繫起來的年代可能頗早，東晉時習鑿齒在寫給道安的一封信中已經提到：「所謂月光將出，靈缽應降。」（《高僧傳》，第180頁）
[736] 參見李靜傑：〈佛缽信仰與傳法思想及其圖像〉，中國人民大學複印報刊資料《宗教》，2011年第5期，第56～57頁。

第十四章　南北朝中後期的佛教演變

武帝天和三年（西元568年），帝御大德殿，集百官及沙門、道士，親講《禮記》；（《北史》卷十）

（1）武帝天和四年二月，帝御大德殿，集百寮、道士、沙門等，討論釋老二教。（《北史》卷十）

（2）三月十五日，敕召大德，僧人、名儒、道士於正殿，帝升御座，論三教優劣，眾議紛紜，莫衷一是。（《僧傳·道安》）

（3）三月二十日（一本作三十日），又集，眾論是非滋生，帝莫知所簡，索然而退。（同書）

（4）四月初，又廣集道俗，極言陳理。（同書）

武帝天和五年二月十五，甄鸞上《笑道論》。

（5）天和五年五月十日，帝又大會群臣，審查《笑道論》，於殿庭燒棄之。（同書）

（6）後道安又作《二教論》，廢立之議遂寢。（其中五年爭少息）

（7）武帝建德三年（西元574年）五月，智炫與張賓爭辯於太極殿，次日下詔兼毀二教。

建德六年（西元577年，齊承光元年），齊亡。帝召前修大德，升座議廢立，慧遠抗議不聽。（《廣弘明集》）

（8）武帝建德六年十一月四日，帝幸鄴宮新殿前，僧任道林抗爭。（《廣弘明集》十，又《統紀》三十八）

建德十年，帝崩。[737]

湯用彤先生的這段話，大體概述了北周武帝滅佛時的重要爭辯過程，早在北周武帝正式開始滅佛之前，佛教就開始受到排擠，甄鸞《笑道論》、北周道安《二教論》已經開始為佛教辯護。而直接導致武帝採取滅佛措施的當屬湯公所列（7）中的論辯。北周武帝在建德三年（西元574年）五月十五

---

[737]　見湯用彤：《隋唐佛教史稿》附錄三，第328頁。

第二節　北周武帝滅佛及當時的佛學論辯

日，下詔「斷佛、道二教，經像悉毀，罷沙門、道士，並令還民。並禁諸淫祀，禮典所不載者，盡除之」。北周境內「融佛焚經，驅僧破塔……寶剎伽藍皆為俗宅，沙門釋種悉作白衣」。建德六年（西元577年），北周滅北齊後，繼續在北齊境內推行滅佛政策。從西元574年到578年，北周武帝滅佛，「毀破前代關山西東數百年來官私所造一切佛塔，掃地悉盡。融刮聖容，焚燒經典。八州寺廟，出四十千，盡賜王公，充為第宅。三方釋子，滅三百萬，皆覆軍民，還歸編戶」。北周滅佛，可以說基本上達到了北周統治者富國強民的目的，為其統一北齊，鞏固政權，有正向作用。唐人姚崇評價：「齊跨山東，周據關右，周則多除佛法而修繕兵威，齊則廣置僧徒而依憑佛力。及至交戰，齊氏滅亡，國既不存。」（《舊唐書・姚崇傳》）這種說法是有一定道理的。

　　北周皇帝尋找滅佛原因多為「藉口」，但也刺激佛教進行思考，對思想史的發展也有一定意義上的促進。周武帝提出的滅佛藉口主要有：（1）佛教無像，佛教徒建寺造塔，是對佛教教義公然的違背。修建寺院耗費巨大，加重無知百姓的負擔。（2）僧人絕棄在家生活，與孝道不容。地論師南道派法上的弟子淨影寺慧遠，對此在理論上都進行了答覆：

　　對曰：「陛下統臨大域，得一居尊，隨俗致詞，憲章三教。詔云『真佛無像』，信如誠旨。但耳目生靈，賴經聞佛，籍像表真。若使廢之，無以興敬。」帝曰：「虛空真佛，咸自知之，未假經像。」遠曰：「漢明已前，經像未至，此土眾生，何故不知虛空真佛？」帝時無答……遠曰：「若以形象無情，事之無福，故須廢者，國家七廟之像，豈是有情，而妄相尊事？」武帝不答此難……遠曰：「若以外國之經，非此用者。仲尼所說，出自魯國，秦晉之地，亦應廢而不行。又以七廟為非，將欲廢者，則是不尊祖考。祖考不尊，則昭穆失序。昭穆失序，則五經無用。前存儒教，其義安在？若爾，則三教同廢，將何治國？」……遠曰：「若以秦魯同遵一化，

第十四章　南北朝中後期的佛教演變

經教通行者,震旦之與天竺,國界雖殊,莫不同在閻浮四海之內,輪王一化,何不同遵佛經,而今獨廢?」帝又無答。

遠曰:「詔云『退僧還家崇孝養』者,孔經亦云:『立身行道,以顯父母,即是孝行』,何必還家,方名為孝?」帝曰:「父母恩重,交資色養,棄親向疏,未成至孝。」遠曰:「若如是言,陛下左右,皆有二親,何不放之?乃使長役五年,不見父母。」帝曰:「朕亦依番上下,得歸侍奉。」遠曰:「佛亦聽僧冬夏隨緣修道,春秋歸家侍養。故目連乞食餉母,如來擔棺臨葬。此理大通,未可獨廢。」帝又無答。遠抗聲曰:「陛下今恃王力自在,破滅三寶,是邪見人。阿鼻地獄,不揀貴賤,陛下何得不怖!」帝勃然作色大怒,直視於遠曰:「但令百姓得樂,朕亦不辭地獄諸苦。」遠曰:「陛下以邪法化人,現種苦業,當共陛下同趣阿鼻,何處有樂可得?」帝理屈,言前所圖意盛,更無所答。但云:「僧等且還,後當更集,有司錄取,論僧姓名。」[738]

當時辯論的歷史詳情,已經無法全部還原,但上述紀錄應該說還是具有可信度的。北周武帝滅佛的另一關鍵人物,衛元嵩的上表,能夠在一定程度上印證上述紀錄,特別是關於佛教是否應該建塔院經像的爭論,兩者可以相互參照。衛元嵩在北周武帝滅佛運動中發揮了重要的推動作用,但因其原有僧侶身分,故後世佛教史料往往強調佛道之爭、道士張賓的蠱惑,而較少言及衛元嵩所發揮的作用。[739]

余嘉錫先生曾對衛元嵩的生平事蹟進行過詳細考證,根據《續高僧傳》等文獻記載,衛元嵩是四川什邡人,早年出家為僧,是沙門釋亡名弟子。元嵩自負其才,欲得大名於當世,其師亡名云:「汝欲名聲,若不佯狂,不可得也。」嵩心然之,遂佯狂漫走,人逐成群,觸物摛詠。湯用彤

---

[738]　《大正藏》第 50 卷,第 490 頁中～ 490 頁下。
[739]　關於佛教史料有意回避衛元嵩問題,可參見陳觀勝先生的佛教史, Kenneth Chen, *Buddhism in China*, p192 ～ p194.

第二節　北周武帝滅佛及當時的佛學論辯

先生在其名著《漢魏兩晉南北朝佛教史》中提出：《廣弘明集》中記載「張賓定霸，元嵩賦詩，重道疑佛，將行廢立」。則衛元嵩觸物摛詠，其所詠詩，當即讖記，湯公推測，此恐與北周流行黑衣（僧侶著黑衣）做天子有關。然余嘉錫先生則認為北周武帝之廢佛「端在強國富民，不關黑衣之讖也」。余嘉錫：《衛元嵩事蹟考》，見《余嘉錫文史論集》，第225頁。筆者認為余嘉錫先生的看法是正確的。一則衛元嵩上書北周武帝，未言黑衣之讖；二則當時僧衣已改黃服；三則這則讖緯原本為黑衣亡高（北齊高氏政權），北周武帝即利用這則讖緯，用水德，衣服尚黑，以應讖，故不可能因忌諱黑衣者而滅佛。

衛元嵩又以「蜀地狹小，不足展懷，欲遊上京」，並上書北周武帝言滅佛事，後俗服入關。余嘉錫先生以道宣《廣弘明集》卷七中所載衛元嵩上書（嚴氏《全後周文》亦本於此）為底本，並參以王明廣對衛元嵩的辯駁，以及《輔行記》中對衛元嵩言論的略引等相關記載，詳辨衛元嵩上書中混入的道宣評語，並補充其所節略。本節即依據余嘉錫先生的考訂文字。衛元嵩在天和二年（西元567年）上書：

> 嵩請造「平延大寺」，容貯四海萬姓，不勸立曲見伽藍，偏安二乘五部。夫平延寺者，無間道俗，罔擇冤親，以城隍為寺塔，即周主是如來；用郭邑作僧坊，和夫妻為聖眾；推令德作三綱，遵耆老為上座；選仁智充執事，求勇略作法師；行十善以伏未寧，示無貪以斷偷劫。是則六合無怨紂之聲，八荒有歌周之詠，永沈安其巢穴，水陸任其長生。
>
> 不勸立曲見伽藍者，以損傷人畜故也；若作則乖諸佛大慈。昔育王造塔，一日而役萬神；今造浮圖，累年而損財命。況復和土作泥，磚瓦見日；為草蟲而作火劫，助螻蟻而起天災。仰度仁慈，未應垂許。[740]

衛元嵩所謂的「平延大寺」並非是一座一般意義上的佛寺，而是將北

---

[740]　《余嘉錫文史論集》，第226～227頁。

第十四章　南北朝中後期的佛教演變

周武帝治下的世俗社會美化為「平延大寺」，北周武帝為「如來」，遵紀守法的世俗男女為僧侶，仁智勇猛者為法師執事，城郭民宅為僧坊，城隍為寺塔。衛元嵩所設計的藍圖，實則消解了真正意義上的佛寺、僧侶，認為其沒有存在的價值。建造寺院經像，反倒是勞民傷財、損傷人畜。衛元嵩上表後，即還俗入京，踐行了他的理論，並與當時著名的道士張賓合作，反對傳統意義上的寺塔僧侶式佛教。在一定意義上衛元嵩是為了爆得大名而提出這些驚世駭俗的主張，而這些主張恰好符合北周武帝希望限制佛教發展、沒收佛教財力以充實國庫的政治需求，故一拍即合。而前引淨影寺慧遠則力圖在理論上論證寺院經像存在對於佛法的意義，對衛元嵩等人的主張進行回應和反駁。

當時攻擊佛教的種種理由，佛教在理論上應該說都可以回答，甚至可以說「真佛無像」為何廣修寺塔這類問題，還進一步刺激了佛教界對法身、化身等問題的思考。不過滅佛，歸根到底不是一個理論問題，而是一個重大的社會政治問題，統治者的決策不會僅僅根據一兩次辯論而做出決定。

就佛教自身的角度來看，北朝滅佛也有許多啟示。雖然「不依國主，則法事難立」，但與政治關係過於曖昧，往往會城門失火、殃及池魚，如北魏滅佛。同時，佛教自身發展，也要在社會經濟生活允許的範圍內進行，若靡耗太多，自然會招來社會其他成員不滿，如北周滅佛。

第三節　南北朝時期的「禪」

佛教傳入中國，魏晉南北朝的佛學風向，後人總結為「南義北禪」。其實北方並非只講禪修，而不講義理，但之所以造成禪修盛行的印象，是

第三節　南北朝時期的「禪」

有其社會根源的。相對來說，南朝局勢比較穩定，而北朝戰亂頻仍，造成了大量流民，北朝統治者安撫流民的辦法主要是以土地為號召，均田、授田，成為編戶齊民，或者編入軍籍。當時南方為新開發地區，門閥士族、寺院領主經濟吸納流民的能力較強，社會局勢也相對穩定；而北方，由於賦役沉重、戰爭頻繁，加之政權朝暮更迭，編戶或入軍籍，對於很多流民來說，都不是一個長期有效的選擇。而出家為僧，相對來說則是流民的一個出路。北朝動輒二、三百萬的僧侶，是以北方流民為基礎的，他們「遊止民間」、「遊涉村落」，甚至朝不保夕，不可能像寺院高級僧侶那樣有物質基礎，可以進行佛學理論探討，他們的主要宗教實踐活動只能是個人禪修，而禪修神通也是他們獲得個人宗教聲望，在民間社會謀生的重要手段。

當時上層僧侶在寺院體制和上流社會中講經說法、鑽研教理，而底層僧侶則主要在民間禪修誦經，有時兩者之間的矛盾還是比較尖銳的。我們現在仍能看到不少當時的應驗故事，說「坐禪苦修，得昇天堂」，長年誦經「亦生天堂」；而造作經像者，奪民財物要下地獄，講經者「心懷彼我，以驕淩物」，是比丘中第一粗行，也要下地獄。甚至一些下層僧侶參加的起義，大殺寺院僧侶，例如著名的北魏冀州沙門法慶謀反，宣稱「新佛出世，除去舊魔」，起義所經之處「屠滅寺舍，斬戮僧尼，焚燒經像」。簡言之，不是宗教義理研究，而是禪修，才是廣大下層僧侶最重要的宗教實踐活動之一。

禪，梵文最早見於印度《吠陀》以及其後的《奧義書》，是瑜伽修行的組成部分。禪，音譯「禪那」，意譯為「思維修」、「靜慮」、「攝念」等。中國佛教一般禪、定並稱。定，音譯為三摩地，又稱三昧，指心繫一境而不散亂，「定」的範疇比「禪」廣泛。中國本有「禪」字，主要有兩種意思，一是帝王祭地，如「封禪」，二是代替，如「禪讓」，都與坐禪無關，可見

第十四章 南北朝中後期的佛教演變

佛教的「禪」,是自印度傳入後中國人才有的觀念。

禪宗,是唐代中葉以後,逐漸形成的最具中國特色的佛教流派,並不能等同於印度禪法在中國的直接傳承。中國的禪宗甚至反對禪修,開元中有沙門名(馬祖)道一,在衡嶽山常習坐禪。師(南嶽懷讓)知是法器,往問曰:大德坐禪圖什麼?一曰:圖作佛。師乃取一磚,於彼庵前石上磨。一曰:磨作什麼?師曰:磨作鏡。一曰:磨磚豈能成鏡耶?師曰:「磨磚既不成鏡,坐禪豈得成佛?」

有西方學者在總結20世紀日本學者對中國早期禪史的研究時,甚至說:早期禪史中最可怪者,就是它和從唐代禪師馬祖、石頭等傳下的五家七宗,全無關係。的確,從敦煌文獻發現以來,胡適開創的中國禪宗研究,揭露了以往傳統燈錄禪史中許多捏造歷史、強求正宗的「偽法統」;但是,南宗禪五家七宗也並非無中生有,也有其社會及思想淵源。道宣在《續高僧傳》中評論7世紀初中國禪宗勃興前夕的禪修狀況時說:

復有相迷同好,聚結山門,持犯蒙然,動掛形網,運斤運刃,無避種生,炊爨飲噉,寧慚宿觸。或有立性剛猛,志尚下流,善友莫尋,正經罕讀,瞥聞一句,即謂司南,唱言五住久傾,十地將滿,法性早見,佛智已明。此並約境住心,妄言澄靜。還緣心住,附相轉心,不覺心移,故懷虛託。生心念淨,豈得會真?故經陳心相,飄鼓不停,蛇舌燈焰,住山流水,念念生滅,變變常新。不識亂念,翻懷見網,相命禪宗,未聞禪字。如斯般輩,其量甚多,致使講徒,例輕此類。故世諺云:無知之叟,義指禪師;亂識之夫,共歸明德。返迷皆有大照,隨妄普翳真科。不思此言,互談名實。[741]

「聚結山門」、「正經罕讀」、「瞥聞一句,即謂司南」、「相命禪宗,未聞禪字」,這些關於不立文字、頓悟成佛等一般認為是東山法門之後、六

---

[741] 《大正藏》第50卷,第597頁中。

第三節　南北朝時期的「禪」

祖南宗的特徵，其實在唐初，甚至更早的時候，已經顯示出端倪：南宗宗風的風行絕非空穴來風。如果我們拋開晚出的禪宗燈史語錄，利用時代較早、由律師編寫的《高僧傳》、《續高僧傳》「習禪篇」中的資料，還是可以勾勒出早期禪史情況及其與禪宗的關係，冉雲華等前輩學者在這方面做了重要的開拓工作[742]，以下就據前人研究成果，進行簡單的史實勾勒。

在禪宗形成之前的 2 至 7 世紀的五百年中，大體可以分為兩個階段。

(一) 印度禪法的傳習階段。在第一階段中，
禪法從印度傳入中國，外國禪師翻譯禪經、傳授禪法。

　　1. 安世高──竺法護時代。2 世紀安世高傳譯了《大安般守意經》等小乘禪法，「安般」即「安那般那」的簡稱，為入息、出息（呼吸）的意思，守意後世一般翻譯為「持念」。安世高再傳弟子康僧會將這種禪法總結為「其事有六（數息、相隨、止、觀、還、淨），以治六情」（《安般守意經序》）。「數息」是透過從一至十，反覆入出，達到身心寂靜的目的；「相隨」是將意念隨順集中在入出息上；「止」是注意鼻頭，不受外物侵擾，達到心思寂寞，志無邪欲的目的；「觀」是從頭至足，觀身體毛髮，內體汙露、鼻涕膿血，即「不淨觀」。以上四禪做到「眾冥皆明」之後，即可達到「攝心還念，諸陰皆滅」（「還」）、「穢欲寂盡，其心無想」（「淨」）的境界。3 世紀竺法護翻譯了《修習道地經》等禪經，該經將上述六事中止觀合為一，還淨合為一，變六事為四事；特別值得注意的是該經以「菩薩品」結尾，「菩薩積功累德，欲度一切」，「菩薩解慧，入深微妙，不從次第」，反映了大乘禪法的特色。現在學界一般都認為支讖翻譯《般舟三昧》、《首楞嚴三昧》等大乘禪經，是大乘禪法在中國的最早傳播者，但僧傳習禪篇中對支

---

[742]　冉雲華：《中國禪學研究論集》，（臺北）東初出版社 1990 年版。宣方老師對冉雲華先生的一些觀點多有糾正，參見宣方：《漢魏兩晉禪學研究》（《法藏文庫》第 1 輯第 3 冊），（臺北）佛光山文教基金會出版，2001 年。

識隻字不提，冉雲華先生認為「主要的原因是支讖所譯的那部大乘禪法典籍，當時還沒有人依經修習，付諸實踐」（冉雲華〈《高僧傳·習禪篇》的一個問題〉），這一看法是有道理的。

2. 佛陀跋陀羅（覺賢）時代。佛陀跋陀羅翻譯了《達摩多羅禪經》（又名修行道地），主要還是小乘禪法，佛陀跋陀羅信奉說一切有部，被趕出長安，南下後受到廬山慧遠等東晉南朝僧團禮遇。佛陀跋陀羅這一系特別注重師徒傳承，在中土流行近百年，出了不少名僧。僧傳中說其禪法「神用為顯，屬在神通」，也是可信的，當年佛陀跋陀羅被趕出長安，藉口也是其妄言神通，蠱惑人心，違反戒律。與佛陀跋陀羅同時代的鳩摩羅什，雖然翻譯了許多大乘禪經，但因其並無禪法傳承，且主要以義理見長，故在僧傳《習禪篇》中隱而不顯。根據呂澂先生的研究，鳩摩羅什在北方翻譯的《坐禪三昧經》，以馬鳴為主，兼採七家說法，論述「五停心」；佛陀跋陀羅南下後，其所譯《達摩多羅禪經》主要在南方傳播。這兩派禪法各有側重，「一偏於實在，一偏於幽玄」。前者以僧稠為代表，後者以後世禪宗所尊二祖慧可為代表。[743]

（二）5 世紀中後葉以來，
禪法在中國各地流行，形成了不同流派。

1. 中原一帶流行的僧稠系「念處」禪法。
2. 江、洛一帶流行的達摩系「壁觀」禪法。
3. 盛行江南的天台止觀。[744]
4. 晉、趙一帶流行的慧瓚系頭陀行。

---

[743] 參見《呂澂佛學論著選集》一，第 357～358 頁。
[744] 宋代以後，天台列入「教門」，但在唐初天台高僧還是被列入僧傳「習禪」篇中，直到《宋高僧傳》才轉入「義解」。

第三節　南北朝時期的「禪」

在這四系中，僧稠系得到北齊、北周歷代統治者的支持，影響最大，直到唐初，實是禪學大宗。道宣稱讚「（僧）稠懷念處，清範可崇」，其禪法主要是身、受、心、法「四念處」，即將身、受、心、法作為分析觀想對象，體會「自身不淨，所受為苦，心實無常，諸法無我」。除四念處外，僧稠系還有「五停心」和「十六特勝法」等。「五停心」指不淨觀、慈悲觀、緣起觀、界分別觀、數息觀；「十六特勝法」都是關於數息的，「特勝」是指該禪法勝於不淨觀，「數息長則知，息短亦知，息動身則知，息和釋即知，遭喜悅則知，遇安則知，心所趣即知，心柔順則知，心所覺即知，心歡喜則知，心伏即知，心解脫即知，見無常則知，若無欲則知，觀寂然即知，見道趣即知，是為數息十六特勝。」（《修行道地經》卷五）一般將這十六法四個一組，分為四類，首先是體會呼吸中長短動靜、出入周遍等最易察知的內容；然後是透過呼吸體會喜樂安逸等情緒；再者調服身心，安樂平穩；最後無欲解脫，證得佛教真諦。這些禪法基本上都是印度小乘禪法，「可崇則情事易顯」，在當時受到許多稱讚，但在後世看來不免仍屬小乘，這一系的禪師常常「五停、四念，將盡此生矣」。而後世獨尊的達摩系，呂澂先生認為源於化地部，主要是面壁安心，讓心思堅固不散亂。當時佛教界內部對達摩系批評頗多，認為其見識偏淺，「朝入禪門，夕弘其術」，妄自尊大，「神道冥昧」，魚龍混雜，良莠不齊。北朝時，慧可一系亦不彰顯，受到許多非難，「滯文之徒，是非紛舉」，「文學之士，多不齒之」，慧可本人「流離鄴衛，卒無榮嗣」。

唐初以降，小乘「念處」禪和頭陀行逐漸衰落，而天台漸以教理見長，只有達摩系，經道行、弘忍，東山法門大興，逐漸一統禪門天下，本套通史隋唐以後各卷將對中國禪宗有詳細論述。

第四節　南朝的民間神僧與國家帝師

一、略論南朝的神僧信仰

南朝門第觀念極重，義學高僧亦多出自名門，然在南朝民間卻有很多影響頗大的神僧大士。他們混跡鄉閭，宣揚各種佛教信仰實踐，對民眾有一定的號召力。南朝初年，這類民間神僧大士，尚未引起帝王重視，至齊梁以後，部分民間神僧大士開始受到統治者的關注。南朝的神僧大士，對於民眾佛教信仰形態，乃至整個佛教的信仰風尚和思想走向，都有一定影響，本節選取杯度、寶誌、傅大士，將南朝分為前後兩期，進行探討。

（一）引言：魏晉南北朝的神僧類型

魏晉南北朝時期的出名的神僧很多，他們在信徒中的影響力很大，甚至成為膜拜的對象。他們的事蹟在敦煌莫高窟的壁畫中也有體現，如初唐323窟北壁東側上部和中部，分別描繪了魏晉時名僧康僧會、佛圖澄的神異故事。日本青山慶示還收藏有敦煌寫卷《佛圖澄所化經》[745]，其內容為災難預警的勸諭傳貼。全經大體分為三個部分，首先是記述在和平四年（西元357年）正月初一河內郡溫縣劉起之等十五人入山砍柴，遇大風迷路，天晴後從空中飛來一鴻鵠，落地化為一老人，自稱佛圖澄。第二部分是佛圖澄向人們預言災難：泰山東門崩，鬼卒將抓大批男女去修理東門，此後還要流行瘟疫，十死九亡。第三部分佛圖澄教導眾人如何避難：第一是要做龍虎蛇餅（將麵食做成龍虎等形狀），人各持七枚食之，並一日一夜轉經行道；第二是要抄寫傳貼，用布包在肘後，鬼不敢近。「見者寫取，其身受福，見者不寫，身受長病，寫不轉者，死滅門。見者急急通讀，如律令令。」

---

[745]　錄文見邱惠莉：〈敦煌寫本《佛圖澄所化經》初探〉，《敦煌研究》，1998年第4期，第96～97頁。

第四節　南朝的民間神僧與國家帝師

按照僧傳記載，佛圖澄深得後趙政權統治者崇信，神異頗多。在《佛圖澄所化經》中可以看到民間信徒對他的崇拜，其中亦摻雜了許多中國本土信仰，如引文中提到的泰山，在中國民間信仰中是死後之鬼所居，其東門崩壞，當有大災，而佛圖澄則為「末世論」信仰模式中的度人救主形象，「如律令」亦為中國本土信仰文書常見用語。

魏晉南北朝時，神異僧大都混有中國本土信仰元素，據現有僧傳記載，大約有如下幾類：

1. 類似家巫，跟隨帝王或武將左右，甚至躋身軍旅，讖緯預言，名動華戎，最著名的如佛圖澄，原在石勒大將郭黑略家，「每知行軍吉凶」[746]並參《晉書》佛圖澄傳、石勒載記，並《魏書》釋老志。後深得石勒、石虎寵信。此類神僧北方較多，多與胡人將領參與軍機；佛圖澄的原型亦屬此類，而後在民間信仰中逐漸泛化。

2. 類似隱仙。《續高僧傳》載：釋僧照「性虛放喜追奇，每聞靈蹟譎詭，無不登踐。承瀑布之下多諸洞穴，仙聖攸止」。後於魏普泰年間在榮山飛流下發現洞穴，遇一神僧：「自云：我同學三人來此避世，一人外行未返，一人死來極久，似入滅定，今在西屋內，汝見之未？今日何姓為主？答是魏家。僧云：魏家享國已久，不姓曹耶？照云姓元。僧曰：我不知。」[747]此類神僧，不知有漢，無論魏晉，類似隱仙。東晉南朝時候，很多名僧「性好山泉，多處巖壑」[748]；到南朝，虞羲〈廬山香爐峰寺景法師行狀〉記錄僧景在廬山隱居的頗多傳奇，「久之復隨險幽，尋造石梁石室，靈山祕地，百神之所遨遊也。法師說戒行香，神皆頭面禮足。昔神人吳猛，得入此遊觀，自茲厥後，唯法師復至焉。羲皇以來，二人而已

---

[746]　《高僧傳》，第 345～346 頁。
[747]　參見《高僧傳二集》四冊之四，第 910～911 頁。
[748]　《高僧傳》，第 166 頁。

第十四章 南北朝中後期的佛教演變

矣。」[749] 社會上也有僧人隱逸山林的傳聞，如《冥祥記》載：「晉廬山七嶺，同會於東，共成峰崿，其崖窮絕，莫有升者。晉太元中，豫章太守范甯，將起學館，遣人伐材其山。見人著沙門服，淩虛直上。既至，則轉身踞其峰；良久，乃興雲氣，俱滅。時有採藥數人，皆共瞻睹。能文之士，咸為之興。沙門釋曇諦廬山賦曰『應真淩雲以踞峰，眇翳景而入冥者也』（《珠林》十九）」。[750] 由於此類隱仙式神僧很多，可能為與道教區別，佛教亦在教理上給予說明，《續高僧傳》釋圓通傳：「《入大乘論》：尊者賓頭盧、羅睺羅等十六諸大聲聞，散在諸山渚中。又於餘經亦說：九十九億大阿羅漢，皆於佛前取籌住壽於世，並在三方諸山海中，守護正法。今石窟寺僧，每聞異鐘唄響洞發山林，故知神宮仙寺不無其實。」[751]

3. 伏虎降魔。佛教傳入江南，佛教與土著信仰發生衝突，佛教為地方神明受戒，教史記載頗不乏見，特別是佛教高僧降服以蛇精為代表的民間崇拜，從安世高收服宮亭湖廟神 [752] 的傳說開始，歷代不絕。[753] 除了降服地方俗神土巫外，僧人居住鄉間村落、深山老林，消除虎患，亦是神異的常見話題。

以上三類神異僧，第一類，南朝雖有僧人以讖緯符應見聞帝王，但多於改朝換代之時，平素此類僧人，並不多見；第二類，過於飄渺，主要是時人一種文化理想的建構；而第三類神異僧人，出現的歷史環境是佛教初傳，甚至是移民新至，方有虎狼之害。因此，以上三類皆非本節研究重點，因為第一類南朝並不顯著；第二、三類，對於穩定時期的佛教也並不特別重要，如《續高僧傳》所言鄴西北鼓山，原本神異僧傳說不少，但

---

[749] 《廣弘明集》第二十三卷，《大正藏》第 52 冊，第 270 頁上。
[750] 《古小說鉤沉》，第 298～299 頁。
[751] 《高僧傳二集》四冊之四，第 916～917 頁。
[752] 宮亭廟中民間信仰崇拜，安世高之後，實一直延續，參見魏斌〈宮亭廟傳說：中古早期廬山的信仰空間〉，《歷史研究》，2010 年第 2 期。
[753] 參見吳真：〈降蛇：佛道相爭的敘事策略〉，《文化研究》，2006 年第 1 期。

第四節　南朝的民間神僧與國家帝師

「自神武遷鄴之後，因山上下並建伽藍。或樵採陵夷，或工匠窮鑿。神人厭其誼擾，捐舍者多。故近代登臨罕逢靈蹟」。[754] 本章重點討論的是第四類神異僧，即民間大士。

4. 民間大士。「志公、傅大士、王梵志之類」[755]，此類神異僧，起於民間，多有異能，在民眾中擁有很多信仰者，南朝中晚期逐漸得到上層統治者的認可。這是本章討論的重點。

我們知道，東晉時候，名僧多近於名士，與士族關係密切。南朝以來，門閥士族社會開始發生動搖，正如唐長孺先生指出：「晉、宋之間，士庶區別日益嚴格，宋、齊時已經達到僵化的程度。趙翼《陔餘叢考》卷十七〈六朝重氏族〉條所錄士大夫拒絕和寒人相接的史實大抵發生在宋、齊時……士庶區別的嚴格化發生在此時正因為士庶有混淆的危險，所以這裡並不表示門閥勢力的強大，相反的倒是由於他們害怕這種新形勢足以削弱甚至消除他們長期以來引為自傲的優越地位……從宋代開始國家頒布了一種硬性規定以後，士族標準有定，士族的稱號卻反而易於獲得。《南齊書》卷三四〈虞玩之傳〉，建元二年（西元 482 年）玩之上表云：元嘉二十七年（西元 450 年）八條取人，孝建元年（西元 454 年）書籍，眾巧之所始也；《南史》卷五九〈王僧孺傳〉稱尚書令沈約云：宋元嘉二十七年始以七條徵發，既立此科，人奸互起，偽狀巧籍，歲月滋廣。」[756]

佛教情況也與此類似，南朝名僧多出身士族，如梁代三大士，根據《續高僧傳》的記載，都出身或至少被認為出身名門：「釋僧旻，姓孫氏，家於吳郡之富春，有吳開國大皇帝其先也」；「釋法雲，姓周氏，宜興陽羨人，晉平西將軍處之七世也」；「釋智藏，姓顧氏，本名淨藏，吳郡吳人，

---

[754]　《高僧傳二集》四冊之四，第 917 頁。
[755]　宗密：《禪源諸詮集都序》，《大正藏》第 48 冊，第 412 頁下。
[756]　參見唐長孺：〈南朝寒人的興起〉，《唐長孺文存》，上海古籍出版社 2006 年版，第 305～306 頁。

少傅臞之八世也。高祖彭年司農卿，曾祖淳錢唐令，祖瑤之員外郎，父映奉朝請。」[757] 但是在南朝中後期，起於下層民間的僧人，由於神異，也有得到上流社會認可的可能，並有制度性保障，「逮於梁祖，廣闢定門，搜揚寓內有心學者，總集揚都，校量深淺，自為部類。又於鍾陽上下，雙建定林，使夫息心之侶，棲閒綜業」。[758] 如傅大士，本為下層傭人，甚至賣妻鬻子，並一度因妖言惑眾，被陷入獄，後多次上表自陳，方得到梁武帝認可、寵信。南朝初期，尚難見到這種情況，如當時著名的神僧劉薩訶（慧達）、杯度，都未得到帝王寵信；而稍後的寶誌（保誌）、傅大士在梁、陳間都得到了帝王尊崇。從南朝的神僧大士，我們亦可窺見佛教，乃至南朝社會文化的變遷。

（二）南朝初年的神異僧

南朝初年神僧的代表人物是杯度。因為香港佛教一般將其源頭追溯到杯度[759]，因此近代以來杯度頗受研究者矚目。

杯度常常能同時身在數處，「分身他土」，死後「乃共開棺，唯見靴履」，這些都是秦漢中土固有方士的常見神異，比較值得注意的是杯度雖有僧人身分，但遊行民間。按照《高僧傳》記載，杯度從北方南渡建康，「達於京師，見時可年四十許，帶索襤褸，殆不蔽身」。[760] 我們知道，若是北方官寺中僧，朝廷會按時頒發僧衣[761]，「既住官寺，厚供難捨」，「凡受官請，為報不淺」，正規寺院的條件一般是很好的，但寺院管理也比較

---

[757] 《高僧傳二集》四冊之一，第 148、156、164 頁。南朝以來義學高僧門第出身，可參見侯外廬主編：《中國思想通史》第四卷上冊，人民出版社 1980 年版，第 143～146 頁。

[758] 《高僧傳二集》四冊之三，第 738 頁。

[759] 《高僧傳》記載杯度隱沒之前，於元嘉五年（西元 428 年）三月八日在齊諧家對眾人說「貧道當向交廣之間，不見來也」（《高僧傳》，第 384 頁），香港佛教一般將其源頭追溯到杯度，當地還有杯度寺，參見蕭國健：《香港之三大古剎》，香港：顯朝書室，1977 年。

[760] 《高僧傳》，第 379 頁。

[761] 如《續高僧傳》載：「今授衣將逼，官寺例得衣賜，可待三五日間，當贈一襲寒服。」（《高僧傳二集》，第 914 頁）

第四節　南朝的民間神僧與國家帝師

嚴格,「依如僧法,不得兩處生名」。[762] 杯度常常「分身他土」,顯然與官寺僧侶差異很大,他在南方都是住在俗人家中,如李家、白衣黃欣家、朱文殊家、陳家、齊家等,並不住寺,且「不甚持齋,飲酒啖肉,至於辛鱠,與俗不殊。百姓奉上,或受不受」。[763] 杯度的供養也並不穩定,是典型的底層僧侶,甚至可以說一直窮困潦倒,初來江南就衣不蔽體,臨終前居李家「欲得一袈裟,中時令辦。李即經營,至中未成。度云暫出,至冥不反……乃見在北巖下,鋪敗袈裟於地,臥之而死」。[764]

由此可見,杯度是遊行民間、居無定所的下層僧人,與寺院僧人差異較大。在北朝這類僧人領導法邑,學術界的相關研究較多[765],而南方這類民間僧人具體情形如何、主要向信眾提供怎樣的服務、宣傳什麼樣的教理、發揮什麼功能,是我們值得研究的問題。從現存杯度的資料來看,他主要是短期或長期居住在某位俗人家中,會參加八關齋等宗教儀式,這些宗教儀式,有些具有治病延壽功能,如「齊諧妻胡母氏病,眾治不瘥,後請僧設齋,齋坐有僧聰道人,勸迎杯度,度既至,一咒,病者即愈」。[766] 但杯度所傳教義,資料太少,尚不明確。

南朝初年,杯度等神異僧主要在民間產生影響,我們前文提到的4世紀初在南朝傳播地獄信仰的著名神異僧慧達(劉薩訶)也是如此,這類民間神異僧尚未引起統治者的重視;南朝初年得到統治者重視的,主要還是以義解擅長的上層寺院僧侶。這種情況在南朝中後期發生改變,齊梁間的神僧大士開始得到統治者的禮遇。

---

[762]　《高僧傳二集》四冊之四,第915、916頁。
[763]　《高僧傳》,第379頁。
[764]　《高僧傳》,第379頁。
[765]　如劉淑芬《中古的佛教與社會》,侯旭東《五六世紀北方民眾佛教信仰:以造像記為中心的考察》,尚永琪《3－6世紀佛教傳播背景下的北方社會群體研究》。
[766]　《高僧傳》,第383頁。

（三）梁陳間的神僧大士

1. 寶誌

　　起於民間的神僧大士，在南朝最早得到帝王重視的，當屬盛名遠播的寶誌（保誌）。「保誌分身圓戶，帝王以之加信。光雖和而弗汙其體，塵雖同而弗渝其真。」[767] 由於相傳很多佛教儀式如梁皇懺、水陸法會等都與寶誌有關，因此從佛教儀式和密教角度切入寶誌研究的中外學者不少，但由於寶誌幫助梁武帝制定各種佛教儀軌，多屬傳說性質[768]，因此，南朝佛教史研究者反倒較少提及寶誌。[769]

　　寶誌出於底層民間，所顯神奇，多為讖緯預言，分身不食，祈雨靈驗，然能吸引大批王公文士，如南朝著名文學家徐陵，年數歲，家人攜以候沙門釋寶誌，寶誌摩其頂曰：「天上石麒麟也。」（《南史・徐陵傳》）寶誌雖一度入獄，但最終見信於帝王，名震朝野。

　　寶誌和尚後世傳說甚多[770]，比較能夠反映南朝佛教情況的史料，主要是陸倕（西元470年至526年）的〈誌法師墓誌銘〉（見《藝文類聚》卷七十七），《高僧傳・神異》中的梁京師釋保誌傳，並可參考《南史》卷七十六「隱逸」中的沙門釋寶誌傳。寶誌在天監十三年（西元514年）冬去世，此前已經名揚天下數十年，「誌知名顯奇四十餘載，士女恭事者數不可稱」。[771] 寶誌的出身不詳[772]，當無門第，南朝初年在建康一代的鍾山

---

[767] 《高僧傳》，第399頁。

[768] 如牧田諦亮：〈水陸法會小考〉，見楊曾文、方廣錩：《佛教與歷史文化》，宗教文化出版社2001年版，第350～361頁。該文否定了宋代楊愕《靈跡記》關於梁武帝與寶誌談及阿難遇面然鬼王，並建立平等斛食等說法。

[769] 對寶志進行過比較專門的研究，當推日本學者牧田諦亮教授的〈寶誌和尚傳考〉，見牧田諦亮著，索文林譯：《中國近世佛教史研究》，（臺北）華宇出版社1984年版，第33～88頁。

[770] 寶誌及其後世傳說（十一面觀音化身）的研究，可參見于君方著，陳懷宇等譯：《觀音：菩薩中國化的演變》，臺北：法鼓文化，2009年，第227～240頁。

[771] 《高僧傳》，第397頁。

[772] 陸倕〈誌法師墓誌銘〉：「其生緣桑梓，莫能知之」，《南史》謂：「時有沙門釋寶誌者，不知何許人。」

第四節　南朝的民間神僧與國家帝師

活動[773]，在齊代開始逐漸引人注意，「居止無定，飲食無時。髮長數寸，常跣行街巷。執一錫杖，杖頭掛剪刀及鏡，或掛一兩匹帛。齊建元中，稍見異跡。數日不食，亦無飢容。與人言語，始若難曉，後皆效驗。時或賦詩，言如讖記。京土士庶，皆共事之」。[774] 齊武帝曾謂其惑眾，將其下獄，由於齊文慧太子、竟陵王子良等人的支持，寶誌不久被放出，並由於建康令呂文顯的推薦，齊武帝將其迎入華林寺。不久蕭梁代齊，相傳寶誌於天監元年向梁武帝獻上「一塵尾扇，及鐵錫杖」[775]，而梁武帝更加尊崇寶誌，「先是齊時多禁誌出入，今上即位下詔曰：誌公跡拘塵垢，神遊冥寂，水火不能燋濡，蛇虎不能侵懼。語其佛理，則聲聞以上；談其隱倫，則遁仙高者。豈得以俗士常情空相拘制？何其鄙狹一至於此。自今行道來往，隨意出入，勿得復禁」。[776] 在梁代寶誌似以禪法聞名教內，《高僧傳》載，畺良耶舍「初止鍾山道林精舍，沙門寶誌崇其禪法」[777]；興皇法朗亦從寶誌學禪，《續高僧傳》載，法朗在「梁大通二年二月二日，於青州入道，遊學楊都，就大明寺寶誌禪師受諸禪法」。[778] 同時寶誌也與梁代著名義學僧人法雲交好。[779]

---

[773] 陸倕〈誌法師墓誌銘〉：「齊故特進吳人張緒，興皇寺僧釋法義，並見法師於宋太始初，出入鍾山，往來都邑，年可五六十歲，未知其異也。」

[774] 《高僧傳》，第 394～395 頁。〈誌法師墓誌銘〉、《南史·隱逸》記載略同。

[775] 蕭子顯〈御講金字摩訶般若波羅蜜經序〉：「先是保誌法師者，神通不測，靈跡甚多，自有別傳，天監元年，上始光有天下，方留心禮樂，未遑汾陽之寄。法師以其年九月，自持一塵尾扇，及鐵錫杖奉上，而口無所言。上亦未取其意。於今三十餘年矣。其扇柄繫以小繩，常所縮楔，指跡之處，宛然具存。至是，御乃鳴錫升堂，執扇講說，故知震大千而吼法者，抑有冥符。」(《廣弘明集》十九卷，《大正藏》第 52 冊，第 237 頁上)

[776] 《高僧傳》，第 396 頁。

[777] 《高僧傳》，第 128 頁。

[778] 《高僧傳二集》四冊之一，第 215 頁。

[779] 「有保誌神僧，道超方外，罕有得其情者。與雲互相敬愛，呼為大林法師。每來雲所，輒停住信宿。嘗言：欲解師子吼。請法師為說。即為剖析，志便彈指讚曰：善哉，微妙微妙矣！」(《高僧傳二集》四冊之一，第 161 頁)

2. 傅大士

　　梁陳之際的傅大士，雖然日後在中、日禪宗中都影響很大，也一直受到教內重視，如民國年間淨土宗名僧印光法師還專門編輯過傅大士文集行世，但由於現存傅大士的主要文獻資料《善慧大士錄》，早年日本學者忽滑谷快天、境野黃洋等人，以及湯用彤先生都認為「均晚出之說」，因此傅大士長期沒有得到魏晉南北朝佛教史研究者的充分重視。不過經張勇博士詳細的文獻學考訂，指出：「《錄》中大致體現梁陳史實的卷一法璿等人請立碑之前的化跡、卷二的大士法語、卷三的〈率題二章〉等詩偈，基本屬於陳代結集故毋庸置疑，而經樓穎編次進的徐陵碑文、諸人傳記，亦為極可珍視的南朝文獻。」[780] 他的《傅大士研究》也是迄今最為重要的傅大士研究專著。

　　依據徐陵〈東陽雙林寺傅大士碑〉[781]，傅大士生於東陽郡烏傷縣[782]，早年間為人作傭，甚至還「貨貿妻兒」。跟寶誌一樣，傅大士也因妖言惑眾，被陷入獄，後因在獄中能夠多日不食，被放出：「自修禪遠壑，絕粒長齋，非服流霞，若餐朝沆。太守王烋言其詭詐，乃使邦佐，幽諸後曹。迄至兼旬，曾無段食，於是州鄉媿伏，遠邇歸依，逃跡山林，肆行蘭若。」[783] 後來追隨傅大士的弟子日多，不斷向地方官聯名推薦傅大士，但都沒有獲準，「大通元年，縣中長宿傅普通等一百人，詣縣令范胥，連名薦述。又以中大通四年，縣中豪傑傅德宣等道俗三百人，詣縣令蕭詡，具陳德業。夫以連城之寶，照廡之珍，野老怪而相捐，工人迷而不識」。直

---

[780]　張勇：《傅大士研究》，巴蜀書社 2000 年版，第 105 頁。

[781]　傅大士生平傳說很多，比較而言徐陵〈東陽雙林寺傅大士碑〉，撰寫於西元 573 年，距傅大士去世（西元 569 年）不久，較為可信。《藝文類聚》卷七六所收碑文刪節較多，而《卍續藏經》本基本保留全文，文本取後者。碑文版本考證詳見《傅大士研究》，第 3～10 頁。

[782]　烏傷得名於該地的顏烏葬父而死的孝子事蹟。南朝時，該地似寺院佛法不興，如《續高僧傳》記載慧約「南陽烏場（傷）人也」，「所居僻左，不嘗見寺，世崇黃老，未聞佛法」。（《高僧傳二集》四冊之一，第 176～177 頁）

[783]　《善慧大士語錄》卷三，見《卍續藏經》第 69 冊，第 121 頁下。

第四節　南朝的民間神僧與國家帝師

到「大通六年正月二十八日，遣弟子傅旺出都，致書高祖」，傅旺為了引起當朝注意，甚至焚燒左手，最後透過太樂令何昌、同泰寺僧皓法師，得以上達，傅大士最終得到梁武帝認可：「旺至都，投太樂令何昌，並有弘誓，誓在御路，燒其左手。以此因緣，希當聞達。昌以此書呈同泰寺僧皓法師，師眾所知識，名稱普聞，見書隨喜，勸以呈奏。皇心歡悅，遽遣招迎，來謁宸闈，亟論經典。同泰寺前臨北闕，密邇南宮，仍請安居，備諸資給。後徙居鍾山之下定林寺，遊巖倚樹，宴坐經行。京洛名僧，學徒雲聚，莫不提函負袠。」[784] 傅大士雖然並沒有正式僧侶的身分，但得到梁武帝認可後，便入住同泰寺，「備諸資給」，不久遷入下定林寺。我們在前文已經提到，鍾山上、下定林寺，是梁武帝收攬禪修高僧之地。

傅大士自稱「補處菩薩，仰嗣釋迦法王真子，是號彌勒……但分身世界，濟度群生」[785]，其弟子亦常有宗教的狂熱自焚、自殘行為，這些直到唐代都常被統治者猜忌，視為異端[786]，傅大士本人亦曾下獄。梁代雖然崇佛，但無論是政界還是教界，對異端都施行監管和排查，例如「梁天監九年，郢州頭陀道人妙光，戒歲七臘，矯以勝相，諸尼嫗人，僉稱聖道。彼州僧正議欲驅擯，遂潛下都，住普弘寺，造作此經。又寫在屏風，紅紗映覆，香花供養，雲集四部，嚫供煙塞。事源顯發，敕付建康辯核疑狀。云抄略諸經，多有私意妄造，借書人路琰屬辭潤色。獄牒：妙光巧詐，事應斬刑，路琰同謀，十歲謫戍。即以其年四月二十一日，敕僧正慧超，令喚京師能講大法師、宿德如僧祐、曇準等二十人，共至建康前辯妙光事。超即奉旨，與曇準、僧祐、法寵、慧令、慧集、智藏、僧旻、法雲等二十

---

[784] 《卍續藏經》第 69 冊，第 122 頁上。
[785] 《卍續藏經》第 69 冊，第 122 頁中。
[786] 《唐大詔令集》卷一一三，禁斷妖訛等敕：「比有白衣長髮，假託彌勒下生，因為妖訛，廣集徒侶，稱解禪觀，妄說災祥……自今已後，宜嚴加捉搦。」誡勵僧尼敕：佛教異端「無益於人，有蠹於俗，或出入州縣，假託權威，或巡曆村鄉，恣行教化。因其聚會，便有宿宵，左道不常，異端斯起」。

第十四章　南北朝中後期的佛教演變

人，於縣辯問。妙光伏罪，事事如牒。眾僧詳議，依律擯治。天恩免死，恐於偏地復為惑亂，長繫東治。即收拾此經，得二十餘本，及屏風於縣燒除。然猶有零散，恐亂後生，故復略記（薩婆若陀長者，是妙光父名。妙光弟名金剛德體，弟子名師子）」。[787] 相對妙光這類被「依律擯治」、「長繫東治」的民間神僧大士，傅大士最終得到政界和教界的肯定，是比較幸運，也是影響力很大的一位。

傅大士在民間號召力非常大，甚至很多人受其感召，「或鹹耳而刊鼻，或焚臂而燒手」，那麼傅大士傳播的理念主要是什麼呢？現存傅大士詩文多有後人摻入。僅就徐陵〈東陽雙林寺傅大士碑〉來看，傅大士給梁武帝上書：「雙林樹下當來解脫善慧大士白國主救世菩薩，今條上、中、下善，希能受持。其上善，以虛懷為本，不著為宗，妄想為因，涅槃為果。其中善，以治身為本，治國為宗，天上人間，果報安樂。其下善，以護養眾生，勝殘去殺，普令百姓俱稟六齋。夫以四海之君，萬邦之主，預居王士，莫不只肅。」[788] 傅大士上書口氣之大，「京都道俗莫不嗟疑」；不過傅大士稱梁武帝為「國主救世菩薩」以及其所奏言，恰與梁武帝治國的理念[789]相合，故得見信。「其上善，以虛懷為本，不著為宗；妄想為因，涅槃為果」應該最能體現傅大士最推重的佛教理念，但其具體內容，各文獻記載有異。道宣（西元 596 年至 667 年）《續高僧傳》：「其上善者，略以虛懷為本，不著為宗；亡相為因，涅槃為果。」[790] 其中〈碑〉文所記「妄想為因，涅槃為果」是為「亡相為因，涅槃為果」，妄想與亡相，雖然音近，但意思迥異。初唐法琳（西元 572 年至 640 年）《辨正論》卷三引文為：「其

---

[787] 《出三藏記集》，第 231 頁。
[788] 《卍續藏經》第 69 冊，第 122 頁上。
[789] 參見顏尚文《梁武帝》，特別是第五章「皇帝菩薩」地位的建立與「佛教國家」的政治改革，第 173～225 頁。
[790] 《高僧傳二集》四冊之四，第 924 頁。

第四節　南朝的民間神僧與國家帝師

上善,略以虛懷為本,不著為宗;忘相為因,涅槃為果。」[791] 忘相與亡相,意思相近,由此可見,「妄想為因,涅槃為果」恐為後代竄改或誤寫,且〈碑〉中最後銘文部分也說傅大士「妙辯無相,深言不生」[792],可見當以「無相」為是。南朝傅大士並非專門提倡煩惱即菩提的觀念,而是強調無相,以此作為涅槃之因。

傅大士「安禪合掌,說偈論經,滴海未盡其書,懸河不窮其義,前後講《維摩》、《思益經》等」[793],可見他是比較重視《維摩詰經》和《思益經》的,鳩摩羅什譯《思益梵天所問經》卷第一:「涅槃名為除滅諸相,遠離一切動念戲論。」[794] 在《維摩詰經·不可思議品》中,維摩詰曾開導舍利弗「法名無為,若行有為,是求有為,非求法也」。可見傅大士提倡的「以虛懷為本,不著為宗,忘相為因,涅槃為果」都是有經典依據的,而且與當時教界對涅槃的看法有相通之處。

梁代寶亮在《大般涅槃經集解》卷第三十三中說:「大乘緣中忘相,故實;小乘執相,故不實。」[795] 另在卷第三十五,解釋五時教時說:「寶亮曰:佛如牛也,五味譬五時教也。佛初出世,十二年中,小乘三藏,別相說法輪,置出世之教,始當十二部之名也。從十二年後。通教門中,辨空有,明真俗二諦,理既深廣,如從乳出酪。二諦是空解之主,亦是萬解之本,所以當修多羅名也。但自通教之前,直明因果義,不辨二諦。忘相故不與本之稱。從修多羅出《方等經》者,自通教說後,述《維摩》、《思益》,進聲聞行,令捨執得解,故以《方等經》,譬如從酪出生蘇也。從《方等》出《般若波羅蜜》者,般若言智慧,從說《維摩》,後明《法花》,辨一因一果,智慧開明,以譬般若,喻之熟蘇也。既說《法花經》竟,涅槃教與明

---

[791]　《大正藏》第 52 冊,第 506 頁中。
[792]　《卍續藏經》第 69 冊,第 122 頁上。
[793]　《卍續藏經》第 69 冊,第 122 頁下。
[794]　《大正藏》第 15 卷,第 36 頁下。
[795]　《大正藏》第 37 卷,第 490 頁中。

理具足，猶若醍醐也。」[796]

寶亮是齊梁間高僧，與寶誌曾有往來。[797] 寶亮注疏和集解《涅槃經》，都是受梁武帝敕令，代表了梁代佛教的主流看法。在寶亮看來，大小乘的區別就在於是忘相還是執相。佛說小乘經（修多羅）只談因果，不辨真俗二諦；而從小乘經出《方等》等大乘經的關鍵，就在於「妄相」、「令捨執得解」。

南朝末年寶誌、傅大士等神僧大士，在社會上影響甚大，其言多飄渺，似與般若性空相合，然皆以涅槃佛性為旨歸，被世人視為「但資禪悅」，雖然不可完全以後世禪宗人物視之，但其一些主張似與三論、牛頭，乃至天台有涉，多開風氣，值得我們今後深入探討。

二、梁武帝與智者國師

一般人熟悉的「智者」，都是指南朝末年至隋初的天台宗實際創始人「智者大師」智顗。智顗，在向楊廣授菩薩戒時，被封為「智者大師」。據〈天台國清寺智者碑〉：「以開皇十一年歲次辛亥月旅黃鐘二十三日辛丑，於揚州大聽寺設無礙大齋，肅受菩薩戒法。……法事云畢，七珍備捨。出居於城外禪眾之精林，四事供養。睿情猶疑未滿，以為師氏禮極，必有嘉名，如伊尹之曰『阿衡』，呂望之稱『尚父』。檢《地持經》『智者』師目，謹依金口，虔表玉裕。便克良辰，躬出頂禮。雖有熊之登具茨，漢文之適河上，方之蔑如也。」（《國清百錄》卷四）[798]

據此，「智者」一詞出自《菩薩地持經》。「智者」這一稱號，至遲在梁武帝受菩薩戒時即已流行。梁武帝所撰《在家出家受菩薩戒法》已佚，敦

---

[796] 《大正藏》第 37 卷，第 493 頁中。
[797] 「志常盛冬祖行，沙門寶亮欲以衲衣遺之，未及發言，志忽來引納而去。」（《高僧傳》，第 395 頁）
[798] 《大正藏》第 46 冊，第 817 頁上。

第四節　南朝的民間神僧與國家帝師

煌寫經 P.2169 是其殘卷（出家人受菩薩戒法卷第一）。[799]梁武帝的《菩薩戒法》依據《菩薩地持經》、《梵網經》等十多種佛典，並參考了當時流行的六家《菩薩戒法》。「今所撰次，不定一經。隨經所出，採以為證。於其中間，或有未具，參以所聞，不無因緣。不敢執己懷抱，妄有所作。唯有撰次，是自身力集，為《在家出家受菩薩戒法》。」梁武帝受菩薩戒時，已將主持授菩薩戒者奉為「智者」，當時被尊為「智者」的是慧約。

按照《續高僧傳》慧約傳的記載：「帝（梁武帝）乃博採經教，撰立戒品，條章畢舉，儀式具陳。製造圓壇，用明果極。以為道資人弘，理無虛授，事藉躬親，民信乃立。且帝皇師臣，大聖師友，遂古以來，斯道無墜。農軒周孔，憲章仁義，況理越天人之外，義超名器之表。以約（慧約）德高人世，道被幽冥，允膺闍梨之尊，屬當智者之號。逡巡退讓，情在固執，殷勤勸請，辭不獲命。」[800]又同書，法雲傳：「帝抄諸方等經，撰受菩薩法，構等覺道場，請草堂寺慧約法師，以為智者，躬受大戒，以自莊嚴。自茲厥後，王侯朝士法俗傾都，或有年臘過於智者，皆望風奄附，啟受戒法。雲曰：戒終是一，先已同稟；今重受者，誠非所異。有若趣時，於是固執。」[801]

《大正藏》版《續高僧傳》（30 卷本）中的智藏傳載：「帝將受菩薩戒，敕僧正牒老宿德望，時超正略牒法深、慧約、智藏三人，而帝意在於智者，仍取之矣。」[802]臺灣學者顏尚文認為此處「智者」指慧約，並認為梁武帝不選智藏為智者，是因為他是「沙門不敬王者」一類的人物，而其餘兩位「梁代三大士」沒有入選，是因為法雲、僧旻的年紀比梁武帝還小，

---

[799]　該卷子，《敦煌寶藏》116 冊有收。日本學者土橋秀高在 1968 年對該文獻進行過校讀標點，見龍谷大學佛教學會編：《佛教文獻的研究》，1968 年，第 93～148 頁。以下引文，筆者參考的是顏尚文《梁武帝》（臺北：東大圖書公司 1999 年版），以及他的「梁武帝受菩薩戒及捨身同泰寺與『皇帝菩薩』地位的建立」，《東方宗教研究》新一期（1990.10）一文。
[800]　《高僧傳二集》四冊之一，第 179～180 頁。（《大正藏》第 50 冊，第 469 頁中）
[801]　《高僧傳二集》四冊之一，第 159～160 頁。（《大正藏》第 50 冊，第 464 頁下）
[802]　《大正藏》第 50 冊，第 467 頁上。

第十四章　南北朝中後期的佛教演變

不足以為帝王師。[803] 然觀上下文意，此處智者應為智藏，才能文意貫通，上下銜接。且筆者查明清通行本《續高僧傳》（40 卷本）中的智藏傳，「帝意在於智者」為「帝意在於智藏」。[804] 然智者在梁代為慧約，有多處史料可以證明，當無問題，王筠〈國師草堂寺智者約法師碑〉（《藝文類聚》卷七十六）亦存。那麼上述矛盾如何解釋呢？

在智藏傳中，如果「智者」是「智藏」之誤，那麼其實該傳並沒有提到要遴選「智者」的問題；梁武帝只是想找一位「老宿德望」者，僧正推薦三人，梁武帝選擇了智藏。當然此事也並非與授菩薩戒毫無關係。

從慧約傳來看，「允膺闍梨之尊，屬當智者之號」，也就是智者相當於阿闍梨；按照梁武帝《菩薩戒法》的規定「智者，是教師」，智者所做的工作是講授戒律[805]，並引領發願，兼做證人。[806] 署名慧思的《受菩薩戒儀》：「奉請釋迦牟尼佛，作和尚；奉請文殊師利龍種上尊王佛，作羯磨阿闍梨；奉請當來彌勒尊佛，作教授阿闍梨；奉請十方現在諸佛。作證戒師。」[807] 奉請文殊作羯磨阿闍梨，由於天台宗流行後世，這種做法多有沿襲。文殊智慧第一，也可以旁證「智者」應相當於羯磨阿闍梨一職。

雖然梁武帝受菩薩戒時，「智者」的作用很大，但除了智者，菩薩受

---

[803]　《梁武帝》，第 192～199 頁。

[804]　《高僧傳二集》四冊之一，第 169 頁。

[805]　「菩薩欲學菩薩律儀戒、攝善法戒、攝眾生戒。若在家若落髮，發無上菩提願已。於同法菩薩，已發願者，有智有力、善語善義、能誦能持，至如是菩薩所請戒。臨接受戒時應問戒相，若問者，智者應為說；若不問，智者亦應說。經言：欲受菩薩戒時，智者應先為說菩薩摩得勒伽藏。」（敦煌寫經 P.2169，第 117～123 行）

[806]　「智者起，立佛像邊，白言：某甲善男子（受菩薩戒者），有識神以來至於今生，浪心流動，客塵所染。無明厚重，志力淺弱，無弘誓願，無曠濟意。所可受持聲聞律儀，不能遠大，止盡形壽。以諸佛本願力，大地菩薩慈悲力，以善知識因緣力，今日始覺悟。已自慚愧、懺悔、發菩提心，如法清淨，堪入律行。今日為某甲善男子，求哀諸佛，乞次第受攝大威儀戒。仰願十方一切諸佛，以大慈心，乞善男子某甲攝大威儀戒，十方大地菩薩，同為勸請，同為作證。某甲等（此某甲是智者）今日，承佛威神，亦為人證。」（敦煌寫經 P.2169，第 372～388 行。）

[807]　《卍續藏經》第 59 冊，第 351 頁上。

戒儀式中當還有其他職務。《續高僧傳》智藏傳提到的推舉「老宿德望」，可能並非是為了遴選智者，因為慧約已擔任「智者」，故梁武帝選擇了智藏為「老宿德望」，可能充任類似威儀阿闍梨師之類的職務，所以梁武帝太子對智藏禮敬有加，「從遵戒範，永為師傅」。[808]

梁武帝受菩薩戒在當時不僅是佛教界的大事，也是非常重要的政治事件。《辯正論》、《廣弘明集》收錄梁武帝捨道入佛詔書的時間是天監三年（西元504年）四月初八，此事真偽及捨道時間，學術界多有不同看法。[809] 筆者認為即便在天監初年梁武帝有捨道入佛之事，其政治意義顯然不能同梁武帝在天監十八年（西元519年）四月初八受菩薩戒相比。梁武帝先是完成了對〈神滅論〉的批判，用了近十年的時間編纂《在家出家受菩薩戒法》，並設計了戒壇，皇宮大臣數以萬計的人（《續高僧傳·惠約傳》說有四萬八千人）同時受戒，同時宣布大赦。年號也從出自儒家經典《詩經》的「天監」改為佛教術語「普通」。此後太子蕭統亦起慧義殿討論佛理，梁武帝又多次公開捨身同泰寺。可以說在西元519年梁武帝受菩薩戒之後，佛教幾乎取得了國教的地位。

第五節　南朝中後期的佛教新思潮

南朝佛教至梁代達到鼎盛，當時研習《成實論》的成實師勢力最大。南朝後期佛學再度活躍，三論、天台等重要思想流派出現。本節主要就南朝中後期佛學的變化，及其所引發自由創新的學理基礎進行探討，特別是

---

[808]　《大正藏》第50卷，第467頁上。
[809]　參見太田悌藏：〈梁武帝の捨道奉仏について疑う〉，《結城教授頌壽記念：仏教思想史論集》，東京：大藏出版株式會社，1964年，第417～432頁；熊清元：〈梁武帝天監三年「捨事李老道法」事證偽〉，《黃岡師專學報》，1998年第2期，第67～70頁；譚潔：〈梁武帝天監三年發菩提心「捨道」真偽考辨〉，《世界宗教研究》，2010年第3期，第46～53頁。

從「智」、「境」角度，重新審視二諦等當時佛學的核心問題。

梁陳之際，南朝佛學發生了很大的變化，出現了很多新思潮，(1) 首先是攝山僧團的興起，至吉藏時集大成而成三論宗；(2) 以智者大師為首的天台宗的勃興；(3) 真諦在嶺南翻譯傳播唯識古學[810]，形成「攝論師」。三論宗至唐初，一直是中國佛學史上一個影響很大的思想流派，天台宗更是影響深遠；真諦所傳，南朝時的影響遠不及三論、天台，甚至在陳代遭到排擠，被認為是「言乖治術，有蔽國風」，然亦是當時佛學新思潮的一大伏流，後《攝論》由曇遷等人在北方弘揚，影響日大，與北方地論師，共同促進了唐代唯識宗的誕生。

梁陳佛學新思潮的湧現，一方面是佛學思想自身發展的結果，另一方面也有外在社會因素的影響。當時主要影響南朝佛教的事件有二：一是梁代末年發生了侯景之亂，對鼎盛的南朝寺院佛教打擊很大，為新思潮的出現開闢了空間；二是北朝滅佛，一批北僧南渡，南北佛教交流，刺激了南朝佛教新思潮的出現。南北方佛教的交流，對於日後三論與天台思想體系的形成有著重要意義；而南方攝論師，也是在與北方地論師不斷論辯當中發展完善的。

一、南朝後期佛學的再度活躍

齊、梁間，南朝佛教達到鼎盛，學問僧、百科全書式的佛學家很多，單是梁代所編撰的眾多大型佛教類書，就非常驚人。僅《續高僧傳》寶唱傳載。

（寶唱）天監四年，便還都下，乃敕為新安寺主。帝以時會雲雷，遠

---

[810] 參見蒂安娜・保爾著，秦瑜、龐瑋譯：《中國六世紀的心識哲學：真諦的〈轉識論〉》（上海古籍出版社 2011 年版）第一章〈真諦的生平和所處時代〉與第二章〈真諦思想的傳播〉。船山徹：〈真諦的活動與著作的基本的特徵〉，見船山徹主編：《真諦三藏研究論集》，〔日本〕京都大學人文科學研究所，2012 年，第 1～86 頁。

第五節　南朝中後期的佛教新思潮

近清晏，風雨調暢，百穀年登，豈非上資三寶，中賴四天，下藉神龍，幽靈葉贊，方乃福被黔黎，歆茲厚德。但文散群部，難可備尋，下敕令唱總撰《集錄》，以擬時要。或建福禳災，或禮懺除障，或饗接神鬼，或祭祀龍王，部類區分，近將百卷。八部神名，以為三卷。包括幽奧，詳略古今。故諸所祈求，帝必親覽，招事祠禱，多感威靈。所以五十許年，江表無事，兆民荷賴，緣斯力也。天監七年，帝以法海浩瀚，淺識難尋，敕莊嚴僧旻，於定林上寺，纘《眾經要抄》八十八卷。又敕開善智藏，纘眾經理義，號曰《義林》，八十卷。又敕建元僧朗，注《大般涅槃經》七十二卷，並唱奉別敕，兼贊其功，綸綜終始，緝成部帙。及簡文之在春坊，尤耽內教，撰《法寶聯璧》二百餘卷。別令寶唱綴比，區別其類遍略之流。帝以佛法衝奧，近識難通，自非才學，無由造極，又敕唱自大教東流，道門俗士，有敘佛理，著作弘義，並通鳩聚，號曰《續法輪論》，合七十餘卷，使夫迷悟之賓，見便歸信，深助道法，無以加焉。又撰《法集》一百三十卷，並唱獨專慮，纘結成部，上既親覽，流通內外。十四年，敕安樂寺僧紹，撰《華林佛殿經目》，雖復勒成，未愜帝旨，又敕唱重撰。乃因紹前錄，注述合離，甚有科據，一帙四卷，雅愜時望。遂敕掌華林園，寶雲經藏，搜求遺逸，皆令具足。備造三本，以用供上。緣是又敕撰《經律異相》五十五卷，《飯聖僧法》五卷。帝又《注大品經》五十卷，於時佛教隆盛，無得稱焉。[811]

依日本學者安騰丹秀的研究，梁武帝下令編撰的大型佛教文獻有[812]：

書名	卷數	編輯者	年代
眾經要抄	八十八卷	僧旻	天監七年
華林佛殿眾經目錄	四卷	僧紹	天監十四年

---

[811] 《高僧傳二集》四冊之一，第 4～6 頁。
[812] 見鐮田茂雄著，關世謙譯：《中國佛教通史》第三卷，（高雄）佛光出版社 1986 年版，第 218～219 頁。

第十四章 南北朝中後期的佛教演變

書名	卷數	編輯者	年代
眾經目錄	四卷	寶唱	天監十五年
經律異相	五十五卷	寶唱	同上
名僧傳並序	三十一卷	寶唱	同上
眾經飯供聖僧法	五卷	寶唱	同上
眾經護國高神名錄	三卷	寶唱	同上
眾經諸佛名	三卷	寶唱	天監十六年
般若抄	十二卷	慧令	同上
大般涅槃子注經	七十二卷	僧朗	天監年初
義林	八十卷	智藏等	大通年間
眾經懺悔滅罪方	三卷	寶唱	年代不明
出要律儀	二十卷	寶唱	同上
法集	百四十卷	寶唱	同上
續法輪論	七十餘卷	寶唱	同上
大涅槃經講疏	百一卷	不明	同上
大集經講疏	十六卷	不明	同上

這些佛教大型叢書，卷帙浩繁，大都是集體編撰、歷時較長的成果，如《眾經要抄》，梁武帝天監七年（西元508年）開始奉敕編撰，十多年後大體完成，據《續高僧傳》僧旻傳載，當時「選才學道俗，釋僧智、僧晃、臨川王記室、東莞劉勰等三十人，同集上定林寺，抄一切經論，以類相從，凡八十卷，皆令取衷於旻」。[813] 上述這些編撰，鍾山上定林寺是一個值得特別重視的地方，臺灣學者顏尚文在春日禮智、大內文雄等日本學者研究的基礎上，指出：「鍾山上定林寺建立於宋元嘉十二年（西元435年），宋齊時代成為研究《成實論》的佛教中心，尤其僧柔駐錫於此更教匯

---

[813] 《高僧傳二集》四冊之一，第 152 頁。《歷代三寶記》卷一一，記《眾經要抄》八十八卷。恐為正文八十卷，目錄八卷；如現存寶唱編撰的《經律異相》正文五十卷，目錄五卷。

第五節　南朝中後期的佛教新思潮

出法雲、僧旻、智藏等梁代著名的三大成實論師。齊永明十年（西元 492 年），釋僧祐蒐集佛教經籍，於定林上寺造立經藏。僧祐在劉勰等人協助下，根據這部經藏撰成《出三藏記集》、《法苑記》、《世界記》、《釋迦譜》及《弘明集》等八大部佛教典籍。由於上定林寺有這部經藏，也就成為梁武帝整理、分類、校訂、編纂佛教經論等書的中心。」[814]

總之，齊梁間佛學大家，僧祐、寶唱、僧旻，大都博聞強識，是百科全書式的佛教學者。梁代僧侶撰述以知識累積見長，但對於佛教內部高下判攝、批判性研究，略顯不足，例如「梁僧祐《出三藏記集》雖在保留資料方面功不可沒，在疑偽經的鑑別方法與標準方面頗為創新，但在佛典分類方面卻退回到道安《綜理眾經目錄》的水準，沒有絲毫建樹」。[815]《續高僧傳》記載梁代名僧僧旻嘗言：「宋世貴道生，頓悟以通經；齊時重僧柔，影毗曇以講論。貧道謹依經文，文玄則玄，文儒則儒耳。」[816] 這些佛教學者的學風，以依文解意、博採眾長為主。而南朝中後期，梁陳間興起的佛教新思潮代表三論與天台，學風都與僧旻等人「但據文句所向耳」有很大的差別。

三論出於攝山（棲霞山）一系。遼東僧朗在劉宋末年南渡，依止攝山，到其弟子僧詮時，攝山系依然默默無聞，僧詮去世後，他的幾位重要弟子法朗、慧勇、智辯都奉敕出山。在金陵與當地流行的成實師等各家學說進行了激烈的辯論，「斥外道，批毗曇，破成實，訶大乘」。攝山系的這一作風，引起了部分僧侶的不滿，大心暠法師著《無諍論》，提到「比有弘三論者，雷同詆訶，恣言罪狀，歷毀諸師，非斥眾學，論中道而執偏心，語忘懷而競獨勝，方與數論，更為仇敵」。「攝山大師誘進化導，則不如此……何必排拂異家，生其恚怒者乎？若以中道之心行於《成實》，亦

---

[814]　顏尚文《梁武帝》，第 133 頁。
[815]　《中國寫本大藏經》，第 16 頁。
[816]　《高僧傳二集》四冊之一，第 151 頁。

第十四章　南北朝中後期的佛教演變

能不諍；若以偏著之心說於《中論》，亦得有諍。固知諍與不諍，偏在一法。」(《陳書》卷三十傅縡傳)當時論辯的重點，是攝山系推崇《中論》而詆毀《成實》。攝山系好辯之風，也被法朗的弟子吉藏直接繼承。攝山系三論一宗的興起，使得南朝中後期佛教思想界論爭不已，激發了原本佛學格局的改變。

天台一系，建構了龐大的佛學思想體系，然天台系講經，不是照本宣科，並非「但據文句所向」，其佛學體系建構也絕非簡單的知識累積疊加，而是在解經時有很多創造性的發揮，可以說是重組重構固有的龐雜佛學經教。智顗本人甚至說：「如此解釋，本於觀心，實非讀經安置次比。為避人嫌疑，為增長信，幸與修多羅(經)合，故引為證耳」。[817]

三論、天台這樣做，並非完全是為了標新立異，攻擊舊有主流佛學觀點；從思想史角度來看，三論、天台是有其理論依據和論證的。在三論師看來，一切經論，都是言教，目的都是為了指向實相無得，因此一切經論都是對治的，並無高下之分。因此，佛經所說無不究竟，只是有「正明」、「傍明」之分，一般人釋經只能看到「正明」，即佛經明確要表達的含義，而沒有看到「傍明」，佛經傍及的其他諸意。也就是說佛經無不是圓滿的，只是一般人看不到「傍明」而已。實際上，「正明」、「傍明」之分，就為三論師跳出依文解意的窠臼，依據三論宗義任意發揮，提供了理論依據。

天台宗判教，一般被總結為五時八教。但正如張風雷教授指出，五時判教只具有相對的意義。「智顗又用『增數明教』的方法來論述『五時』判教的相對性。所謂『增數明教』，是說不僅可以用『五法』如『五時』、『五味』來判教，也可以約著『一法』、『二法』、『三法』乃至『無量法』來判

---

[817]　《摩訶止觀》卷三上，見《大正藏》第46冊，第26頁中。

第五節　南朝中後期的佛教新思潮

教。」[818] 這樣「增數明教」就十分方便天台宗人依據自身宗義，而對佛教經教進行劃分處理。與此類似，南朝也曾流行「五時般若」的說法[819]，並認為「般若波羅蜜，是諸佛母，三世如來，皆由是生，無相大法，非可戲論，豈得限以次第，局以五時」[820]，這也為三論師用般若思想貫穿整個佛教經論始終，創造了條件。「五時般若」引申自《仁王護國般若經》，當於《涅槃》五時說法流行之後的南朝出現，「古舊相傳，有五時般若，窮檢經論，未見其說。唯有《仁王般若》，題列卷後，具有其文：第一佛在王舍城說《大品般若》，第二佛在舍衛國祇洹林中說《金剛般若》，第三佛在舍衛國祇洹林說《天王般若》，第四佛在王舍城說《光讚般若》，第五佛在王舍城說《仁王般若》」。[821] 般若五時，梁武帝也多次提到[822]，在南朝應頗流行。

另外，智顗對佛陀講經形式也進行了創造性的發揮，以往南朝佛教一般將佛陀講經形式分為頓、漸和不定，而智顗加入「祕密教」。由此不定教也稱為「顯露不定」，即「同聽異聞，彼彼相知」；而祕密教則稱為「祕密

---

[818] 張風雷：《智佛經哲學述評》（法藏文庫「中國佛教學術論典」，第一輯第五冊），臺灣：佛光出版社，2001 年，第 118 頁。智顗《法華玄義》卷十下：「夫教本逗機，機既不一，教跡眾多，何但半滿五時？當知無量種教。」（《大正藏》第 33 冊，第 810 頁下）
[819] 蕭子顯：〈御講金字摩訶般若波羅蜜經序〉，《大正藏》第 52 冊，第 238 頁上～238 頁中。
[820] 「初成道日，乃至涅槃夜，常說《般若波羅蜜經》。般若波羅蜜，是諸佛母，三世如來，皆由是生，無相大法，非可戲論。豈得限以次第，局以五時。根性不同，宜聞非一。亦復不但止有五時。往年令莊嚴僧旻法師，與諸學士共相研核，檢其根性，應所宜聞，凡有三百八十人，是則時教，甚為眾多。一人出世，多人得利益。豈容止為一根性人，次第五時，轉大法輪。」（《大正藏》第 52 冊，第 238 頁下至 239 頁上）
[821] 蕭子顯〈御講金字摩訶般若波羅蜜經序〉，《大正藏》第 52 冊，第 238 頁上至 238 頁中。《仁王般若》序品中稱「世尊，前已為我等大眾，二十九年說《摩訶般若波羅蜜》、《金剛般若波羅蜜》、《天王問般若波羅蜜》、《光讚般若波羅蜜》，今日如來放大光明，斯作何事？」即為舍衛國主波斯匿王說《仁王般若》。般若五時，當從此段中引申出。智顗也曾多次講《仁王般若》，他認為「此經部屬般若教通衍門，是熟酥味經」（智顗：《仁王護國般若經疏》卷一，《大正藏》第 33 冊，第 255 頁中）。
[822] 梁武帝〈摩訶般若懺文〉：「般若之說，唯有五時，而智慧之旨，終歸一趣。」《金剛波若懺文》：「如來以四十年中，所說般若，本末次第，略有五時。《大品》、《小品》枝條分散，《仁王》、《天王》宗源別流，《金剛》、《道行》隨義制名。須真法身，以人標題。雖複前說後說，應現不同。至理至言，其歸一揆。」（《廣弘明集》卷 28，《大正藏》第 52 冊，第 332 頁中）

417

第十四章　南北朝中後期的佛教演變

不定」，即「同聽異聞，互不相知」。天台宗人上述劃分，和三論宗的「正明」、「傍明」之分一樣，為其能夠「發前人所未發」，提供了理論依據。

不可否認，三論、天台上述理論有中國固有思想的影響。得意忘言的玄學言意之辯，對三論宗追求「忘言慮絕」的影響是十分明顯的；而中國固有的讖緯術數思想，對於天台宗人重視用三、五、十等數字，以形式化的方式建構其龐大的思想體系，應有啟發作用。如智對「十如是」的三轉讀。轉讀在南朝解釋讖緯時也可見到，如《宋書·志第十七符瑞上》：「史臣謹按，冀州道人法稱所云玉璧三十二枚，宋氏蔔世之數者，蓋蔔年之數也。謂蔔世者，謬其言耳。三十二者，二三十，則六十矣。宋氏受命至於禪齊，凡六十年云。」此處將「三十二」轉讀為「二三十」。沙門法稱言劉宋當傳三十二世，劉宋早亡，故時人將劉宋傳國「三十二」代，轉讀為「二三十」年（60年）。讖緯思考模式，在南朝佛教中並不罕見，如吉藏《三論玄義》中記載：馬鳴、龍樹，佛有誠記，尚復生疑；法勝、訶梨，無經所印，云何輒受？問：「法勝乃未見誠文，訶梨亦有明據。阿含經云：『實名四諦。是故比丘，當成四諦。』佛垂此敕，懸鑑有在，逮茲像末，允屬訶梨，為成是法，故造斯論。紘宗若斯，豈虛構哉？」答：蓋是通指像末，豈別主訶梨，故非所據也。[823] 吉藏認為龍樹在小乘《摩耶經》和大乘《楞伽經》中都有授記，而成實師認為《增一阿含經》中「如是比丘，有此四諦，實有不虛」是玄記訶梨摩跋作《成實論》，這種說法頗類中國的讖語，而吉藏不承認這一「讖語」，認為是通說而非特指。

但三論、天台等新思想在南朝中後期的興起，更為重要的是佛學內部發展的重要成果，下一節我們將主要從佛教思想史發展的角度，來探討梁陳間三論、天台等新思想的興起。

---

[823]　《三論玄義校釋》，第124頁。

二、智境與二諦、三諦

《成實論》在齊梁間非常興盛，周顒作〈三宗論〉欲批評成實師，宣揚什肇宗義，竟恐「立異當時，干犯學眾」，二次中輟；僧詮在南京攝山傳三論學，屢言「此法精妙，識者能行，無使出房，輒有開宗」。然批評《成實》、褒揚《般若》在南朝一直不絕如縷，如齊代文宣王蕭子良，認為《成實論》「文廣義繁」影響學習大乘典籍的「正務」，故組織五百多僧侶將《成實論》刪減而成《略本》。[824] 梁代攝山系入都，《中論》與《成實》扛鼎，《般若》經典也被追捧。

《續高僧傳・智藏傳》載：梁代著名成實師智藏，原本壽數只有三十一歲，「由《般若經》力，得倍壽矣」，「於是江左道俗，競誦此經，多有徵應，乃至於今日有光大，感通屢結」。

> 有野姥者，工相人也。為記吉凶百不失一，謂藏曰：「法師聰辯蓋世，天下流名，但恨年命不長，可至三十一矣。」時年二十有九，聞斯促報，講解頓息，竭精修道，發大誓願，不出寺門。遂探經藏，得《金剛般若》。受持讀誦，畢命奉之。至所厄暮年，香湯洗浴，淨室誦經，以待死至。俄而聞空中聲曰：善男子，汝往年三十一者，是報盡期，由《般若經》力得倍壽矣。藏後出山，試過前相者，乃大驚起曰：「何因尚在世也。前見短壽之相，今了一無，沙門誠不可相矣。」藏問：「今得至幾？」答云：「色相骨法，年六十餘。」藏曰：「五十知命，已不為天，況復過也。」乃以由緣告之，相者欣服，竟以畢年辭世，終如相言。於是江左道俗，競誦此經，多有徵應，乃至於今日有光大，感通屢結。[825]

此傳說出現當在智藏晚年長壽之後。智藏因誦《金剛般若》延壽的傳

---

[824] 周顒〈抄成實論序〉云「《成實》既有功於正篆，事不可闕，學者又遂流於所赴，此患宜裁。今欲內全成實之功，外蠲學士之慮，故銓引論才。備詳切緩，刊文在約，降為九卷。刪賒探要，取效本根。則方等之助無虧，學者之煩半遣。得使功歸至典，其道彌傳，《波若》諸經無墜於地矣」。(《出三藏記集》，第 406 頁)

[825] 《高僧傳二集》四冊之一，第 166 頁。

第十四章　南北朝中後期的佛教演變

說，既說明佛法高妙靈驗，不再與玄學故事為伍，更重要的是謂成實師亦以般若延壽，意在以神通宣揚《般若》，彰顯後起三論本宗。宣揚某種經典影響，為該經典學說張目，此在南朝佛教史上屬常見之事。

佛經東晉初興，以般若學為盛；劉宋以來涅槃佛性興起，風氣為之一變。《成實論》在南朝被認為貫通大小乘，故倍受重視，梁太子蕭綱在〈莊嚴旻法師成實論義疏序〉中甚至說：「若夫龍樹馬鳴止筌大教，訶延法勝縈縛小乘，兼而總之，無踰此說。」[826] 在南朝，真俗二諦有無問題，一直是佛教的核心問題。三論宗吉藏撰有〈二諦義〉，闡述該問題。在吉藏看來，二諦只有假名，而無實體，現在一般三論宗研究者都認為這是三論師與以往成實師最大的區別；但智顗在《法華玄義》卷二下概括了梁陳間成實師和中論師（三論師）關於二諦的爭論，謂：「梁世《成實》，執世諦不同，或言世諦名、用、體皆有，或但名、用而無於體，或但有名而無體用云云。陳世《中論》，破立不同，或破古來二十三家明二諦義，自立二諦義；或破他竟，約四假明二諦。古今異執，各引證據，自保一文，不信餘說。」[827] 若按智顗的說法，成實師中已經有人主張過二諦「但有名而無體用」。

實際上，成實師的很多主張與三論師相似，並非三論師獨有，吉藏對此的解釋是三論本就源自什肇山門義，且梁武帝曾遣僧正智寂等十人入攝山就學，大抵是說成實師剽竊三論宗義，然「雖得言語，不得究竟義」，「既不親承，作義乖僻」。[828] 拋開派系之爭，三論與成師的根本區別在哪裡呢？

---

[826] 《廣弘明集》第二十卷，《大正藏》第 52 冊，第 244 頁中。
[827] 《大正藏》第 33 冊，第 702 頁中。
[828] 「梁武大敬信佛法，本學《成論》。聞法師在山，仍遣僧正智寂等十人往山學。雖得語言，不精究其意。所以梁武晚義，異諸法師，稱為制旨義也。開善爾時雖不入山，亦聞此義，故用中道為二諦體，既不親承音旨，故作義乖僻。」吉藏〈二諦義〉卷下，見《大正藏》第 45 冊，第 108 頁中。

第五節　南朝中後期的佛教新思潮

保存在《廣弘明集》卷二一中的昭明太子蕭統〈解二諦義令旨（並問答）〉，記錄了蕭統與當時包括梁代成實三大師在內眾多高僧關於二諦的討論，是現存反映梁代關於二諦義的重要文獻。〈解二諦義令旨（並問答）〉開篇言：「二諦理實深玄，自非虛懷，無以通其弘遠。明道之方，其由非一；舉要論之，不出境、智。或時以境明義，或時以智顯行。至於二諦，即是就境明義。」[829] 蕭統認為明道之方，主要就是境、智二端，而二諦是「就境明義」；蕭統的這一說法，在後來的討論中，也無人提出異議。從境、智出發來解釋二諦，可以視為是當時通行的一種做法。在闡發二諦義時，有時也引入言教。如梁陳間慧達[830]注解〈不真空論〉時，已經分為「境界章門」和「言教章門」。在他那裡，智、境、經教構成一組概念，「以境智，證色之性空，非色敗空者；依經，證色境即空，次……以至人智，證即空之義」。「波若玄鑑之妙趣者，此乃舉智釋境，與玄一體，即自照謂之玄鑑也」；「然則道遠乎哉？觸事而真；聖遠乎哉？體之即神」被認為是「就境智以勸學者也」。[831]

但三論師認為二諦非是境而只是教，吉藏在〈二諦義〉卷下提到：「大師舊語云：稟教得悟，發生二智，教轉名境。」[832] 吉藏認為法朗此言是針對「由來云：真、俗是天然之境」而發的，「若是智從修習生，境即常有；智即始生，未有智時，前已有境，境智非因緣義。今對此明：真、俗是教，悟教生智，教轉名境。由智故境，由境故智。境能為智所，智慧為境所；境所為智慧，智所為境能。境智因緣，不二而二也」。[833]

---

[829]　《中國佛教思想資料選編》第一卷，第 328～329 頁。
[830]　《卍續藏經》記為「晉惠達」誤，元康《肇論疏》提到：「小招提法師者，閏州江寧縣，舊是丹陽郡……慧達法師是陳時人，小招提寺僧也。」《肇論集解令模鈔》收有慧達的〈肇論序〉提到「達，留連講肆二十餘年」；淨源云：慧達「本江寧人，少而聰敏，博覽古今，為梁武帝門師。帝問內外教，答猶響應，時人以神異稱之」。（伊藤隆壽、林鳴宇：《肇論集解令模鈔校釋》，上海古籍出版社 2008 年版，第 23、6 頁）
[831]　惠（慧）達：《肇論疏》，《卍續藏經》第 54 冊，第 59 頁下、58 頁下、60 頁下。
[832]　《大正藏》第 45 冊，第 86 頁上。
[833]　《大正藏》第 45 冊，第 87 頁下。

第十四章　南北朝中後期的佛教演變

二諦是教，非是理。佛為教化眾生，而說真、俗二諦言教。相對於二諦言教，而有「於二諦」。「於」是相對之意，俗諦於俗是真，於聖為妄；真諦於聖是真，於俗為妄。用「於諦」解說佛法，則是「教諦」。借用《法華經》的三車之喻來說，「二諦非理，乃是方便教門。如三車門外，門外實無三車，方便說三，令悟不三。今亦爾，實無二諦，方便說二，令悟不二，故二諦是教門也」。[834]顯然三論宗人不再是「就境明義」，反對有「天然之境」，「天然之智」的存在；而是從言教出發，「識教悟理，悟理即生權實二智，生二智時，空有之教，即轉名境」。[835]

在南朝涅槃佛性興起之後，般若思想已經不再從存有論單純討論二諦有無問題，即「境」的問題，而是涉及認識論、價值論，深入到「智」以及智、境關係上，討論二諦。天台宗在此也表現得十分突出。原本慧思在北地傳揚的是由定發慧的路子，「三乘一切智慧皆從禪生」，尚未形成三諦圓融的思想。[836]而智顗則將「三觀」與《大品般若》和《大智度論》中的「三智」（一切智、道種智、一切種智）結合起來，以「一心三觀」認識「圓融三諦」，達到「三智一心」的境界。至此，我們也可以明白，智顗在二諦之後，開出三諦，即在「空」、「假」之後，提出「中」亦為一諦，實則是三諦與三觀、三智配合。其實，早在莊嚴寺僧旻與昭明太子蕭統討論二諦問題時，就提到「若能照之智，非真非俗；亦應所照之境，非真非俗，則有三諦」。當時蕭統的回答是：「所照之境，既即無生，無生是真，豈有三諦。」[837]這還是「就境明義」的思路，而執著外境在三論、天台眼中都屬小乘。

天台宗人實則是從觀、智來探討諦。而若從「一心三觀」、「三智一

---

[834]　《大正藏》第45冊，第88頁下。
[835]　《大正藏》第45冊，第94頁上。
[836]　參見張風雷：〈天台先驅慧思佛學思想初探：關於早期天台宗思想的幾個問題〉，《世界宗教研究》，2001年第2期。
[837]　《中國佛教思想資料選編》第一卷，第334～335頁。

第五節　南朝中後期的佛教新思潮

心」出發，有「三觀」、「三智」，必然有「三諦」。而且既然一心同時三觀，三智同時一心，無有次第；那麼三諦也必然是圓融無礙的，因此中諦與空、假二諦的地位也必然是平等的，而不是高於空、假的綜合或正、反之後的「合」。在這點上，天台宗就區別於只講二諦的三論宗。三論宗走的是教→智→境的路子，認為二諦言教之後，最終還有一個「忘言慮絕」。天台宗既然沒有一個綜合二諦、萬法的絕對真理，那麼也不可能從這個絕對真理中衍生出二諦、萬法（「性起」）；那麼三諦圓融，乃至一念三千必然是「性具」的，這也符合佛教傳統上「無生」的教義，在天台宗看來，心也是一法，就像中道諦與空假二諦完全平等圓融一樣，心與三千法也是完全平等圓融的，不單唯心，「若圓說者，亦得唯色、唯聲、唯香、唯味、唯觸、唯識；若合論，一一法皆具足法界」。[838] 天台主張三諦圓融，性具三千，萬法都是互具的。

　　吉藏在《三論玄義》中也明確說，二諦不僅是用於「化他」的言教，而且依二諦可以生二智，「自行」而最終成佛：「二諦是佛法根本，如來自行化他，皆由二諦。自行由二諦者，如《瓔珞經・佛母品》，明二諦能生佛故。二諦是佛母，蓋取二智為佛，二諦能生二智，故以二諦為母，即是如來自德圓滿，由於二諦。」三論宗實以二諦為宗，即是以中道為宗，二諦是言教，講說即是「論」，實行即是「觀」，「《中論》以二諦為宗，《百論》用二智為宗，即欲明諦智，互相成也」。而《十二門論》「亦以二諦為宗，但今欲示三論不同，宜以境智為宗。所言境智者，論云：『大分深義，所謂空也。若通達是義，即通達大乘，具足六波羅蜜無所障礙。』大分深義，謂實相之境。由實相境，發生般若。由般若故，萬行得成。即是境智之義，故用境智為宗也」。由此，智、境實無內外，已打成一片，「以中對觀，是境智之名。以觀對論，為行說之稱。因中發觀故，以中為境，以觀

---

[838]　智顗：《四念處》卷四，《大正藏》第 46 冊，第 578 頁下。

為智。如說而行為觀，如行而說為論」。[839] 雖然三論宗還是強調「中」的特殊地位，但實際上所悟之理、因理發觀、由觀宣論，智境都已圓融。

三論師認為只要能認識到中道的正智（般若）就有通向成佛的可能性；天台宗人也以認識三諦圓融的諸法實相為佛性。總之，在南朝中後期，由於三論、天台的活躍，般若與佛性的關係，從智、境等方面得以多角度展開，帶動了佛學思想創新的再度活躍，為隋唐宗派的誕生創造了條件。

第六節　北朝後期的佛學發展

北朝後期，地論學與攝論學最為發達，後世遂有北朝「地論師」、「攝論師」等稱謂。但地論師、攝論師恐非當時北朝地論學人、攝論學人的常用自稱。在南北朝末年、隋唐之初，「地論師」、「攝論師」在歷史上第一次出現時，大都是出自地論學、攝論學的批判者之口，常常帶有貶義，如吉津宜英所指出：「就現存的智顗、吉藏和慧均的著作中使用地論師這一稱呼的情況來看，這是一個帶有他們批判傾向的稱呼（貶稱），正像大乘稱呼之前的學說為小乘，而實際上並不存在接受小乘（貶稱）這一稱呼的僧人一樣，也並不存在接受地論師這一稱呼的僧人。」[840]

南北朝論師，「地論師」、「攝論師」，乃至南朝的「成實師」等名稱，在現存早期文獻中確實常含貶義，但由於南北朝論師著作大都散佚，現在尚不能完全確認這些稱呼都非當事者自稱，均為論敵所下標籤，進而認定當事人並沒有自覺的學派意識，否定地論學派、攝論學派的客觀存在。石井公成教授發現：敦煌文獻 S.4303 的問答中有兩處出現「十地論師皆言」的說法，其主張與菩提流支譯《金剛仙論》的主張一致；由於 S.4303 確係

---

[839]　吉藏著，韓廷傑注：《三論玄義校釋》，中華書局 1987 年版，第 208、218、220、247 頁。
[840]　參見吉津宜英：〈關於「地論師」這一稱呼〉，《駒澤大學佛教學部研究紀要》31，1973 年。

第六節　北朝後期的佛學發展

從「十地論師」的立場所著，可見在某個時期，確實存在自稱「地論師」的群體。[841]

本節所用地論師、攝論師等稱謂，主要是採用現今學術界已約定俗成的叫法，即指北朝中後期主要從事《十地經論》、《攝大乘論》研究的學僧，以及他們所形成的學術流派。

一、地論學派

西元 535 年北魏滅亡之際，《十地經論》的兩位重要譯者和傳播者，勒那摩提已在洛陽去世，而菩提流支則已從洛陽前往鄴都，不久後也於鄴都去世。勒那摩提與菩提流支在對《十地經論》的翻譯和理解上本有分歧，他們的弟子傳人，在理論觀點上逐漸形成地論南道學派和北道學派。

《十地經論》在當時被認為是世親對《華嚴經‧十地品》的解釋，上通般若，下開唯識，具有很高的權威性，地論師即以《十地經論》為根本經典。地論師認為「三界唯心」，染（十二緣起）、淨（依於阿賴耶識和轉識的「還滅」即解脫）都「依於一心」。地論師分南北兩道，南道認為染淨緣起以法性為依持，故佛性本有；北道認為染淨緣起以阿賴耶識為依持，無漏種子新薰，故佛性始有。

地論師南道的主要代表人物是慧光和法上。由於慧光和法上，在鄴都均擔任過僧統，位高權重，門人弟子中名僧輩出。特別是法上（西元 495 年至 580 年）歷任東魏、北齊兩代昭玄大統，受北齊文宣帝皈依，主持北朝僧務近四十年，對北朝地論學的繁榮做出了重大貢獻。法上的主要弟子有淨影寺慧遠、法存、道慎、靈裕、融智等。

地論師北道的主要代表人物是道寵，道寵出家前是大儒熊安生的弟子。道寵門人弟子眾多，至北齊時仍講授《十地經論》不輟。由於北道派沒有

---

[841]　參見石井公成著，張文良譯：〈敦煌發現的地論宗文獻研究現狀〉，中國人民大學佛教與宗教學理論研究所主辦：《宗教研究》2011 年刊。

第十四章　南北朝中後期的佛教演變

留下系統的注疏，加之該派的觀點後大都融入攝論學派，故該派的主要學術觀點難以詳考。

地論師南北道的學說差異，按照唐初道宣的總結，主要體現在「當現兩說」和「四宗五宗」。「當現兩說」即南道認為佛性本有（現果）、北道認為佛性始有（當果）。在判教方面，大體來講，南道慧光及其再傳弟子淨影寺慧遠，都主張「四宗說」：因緣宗（《毗曇》），假名宗（《成實》），不真宗（《般若》），真宗（《華嚴》、《涅槃》、《十地經論》）；北道主張「五宗說」，即將《華嚴》突出為第五宗「法界宗」。

地論師著作大多散佚，傳世的只有靈裕（西元518年至605年）的《華嚴宗文義記》殘卷，以及淨影寺慧遠（西元523年至592年）的諸著作；日本和韓國也保存了一些地論師的論著，如新羅的《法鏡論》等。此外，敦煌遺書存有不少地論師著作，20世紀上半葉，日本學者矢吹慶輝對敦煌文獻中地論師著作進行了考察整理，發現了《華嚴略疏》殘卷（S.2694）、法上《十地義疏》殘卷（S.2741、P.2104）等地論學派文獻。矢吹慶輝所發現的地論學派敦煌文獻寫本，均收錄入《大正藏》第85卷中。

中國學者周叔迦認為矢吹慶輝發現的《十地義疏》殘卷應該是慧光的弟子僧範所作《大乘五門十地實相論》，原題有誤。[842] 然不論哪種說法正確，矢吹慶輝發現的《十地義疏》殘卷都具有較高的思想史價值，都屬地論南道慧光系著作，該書卷三主張「如來藏是一切法本」，無明與阿賴耶識共生，諸惑妄想也是「妄依真有」，比較鮮明地表達了地論南道派的觀點。

除了《大正藏》第85卷的收錄外，敦煌文獻中還存有大量北朝地論學派文獻，並未入藏。地論學派在北朝有近百年的發展歷史，人物眾多，思

---

[842] 參見周叔迦：〈大乘五門十地實相論跋〉，《現代佛教》，1959年4月號。以及山口弘江：〈《十地論義疏》與《大乘五門十地實相論》：兼評周叔迦的相關研究〉，《東洋學研究》48號，2011年3月。

第六節　北朝後期的佛學發展

想複雜，如何在大量的敦煌文獻中找出地論師文獻，並大體判斷其年代和學派屬性，就成為當今學術界在地論師研究中面臨的一大難題。

日本學者青木隆等人提出，在敦煌文獻中尋找地論學師文獻，最有效的方法，就是在大量敦煌寫本中，尋找其中是否有地論師獨特的學說，特別是其獨特的術語。青木隆教授認為，地論師獨特的學說和術語有：有為緣集、無為緣集、自體緣集的「三種緣集」，三乘別教、通教和通宗的「三教判」，以及真修、緣修、真智、緣智、五門（佛性門、眾生門、修道門、諦門、融門）等。其中尤以「緣集說」最具代表性。[843]

在敦煌文獻中透過特定的學說和術語判斷哪些寫本屬於地論師論著，實際上也就是將所選定的學說和術語當作地論師的標誌，這就帶有概括總結地論學派學術體系、思想特徵的意涵。透過「緣集說」，我們可以看到地論學派的學說的發展變化：

（1）「三緣集說」。作為地論宗獨特緣起說的「緣集說」，開始於慧光，最初為有為、無為、自體三種緣集。「緣集」原本是「緣起」的同義詞，可能是「因緣集」的略語，除地論師之外的其他學派論師，很少使用這一術語。「有為緣集」是以生死為結果的染法緣起，「無為緣集」是以涅槃為結果的清淨緣起，「自體緣集」是染淨共同依止的自體如來藏緣起。出現三緣集說的地論師著作主要有慧光的《華嚴經探玄記》、法上的《十地論義疏》、淨影寺慧遠的《十地經論義記》、靈裕的《華嚴經文義記》，以及《大乘五門十地實相論》卷六（北 8377）、《大乘五門實相論》（北 8378）、《十地義記》卷一（P.2048）、《涅槃經疏》（北 6615、北 8575、北 6616）、《華嚴略疏》卷一（北 80）及卷三（S.2694）、《綱要書》（S.4303）、《毘尼心》一卷（S.490、P.2148）等。

---

[843] 參見青木隆著，楊小平、宋之光譯：〈地論宗的融即論與緣起說〉，中國人民大學佛教與宗教學理論研究所主辦：《宗教研究》2011 年刊。以及青木隆等整理：《藏外地論宗文獻集成》，〔韓國〕金剛大學校佛教文化研究所，2012 年。

(2)「法界緣起說」。在三種緣集之外，出現了「法界緣起」這一概念。「法界緣起說」可能是由尊《大集經》的一系地論師[844]最先提出，作為《大集經》注釋的《大乘五門實相論》特別強調「法界體性」、「法界實相」，一切諸法悉皆平等無差別。「法界緣起」的原初之意，本與「自體緣起」沒有太多差別，不過「法界緣起」更側重於強調法身的普遍之用以及諸法的圓融無礙。

(3)「四緣集說」。「法界緣起說」被「緣集說」吸收，遂發展成為有為、無為、自體、法界「四種緣集說」，即自體緣集、有為緣集、無為緣集分別對應法、報、應三身，而後三身圓融成就無方大用者即被命名為法界緣集身。這一時期的地論宗文獻主要有《法界圖》（P.2832B、S.2734）、《三界圖》（S.3441）、《法鏡論》等；另外，智顗晚年著作《維摩經文疏》中吸收了四種緣集說的思想。

以往地論師的研究，受到資料局限很大，常常只是將《大乘義章》等淨影寺慧遠的著作作為主要研究對象，探討地論學派在唐代華嚴宗出現之前，為後者做了哪些理論上的準備。現在，隨著對敦煌寫本、新羅和日本文獻的挖掘，發現了許多新資料，大大豐富了我們對地論師的了解，「四緣集說」等北朝地論學派自身的理論特色也日漸清晰起來。

二、攝論師

漢魏兩晉南北朝前期，佛教傳入中國，陸路有著舉足輕重的影響，鳩摩羅什傳譯的大乘空宗學說，就是從這條大路進入中國的。到南北朝中後期，東南亞水路的重要性開始突顯。在 7 世紀以前，今天的柬埔寨是一個中印很重要的樞紐（7 世紀的唐代，柬埔寨佛教幾乎全部衰亡），高僧往來很多，不僅印度、東南亞高僧前去中國，也有不少在華的外國僧人不願意

---

[844] 參見石井公成：〈《大集經》尊重派的地論師〉，《駒澤短期大學研究紀要》第 23 號，1995 年 3 月。

第六節　北朝後期的佛學發展

繼續留在中國，也是透過這條水路離開中國的。在西域陸路之外，東南亞水路是南朝中後期中、印佛學交流的重要通道。從《宋書·夷蠻傳》開始，我們就可以見到南朝與東南亞國家在佛教層面上的交往，規模並不算小；從這條海路傳入中國的佛教是有其特色的，6世紀中葉來華的真諦就是在這一時空背景下產生的重要人物。

真諦（西元499年至569年）在梁武帝末年來到中國，大同十二年（西元546年）到達廣州，太清二年（西元548年）抵達首都建康，但不久即趕上侯景之亂，真諦在戰亂中一直顛沛流離。陳文帝天嘉三年（西元562年），應廣州刺史歐陽頠之請，在慧愷、法泰等人的協助下，譯出《攝大乘論》、《俱舍論》等典籍。真諦在陳朝受到主流佛教界的排擠，始終未能入都，太建元年（西元569年）在廣州去世。真諦一生雖歷經坎坷，但還是系統地翻譯了大乘瑜伽行派的大量經論。

真諦「雖廣出眾經」，但「偏宗《攝論》」，《攝大乘論》一直是他最為重視的一部論典。真諦去世後，他的弟子散落九江、建業等陳朝各地，宣講《攝大乘論》；但由於受到陳朝主流佛教界的排斥，攝論學始終未能在南朝廣泛流行。真諦《攝大乘論》後傳到北方，引起廣泛重視，逐漸形成攝論學派。

將《攝大乘論》首先傳播到北方的是慧光的再傳弟子、北齊僧人曇遷（西元542年至607年）。北周武帝滅佛，曇遷南奔建康，在桂州刺史蔣君宅，獲讀《攝大乘論》，意念洞然。後曇遷攜《攝論》北歸，「登石頭岸，入舟動楫，忽風浪騰湧，眾人無計。遷獨正想不移，捧持《攝論》，告江神曰：『今欲以大法開彼未悟，若北土無運，命也如何！必應聞大教，請停風浪，冀傳法之功，冥寄有屬。』言訖，須臾恬靜，安流達岸。時人以為：此論譯於南國，護國之神，不許他境；事同迦延之出罽賓，為羅剎之

稽留也。……《攝論》北土創開，自此為始」。[845]《攝大乘論》靈異傳說的出現，亦說明在南北朝末年，該論影響日大。

真諦在6世紀中葉翻譯的《攝大乘論》是攝論師遵從的根本經典。真諦攝論學的主要特點有二：(1) 三性（分別、依他起、真實）說，中觀派以真俗二諦為其學說總綱，瑜伽行派則以三性為其學說總綱。攝論師認為第八識阿賴耶識為一切法的依止，明一切法的性相（「三自性」及「三無自性」）。(2) 但在第八識阿賴耶識之上，另立第九阿摩羅識為真常識，主張九識（無垢識或淨識）說。《攝大乘論》傳入北方後，在北朝佛學的發展過程中，攝論師與地論北道觀點相近。地論南道與攝論師（及地論北道）在本有、始有問題上的分歧，遂使「大乘不二之宗，析為南北二道」（玄奘〈謝高昌王表〉）。唐初玄奘去印度求法，回國後重譯《攝論》。「三藏玄奘，不許講舊所翻經」（《續高僧傳・法衝傳》），隨著玄奘新譯影響日大，以真諦舊譯為基礎的攝論學派遂極盛而衰。

隋開皇七年（西元587年），詔曇遷入隋都長安，時《攝論》初闢，請業者千數，攝論學盛極一時。此外，北周武帝滅佛時南來的學僧靖嵩，從真諦弟子法泰學《攝大乘論》，隋開皇年中北還住彭城崇聖寺，盛弘攝大乘論。攝論師的真正興盛是在隋代和初唐，並不在漢魏兩晉南北朝佛教史的討論範圍之內。而北朝末年，是攝論學派的準備期。但由於早期史料不足，北朝末年曇遷一系攝論學的理論發展，特別是攝論學與地論南道派的理論交涉，都難以詳考。曇遷本人的著作也都亡佚，值得注意的是，署名天台宗祖師南嶽慧思的《大乘止觀法門》，日本學術界多認定為曇遷的作品[846]，若該判定成立，則當時攝論學對天台、華嚴等隋唐宗派的理論影響是十分巨大的。

---

[845] 《高僧傳二集》四冊之三，第604頁。
[846] 參見張文良：〈日本關於《大乘止觀法門》的研究〉，《鍥而不捨，金石可鏤：方立天教授從教50週年學術研討會論文集》（下），中國人民大學出版社，2011年9月。

第六節　北朝後期的佛學發展

　　隋文帝楊堅雖以崇佛著稱，但他在統一中國的過程，西元 580 年焚毀鄴城，北朝中後期的佛教中心遭到毀滅性打擊；西元 589 年滅陳，南朝佛教中心建業也遭重創。隋朝統一中國，終結了南北朝佛學的發展；而後，隋朝皇帝又將各地名僧聚集首都長安，開啟了隋唐佛學發展的新局面。

第十四章　南北朝中後期的佛教演變

第十五章

結語：漢魏兩晉南北朝的佛教史

第十五章　結語：漢魏兩晉南北朝的佛教史

　　思想史、宗教史的宏大敘事久為人所詬病，但埋頭於細碎的考證又常常使得歷史被碎片化，流於只見樹木而不見森林；當然部分後現代主義者正旨在追求碎片化、充滿斷裂的歷史。筆者以為，漢魏兩晉南北朝佛教史研究，首先應將當時佛教人物、思想、事件、制度，盡量予以歷史化，這是第一步的工作；在歷史化的基礎上，更高一步的要求是將這個時代和歷史再進一步理論化和問題化。理論化和問題化對於研究者來說是十分困難的工作，若不能凝練出這個時代的真問題，很可能就是「一招走錯，滿盤皆輸」，故此以問題為中心的探討是十分危險的，以往宏大敘事，為人詬病，在相當程度上就是因為沒有找到這個時代的真問題。而歷史化的工作，若肯下功夫，加之對其他學科已有成果的借鑑，是會有所斬獲的。當然僅僅是歷史化的工作還是不夠的，還應在此基礎上有所前進，把握時代的脈搏。在本書最後一章，筆者希望在以往各章「歷史化」工作的基礎上，在力所能及的情況下，將部分歷史過程予以「問題化」，進行深入的闡釋探討。

第一節　中國古代學術的分野與大、小乘

　　後漢以降，魏晉南北朝思想發展變化十分迅速，在急速發展變化過程中，甚至可以說到處充滿著斷裂。在道教中，力圖改革天師道而「新出老君」，授正一威盟；旋即江南上清派天真降授成為最熱門的話題；但不久之後，與上清仙真毫無關係的「元始天尊」似乎一時又成為道教信仰中的主角。六朝佛教思想的發展狀況似乎也不比道教更有章法，在當時一部分人眼中，簡直是外國傳來什麼就信仰什麼，「譬之於射，後破奪先」，毫無定法。東漢先有安世高的小乘禪數，後有支婁迦讖的大乘般若；東晉以來，阿毘達磨與龍樹中觀交相輝映；北涼佛教似乎是大乘佛教一統天下，

但曇無讖去世後，北涼王朝又開始大規模組織翻譯毗曇典籍。到南朝「提婆始來，義觀之徒，莫不沐浴錯仰。此蓋小乘法耳，便謂理之所極，謂無生方等之經，皆是魔書。提婆末後說經，乃不登高座。法顯後至，泥洹始唱，便謂常住之言，眾理之最，般若宗極，皆出其下。以此推之，便是無主於內，有聞輒變」。[847] 南北朝中後期，更是毗曇師、涅槃師、成實師、三論師、地論師、楞伽師、地持師、攝論師，你方唱罷我登場。在這樣紛繁複雜的漢魏兩晉南北朝佛教思想發展變化中，是否有大的脈絡可以找尋呢？

李零教授在《中國方術正考》新版前言中提到：

方術，於《漢志》六類，本來是屬於它的後三類。它的前三類是六藝、諸子、詩賦，屬於人文，後三類是兵書、數術、方技，屬於技術。方術就是數術、方技的統稱。技術在當時還是學術之半，有一定的地位。但隋唐以來，按傳統的四部分類，數術、方技只是子部底下的一個小分支，地位就不行了。[848]

這是中國古代學術分野的一大問題。筆者以為，佛教入華，由漢魏時期重方技的「佛道」，到以義理見長的東晉南北朝的「佛玄」，大體也經歷了同樣的嬗變；在魏晉南北朝時期，以思辨義理見長的三論、天台、地論（華嚴）、攝論（唯識）等所謂的「大乘」佛教，逐漸取代了強調「事數」的毗曇、成實等「小乘」佛教，也與中國學術演變是同步的。

我們在前文討論過的佛教初傳漢明帝夢佛的故事，在夢占的視角下考察（《高僧傳》所謂「以占所夢」），即屬於一種方術。魏晉南北朝許多高僧都從事占夢活動，如求那跋陀羅傳載「元嘉將末，譙王屢有怪夢，跋陀答以京都將有禍亂，未及一年而二凶構逆」。[849] 僧傳中涉夢情節更是數不

---

[847]　《大正藏》第 52 卷，第 78 頁中。
[848]　《中國方術正考》，新版前言第 2 頁。
[849]　《出三藏記集》，第 548 頁。

第十五章　結語：漢魏兩晉南北朝的佛教史

勝數。我們在前文的探討中已經指出，秦漢之後夢占在官方體制中已經淡出，但在晉唐間依舊盛行。劉文英教授認為：「在兩漢史書中，占夢者的活動，星星點點，始終未見其名，可能影響不大。但從魏晉以至隋唐，其間有一批世俗的占夢家，在歷史舞臺上相當活躍。其中周宣和索紞最為著名，《魏志》和《晉書》都有他們的專傳。」[850] 其中索紞尤其值得注意，他是敦煌人，尤其擅長以字解義，如《晉書·索紞傳》：「宋桐夢內中有一人著赤衣，桐手把兩杖，極打之。紞曰：『內中有人，肉字也。肉色，赤也。兩杖，箸象也。極打之，飽肉食也。』俄而亦驗焉。」[851] 這類解字法，在魏晉僧人中也常見，如東晉道安傳中記載：「安與弟子慧遠等五百餘人渡河，夜行值雷雨，乘電光而進。前得人家，見門裡有一雙馬柳。柳間懸一馬篼，可容一斛。安便呼林伯升。主人驚出，果姓林，名伯升。謂是神人，厚相禮接。既而弟子問何以知其姓字？安曰：兩木為林，篼容伯升也。」[852]

漢魏兩晉南北朝僧傳中有大量關於僧侶涉及醫相星蔔、讖緯陰陽的例子[853]，以往研究者多認為這是佛教初傳，佛教依附道教或中國本土信仰「佛道」時期的特殊產物；但實際上即便到了南北朝後期，這類方技、術數式的影響還是存在的，有時候甚至還左右了佛教義學體系的建立。一個最典型的例子就是天台宗實際創始人智顗對「十如是」的三轉讀法。

《法華經·方便品》中的「十如是」：「佛所成就第一稀有難解之法，唯佛與佛，乃能究盡諸法實相，所謂諸法如是相、如是性、如是體、如是

---

[850]　《夢的迷信與夢的探索》，第 46 頁。
[851]　林悟殊教授認為富岡謙藏氏藏敦煌景教文獻《一神論》為「精抄贗品」，其中一個理由是肉字唐人流行寫作「宍」，而《一神論》寫本「宍」、「肉」兩存（林悟殊：《唐代景教再研究》中國社會科學出版社 2003 年版，第 206～207 頁）。但從《晉書·索紞傳》來看，敦煌地區早已有「肉」的寫法。
[852]　《出三藏記集》，第 562 頁。
[853]　參見曹仕邦：《中國沙門外學的研究：漢末至五代》，（臺北）東初出版社 1994 年版，第 435～457 頁。

力、如是作、如是因、如是緣、如是果、如是報、如是本末究竟等。」智顗在《法華玄義》中「依義讀文，凡有三轉」，用空、假、中三諦模式加以解讀，認為「如」指諸法空；性、相、體、力等指諸法假義；「是」彰顯即中即假之「中」。以如是相為例，「如是相」是假，轉讀作「是相如」則指空，再轉讀作「相如是」則顯示中意。[854] 智顗的轉讀顯然是受到他的老師南嶽慧思的影響，而有所發展，「南嶽師讀此文，皆云『如』，故呼為『十如』」。[855] 即慧思已經將「如是相」轉讀為「是相如」，即強調其空義，但尚未出現「相如是」的讀法。

後世天台宗人尊龍樹為天台初祖，北齊慧文為二祖，南嶽慧思為三祖。（《摩訶止觀》卷一上，灌頂「緣起」）智顗與南嶽慧思確有師徒關係，但慧思佛學思想的基本特徵是「因定發慧」，在以定為本的基礎上倡導「定慧雙開」，並以《大品般若》會通《法華》，故特重空諦。因此，在慧思那裡，實際上並沒有形成「三諦圓融」的觀念，只有到了智顗才真正確立了「止觀雙修」的佛教修行原則，建構起以三諦圓融和一心三觀為核心的天台教理。[856] 由此可見，三轉讀法在天台教理發展上的學術地位。

但單就形式上看，智顗「十如是」的「三轉讀文」，在讖緯中是常見的一種解讀文字方式，南朝時依然盛行，例如《宋書·志第十七·符瑞上》：「史臣謹按，冀州道人法稱所云玉璧三十二枚，宋氏苞世之數者，蓋苞年之數也。謂苞世者，謬其言耳。三十二者，二三十，則六十矣。宋氏受命至於禪齊，凡六十年云。」此處將「三十二」轉讀為「二三十」。沙門法稱言劉宋當傳三十二世，劉宋早亡，故時人將「三十二」代，轉讀為「二三十」年（兩個 30 即 60 年）。在六朝佛教中也可以找到類似的例子，

---

[854] 參見《大正藏》第 33 卷，第 693 頁中。
[855] 《大正藏》第 33 卷，第 693 頁中。
[856] 參見張風雷：〈天台先驅慧思佛學思想初探：關於早期天台宗思想的幾個問題〉，《世界宗教研究》，2001 年第 2 期。

第十五章　結語：漢魏兩晉南北朝的佛教史

如鳩摩羅什傳中也採用過這種解讀方式。呂纂「與什博戲，殺棋曰：『斫胡奴頭。』什輒答曰：『不能斫胡奴。胡奴將斫人頭。』此言有旨，纂終不悟。後纂從弟超，小字胡奴，果殺纂斬首。其預睹微兆，皆此類也。」[857] 也是將「斫胡奴頭」轉讀為「胡奴斫頭」。

由此可見，即便是到了南北朝中國佛教大乘義學高度發達時，讖緯方術之類的小乘「佛道」內容，仍然發揮著相當大的作用。[858] 筆者這裡所謂的「大乘」、「小乘」並非完全等同於坊間佛教概論性著作，用「人空法有」還是「人法具空」來判斷小乘和大乘。大乘的興起是印度佛教史研究的一個十分重要但又一直未能完全取得共識的話題。[859] 漢魏以來，中國佛教本

---

[857] 《出三藏記集》，第 533 頁。

[858] 參見安居香山：〈漢魏六朝時代に於ける圖讖と佛教〉，見《塚本博士頌壽紀念佛教史學論集》，〔日本〕塚本博士頌壽紀念會，1961 年，第 855～868 頁。

[859] 印度孔雀王朝滅亡後的數世紀（西元前 2 世紀到西元後 2 世紀），婆羅門教將印度各地方信仰納入到《吠陀》權威之下，制定了《摩奴法典》，在舊有的梵天信仰之外，毗濕奴信仰與濕婆信仰相互影響而發展，梵文也在這一時期成熟通行。與此同時，佛教發展也出現了新動向，大乘佛教開始興起。佛教界內部，一般認為大乘始自馬鳴菩薩，馬鳴菩薩大約在迦膩色迦王朝，與說一切有部《大毘婆沙論》成書年代同時。而近代學術研究，大乘起源最著名的觀點，當屬日本著名印度佛教研究者平川彰先生，提出大乘佛教起源於（主要是）在家俗人的「佛塔崇拜說」。平川彰先生認為大乘起源主要有三個源頭：(1) 部派佛教。特別是大眾部與大乘佛教淵源較深，但說一切有部、化地部、法藏部等觀點也被大乘佛教吸收。大乘佛教出現後，各部派並未消失，所以說不是（某一或某幾個）部派佛教轉變為大乘佛教，而是說部派佛教對大乘佛教有很重要的影響。(2) 佛教文學，特別「讚佛乘」。佛傳文學的興起鼓動了大乘佛教的興起。(3) 佛塔崇拜。最早的大乘佛教徒，以不屬於任何部派的佛塔為根據地，進行各種傳法活動。在上述三個源頭中，第三點佛塔崇拜最受學術界關注，也最為重要，因為依平川彰先生的論述，前兩個源頭對大乘佛教興起產生了影響，而佛塔崇拜才真正聚集了初期大乘佛教徒的實體。（參見平川彰《印度佛教史》）平川彰先生關於大乘起源的俗人「佛塔崇拜說」，曾經遭到中國僧界的抨擊，如印順法師認為：「果真這樣，初期的大乘教團，倒與現代日本式的佛教相近。這一說，大概會受到日本佛教界歡迎的，也許這就是構想者的意識來源！」印順法師主要站在出家僧侶角度進行駁斥，但並未提出太多有力證據。近年來「佛塔崇拜說」也受到了許多歐美學者的批評，如本書已經討論過的蕭本，利用印度新近的考古發現，認為以往學界僅以巴利語佛教典籍為依據，過分美化了僧團的戒律持守，進而誤認為印度僧人皆不儲蓄財物，不可能有布施等行為，但實際上當時的印度僧人有些是很富有的，同樣可以供養布施佛塔，而且從金石銘文來看，迴向等觀念在所謂的「小乘」佛教中也早已存在。因此他認為大乘佛教是僧侶而非俗人的運動。近年來蕭本的觀點在國際學術界得到了越來越多的認同（Bones, Stones, and Buddhist Monks）。日本學者下田正弘對平川彰的觀點也提出了異議，其主要理由是，歷史上並不存在一個獨立於僧團之外的所謂在家佛塔崇拜群體；佛塔崇拜早在原始佛教時期就已出現，並且廣泛流行於在家居士和出家僧侶中間。下田正弘認為：大乘思想出自於原始佛教時期就存在的林居者集團。他們與僧院住者在

第一節　中國古代學術的分野與大、小乘

無明確的大、小乘觀念，直到 4 世紀末、5 世紀初，鳩摩羅什來華才開始引入比較明確的大、小乘觀念，如他在《大乘大義章》即明確說：「有二種論：一者大乘論，說二種空，眾生空、法空；二者小乘論，說眾生空。」[860] 但這種觀念是否完全等同於六朝歷史上中國人普遍接受的大小乘觀念，是必須加以探討的。在《大乘大義章》中，我們可以明顯地感覺到，鳩摩羅什帶來的大、小乘觀念對於中國佛教是十分陌生的，廬山慧遠在與鳩摩羅什的不斷探討中，雖然已經傾向於接受鳩摩羅什的看法，但還是更願意強調小乘與大乘之間修行的連續性。[861]

即便在鳩摩羅什那裡，也不總是排斥小乘，甚至認為「大小之稱，根有利鈍，觀有深淺，悟有難易，始終為異，非實有別」。[862] 當時及稍後討論的一乘、三乘問題，也是如此，成書於 5 世紀上半葉的〈涅槃無名論〉：

> 生活方式、價值觀和追求目標上的不同，使他們在傳統的口傳佛教之外，以書寫的方式創造出了大量多元化的大乘經典，在所謂的追求自我解脫的聲聞乘之外，開創了以利益他者為最高追求的菩薩乘。（下田正弘：《涅槃経の研究 —— 大乗経典研究方法試論》，東京：春秋社，1997）關於在家菩薩和出家菩薩的討論，透過對初期大乘佛典《郁伽所問經》漢代譯本的研究，有學者認為，大乘興起有一批自稱菩薩的修行團體，他們以追求佛智為目標。這些自稱菩薩的人們，有俗人也有僧人。而僧人應該既有在阿練若（森林、荒野）修行的，也有人間（城市、村落）者。有些西方學者（如 Ray, Reginald A. *Buddhist Saints in India: A Study in Buddhist Values and Orientations*, New York: Oxford University Press, 1994），也提出有些早期大乘經典是在阿練若修行中形成的。而日本學者辛島靜志則提出相反的例證，《妙法蓮華經》卷九勸持品第十三：「或有阿練若，納衣在空閒，自謂行真道，輕賤人間者。貪著利養故，與白衣說法，為世所恭敬，如六通羅漢。是人懷惡心，常念世俗事，假名阿練若，好出我等過，而作如是言：此諸比丘等，為貪利養故，說外道論議，自作此經典，誑惑世間人，為求名聞故，分別於是經。常在大眾中，欲毀我等故，向國王大臣，婆羅門居士，及餘比丘眾，誹謗說我惡，謂是邪見人，說外道論議。我等敬佛故，悉忍是諸惡。」《妙法蓮華經》這段偈文顯然是站在居住在城市、村落的「人間者」立場上，反對「假名阿練若」。這些「假名阿練若」在國王、婆羅門、比丘、居士中誹謗人間者：「為貪利養故，說外道論議，自作此經典，誑惑世間人。」可見有些大乘經典應該是「人間者」造作的，而被保守的阿練若修行者反對。（2009 年 11 月 2 日辛島靜志在中國人民大學佛教與宗教學理論研究所發表〈佛教文獻學與佛教思想史研究：試談幾部初期大乘佛經的起源問題〉學術報告）

[860] 《大正藏》第 45 卷，第 136 頁下。
[861] 參見史經鵬：〈論鳩摩羅什與廬山慧遠的大、小乘觀：以《大乘大義章》為中心〉，《鍥而不捨，金石可鏤：方立天教授從教 50 週年學術研討會論文集》（上），中國人民大學 2011 年版，第 269～295 頁；以及其博士論文：〈從法身至佛性：廬山慧遠與道生思想研究〉第二章〈廬山慧遠的大小乘觀〉，中國人民大學博士學位論文，2012 年，第 47～74 頁。
[862] 《大正藏》第 45 卷，第 139 頁上～139 頁中。

第十五章　結語：漢魏兩晉南北朝的佛教史

「經曰：三箭中的，三獸渡河，中渡無異而有淺深之殊者，為力不同故也。三乘眾生俱濟緣起之津，同鑑四諦之的，絕偽即真，同升無為。然其所乘不一者，亦以智力不同故也。」[863] 本書前文對此問題也有所討論，作為小乘的聲聞、緣覺，固然與大乘有利鈍深淺的不同，但作為解脫的津梁，所達彼岸的功能是一致的，以此調和一乘與三乘的關係。〈涅槃無名論〉「三箭中的，三獸渡河」在苻秦時僧伽跋澄所譯《鞞婆沙論》中即已出現。[864] 而《名僧傳抄》慧觀傳記有「〈論〉曰」：

問「三乘漸解實相」曰：「經云：三乘同悟實相而得道，為實相理有三耶？以悟三而果三耶？實相唯空而已，何應有三？若實相理一，以悟一而果三者，悟一則不應成三。」答曰：「實相乃無一可得，而有三緣，行者悟空有淺深，因行者而有三。」[865]

慧觀持漸悟學說，亦強調三乘並無截然區別，所覺之理實一。

由此可見，鳩摩羅什傳入的大、小乘截然二分的觀念在當時並未立刻接受。《高僧傳》載：「什嘗作頌贈沙門法和云：『心山育明德，流薰萬由延。哀鸞孤桐上，清音徹九天。』凡為十偈，辭喻皆爾。什雅好大乘，志存敷廣，常嘆曰：『吾若著筆作大乘阿毗曇，非迦旃延子比也。今在秦地深識者寡，折翮於此，將何所論。』乃悽然而止。」[866] 似曲高和寡，頗不得志。文中的法和，恐是與僧伽提婆在洛陽交好而後入關的「冀州沙門法和」[867]，亦是研習阿毗曇的學僧。塚本善隆等日本學者早已指出鳩摩羅

---

[863] 《中國佛教思想資料選編》第一卷，第 164 頁。
[864] 如「作譬喻三獸渡河，兔、馬、香象。兔者浮而渡河，馬者少多觸沙而渡，香象者盡底蹈沙而渡，如是三乘渡緣起河，佛、辟支佛、聲聞。如兔浮渡河，如是當觀聲聞緣起智；如馬少多觸沙而渡，如是當觀辟支佛緣起智；如香象盡底蹈沙而渡，如是當觀佛世尊緣起智，是故說謂得盡甚深緣起底，非如一切聲聞、辟支佛。」（《大正藏》第 28 卷，第 445 頁下）
[865] 《卍續藏經》第 77 冊，第 353 頁。
[866] 《高僧傳》，第 53 頁。《出三藏記集》記為「心山育德薰，流芳萬由旬。哀鸞鳴孤桐，清響徹九天」。
[867] 《高僧傳》，第 37 頁。

什在姚秦皇室的支持下，重新翻譯在中國已經影響很大的般若類經典；但鳩摩羅什熱心的龍樹「三論」的翻譯，並未受到世人的普遍重視；甚至鳩摩羅什一度計劃回國，廬山慧遠風聞此消息後，去信解勸：「去月法識道人至，聞君欲還本國，情以悵然。」[868]

就現有史料記載，秦主姚興並未對鳩摩羅什言聽計從，如佛陀耶舍到姑臧後，鳩摩羅什「勸姚興迎之，興未納」[869]而太子姚泓似乎對鳩摩羅什眼中的小乘毘曇更感興趣，鳩摩羅什與佛陀跋陀羅著名的辯論就是在姚泓面前進行的。在鳩摩羅什晚年，太子姚泓已經開始支持曇摩耶舍等人翻譯《舍利弗阿毘曇》，《高僧傳·曇摩耶舍傳》載：「至義熙中來入長安，時姚興僭號，甚崇佛法，耶舍既至，深加禮異。會有天竺沙門曇摩掘多，來入關中，同氣相求，宛然若舊，因共耶舍譯《舍利弗阿毘曇》，以偽秦弘始九年初書梵書文，至十六年翻譯方竟，凡二十二卷。偽太子姚泓親管理味，沙門道標為之作序。」[870]曇摩耶舍即是後來著名的「小乘」僧人法度的老師，「度初為耶舍弟子，承受經法，耶舍既還外國，度便獨執矯異，規以攝物，乃言專學小乘，禁讀方等。唯禮釋迦，無十方佛」。[871]曇摩耶舍弟子「專學小乘，禁讀方等」，不可能完全與佛陀耶舍的教導無關，由此可見雖然佛陀跋陀羅被趕走，但曇摩耶舍等人依然與鳩摩羅什觀點不和，且受到太子支持，鳩摩羅什晚年不得志，曾感嘆「秦地深識者寡，折翮於此」；而其曰：「吾若著筆作大乘阿毘曇，非迦旃延子比也」，迦旃延子是毘曇的祖師，鳩摩羅什此言，亦表達出他對小乘毘曇的不滿與不屑。

除了法度，〈小乘迷學竺法度造異儀記〉還提到：「昔慧導拘滯，疑惑

---

[868] 《高僧傳》，第 217 頁。
[869] 《高僧傳》，第 66 頁。
[870] 《高僧傳》，第 42 頁。
[871] 《高僧傳》，第 42～43 頁，並參見《出三藏記集》〈小乘迷學竺法度造異儀記〉，第 232～233 頁。

第十五章　結語：漢魏兩晉南北朝的佛教史

《大品》；曇樂偏執，非撥《法華》」、「彭城僧淵，誹謗《涅槃》」。[872] 說明在晉宋之際，中國佛教界的認知並未統一，尚無統一的大乘的局面。就筆者檢閱僧傳所得，鳩摩羅什去世後，其遺下的長安僧團，主要為成實師。西元418年長安陷落，後由赫連勃勃引發戰亂，長安僧侶大批出逃，大體可以分為兩支：一支以僧導為首，前往壽春；另一支以僧嵩為首，前往彭城。後由於北魏武帝滅佛，以及劉宋孝武帝登基（西元453年）等原因，這兩大僧團都有重量級人物入南朝首都建康，到京後均居中興寺（西元460年更名為天安寺），不過壽春、彭城仍為其最重要的根據地。比較值得注意的是彭城這一系成實師，僧淵「從僧嵩受《成實論》、《毗曇》」，僧淵弟子曇度等人受北魏孝文帝禮重，曇度撰《成實論大義疏》八卷「盛傳北土」，直到北齊高帝時，道盛方接替曇度成為僧主。[873] 僧嵩、僧淵這一系僧人，多不認同涅槃學，被後世批判為小乘學僧，被認為罪孽深重：中興寺僧嵩「亦兼明數論，末年偏執，謂佛不應常住。臨終之日，舌本先爛焉」[874]；僧嵩的弟子「彭城僧淵，誹謗《涅槃》，舌根銷爛，現表厥殃，大乘難誣，亦可驗也」。[875] 由此可見南朝齊梁之後，流行的大小乘劃分標準為是否遵信涅槃學、是否贊同法身常住；鳩摩羅什傳入的人空、法空的大小乘劃分標準已被取代，甚至其在彭城的部分堅持法空而否定法身常住的鳩摩羅什後學亦被認定為小乘。

東晉末年，法顯遊歷西域天竺，所著《佛國記》（又名《法顯傳》）記錄所到之地「小乘學」、「大乘學」或「兼大小乘學」、「雜大小乘學」處甚多。當時法顯應該有一套明確的劃分大小乘的標準，但從《佛國記》的行文來看，法顯多次提及大小乘時，皆未言及教義；筆者認為可以從另外的角度

---

[872]　《出三藏記集》，第232～233頁。
[873]　《高僧傳》，第303、304、307頁。
[874]　《高僧傳》，第289頁。
[875]　《出三藏記集》，第233頁。

來了解法顯的大小乘區分,在法顯的記敘中:學小乘法者,大都「遇客甚薄」,外來沙門「不預其僧例」,最好的情況不過是「若有客比丘到,悉供養三日,三日過已,乃令自求所安」。而凡有大乘法之地,「作四方僧房,供給客僧及餘所須」,都有較好接待,「是大乘寺,三千僧共揵揰食。入食堂時,威儀齊肅,次第而坐,一切寂然,器缽無聲。淨人益食,不得相喚,但以手指麾」。大小乘雜處者亦有較好待遇,「兼大小乘學,見秦道人往,乃大憐湣」,「多大乘學,皆有眾食」。[876] 由此筆者推測,當時「大乘」、「小乘」的區分,應與中國佛教日後所說的掛單制度有密切關係[877],能夠廣為接待外來客僧的是普度眾生的「大乘」,而不能接待他方僧侶的則是自了的「小乘」,這可能是法顯所說的大小乘的原始含義,這也是作為遊行僧人多記錄大小乘的一個重要原因。[878]

除大乘外,法顯還數次提到「摩訶衍」,「眾僧住處作舍利弗塔、目連、阿難塔,並阿毗曇、律、經塔……諸比丘尼多供養阿難塔,以阿難請世尊聽女人出家故。諸沙彌,多供養羅云。阿毗曇師者,供養阿毗曇。律師者,供養律。年年一供養,各自有日。摩訶衍人則供養般若波羅蜜、文殊師利、觀世音等」。[879] 若「摩訶衍人」是指大乘修行者的話,則大乘修行者「摩訶衍人則供養般若波羅蜜、文殊師利、觀世音等」是其特徵,而收留客僧是其一個重要的特點;可能摩訶衍人崇拜諸多菩薩造型,被小乘人

---

[876] 《法顯傳校注》,第 7～14、33、52、55 頁。
[877] 法顯對印度的掛單制度,也有比較詳細的紀錄,如中天竺「自佛般泥洹後,諸國王、長者、居士,為眾僧起精舍,供給田宅、園圃、民戶、牛犢,鐵券書錄,後王王相傳,無敢廢者,至今不絕。眾僧住止,房舍、床蓐、飲食、衣服,都無闕乏,處處皆爾。眾僧常以作功德為業,及誦經、坐禪。客僧往到,舊僧迎逆,代擔衣缽,給洗足水,塗足油,與非時漿。須臾,息已,複問其臘數,次第得房舍、臥具,種種如法」。(《法顯傳校注》,第 54～55 頁)
[878] 法顯之後,玄奘、義淨都有關於大小乘的紀錄,中外學界特別對玄奘所謂的「大乘上座部」有專門的討論,季羨林先生認為大乘是指佛學而言,上座部依戒律而言(參見季羨林:〈關於大乘上座部的問題〉,《中國社會科學》,1981 年第 5 期);呂澂先生則認為「大乘上座」是方廣與上座在斯里蘭卡無畏山寺調和的產物(參見《印度佛學源流略講》,第 2033 頁)。
[879] 《法顯傳校注》,第 54～55 頁。

第十五章　結語：漢魏兩晉南北朝的佛教史

指責混濫於婆羅門教，如〈喻疑論〉中記錄西域小乘沙門指責大乘的《般若經》是「婆羅門書」，將大乘等同於婆羅門教。

大小乘教理辨別比較複雜，法顯作為新到的外國僧侶，能夠對大小乘頗為留意，且能馬上做出辨別——因為大小乘有明顯的特徵（供養對象不同），且與能否接待他方僧有關。當然，西域大、小乘供養「般若波羅蜜」還是「阿毗曇」的差別，也說明了兩者在學理上的不同；本書前文討論《道行般若經》時也涉及當時印度西域佛法大小乘觀念的差異，又《出三藏記集》中收錄的長安睿法師〈喻疑〉提到：

> 昔朱士行既襲真式，以大法為己任，於雒中講《小品》，亦往往不通。乃出流沙，尋求《大品》。既至于闐，果得真本，既遣弟子十人，送至雒陽，出為晉音。未發之間，彼土小乘學者乃以聞王，云：「漢地沙門，乃以婆羅門書惑亂真言。王為地主，若不折之，斷絕大法，聾盲漢地，王之咎也！」王即不聽。時朱士行乃求燒經為證。王亦從其所求，積薪十車於殿階下，以火焚之。士行臨階而發誠誓：「若漢地大化應流布者，經當不燒；若其不應，命也如何！」言已投之，火即為滅，不損一字。遂得有此《法華》正本於于闐大國，輝光重壤，踴出空中，而得流此。[880]

朱士行求大品般若經，引文末言《法華》[881]。當誤。此傳說恐取材自劉宋時的《冥祥記》，不排除有後世演繹成分，但亦可窺測漢晉以來西域大小乘的鬥爭已經日趨激烈；而引文中記錄的神話，則意在用神通讚嘆大乘，譏諷小乘，說明般若學流行中土之東晉以後，大乘觀念開始得到佛教信徒的高度認同，大小乘的關係，不斷被演繹。經過中國佛教義學的發展，以及這類信仰神話的傳播，晉宋之際大、小乘觀一度混亂的局面逐漸結束。嚴格區分大小乘，系統論述大乘觀念的著作不斷湧現，例如道辯

---

[880]　《出三藏記集》，第 235～236 頁。
[881]　應為《放光般若》，原本寫在皮牒之上，《高僧傳》記載「皮牒故本，今在豫章」（參見《高僧傳》，第 145～146 頁）

第一節　中國古代學術的分野與大、小乘

《小乘義章》六卷、《大乘義》五十章，慧光《大乘義》，法上《大乘義章》六卷，淨影寺慧遠《大乘義章》十四卷，靈裕《大乘義章》四卷，靈裕《大小乘同異論》，曇無最《大乘義章》，曇顯等《菩薩藏眾經要》，道基《大乘章抄》八卷，寶瓊《大乘義》十卷，智脫《釋二乘名教》四卷。[882]

南朝以降，大、小乘的觀念普遍被中國人接受，但它們並非是嚴格的佛學派別的劃分，也與佛教制度有一定關係[883]，而且成為正邪好壞的代名詞，我們從當時的道教文獻的「折射」中，亦可以清楚地看到這一現象。南朝劉宋天師道士徐氏撰《三天內解經》卷下：

> 學有數品，大乘之學，當怡心悟寂，思真注玄，外若空虛，內若金城，香以通氣，口以忘言，慈心眾生，先念度人，後自度身，悉在昇仙，不念財錢，迴心禮謝，不勞身神，求真於內，然後通玄，念與道合，自無多陳，可謂呼吸六合，歷覽未聞。

> 夫小乘之學，其則不然。唯以多辭為善，多事為勤，頭頰相叩，損傷身神，口辭爭競，內思不專，三指撮香，所陳億千，則求神仙度世，飛行上清；又欲仕宦高遷，五馬同轅；又欲世世昌熾，千子萬孫；又欲錢財豐積，奴婢成行；又欲延年度厄，大小休康；又欲治生估作，萬道開通；又欲心開意悟，耳目聰明；又欲使百鬼遠逃，疫不過門；又欲父慈子孝，夫愛婦貞；又欲徹視萬里，洞見天源；又欲使遺財於念，朋友歡欣；又欲思真念道，玉女降房。所求者多，所尚者煩，不合老子守一之源。口則疲於所請之辭，形則弊於屈折之苦，心則困於多欲，神則勞於往來。《經》云：久勞傷神，久語傷氣，久行傷筋，久視傷眼，負重傷骨，食多致病，慮事

---

[882] 參見聖凱：〈中國佛教大乘意識的萌芽與樹立〉，《中國哲學史》，2011 年第 2 期。

[883] 例如，不食肉在南朝梁武帝、北朝齊文宣帝之後，成為大乘的一個標誌，並影響到後世。敦煌藏經洞發現的新羅僧人慧超的《往五天竺國傳》即以此作為判斷大小乘的標誌之一，如「疏勒，外國自呼名伽師祇離國……有寺有僧，行小乘法，吃肉及蔥韮等」、「此龜茲國，足寺足僧，行小乘法，吃肉及蔥韮等也，漢僧行大乘法」、「且於安西，有兩所漢僧住持，行大乘法，不食肉也」等等（參見榮新江：〈慧超所記唐代西域的漢化佛寺〉，見《冉雲華先生八秩華誕壽慶論文集》，（臺北）法光出版社 2003 年版，第 399～407 頁）。

第十五章　結語：漢魏兩晉南北朝的佛教史

傷命，不合修身養性之法。可謂多則惑，少則得，此之謂也。小乘之學，叩齒冥而求靈應，此自是教化之道，使人修善除罪改過，非是治身延年益壽求飛昇之法，故曰小乘之學也。

夫沙門道人小乘學者，則靜坐而自數其氣，滿十更始，從年竟歲，不暫時忘之。佛法不使存思身神，故數氣為務，以斷外想。道士大乘學者，則常思身中真神形象，衣服彩色，導引往來，如對神君，無暫時有報，則外想不入，神真來降，心無多事。小乘學者，則有百事相牽，或有憂愁萬慮，外念所纏。大乘、小乘，其路不同，了不相似也。小乘學則須辯口辭，可為世師。大乘之學受氣守一，實為身資。《經》云：善計者不用籌筭，所營在一。能知所營在一者，則萬事畢，故不須籌筭也。《道書整合》第四冊，第295頁上～295頁中。

在上面的引文中，「大乘」是對大道的追求，而「小乘」則被視為熱衷於雕蟲小技、各種方術。道與術，大乘與小乘之間，隱然建立起一種對應關係。南朝道教除了大小乘，也講「三乘」，分上中下而高低立判。用大乘來代替小乘，幾乎可以說是南朝佛、道教的共識，但是同時我們還要注意到，小乘、方技依舊在中國長期存在，在南北朝思想史、佛教史上，依舊具有十分重要的地位，不可忽視。

簡言之，從宏觀上看，魏晉南北朝小乘、大乘佛教的正規化轉換，用鳩摩羅什的話說，就是建立「大乘阿毗曇」。在南北朝歷史佛學發展上，曾經存在兩大進路：(1)透過從成實到般若這一中間關係，使小乘毗曇過渡到大乘中觀的進路，可惜在中國這條進路並沒有走通，或者說成實師沒有完成這一歷史任務，而是三論宗、天台宗最終作為大乘的代表，佔據了中國佛教的歷史舞臺。三論宗直接以龍樹著作為經典依據，建構了什肇山門義，確立了自己的大乘佛教地位；而天台宗本身比較複雜，在南北朝基本上都是以禪師的形象出現，但該宗本身也長於理論，從慧思到智顗，

第一節　中國古代學術的分野與大、小乘

即從空觀發展到三諦圓融（本節後文對此略有闡述），對印度大乘空宗有創造性發展。（2）以地論、攝論到法相、華嚴為中間環節，使從小乘毗曇過渡到大乘唯識的進路，這條道路在一定意義上說是走通了。傳《攝大乘論》的真諦，同時也是《阿毘達磨俱舍論》的譯者，可以說是兼具毗曇師的身分；而真諦在一定意義上說又是唐代法相唯識宗的先驅。

東晉般若學興起，漢魏「佛道」轉變為「佛玄」是中國佛教第一次鉅變；晉宋之際，般若學向涅槃學轉變，是中國佛教的第二次鉅變。然南朝涅槃佛性，本身並不排斥般若性空；以（空）境詮智，未若唯識理論在心性論上單刀直入，攝論、地論實則肇始了新的學術風氣。石峻先生嘗言：「隋唐三論宗中衰，玄奘回國實有大關係也。後三論宗之根本義轉入禪宗，亦思想史之遞變。」在唐代中後期南宗禪興起之前，唐代佛學的主要問題是心性與法相，「唐代佛學幾皆受玄奘之影響」，「華嚴為變相的相宗」，「天台亦受相宗的影響」。[884] 石峻先生的上述論斷是有其道理的。相宗的建立，實即大乘毗曇。從般若學的外境空到涅槃學的佛性有，從心性唯識到法相世界的建立──從外轉內，再由內及外，晉唐間的佛學發展彷彿在兜圈子。而在不斷反覆的過程中，我們可以體會到晉唐佛教對兩個向度的追求，都不願完全拋捨；這亦是在求「道」時不願完全捨棄「術」的表現。畢竟作為一種宗教，不能光有高深的教義，還要有切實的修行實踐，「對道的追求與對術的渴望」就成為創立一個理想的佛教體系的必然要求。

---

[884]　參見石峻：〈慧遠、三論、梁武帝等〉，《石峻文存》，第 89～93 頁。

第十五章　結語：漢魏兩晉南北朝的佛教史

第二節　對道的追求與對術的渴望

　　教相判釋與學派體系的不斷建立《隋書·天文志》：「逮梁武帝於長春殿講義，別擬天體，全同《周髀》之文，蓋立新意，以排渾天之論而已。」一般認為這是在天文學史上開倒車：「渾天說比起蓋天說來，是一個巨大的進步。但是，在科學史上，常常會有開倒車的人。迷信佛教的梁武帝蕭衍，於西元 525 年左右在長春殿糾集了一夥人，討論宇宙理論，這批人加上蕭衍本人，竟全部反對渾天說贊成蓋天說。」[885] 而梁武帝為何要標新立異，宣揚蓋天說呢？陳寅恪先生認為是受印度天文學影響[886]，但問題是，既是受印度天文學影響，為何《隋書》會認定梁武帝之說「全同《周髀》之文」呢？天文史專家江曉原教授對此給出了較好的解釋，他指出《周髀算經》的宇宙模式是來自佛教的毗曇部經典。[887] 從上面的這個例子，我們可以發現印度文化，佛教毗曇部經典在天文術數層面，對中國影響之深。日本學者山田慶兒也指出同泰寺的構造模擬了佛教的宇宙[888]，這為我們解讀梁武帝多次捨身同泰寺提供了新的視角。

　　佛教入華，實則是一整套印度、中亞文化各方面成果的全面傳入，不僅有高深的佛教義理，更有各方面「實用」的技能。帶有方技巫術色彩的佛教，不僅在漢代存在，在沙門義學興起後也並沒有消失。甚至，佛教般若學的各種哲學術語，還成為降妖除魔的工具：如在元魏懿法師〈破魔露布文〉中，道安法師為「高座大將軍南閻浮提道綏撫大使佛尚書安法師」；

---

[885]　中國天文學史整理研究小組：《中國天文學史》，科學出版社 1981 年版，第 164 頁。
[886]　陳寅恪：〈崔浩與寇謙之〉，《金明館叢稿初編》，第 118 頁。
[887]　參見江曉原：〈天文史上的梁武帝〉，《江曉原自選集》，廣西師範大學出版社 2001 年版，特別是第 231～233 頁，以及該文注解 14 中提到的江氏關於該問題所發表的大量學術論文和專著。
[888]　參見山田慶兒：〈梁武帝的蓋天說與世界庭園〉，見山田慶兒：《古代東亞哲學與科技文化》，遼寧教育出版社 1996 年版。

第二節　對道的追求與對術的渴望

般若為「擬使持節儀同三司領十二住大將軍唯識道行軍元帥上柱國晉國公臣般若」；心為「廣緣將軍流蕩校尉都督六根諸軍事新除惡建善王」；六度（施、戒、忍、進、禪、智）分別為「賑惠將軍善散子都督廣濟諸軍事監軍」、「繕性將軍克欲界都督攝志諸軍事司馬」、「平忿將軍蕩恚侯都督洪裕諸軍事司空公」、「勇猛將軍勤習伯都督六度諸軍事行臺」、「安靜將軍志念都尉都觀累諸軍事攝散侯」、「博通將軍周物大夫都督調達諸軍事監照王」。各種佛教名相、諸佛菩薩名號，多有官制；舍利弗之類的還是「黃門」。他們共同伐魔，大獲全勝。

　　這類文書[889]，《弘明集》、《廣弘明集》中都有收錄，且《廣弘明集》卷二十九，謂「晉宋已來，諸集數百餘家」，當時數量相當不少。從其內容來看，如《弘明集》卷十四所收竺道爽〈檄太山文〉等，確實原為法事降魔文告。後來這類法事文書有固定格式，得以廣為流通成為「露布文」[890]，不僅為法事所用，也有一般佛教宣傳品的作用。這類檄魔文，並非皆出自無名之輩手筆，像祖述道生的龍光寺寶林「余以講業之暇，聊復永日寓言假事，庶明大道冀好徑之流不遠而復。經云：涅槃無生而無不生，至智無照而無不照，其唯如來乎？戰勝不以干戈之功，略地不以兵強天下，皇王非處一之尊，霸臣非桓文之貴，丘旦之教於斯遠矣，聃周之言似而非當。故知宗極存乎俗見之表，至尊王於真鑑之裡，中人躊躇於無有之間，下愚驚笑於常迷之境。今庶覽者，捨河伯秋水之自多，遠遊於海若之淵門，不束情於近教，而駭神於荒唐之說也」。[891]

　　歷代以來，佛教中巫術的層面，總是難登大雅之堂，但卻因為「凡夫」（既有百姓也有帝王）的「喜聞樂見」，民間佛教的香花和尚、瑜伽僧

---

[889]　此類文書的研究，參見劉淑芬：〈中古僧人的伐魔文書〉，蒲慕州編：《鬼魅神魔：中國通俗文化側寫》，（臺北）麥田出版社2005年版，第135～173頁。
[890]　《文心雕龍・檄移篇》：露布者，蓋露板不封，布諸視聽。露布也是一種實用文體，如唐代王維的名篇〈兵部起請露布文〉。
[891]　《大正藏》第52卷，第94頁下～95頁上。

第十五章　結語：漢魏兩晉南北朝的佛教史

等等儀式專家，於今不絕。「雜密」或許是傳統社會對此類佛教的最高評價，處於「非佛教與非非佛教」之間的尷尬地位。但它畢竟是佛教歷史在中國發展中一種實實在在的獨特存在方式，不僅存在於宗教實踐之中，也存在於各類佛教典籍之中。日益龐雜的佛教典籍，如何編目分類就成為日後判教的雛形之一。

方廣錩等前輩學人曾經整理過唐代智升《開元釋教錄》之前的各經錄的分類結構[892]，今取唐前各經錄結構列於下：

一、佚名《眾經別錄》：1. 大乘經錄第一；2. 三乘通教經錄第二；3. 三乘中大乘錄第三；4. 小乘經錄第四；5. 缺；6. 大小乘不判錄第六；7. 疑經錄第七；8. 律錄第八；9. 數錄第九；10. 論錄第十。

二、元魏李廓《眾經目錄》：1. 大乘經目錄一；2. 大乘論目錄二；3. 大乘經子注目錄三；4. 大乘未譯經論目錄四；5. 小乘經律目錄五；6. 小乘論目錄六；7. 有目未得經目錄第七；8. 非真經目錄八；9. 非真論目錄九；10. 全非經愚人妄作目錄十。

三、梁寶唱《眾經目錄》：1. 大乘有譯人多卷；2. 大乘無譯人多卷；3. 大乘有譯人一卷；4. 大乘無譯人一卷；5. 小乘有譯人多卷；6. 小乘無譯人多卷；7. 小乘有譯人一卷；8. 小乘無譯人一卷；9. 先異譯經；10. 禪經；11. 戒經；12. 疑經；13. 注經；14. 數論；15. 義記；16. 隨事別名；17. 隨事共名；18. 譬喻；19. 佛名；20. 神咒。

四、梁阮孝緒《七錄・佛法》：1. 戒律部；2. 禪定部；3. 智慧部；4. 疑似部；5. 論記部。

五、北齊法上《眾經目錄》：1. 雜藏錄一；2. 修多羅錄二；3. 毗尼錄三；4. 阿毗曇錄四；5. 別錄五；6. 眾經抄錄六；7. 集錄七；8. 人作錄八。

---

[892]　參見《中國寫本大藏經研究》，第 45～70 頁。日本學界的經典性研究，可參考林屋友次郎：《經錄研究：前篇》，〔日〕岩波出版社 1941 年版。

第二節　對道的追求與對術的渴望

六、隋法經《眾經目錄》：1. 大乘修多羅藏錄一，1.1 一譯分、1.2 異譯分、1.3 失譯分、1.4 別生分、1.5 疑惑分、1.6 偽妄分；2. 小乘修多羅藏錄二，2.1 一譯分、2.2 異譯分、2.3 失譯分、2.4 別生分、2.5 疑惑分、2.6 偽妄分；3. 大乘毗尼藏錄三，3.1 一譯分、3.2 異譯分、3.3 失譯分、3.4 別生分、3.5 疑惑分、3.6 偽妄分；4. 小乘毗尼藏錄四，4.1 一譯分、4.2 異譯分、4.3 失譯分、4.4 別生分、4.5 疑惑分、4.6 偽妄分；5. 大乘阿毗曇藏錄五，5.1 一譯分、5.2 異譯分、5.3 失譯分、5.4 別生分、5.5 疑惑分、5.6 偽妄分；6. 小乘阿毗曇藏錄六，6.1 一譯分、6.2 異譯分、6.3 失譯分、6.4 別生分、6.5 疑惑分、6.6 偽妄分；7. 佛滅度後抄集錄七，7.1 西域聖賢分、7.2 此方諸德分；8. 佛滅度後傳記錄八，8.1 西域聖賢分、8.2 此方諸德分；9. 佛滅度後著述錄九，9.1 西域聖賢分、9.2 此方諸德分。

七、隋費長房《歷代三寶記·入藏錄》：1. 大乘錄，1.1 修多羅有譯一、1.2 修多羅失譯二、1.3 毗尼有譯三、1.4 毗尼失譯四、1.5 阿毗曇有譯五、1.6 阿毗曇失譯六；2. 小乘錄，2.1 修多羅有譯一、2.2 修多羅失譯二、2.3 毗尼有譯三、2.4 毗尼失譯四、2.5 阿毗曇有譯五、2.6 阿毗曇失譯六。

八、隋彥悰《眾經目錄》（仁壽錄）：1. 單本，1.1 大乘經單本、1.2 大乘律單本、1.3 大乘論單本、1.4 小乘經單本、1.5 小乘律單本、1.6 小乘論單本；2. 重翻，2.1 大乘經重翻、2.2 大乘律重翻、2.3 大乘論重翻、2.4 小乘經重翻；3. 賢聖集傳；4. 別生；5. 疑偽；6. 闕本。

九、隋智果：1. 大乘經，2. 小乘經，3. 雜經，4. 疑經，5. 大乘律，6. 小乘律，7. 雜律，8. 大乘論，9. 小乘論，10. 雜論，11. 記。（據《隋書·經籍志》）

佚名的《眾經別錄》等較早的經錄[893]，尚有「三乘通教經錄」、「三乘

---

[893] 費長房《歷代三寶記》認為《眾經別錄》「似宋時述」；也有日本學者認為是齊末梁初的作品（內藤龍雄：〈關於敦煌殘卷《眾經別錄》〉，《印度學佛教學研究》，第 15 卷 2 號，1967 年 3 月）。該經錄文，參見白化文：〈敦煌寫本《眾經別錄》殘卷校釋〉，《敦煌學輯刊》1987 年第

第十五章　結語：漢魏兩晉南北朝的佛教史

中大乘錄」、「大小乘不判錄」等名目。目錄學家姚名達先生對《眾經目錄》有高度評價：「其書既從教義上分大乘、小乘、不判乘；又從體質上分存、疑、闕；佛經之外，又首創律、論、數三類。其分類法之原則蓋有教義、體質、文裁三項，俾經、律、數、論，各有定居，真、偽、完、闕，不從含混。而專習一乘者，自可即類求書；初學佛經者，不為疑偽所誤。其類例之善，實為空前所未有。非獨為道安、僧祐所不及，即後來隋唐諸錄亦無不仰為圭臬，亦步亦趨，不敢稍失規矩也。」[894]

但從我們上面所列南北朝各經錄的實際情況看，並沒有亦步亦趨地延續《眾經別錄》的做法，特別是在「教義」方面，除了保留大、小乘與疑偽外，很少再涉及佛教文獻的義理內容；只是在有無譯者、卷數多寡、經律論體例等這些姚先生所謂「體質」、「文裁」的方面有所發展。一套經錄若很少涉及文獻的教義內容，只在體例等方面下功夫，難免有「書衣」之譏。而南北朝經錄原本與判教可以相互發明，但最終沒有在這方面進一步發展，反而有所倒退。一方面是由於日益龐雜的佛教文獻已經很難讓編目者按照一套一以貫之的邏輯體系進行分類；另一方面，隨著判教學說的發展，特別是「圓教」觀念的完善，到南北朝中後期，判教也不再以典籍最為基礎，某一具體的判教等級已經不再完全對應某部或某類具體的典籍。例如淨影寺慧遠的判教，已經從提倡某部或某類具體經典中解脫出來，所有大乘經典都可能同時擁有其判教中第三宗（不真宗）和第四宗（真宗）[895]；天台智顗、三論吉藏的判教也有這方面的意蘊。這對於打破尊一經一論的南北朝論師傳統有著十分重要的意義。本書最後，就簡單談一談南北朝末期的判教對隋唐宗派形成的意義，以及筆者對中國佛教宗派的一點看法。

1期。
[894]　姚名達：《中國目錄學史》，上海書店影印本1984年版，第241頁。
[895]　參見吉津宜英：〈淨影寺慧遠的判教論〉，《駒澤大學佛教學部研究紀要》35，1977年。

第二節　對道的追求與對術的渴望

　　沙門義學興起後，佛學發展呈現繁榮局面，經典的傳譯也呈多元化趨勢，形成了不同的觀點。為了解決眾說紛紜的局面，中國佛教界內部出現了判教，力圖建立起一種對各種佛教典籍和佛學觀點，進行整體價值評價的體系。教相判釋肇始於 5 世紀上半葉，直至唐中後期為尾聲，延續數百年，是中國佛學體系化的最重要方式。天台智顗《法華玄義》卷一：「教者，聖人被下之言也；相者，分別同異也。」簡單地說，教相判釋就是對佛教的不同表現狀況進行剖析分別，評判解釋。

　　(1)《涅槃經》的翻譯，直接刺激了當時人們以佛陀說法由淺入深的前後順序來判別經典。各種判教的說法有所差異，大體的看法是佛陀說法：先說《阿含》(小乘)，再說方等般若類經典（大乘），其次《維摩》、《法華》（大小通說或抑小揚大），最後說《涅槃》(究竟)。由於各種理論為突出自己的獨特地位，一般會將自己所尊經典，列於佛陀最後究竟之說中（如天台宗即將《法華》列於第五時）；或置於突出位置，如「華嚴時」取日出先照高山之喻，將其列為佛陀首說經典。(2) 按佛陀說法次第判教有時過於刻板，實際上很難達到歷史與邏輯的完美統一，故各種理論也常常以佛教說法的方式，如圓、通、別，或頓、漸、顯、密等判教，這樣就靈活得多，便於發揮。上述兩類判教方法，對中國佛學的體系化，形式上的貢獻居多；在實質內容上，則必須處理小乘毗曇，特別是因緣學說，與大乘般若的空性之間的理論差異，同時也須顧及涅槃佛性等唯識心性問題。

　　即便把東晉般若學「六家七宗」排除在外，當時及後世對南北朝至隋唐中國佛教宗派的稱謂也特別紛繁，較為常見的就有：禪宗、律宗、天台宗、華嚴宗（賢首宗）、淨土宗、密宗、三論宗、唯識宗（慈恩宗）、涅槃宗、地論宗、攝論宗、俱舍宗、毗曇宗、成實宗，若再加近代日本學者考證出來的唐代三階教，則大約有十五宗。學術界對此一般的分類方法，是將南北朝的各家師說，列為學派，大體上包括涅槃、毗曇、成實、三論

第十五章　結語：漢魏兩晉南北朝的佛教史

（師）、楞伽、地論、攝論、俱舍等；而隋唐則演進為宗派、教派，大體上包括天台、三論（宗）、唯識、華嚴、禪、密、淨、律及三階教等。

對中國隋唐佛教宗派的綜合論述，(1)中土資料，最早出自南宋天台宗僧人宗鑑的《釋門正統》和志磐的《佛祖統紀》，以天台為正宗，論及禪宗、賢首、慈恩、律宗、密宗，兼及淨土蓮社，合為七宗。(2)日本方面，早前流行八宗之說，三論、天台、華嚴、法相、律、真言為六本宗，成實、俱舍分別依附三論、法相為寓宗，日本又有淨土宗和臨濟宗的建立，這十個日本宗派皆以中國宗派為其源頭，逆推則中國也當有這十個宗派的流傳。日本僧人凝然作《八宗綱要》（西元1268年，書後已附禪、淨，即前敘之十宗），近代楊文會據此作《十宗略說》，凝然之說遂在中國產生重要影響。

由於時代和地域的差異，直接引用上述兩類史料來討論南北朝師說與隋唐佛教宗派，是有問題的。而且日本也有相反的資料說明唐代中國沒有宗派意識，如日本入唐求法僧圓珍在回國（西元859年）後所作《佛說觀普賢菩薩行法經記文句合記》卷下中說：「天竺已東，日本以西，一切佛子悉皆判入邪見之徒，若不改途，爭消篤信，若學慚愧，如常不輕，著法之眾，勉哉勉哉！於己於他，隨緣所學，勿生執見，切可怖畏，傷佛慧命，自是非他，渴飲咸水，惡毒之本，莫過於斯。相見怒心，結曠劫怨，於中甚者，不如日域。唐無諸宗，絕惡執論，若同得理，即便休止；我國論議，自是毀他，更無比類。」[896] 即認為「唐無諸宗」，沒有日本那種黨同伐異的宗派意識。

湯用彤先生晚年發表〈論中國佛教無「十宗」〉、〈中國佛教宗派補論〉，已經開始反思中國佛教宗派問題。臺灣學者顏尚文在此基礎上有進一步的推進，他認為：「在佛教發展中，經某些教徒根據佛教主要教法，

---

[896]　南條文雄編：《大日本佛教全書》第26冊，〔日本〕名著普及會，1978年，第478頁。

第二節　對道的追求與對術的渴望

創造出獨特的宗義和修行方法,並且透過講著者師承,使此種獨特宗義留傳數代而形成的獨立思想體系或教團。它的兩項不可分離之基本因素是宗義與師承。在宗義師承關係發展中,又產生專宗寺院、組織制度等重要因素。而派別意識則由隱而顯地貫穿在宗派的獨立體系或教團中,並且產生宗祖、道統等強烈的爭執。因此,宗派依其發展程度之不同,可區分為兩種形式:一為學派式宗派,僅有宗義與師承關係及細微難查的派別意識之教義體系。一為教派式宗派,包含宗義、師承體系、專宗寺院、組織制度與強烈的派別、宗祖、道統意識等因素之教團。」[897]

顏尚文以宗義、師承為宗派最核心的內容,輔之以宗規和專宗寺院,南北朝各家師說只具前者,而隋唐宗派兩者兼具。湯用彤先生大體也持此種觀點,只是他更嚴格一些,認為兩者兼具,方為宗派。不過,南北朝學派與隋唐宗派的區分並非完全沒有問題:(1)從學理上看,南北朝論師與隋唐主要宗派,所面臨的主要佛學問題是近似的,時間上也有很大的重疊,不少南北朝師說(如攝論師、地論師等)延續到隋唐,俱舍師更是在玄奘重譯《俱舍論》後得到進一步的發展。(2)從寺院經濟基礎上看,晉唐間中國繁瑣的經院哲學,都是以龐大的寺院領主經濟為基礎,在唐末「兩稅法」推行之前,中國的經濟格局並未發生重大變化。南北朝各家師說,不少也有比較明確的師承關係和專屬寺院,有些派別間的相互攻擊、門戶之見也很深。而現在公認的隋唐宗派,學術思想傳承與寺院組織管理繼承,有相關性但也不能完全等同。各宗派祖師,主要是思想體系的建立者,並沒有在教團組織管理延續上,有制度性的建立。

筆者以為,這類區分實無太大必要:(1)若以宗義和傳承來說,一些南北朝師說可能反倒觀點鮮明、更為明確,也具備一定的傳承(顏尚文分別為毗曇、俱舍、攝論、地論、成實、涅槃各家列出了比較詳盡的「師資

---

[897]　顏尚文:《隋唐佛教宗派研究》,(臺北)國立臺灣師範大學歷史研究所1980年版,第9頁。

第十五章　結語：漢魏兩晉南北朝的佛教史

傳承系譜」和「宗義師承關係錄表」）；隋唐宗派卻往往由於體系過於龐雜，觀點屢變，很難完整地延續，三論、唯識公認為曇花一現；天台若無中唐湛然，命運恐與三論相當；華嚴自法藏後更是觀點屢變。而且更為重要的是，所謂隋唐宗派的出現，並沒有取代各家師說，李映輝先生據《續高僧傳》和《宋高僧傳》統計，唐代前期（主要是安史之亂以前）弘揚佛教經律論的高僧 120 家，涉及主要典籍有 15 類：「1.《大涅槃經》，弘揚者有 36 家。2.《攝大乘論》26 家。3.《四分律》25 家。4.《法華經》18 家。5.《華嚴經》17 家。6. 三論（含《中論》、《十二門論》、《百論》）15 家。7. 般若類經典（含《仁王》、《金剛》、《大品》等）12 家。8.《十地經論》10 家。9.《維摩經》7 家。10.《勝鬘經》6 家。11.《大智度論》6 家。12.《成實論》6 家。13.《大乘起信論》5 家。14.《俱舍論》5 家。15. 毗曇學（含《雜心論》等）5 家。其他均在 5 家以下」。[898] 可見，隋唐並沒有出現幾大宗派壟斷的局面。（2）若以宗規和專宗寺院看，嚴格算來，隋唐不僅無十宗，甚至一宗也無。智顗得到隋代帝王的重視，玄奘門下與唐太宗李氏有良好的關係，武則天喜賢首大師，至唐玄宗則尚密教。各宗創始人，雖然風光一時，若說有持續的教團組織、一批專宗寺院，則實無憑據。太建七年（西元 575 年）陳宣帝為初到天台山的智顗「割始豐縣調（戶稅），以充眾費，蠲兩戶民，用給薪水，於是眾復來集」（《續高僧傳·智顗傳》）這是南北朝常見的現象，並非創始天台「宗」的特例，凡有名望的僧侶寺院，都有可能得到這種封賜，不必非得開宗立派。智者大師本人似無意「領眾」，三論與天台門下多有相互學習，教派意識很淡。其實，隋唐時期兼學的情況並不罕見，如一般被稱為律宗祖師的鑑真，也曾兼學天太（其師恆景為灌頂門下）；宗密更是被後世認為身兼華嚴、禪宗兩宗大師；湛然雖被

---

[898]　李映輝：《唐代佛教地理研究》，湖南大學出版社 2004 年版，第 163 頁。唐代後期，義學衰落，弘講者高僧 36 人，「《四分律》13 家，《大涅槃經》9 家，《法華經》6 家，《華嚴經》5 家，《俱舍論》5 家。其餘均在 5 家以下」。（第 176 頁）

第二節　對道的追求與對術的渴望

後世認為是天台中興之祖,但無權管理寺院事務。王頌的博士論文更是認為,賢首宗作為實際宗派,北宋方確立。[899]臺灣學者藍日昌也認為唐代中後期佛教宗派意識日強,到宋代佛教宗教方有定論,當時公認有六宗(天台、華嚴、律教、慈恩、禪宗、密教)。[900]

傳統看法,一般認為南北朝佛教「南義北禪」,到隋唐天下一統,宗派始出。這種看法,為湯用彤先生力倡,「南方偏尚玄學義理,上承魏晉以來之系統。北方重在宗教行為,下接隋唐以後之宗派」。其《漢魏兩晉南北朝佛教史》遂有第十三、十四兩章,「佛教之南統」、「佛教之北統」。然晉唐佛教界尚無此種看法普遍流行,湯公所舉神清《北山錄》卷四:「宋人魏人,南北兩都。宋風尚華,魏風猶淳。」[901]觀上下文,主要為「去聖逾遠,道德降矣」發感慨。當時佛教南北之分,主要指學說差異,皆就「義」而言,不涉及「禪」的問題,如前引玄奘言論主要指地論與攝論(或地論南北道)之別;再如湛然時亦是如此,《法華玄義釋籤》卷十九:「初中言南三北七者,南謂南朝,即京江之南,北謂北朝,河北也。自宋朝已來,三論相承,其師非一,並稟羅什。但年代淹久,文殊零落。至齊朝已來,玄綱殆絕。江南盛弘《成實》,河北偏尚《毗曇》。於時高麗朗公,至齊建武,來至江南,難成實師,結舌無對。因茲朗公,自弘《三論》……故知南宗初弘成實,後尚三論。近代相傳,以天台義指為南宗者,非

---

[899]「筆者主張中國的華嚴教團產生於北宋而並非盛唐,根本的理由是:獨立的教團名稱——賢首宗(這既是他們的自稱也是他宗對他們的通稱,並非我們通常所說的華嚴宗);完整而獨特的,強調自身優越地位的教義——『賢首宗教』或『賢首祖教』(這些教義與法藏等人學說的本質差別在於突出強調賢首相對於其他教派的優越性);傳法系統即祖師和傳承譜系——由其實際創建者淨源提出而流傳至今的五祖說或七祖說;宗派典籍的入藏——即教團的教義獲得官方承認;師徒相承的傳法制度——至南宋時開始定型的賢首五山制和十方薦選制;獨立的由自己宗派控制的寺院——賢首教院。這些條件,宋代的賢首教團都具備了,而唐代的所謂華嚴宗卻不具備。」(參見王頌:〈從日本華嚴宗的兩大派別反觀中國華嚴思想史〉,《世界宗教研究》,2005 年第 4 期)

[900] 參見藍日昌:《佛教宗派觀念發展的研究》,(臺北)新文豐出版社 2010 年版。

[901]《北山錄》傳本極少,民國初年始發現兩種殘本,大正藏收之;湯氏印證常喜用當時新見資料,用《寶林傳》證《四十二章經》之歷代篡改,亦是一例。

457

第十五章 結語：漢魏兩晉南北朝的佛教史

也。」《北山錄》注文「晉宋之代，多修禪觀，得道者多。隋唐已降，慧學者多，藝解美矣，得道者少」，此說出自宋人之手，似是禪宗興起推舉達摩後的看法，且與南北朝「南義北禪」的判設矛盾。

一般認為五胡亂華，晉室南遷，中華文物進入南朝，故南朝文化水準高而尚玄學清談，佛教以義理為尚；而北方為胡人統治，文化低下，故只可進行坐禪修行，無法進行高水準的理論探討。應該說這種看法多少帶有一種民族「偏見」，我們在前文已經論及，在華「胡人」在中國佛教傳播發展中有著重要作用，而就魏晉南北朝全國的政治文化形式來談，陳寅恪先生在《隋唐制度淵源略論稿》中的一段議論是很有啟發性的：

隋唐之制度雖極廣博紛復，然究析其因素，不出三源：一曰（北）魏、（北）齊，二曰梁、陳，三曰（西）魏、周。所謂（北）魏、（北）齊之源者，凡江左承襲漢、魏、西晉之禮樂政刑典章文物，自東晉至南齊其間所發展變遷，而為北魏孝文帝及其子孫摹仿採用，傳至北齊成一大結集者是也。其在舊史往往「漢魏」制度目之，實則其流變所及，不止限於漢魏，而東晉南朝前半期俱包括在內。舊史又或以「山東」目之者，則以山東之地指北齊言，凡北齊承襲元魏所採用東晉南朝前半期之文物制度皆屬於此範圍也。又西晉永嘉之亂，中原魏晉以降之文化轉移保存於涼州一隅，至北魏取涼州，而河西文化輸入於魏，其後北魏孝文、宣武兩代所制定之典章制度遂深受其影響，故此（北）魏、（北）齊之源其中亦有河西之一支派，斯則前人所未深措意，而今日不可不詳論者也。所謂梁陳之源者，凡梁代繼承創作陳氏因襲無改之制度，迄楊隋統一中國吸收採用，而傳之於李唐者，易言之，即南朝後半期內其文物制度之變遷發展乃王肅等輸入之所不及，故魏孝文及其子孫未能採用，而北齊之一大結集中遂無此因素者也，舊史所稱之「梁制」實可兼該陳制，蓋陳之繼梁，其典章制度多因仍不改，其事舊史言之詳矣。所謂（西）魏、周之源者，凡西魏、北周之創作有異於山東及江左之舊制，或陰為六鎮鮮卑之野俗，或遠承魏（西）

第二節　對道的追求與對術的渴望

晉之遺風，若就地域言之，乃關隴區內保存之舊時漢族文化，所適應鮮卑六鎮勢力之環境，而產生之混合品，所有舊史中關隴之新創設及依託周官諸制度皆屬此類，其影響及於隋唐制度者，實較微末，故在三源之中此（西）魏、周之源遠不如其他二源之重要，然後世史家以隋唐繼承（西）魏、周之遺業，遂不能辨析名實真偽，往往於李唐之法制誤認為（西）魏周之遺物，如府兵制即其一例也。[902]

五胡入化，中原喪亂，南朝與北涼同為漢人避難之所，北涼文物制度水準誠如陳寅恪先生所言是比較高的，我們在前文也論述了北涼佛教在南北朝時期的重要地位。王肅北奔，魏孝文帝改革，南北方制度上的差異應沒有以往想像的那麼大。佛教也是如此，僅就僧人的修行來說，南北差異也不是十分明顯，江南禪法也頗為流行，習禪是普遍的修行方式，前述南方也有〈伐魔文〉的流行，即用般若來抵禦坐禪時的魔擾；從經典上說，般若學向涅槃學轉變之後，無論南北《涅槃經》都最為流行，被稱為「大經」；除此之外，《法華經》在南北朝也都普遍盛行，北朝末年《華嚴經》地位提高，但無論講何種經典的僧侶，一般都共尊《涅槃》。陳寅恪先生在《隋唐制度淵源略論稿》卷二禮儀中曾有這樣一段議論：「牛弘詆斥王儉，而其所修隋朝儀禮，仍不能不採儉書，蓋儉之所撰集乃南朝前期制度之總和，既經王肅輸入北朝，蔚成太和文治之盛，所以弘雖由政治及地域觀點立論，謂『後魏及齊，風牛本隔』，然終於『遙相師祖，故山東之人，浸以成俗』也。又史言弘『撰儀禮百卷，採用東齊儀注以為準』，而奇章反譏前人之取法江左，可謂數典忘祖，無乃南北之見有所蔽耶？或讓其實而諱其名耶？」除南朝末期真諦在南方傳譯，鳩摩羅什、曇無讖等重要譯經、教理多自北來，甚至到了隋代三論宗吉藏將大乘空義推向登峰造極，亦傳的是關河舊說。若說北方無佛教義理，似乎與說南方無禮儀典章制度一樣，

---

[902]　《隋唐制度淵源略論稿》，第 1～2 頁。

第十五章　結語：漢魏兩晉南北朝的佛教史

「無乃南北之見有所蔽耶？或讓其實而諱其名耶？」

湯用彤先生所引《北山錄》的說法，恐是襲自《隋書》儒林傳序對南北朝經學的一個概括評價「大抵南人約簡，得其英華，北學深蕪，窮其枝葉」。湯公佛教南統、北統之論，蓋受南北朝儒學風氣不同的啟發。北朝經學，「致用力行，乃又北方佛子所奉之圭臬也」；南朝尚正始之音，「由是而玄學佛義，和光同流，鬱而為南朝主要之思想」。要之，湯公主要從中國學術發展來看佛教，漢代儒學南北朝分為玄學、經學兩大宗，佛教也從「佛道」時代進為「南義北禪」，「故在全體文化上，此一大事因緣，實甚可注意也」。拋開湯公討論「南義北禪」的動機，就事論事，「南義北禪」此一概括確實反映出南北朝佛教發展的許多特點，不可完全否定，但也不可簡單化。隋唐天下一統，確實如常人所論，佛教也應該一統，但未必一定要統一出「諸多」隋唐宗派。而且就唐代完善後的僧侶出家管理辦法來看，也很難出現宗派林立的情況。

在唐代，出家需先經過父母同意，寺院的接受，即入寺為童行，居於寺內修學。寺院為童行指定依止師長，師長為之起法名，並向官府申報。童行經由試經考試取得正度資格（特恩度僧，要有教內耆宿的具狀推薦申請，並需獲得批准），接受由官方交付的度牒，並通報得度者的師父，這樣他才能為得度者舉行剃度儀式，正式出家。出家後，還需等到諸方開壇受戒，受具足戒獲得戒牒後，才完具比丘的身分。受戒完畢還要按照官府的分配到某一寺觀修行。這些過程都是在官府監管之下完成的，具體執行歸州府負責。但度牒則由中央政府祠部統一發放（地方政府負責將透過經試得度者的法名及鄉貫等詳細的資料申報祠部）。可見，從中央到地方，形成了對僧道出家管理的嚴密體系[903]，有統一的佛學考試要求，甚至成

---

[903] 這種管理模式是合於在政府統治下的寺院領主經濟的，且與帝王利用佛教統治國家的許多理念相合。南北朝以來，帝王開始嘗試利用佛教統治國家，將自己比擬為佛王、法王與轉輪王的合一。北魏「永寧寺」的設置，劉宋帝利用佛教為統治服務的言論（《宋書》中，不少東南

第二節　對道的追求與對術的渴望

為比丘後，到哪一寺院修行，都須按照官府的分配。在這種情況下，各大寺院，特別是官寺，在管理制度上很難形成特色，更不要說建立獨立的教派系統了。這種局面直到中晚唐禪林在全國各地的興起才被打破。

故此，我認為隋唐宗派並非完全意義上的教派，將其認定為被後世所尊的學統、道統最為適宜。隋唐宗派之所以成為中國佛教史上的豐碑，原因也在於此；是否領眾，實為細事。信徒眾多的三階教後世默默無聞，即為一反例。我認為可以將成實、地論、攝論等視為學派，而將天台宗、三論宗、慈恩宗、賢首宗等視為學統或道統，兩者的區別在於後者形成了公認的、比較成系統的佛學思想體系，將後者稱「宗」也意指智顗、吉藏、玄奘與窺基、法藏等佛學大師建立的佛學思想是體系相對完滿的。無論學派、還是道統，都可能有各自的門戶之見，但也都可以有相對自由發揮的空間。至於學派與學統，都可以與某些教團、寺院經濟產生比較密切的聯繫，但並不能將其視為一物。律、淨、密，以及早期的禪宗，情況也與此類似，它們雖然不完全以佛學義理討論見長，而是傳承比較專業性的知識技能（戒律、念佛方法、密教儀軌、禪定方法等），但由於對戒律的理解不同、念佛方法的差異等等，它們各自在傳承上也可分為不同派別，這些派別往往也有門戶之見，與某些教團、寺院有比較固定的聯繫，但同樣不宜將兩者完全等同起來。

在這個意義上，我們可以說，南北朝中後期肇始的中國佛教各大宗派，實際上是廣大佛教徒建構起來的不同種類的信仰理想類型，其中既有對道（教理佛法）的追求，也有對術（修行法門）的渴望。

亞屬國奏表中都稱劉宋帝為佛王、法王）早已引起學界關注。古正美指出，貴霜王朝中央設立「阿育王僧伽藍」，地方普遍建立「如來神廟」，成為政府派出機構輔助地方統治管理與稅收。隋文帝「大興善寺」，武則天「萬象神宮」，屬於前者；隋文帝各地建立的「大興寺」，武則天各地建立的「大雲寺」，屬於後者。晉唐，佛教作為政府的教化工具，政府舉行大型法事活動安撫民心，特別是在重大天災人禍之後，政府出面舉行大型法會已成慣例，寺院也有義務在人力財力上予以配合，形同繳稅徭役。後世流行的一些重要大型法事活動，多源自於這一時期。

第十五章　結語：漢魏兩晉南北朝的佛教史

參考文獻

一、原始資料

- 《大正藏》
- 《卍續藏經》
- 《大日本佛教全書》，南條文雄編，〔日本〕名著普及會 1978 年版。
- 《道書整合》，湯一介主編，九州圖書出版社 1999 年版。
- 《二十四史》，中華書局標點本。
- 《比丘尼傳》，釋寶唱著，王孺童校注：《比丘尼傳校注》，中華書局 2006 年版。
- 《出三藏記集》，釋僧祐著，蘇晉仁、蕭鍊子點校，中華書局 1995 年版。
- 《春秋左傳》，楊伯峻編著：《春秋左傳注》（修訂本）第一冊，中華書局 1990 年版。
- 《大乘起信論》，高振農校釋：《大乘起信論校釋》，中華書局 1992 年版。
- 《法顯傳》，章巽：《法顯傳校注》，上海古籍出版社 1985 年版。
- 《法言》，汪榮寶撰，陳仲夫點校：《法言義疏》，中華書局 1987 年版。
- 《法苑珠林》，釋道世撰，周叔迦、蘇晉仁校注：《法苑珠林校注》，中華書局 2003 年版。
- 《高僧傳》，梁釋慧皎撰，湯用彤校注，中華書局 2004 年版。
- 《高僧傳二集》（《續高僧傳》），（臺北）佛陀教育基金會 2003 年版。

參考文獻

- 《觀世音應驗記》，牧田諦亮《六朝古逸觀世音應驗記の研究》，〔日本〕平樂書店 1970 年版；孫昌武《觀世音應驗記三種》，中華書局 1994 年版；董志翹：《〈觀世音應驗記三種〉譯注》，江西古籍出版社 2002 年版。
- 《弘明集廣弘明集》，上海古籍出版社 1994 年版。
- 《漢魏六朝百三家集》，張溥，吉林出版集團 2005 年版。
- 《後漢紀》，袁宏撰，周天遊校注：《後漢紀校注》，天津古籍出版社 1987 年版。
- 《經律異相》，董志翹編：《〈經律異相〉整理與研究》，巴蜀書社 2011 年版。
- 《老子道德經河上公章句》，王卡點校，中華書局 1997 年版。
- 《列仙傳》、《神仙傳》，邱鶴亭注釋：《列仙傳今譯·神仙傳今譯》，中國社會科學出版社 1996 年版。
- 《論衡》，王充著，上海人民出版社 1974 年版。
- 《洛陽伽藍記》，楊衒之撰，周祖謨校釋：《洛陽伽藍記校釋》，中華書局 1963 年版。
- 《南海寄歸內法傳》，王邦維：《南海寄歸內法傳校注》，中華書局 1995 年版。
- 《南華真經注疏》，郭象注，成玄英疏，曹礎基等點校，中華書局 1998 年版。
- 《三國志集解》，盧弼著，上海古籍出版社 1957 年版。
- 《三論玄義》，吉藏著，韓廷傑注：《三論玄義校釋》，中華書局 1987 年版。
- 《全上古三代秦漢三國六朝文》，嚴可均輯，上海古籍出版社 2009 年版。

- 《入唐求法巡禮記》，釋圓仁著，白化文、李鼎霞、許德楠校注：《入唐求法巡禮記校注》，花山文藝出版社 2007 年版。
- 《世說新語》，劉義慶著，劉孝標注，余嘉錫箋疏：《世說新語箋疏》，中華書局 2007 年版。
- 《史通》，劉知幾著，姚松、朱恆夫譯注：《史通全譯》，貴州人民出版社 1997 年版。
- 《拾遺記》，齊治平校注，中華書局 1981 年版。
- 《說文解字》，許慎，中華書局 1979 年版。
- 《宋高僧傳》，贊寧撰，范祥雍點校，中華書局 1987 年版。
- 《搜神後記》，汪紹楹校注，中華書局 1981 年版。
- 《談藪》，程毅中、程有慶輯校，中華書局 1996 年版。
- 《王弼集》，樓宇烈校釋：《王弼集校釋》，中華書局 2009 年版。
- 《維摩詰經集注》，李翊灼校輯，（臺北）新文豐出版公司 1979 年版。
- 《笑道論》，日本京都大學六朝隋唐時代的佛道論證研究班：〈《笑道論》譯注〉，《東方學報》，60 卷，1988 年。
- 《顏氏家訓》，王利器撰：《顏氏家訓集解（增補本）》，中華書局 1996 年版。
- 《異苑》，范甯校點，中華書局 1996 年版。
- 《冤魂志》，羅國威：《〈冤魂志〉校注》，巴蜀書社 2001 年版。
- 《肇論》，伊藤隆壽：《肇論集解令模抄校釋》，上海古籍出版社 2008 年版；張春波：《肇論校釋》，中華書局 2010 年版。
- 《真誥》，吉川忠夫、麥谷邦夫編，朱越利譯：《真誥校注》，中國社會科學出版社 2006 年版。

二、研究性論著

- 安居香山：〈漢魏六朝時代に於ける圖讖と佛教〉,《塚本博士頌壽紀念佛教史學論集》,〔日本〕塚本博士頌壽紀念會,1961 年版。
- 安居香山、中村璋八輯:《緯書整合》,河北人民出版社 1994 年版。
- 白化文:〈敦煌寫本《眾經別錄》殘卷校釋〉,《敦煌學輯刊》1987 年第 1 期。
- 白化文:〈《首羅比丘見五百仙人並見月光童子經》校錄〉,(臺北)《敦煌學》第 16 輯,1990 年。
- 北京大學哲學系中國哲學教研室:《中國哲學史》,北京大學出版社 2002 年版。
- 班傑明·史華茲著,葉鳳美譯:《尋求富強:嚴復與西方》,江蘇人民出版社 1995 年版。
- Bokenkamp, Stephen R., *Stages of Transcendence: The Bhūmi Concept in Taoist Scriptures,* in R. Buswell, Jr. ed., Chinese Buddhist Apocrypha, Honolulu: University of Hawaii Press, 1990.
- 曹道衡:〈論王琰和他的《冥祥記》〉,《文學遺產》,1992 年第 1 期。
- 曹虹:《慧遠評傳》,南京大學出版社 2002 年版。
- 曹仕邦:《中國佛教譯經史論集》,(臺北)東初出版社 1992 年版。
- 曹仕邦:《中國沙門外學的研究:漢末至五代》,(臺北)東初出版社 1994 年版
- Chen, Kenneth K.S., *Buddhism in China: A Historical Survey,* Princeton: Princeton University Press, 1972.
- 常澤平:〈《維摩詰所說經·弟子品》梵漢對勘及其初步研究〉,中國人民大學碩士論文,2012 年。

- 陳國符：《道藏源流考》，中華書局 1992 年版。
- 陳懷宇：《動物與中古政治宗教秩序》，上海古籍出版社 2012 年版。
- 陳弱水：〈隋代唐初道性思想的特色與歷史意義〉，《唐代文士與中國思想的轉型》，廣西師範大學出版社 2009 年版。
- 陳世良：〈敦煌菩薩竺法護與于闐和尚無羅叉〉，《1990 年敦煌學國際研討會文集》（石窟史地、語文編），遼寧美術出版社 1995 年版；又載《新疆文物》1991 年第 4 期。
- 陳寅恪：〈書世說新語文學類鍾會撰四本論始畢後條〉，《中山大學學報》1956 年第 3 期。
- 陳寅恪：《隋唐制度淵源略論稿》，中華書局 1963 年版。
- 陳寅恪：《金明館叢稿二編》，上海古籍出版社 1980 年版；三聯書店 2001 年版。
- 陳寅恪，萬繩楠整理：《魏晉南北朝史演講錄》，黃山書社 1987 年版。
- 陳寅恪：《金明館叢稿初編》，三聯書店 2001 年版。
- 陳寅恪：《講義及雜稿》，三聯書店 2002 年版。
- 陳祚龍：〈劉薩訶研究〉，《華岡佛學學報》第 3 卷，1973 年 5 月。
- 程樂松：《即神即心：真人之誥與陶弘景的信仰世界》，中國人民大學出版社 2010 年版。
- 池田溫：〈中國歷代墓卷略考〉，《東洋文化研究所紀要》86，1981 年。
- 船山徹主編：《真諦三藏研究論集》，〔日本〕京都大學人文科學研究所，2012 年。
- Company, Robert F. Strange Writing: *Anomaly Accounts in Early Medieval China.* Albany: State University of New York Press, 1996.

參考文獻

- 戴燕：《魏晉南北朝史研究入門》，復旦大學出版社 2009 年版。
- Davis, Edward L. *Society and Supernatural in Song China,* Honolulu: University of Hawaii Press, 2000.
- 蒂安娜·保爾著，秦瑜、龐瑋譯：《中國六世紀的心識哲學：真諦的〈轉識論〉》，上海古籍出版社 2011 年版。
- 丁鋼：《中國佛教教育：儒佛道教育比較研究》，四川教育出版社 1988 年版。
- 董志翹：〈敦煌寫本《啟顏錄》箋注（選）〉，《西南民族大學學報（人文社會科學版）》，2012 年第 3 期。
- 杜斗城編：《北涼佛教研究》，（臺北）新文豐出版股份有限公司 1998 年版。
- 杜斗城：《正史佛教數據類編》，甘肅文化出版社 2006 年版。
- 杜斗城等著：《河西佛教史》，中國社會科學出版社 2009 年版。
- 多羅那它著，張建木譯：《印度佛教史》，四川民族出版社 1988 年版。
- 范甯：〈關於《搜神記》〉，《文學評論》，1964 年第 1 期。
- 范文瀾著：《文心雕龍注》，人民文學出版社 1962 年版。
- 方廣錩：《中國寫本大藏經研究》，上海古籍出版社 2006 年版。
- 方廣錩：〈敦煌遺書與佛教研究〉，麻天祥主編：《佛學百年》，武漢大學出版社 2008 年版。
- 方廣錩：〈劉師禮文及其後代變種〉，中國人民大學佛教與宗教學理論研究所主辦：《宗教研究》，2009 年刊。
- 方立天：〈讀《漢唐中國佛教思想論集》〉，《哲學研究》，1964 年第 2 期。
- 方立天：《僧肇》，《中國古代著名哲學家評傳》第二卷，齊魯書社 1980 年版。

- 方立天:《魏晉南北朝佛教論叢》,中華書局 1982 年版。
- 方立天:《慧遠及其佛學》,中國人民大學出版社 1984 年版。
- 方立天:《中國佛教哲學要義》,中國人民大學出版社 2002 年版。
- 方立天:《魏晉南北朝佛教(方立天文集第 1 卷)》,中國人民大學出版社 2006 年版。
- 蜂屋邦夫著,雋雪豔、陳捷等譯:《道家思想與佛教》,遼寧教育出版社 2000 年版。
- 蜂屋邦夫著:《中國佛教的思考:儒教‧佛教‧老莊的世界》,〔日本〕講談社 2001 年版。
- 佛爾著,蔣海怒譯:《正統性的意欲》,上海古籍出版社 2010 年版。
- 福井文雅:〈唐代俗講儀式的成立及相關問題〉,《大正大學研究紀要》第 54 輯。
- 福井文雅著,徐水生、張谷譯:《漢字文化圈的思想與宗教》,武漢大學出版社 2010 年版。
- 甘懷真:《皇權、禮儀與經典詮釋:中國古代政治史研究》,(臺北)喜馬拉雅基金會 2003 年版。
- Forte, Antonino: *Chinese State Monasteries in the Seventh and Eighth Centuries*,桑山正進編:《慧超往五天竺國傳研究》,〔日本〕京都大學人文科學研究所研究報告,1992 年。
- 幹春松、孟彥弘編:《王國維學術經典集》,江西人民出版社 1997 年版。
- 葛兆光:〈從「六天」到「三天」:六朝到隋唐道教齋醮儀式的再研究〉,《中國學術》第 14 輯,商務印書館 2003 年版。
- 龔雋:《禪史鉤沉:以問題為中心的思想史論述》,三聯書店 2006 年版。

參考文獻

- 龔鵬程：《佛學新解》，北京大學出版社 2009 年版。
- 龔育之等：《毛澤東的讀書生活》，三聯書店 1986 年版。
- 谷川道雄著，馬彪譯：《中國中世社會與共同體》，中華書局 2002 年版。
- 古勝隆一：《中國中古の學術》，〔日本〕研文出版社 2006 年版。
- 古正美：《貴霜佛教政治傳統與大乘佛教》，(臺北) 允晨叢刊 1993 年版。
- 古正美：《從天王傳統到佛王傳統：中國中世佛教治國意識形態研究》，(臺北) 商周出版社 2003 年版。
- 古正美：〈從《大慈如來告疏》說起：北魏孝文帝的雲岡彌勒佛王造像〉，《2005 年雲岡國際學術研討會論文集（研究卷）》，2005 年。
- 葛曉音編選：《謝靈運研究論集》，廣西師範大學出版社 2001 年版。
- 韓森著，包偉民譯：《變遷之神：南宋時期的民間信仰》，浙江人民出版社 1999 年版。
- 何方耀：《晉唐時期南海求法高僧群體研究》，宗教文化出版社 2008 年版。
- 何雙全：《天水放馬灘秦簡綜述》，《文物》，1989 年第 2 期。
- 河野訓：《初期漢訳仏典の研究：竺法護を中心として》，伊勢：皇學館大學出版部，2006 年。
- 侯衝：〈漢地佛教的論義：以敦煌遺書為中心〉，《世界宗教研究》，2012 年第 1 期。
- 侯外廬等著：《中國思想史》第三卷，人民出版社 1957 年版。
- 侯外廬：《中國思想通史》第四捲上冊，人民出版社 1980 年版。
- 侯旭東：《五六世紀北方民眾佛教信仰：以造像記為中心的考察》，中國社會科學出版社 1998 年版。

- 胡大雷：《玄言詩研究》，中華書局 2007 年版。
- 黃崑威：《敦煌本〈太玄真一本際經〉思想研究》，巴蜀書局 2011 年版。
- 吉川忠夫著，王啟發譯：《六朝精神史研究》，江蘇人民出版社 2010 年版。
- 吉津宜英：〈關於「地論師」這一稱呼〉，《駒澤大學佛教學部研究紀要》31，1973 年。
- 吉津宜英：〈淨影寺慧遠的判教論〉，《駒澤大學佛教學部研究紀要》35，1977 年。
- 季羨林：〈關於大乘上座部的問題〉，《中國社會科學》，1981 年第 5 期。
- 季羨林：《佛教與中印文化交流》，江西人民出版社 1990 年版。
- 季羨林：《季羨林文集》第七卷，江西教育出版社 1998 年版。
- 紀志昌：〈南齊張融的道佛交涉思維試釋：以《門律‧通源》中與周顒的對話為主〉，《中國文哲研究集刊》第 35 期，2009 年 9 月。
- 紀志昌：〈謝靈運〈辨宗論〉「頓悟」義「折衷孔釋」的玄學詮釋初探〉，《臺大中文學報》第 32 期，2010 年 6 月。
- 菅野博史：《中國法華思想の研究》，〔日本〕春秋社 1994 年版。
- 菅野博史著，楊曾文譯：〈中國佛教早期經典注釋書的性格〉，《世界宗教研究》，2004 年增刊。
- 江曉原：〈天文史上的梁武帝〉，《江曉原自選集》，廣西師範大學出版社 2001 年版。
- 金建鋒：〈三朝高僧傳中的竹林寺〉，《宗教學研究》，2009 年第 1 期。
- 肯尼斯：《中國淨土思想的黎明：淨影慧遠的〈觀經義疏〉》，上海古籍出版社 2008 年版。

參考文獻

- Kieschnick, John H, *The Eminent Monk: Buddhist Ideals in Medieval Chinese Hagiography,* Honolulu: University of Hawaii Press, 1997.
- 孔慧怡：〈從安世高的背景看早期佛經漢譯〉,《中國翻譯》2001 年第 3 期。
- 賴非主編：《中國書法全集・北朝摩崖刻經卷》,榮寶齋出版社 2000 年版。
- Lai, Whalen W.（黎惠倫）, *Limits and Failure of Ko-I (Concept-Matching) Buddhism,* History of Religions, Vol.18(3),1979.
- Lai, Whalen W. *The Earliest Folk Buddhist Religion in China: Ti-Wei Po-li Ching and Its Historical Significance eds.* David W. Chappell, Buddhist and Taoist Practice in Medieval Chinese Society, Honolulu: University of Hawaii Press, 1987.
- Lai, Whalen W. 著,龔雋譯：《再論道生之頓悟論》,格里數據高瑞編：《頓與漸：中國思想中通往覺悟的不同法門》,上海古籍出版社 2010 年版。
- 藍日昌：《佛教宗派觀念發展的研究》,（臺北）新文豐 2010 年版。
- 雷玉華：〈成都地區南朝佛教造像研究〉,《少林文化研究論文集》,宗教文化出版社 2001 年版。
- 李豐楙：〈魏晉南北朝文士與道教之關係〉,（臺北）國立政治大學博士論文, 1978 年。
- 李豐楙：《神化與變異：一個「常與非常」的文化思維》,中華書局 2010 年版。
- 李豐楙：《仙境與遊歷：神仙世界的想像》,中華書局 2010 年版。
- 李劍國：《唐前志怪小說輯釋》,（臺北）文史哲出版社 1987 年版。
- 李劍國：《唐前志怪小說史》,天津教育出版社 2005 年版。

- 李靜傑：〈佛缽信仰與傳法思想及其圖像〉，中國人民大學複印報刊數據《宗教》，2011 年第 5 期（原刊於《敦煌研究》，2011 年第 2 期）。
- 李零：《中國方術正考》，中華書局 2006 年版。
- 李學勤：〈放馬灘簡中的志怪故事〉，《文物》，1990 年第 4 期。
- 李潤生：《僧肇》，（臺北）東大圖書公司 1988 年版。
- 李煒：《早期漢譯佛經的來源與翻譯方法初探》，中華書局 2011 年版。
- 李映輝：《唐代佛教地理研究》，湖南大學出版社 2004 年版。
- 鐮田茂雄著，關世謙譯：《中國佛教通史》，（高雄）佛光出版社 1986 年版。
- 梁啟超：《清代學術概論》，復旦大學出版社 1998 年版。
- 梁曉虹等著：《佛經音義與漢語詞彙研究》，商務印書館 2005 年版。
- 林屋友次郎：《經錄研究：前篇》，〔日本〕巖波出版社 1941 年版。
- 林悟珠：《摩尼教及其東漸》，中華書局 1987 年版。
- 林悟珠：《唐代景教再研究》，中國社會科學出版社 2003 年版。
- 林子青：《浴佛》，中國佛教協會編：《中國佛教》二，知識出版社 1982 年版。
- 劉鈍：〈從「老子化胡」到「西學中源」〉，《法國漢學》第 6 輯，商務印書館 2002 年版。
- 劉堅、蔣紹愚主編：《近代漢語語法數據彙編（唐五代卷）》，商務印書館 1990 年版。
- 劉林魁：〈赫連勃勃誅焚佛法說證偽〉，《寧夏社會科學》，2010 年第 6 期。
- 劉淑芬：〈五至六世紀華北鄉村的佛教信仰〉，林富士主編《禮俗與宗教》，中國大百科全書出版社 2005 年版。（原刊於《中央研究院歷史語言研究所集刊》第 63 本第 3 分冊，1993 年）

參考文獻

- 劉淑芬：〈北齊標異鄉義慈惠石柱：中古佛教社會救濟的個案研〉，梁庚堯、劉淑芬主編：《城市與鄉村》，中國大百科全書出版社 2005 年版。（原刊於《新史學》5 卷 4 期，1994 年）
- 劉淑芬：〈中古僧人的伐魔文書〉，蒲慕州編：《鬼魅神魔：中國通俗文化側寫》，（臺北）麥田出版社 2005 年版。
- 劉淑芬：《中古的佛教與社會》，上海古籍出版社 2008 年版。
- 劉文英：《夢的迷信與夢的探索》，中國社會科學出版社 2000 年版。
- 劉笑敢：〈「反向格義」與中國哲學研究的困境：以老子之道的詮釋為例〉，《南京大學學報》，2006 年第 2 期。
- 劉顯：《敦煌寫本〈大智度論〉研究》，中國社會科學出版社 2011 年版。
- 劉鹹炘：《道教徵略》，上海科學技術文獻出版社 2010 年版。
- 劉泳斯、張雪松：〈魏晉南北朝佛教史研究正規化：略論方立天先生在中國佛學研究中的學術貢獻〉，《中國人民大學複印報刊數據·宗教》，2011 年第 5 期。（原刊於《邯鄲學院學報》，2011 年第 2 期）
- 劉苑如：〈重繪生命地圖：聖僧劉薩荷形象的多重書寫〉，《中國文哲研究集刊》第 34 期，2009 年 3 月。
- 劉躍進：《中古文學文獻學》，江蘇古籍出版社 2000 年版。
- 劉屹：《敬天與崇道：中古經教道教形成的思想史背景》，中華書局 2005 年版。
- 柳田聖山編：《胡適禪學案》，（臺北）正中書局 1975 年版。
- 盧向前：《敦煌吐魯番文書論稿》，江西人民出版社 1992 年版。
- 魯迅：《中國小說史略》，東方出版社 1996 年版。
- 魯迅：《魯迅全集》第八卷，人民文學出版社 1973 年版。

- 魯迅，北京魯迅博物館、上海魯迅博物館：《魯迅輯校石刻手稿》2 函 5 冊，上海書畫出版社 1987 年版。
- 魯迅校錄：《古小說鉤沉》，齊魯書社 1997 年版。
- 逯耀東：《魏晉史學的思想與社會基礎》，中華書局 2006 年版。
- 陸揚：〈解讀《鳩摩羅什傳》：兼談中國中古早期的佛教文化與史學〉，《中國學術》2006 年第 23 輯，商務印書館，2006 年。
- 陸揚：〈中國佛教文學中祖師形象的演變：以道安、慧能和孫悟空為中心〉，《文史》2009 年第 4 輯。
- 呂澂：《中國佛學源流略講》，中華書局 1979 年版。
- 呂澂：《呂澂佛學論著選集》，齊魯書社 1991 年版。（卷四為《印度佛學源流略講》；卷五為《中國佛學源流略講》）
- 呂叔湘：《南北朝人名與佛教》，《中國語文》，1988 年第 4 期。
- 牟宗三：《牟宗三先生全集》，（臺北）聯經出版事業股份有限公司 2003 年版。
- 牧田諦亮著：〈佛說像法決疑經について〉，《結城教授頌壽記念：仏教思想史論集》，〔日本〕大藏出版株式會社 1964 年版。
- 牧田諦亮著，索文林譯：《中國近世佛教史研究》，（臺北）華宇出版社 1984 年版。
- 牧田諦亮：〈水陸法會小考〉，楊曾文、方廣錩：《佛教與歷史文化》，宗教文化出版社 2001 年版。
- 牧田諦亮著，曹虹譯：〈關於慧遠著作的流傳〉，《古典文獻研究》2002 年刊。
- T.R.V. Murti 著，郭忠生譯：《中觀哲學》，（臺北）華宇出版社 1984 年版。

參考文獻

- 南嶽佛教協會編：《慧思大師文集》，嶽麓書社 2011 年版。
- 內藤龍雄：〈關於敦煌殘卷《眾經別錄》〉，《印度學佛教學研究》，第 15 卷 2 號，1967 年 3 月。
- 馬一浮：《馬一浮集》，浙江古籍出版社，浙江教育出版社 1996 年版。
- 倪晉波：〈近出秦簡牘文獻之文學觀照〉，《淡江人文社會學刊》第 41 期，2010 年 3 月。
- 聶順新：〈影子官寺：長安興唐寺與唐玄宗開元官寺制度中的都城運作〉，人大複印報刊數據《宗教》，2012 年第 1 期。（原刊於《史林》，2011 年第 4 期）
- 寧稼雨：《魏晉風度：中古文人生活行為的文化意蘊》，東方出版社 1992 年版。
- 潘雨廷：《易與佛教易與老莊》，上海古籍出版社 2005 年版。
- 彭永捷：〈關於中國哲學史學科的幾點思考〉，《中國社會科學院院報》，2003 年 6 月 5 日。
- 平川彰著，莊崑木譯：《印度佛教史》，（臺北）商周出版社 2002 年版。
- 平井俊榮：《中國般若思想史研究：吉藏と三論學派》，〔日本〕春秋社 1976 年版。
- 蒲堅：《中國古代法制叢鈔》第一卷，光明日報出版社 2001 年版。
- 蒲慕州：《追尋一己之福：中國古代的信仰世界》，（臺北）允晨文化 1995 年版；上海古籍出版社 2007 年版。
- 青木隆著，楊小平、宋之光譯：〈地論宗的融即論與緣起說〉，中國人民大學佛教與宗教學理論研究所主辦：《宗教研究》2011 年刊。
- 青木隆等整理：《藏外地論宗文獻整合》，〔韓國〕金剛大學校佛教文化研究所 2012 年版。

- 冉雲華：《中國禪學研究論集》，（臺北）東初出版社 1990 年版。
- 饒宗頤：〈論僧祐〉，《中國文化研究所學報》第 6 期，1997 年。
- 饒宗頤：《饒宗頤二十世紀學術文集》卷六史學（上），中國人民大學出版社 2009 年版。
- Ray, Reginald A. *Buddhist Saints in India: A Study in Buddhist Values and Orientations*, New York: Oxford University Press, 1994.
- 任博克著，吳偉忠譯：《善與惡：天台佛教思想中的遍中整體論、互動主體性與價值弔詭》，上海古籍出版社 2006 年版。
- 任繼愈：《漢唐佛教思想論集》，人民出版社 1981 年第 3 版。
- 任繼愈主編：《中國佛教史》第二卷，中國社會科學出版社 1985 年版。
- 任繼愈主編：《中國哲學史》第二冊，人民出版社 1996 年第 4 版。
- 榮新江：〈小月氏考〉，《中亞學刊》，1990 年第 3 期。
- 榮新江：〈慧超所記唐代西域的漢化佛寺〉，《冉雲華先生八秩華誕壽慶論文集》，（臺北）法光出版社 2003 年版。
- 桑塔亞那著，華明譯：《詩與哲學：三位哲學詩人盧克萊修、但丁及歌德》，廣西師範大學出版社 2002 年版。
- 桑原騭藏：《桑原騭藏全集》第一卷，〔日本〕巖波書店 1976 年版。
- Schopen, Gregory, *Bones, Stones, and Buddhist Monks,* University of Hawaii Press, 1997.
- 山田慶兒：〈梁武帝的蓋天說與世界庭園〉，山田慶兒：《古代東亞哲學與科技文化》，遼寧教育出版社 1996 年版。
- 山口弘江：〈《十地論義疏》與《大乘五門十地實相論》：兼評周叔迦的相關研究〉，《東洋學研究》48 號，2011 年 3 月。

參考文獻

- 尚麗新:〈劉薩訶研究綜述〉,《敦煌學輯刊》,2009 年第 1 期。
- 尚永琪:《3－6 世紀佛教傳播背景下的北方社會群體研究》,科學出版社 2008 年版。
- Sharf, Robert, *Coming to Terms with Chinese Buddhism,* Hawaii Press, 2001.（羅伯‧特沙夫著,夏志前、夏少偉譯:《走進中國佛教:〈寶性論〉解讀》,上海古籍出版社 2009 年版）
- 聖凱:《晉唐彌陀淨土的思想與信仰》,中國社會科學出版社 2009 年版。
- 史經鵬:〈論鳩摩羅什與廬山慧遠的大、小乘觀:以《大乘大義章》為中心〉,《鍥而不捨,金石可鏤:方立天教授從教 50 週年學術研討會論文集》（上）,中國人民大學 2011 年 9 月版。
- 史經鵬:〈從法身至佛性:廬山慧遠與道生思想研究〉,中國人民大學博士學位論文,2012 年。
- 釋恆清主編:《佛教思想的傳承與發展:印順導師九秩華誕祝壽文集》,（臺北）東大圖書 1995 年版。
- 石井公成:〈《大集經》尊重派的地論師〉,《駒澤短期大學研究紀要》第 23 號,1995 年 3 月。
- 石井公成:〈敦煌發現的地論宗文獻研究現狀〉,中國人民大學佛教與宗教學理論研究所主辦:《宗教研究》,2011 年刊。
- 石峻:《石峻文存》,華夏出版社 2006 年版。
- 石峻等編:《中國佛教思想數據選編》第一卷,中華書局 1981 年版。索安、呂鵬志、陳平等譯:《西方道教研究編年史》,中華書局 2002 年版。
- 蘇軍:《道生法師傳》,宗教文化出版社 2000 年版。
- 孫楷第:《俗講、說話與白話小說》,作家出版社 1956 年版。

- 邰惠莉：〈敦煌寫本《佛圖澄所化經》初探〉,《敦煌研究》, 1998 年第 4 期。
- 太田悌藏：〈梁武帝の捨道奉仏について疑う〉,《結城教授頌壽記念：仏教思想史論集》, 東京：大藏出版株式會社, 1964 年。
- 譚潔：〈梁武帝天監三年發菩提心「捨道」真偽考辨〉,《世界宗教研究》, 2010 年第 3 期。
- 譚世保：《漢唐佛史探真》, 中山大學出版社 1991 年版。
- 湯一介選編：《湯用彤選集》, 天津人民出版社 1995 年版。
- 湯一介：〈關於僧肇注《道德經》問題：四論建立中國解釋學問題〉, 見湯一介：《和而不同》, 遼寧人民出版社 2001 年版。
- 湯用彤：〈論中國佛教無「十宗」〉,《哲學研究》, 1962 年第 3 期。
- 湯用彤：〈中國佛教宗派補論〉,《北京大學人文科學學報》, 1963 年第 5 期。
- 湯用彤：《魏晉南北朝佛教史》, 中華書局 1983 年版；北京大學出版社 1998 年版；《漢魏兩晉南北朝佛教史（增訂本）》, 崑崙出版社 2006 年版。
- 湯用彤：《理學·佛學·玄學》, 北京大學出版社 1991 年版。
- 湯用彤：《魏晉玄學論稿》, 上海古籍出版社 2001 年版。
- 湯用彤：《隋唐佛教史稿》, 江蘇教育出版社 2007 年版。
- 湯用彤：《湯用彤魏晉玄學講義》, 天津古籍出版社 2009 年版。
- 唐長孺：《魏晉南北朝史論叢》, 三聯書店 1955 年版。
- 唐長孺：《魏晉南北朝隋唐史三論：中國封建社會的形成和前期的變化》, 武漢大學出版社 1992 年版。

參考文獻

- 唐長孺：《唐長孺社會文化史論叢》，武漢大學出版社 2001 年版。
- 唐長孺：《唐長孺文存》，上海古籍出版社 2006 年版。
- 唐嘉：《東晉宋齊梁陳比丘尼研究》，齊魯書社 2012 年版。
- 唐秀連：《僧肇的佛學理解與格義佛教》，宗教文化出版社 2010 年版。
- 唐翼明：《魏晉清談》，人民文學出版社 2002 年版。
- 田曉菲：《烽火與流星》，中華書局 2010 年版。
- 田餘慶：《東晉門閥政治》，北京大學出版社 2000 年版。
- 塗豔秋：〈論道安從格義到尋章察句的轉變〉，《臺大中文學報》第 32 期，2010 年 6 月。
- Von Glahn, Richard, *The Sinister Way: The Divine and the Demonic in Chinese Religious Culture*, Berkeley: University of California Press, 2004.
- 王葆玹：〈《穀梁傳疏》所引王弼《周易大演論》考釋〉，《中國哲學史研究》，1983 年第 4 期。
- 王卡：《敦煌道教文獻研究》，中國社會科學出版社 2004 年版。
- 王國良：《搜神後記研究》，（臺北）文史哲出版社 1978 年版。
- 王國良：《續齊諧記研究》，（臺北）文史哲出版社 1987 年版。
- 王國良：《六朝志怪小說考篇》，（臺北）文史哲出版社 1988 年版。
- 王國良：《顏之推冤魂志研究》，（臺北）文史哲出版社 1995 年版。
- 王國良：《冥祥記研究》，（臺北）文史哲出版社 1999 年版。
- 王惠民：〈北魏佛教傳帖原件《大慈如來告疏》研究〉，《敦煌研究》，1998 年第 1 期。
- 王惠民：〈竺法護「世居敦煌」辨析〉，《蘭州大學學報（社科版）》，2008 年第 4 期。

- 王利川：《從摩尼教到明教》，（臺北）新文豐出版公司 1992 年版。
- 王利器編：《中國笑話書七十一種》（1956 年大陸版原名《歷代笑話集》），（臺北）世界書局 1961 年版。
- 王玫：《六朝山水詩史》，天津人民出版社 1996 年版。
- 王青：《魏晉南北朝時期的佛教信仰與神話》，中國社會科學出版社 2001 年版。
- 王士元：〈白馬非馬：一個俗語源的考察〉，《上海佛教》，2002 年第 6 期。
- 王頌：〈從日本華嚴宗的兩大派別反觀中國華嚴思想史〉，《世界宗教研究》，2005 年第 4 期。
- 王維誠：《老子化胡說考證》，《國學季刊》4 卷 2 號，1934 年。
- 王志宏（釋道修）：〈梁《高僧傳》福慧觀之分析與省思〉，（新竹）玄奘大學人文社會學院宗教學研究所碩士論文 2001 年。
- 王仲犖：《魏晉南北朝史》，中華書局 2007 年版。
- 王仲堯：《易學與佛教》，中國書店 2001 年版。
- 魏斌：〈宮亭廟傳說：中古早期廬山的信仰空間〉，《歷史研究》，2010 年第 2 期。
- 溫玉成：〈《首羅比丘經》若干問題探索〉，《佛學研究》，1999 年刊。
- 溫玉成：〈《大慈如來告疏》研究〉，《佛學研究》，2003 年刊。
- 渥德爾著，王世安譯：《印度佛教史》，商務印書館 1987 年版。
- 芮沃壽，常蕾譯：《中國歷史中的佛教》，北京大學出版社 2009 年版。
- 吳文治主編：《中國古代文學理論名著題解》，黃山書社 1987 年版。
- 吳萍：〈東晉李軌音切研究〉，貴州大學碩士論文，2006 年。

參考文獻

- 吳相洲：〈永明體的產生與佛經轉讀關係再探討〉,《文藝研究》, 2005 年第 3 期。
- 吳真：〈降蛇：佛道相爭的敘事策略〉,《文化研究》, 2006 年第 1 期。
- 夏金華：《佛學與易學》,（臺北）新文豐出版公司 1997 年版。
- 下田正弘：《涅槃経の研究：大乘経典研究方法試論》,〔日本〕春秋社 1997 年版。
- 夏毅輝：〈北朝皇后與佛教〉,《學術月刊》, 1994 年第 11 期。
- 項裕榮：〈竹林寺傳說的演變：文言小說史中佛教傳說的儒道化現象研究〉,《學術研究》, 2009 年第 12 期。
- 小南一郎：《六朝隋唐小說史的展開和佛教信仰》, 福永光司編：《中國中世の宗教與文化》,〔日本〕京都大學人文科學研究所 1982 年版。
- 蕭馳：《佛法與詩境》, 中華書局 2005 年版。
- 蕭登福：《漢魏六朝佛道兩教之天堂地獄說》,（臺北）臺灣學生書局 1989 年版。
- 蕭國健：《香港之三大古剎》,（香港）顯朝書室 1977 年版。
- 謝重光：《漢唐佛教社會史論》,（臺北）國際文化事業有限公司 1990 年版。
- 謝和耐著, 耿昇譯：《中國 5－10 世紀的寺院經濟》, 甘肅人民出版社 1987 年版。
- 謝世維：〈聖典與傳譯：六朝道教經典中的「翻譯」〉, 中央研究院中央文哲研究所《中國文哲研究集刊》第 31 期, 2007 年 9 月。
- 興膳宏〈《文心雕龍》與《出三藏記集》〉, 彭恩華編譯：《興膳宏〈文心雕龍〉論文集》, 齊魯書社 1984 年版。
- 興膳宏、川合康三：《隋書經籍志詳考》, 汲古書院, 1995 年。

- 熊清元：〈梁武帝天監三年「捨事李老道法」事證偽〉,《黃岡師專學報》, 1998 年第 2 期。
- 熊十力：《新唯識論》, 中華書局 1985 年版。
- 許抗生：《僧肇評傳》, 南京大學出版社 1998 年版。
- 許理和（E. Zürcher）著, *Prince Moonlight: Messianism and Eschatology in Early Medieval Chinese Buddhism*, T'oung Pao, V68, 1982.
- 許理和, *Prince Moonlight: Messianism and Eschatology in Early Medieval Chinese Buddhism*, T'oung Pao, V68, 1982.
- 許理和著, 李四龍等譯：《佛教征服中國：佛教在中國中古早期的傳播與適應》, 江蘇人民出版社 1998 年版。
- 徐清祥：〈東晉士族與佛教〉, 中國人民大學博士論文, 2004 年。（正式出版更名為《門閥信仰：東晉士族與佛經》, 中國社會科學出版社 2010 年版）
- 許淑芬：〈「搜神記」之故事類型探討〉, 臺南大學語文教育學系專題研究論文, 2005 年。
- 宣方：《漢魏兩晉禪學研究》（《法藏文庫》第 1 輯第 3 冊）, （臺北）佛光山文教基金會 2001 年版。
- 宣方：〈支遁：禪學史肖像的重塑〉, 方立天、學愚主編：《佛教傳統與當代文化》, 中華書局 2006 年版。
- 薛惠琪：《六朝佛教志怪小說研究》, （臺北）文津出版社 1995 年版。
- 顏尚文：《隋唐佛教宗派研究》, （臺北）國立臺灣師範大學歷史研究所 1980 年版。
- 顏尚文：〈梁武帝受菩薩戒及捨身同泰寺與「皇帝菩薩」地位的建立〉,《東方宗教研究》新 1 期, 1990 年 10 月。

參考文獻

- 顏尚文：《梁武帝》，（臺北）東大圖書公司1999年版。
- 嚴耕望著、李啟文整理：《魏晉南北朝佛教地理稿》，上海古籍出版社2007年版。
- 楊寶玉：《敦煌本佛教靈驗記校注並研究》，甘肅人民出版社2009年版。
- 楊鑑生：〈王弼注《易》若干佚文考論〉，《中華文化論壇》，2010年第4期。
- 楊明照：《文心雕龍校注拾遺》，上海古籍出版社1982年版。
- 楊念群：《楊念群自選集》，廣西師範大學出版社2000年版。
- 楊維中：〈六家七宗新論〉，人大複印報刊數據《宗教》，2002年第3期〔原刊於《陝西師範大學學報（哲社版）》，2002年第1期〕
- 姚名達：《中國目錄學史》，上海書店影印本1984年版。
- 葉朗：《中國美學史大綱》，上海人民出版社1985年版。
- 伊吹敦著，王徵譯：《墓誌銘所見之初期禪宗》，中國人民大學佛教與宗教學理論研究所主辦：《宗教研究》，2010年刊。
- 伊藤隆壽，蕭平、楊金萍譯：《佛教中國化的批判性研究》，（香港）經世文化出版有限公司2004年版。
- 尹富：《中國地藏信仰研究》，巴蜀書社2009年版。
- 遊國恩：〈蓮社成立年月考〉，載《遊國恩學術論文集》，中華書局1989年版。
- 余嘉錫：《余嘉錫文史論集》，嶽麓書社1997年版。（該書為中華書局1963年版《余嘉錫論學雜著》的增補本）
- 余嘉錫：《目錄學發微（含古書通例）》，中國人民大學出版社2004年版。
- 于君方著，陳懷宇等譯：《觀音：菩薩中國化的演變》，（臺北）法鼓文化2009年版。

- 湛如：《敦煌佛教律儀制度研究》，中華書局 2003 年版。
- 張溥著，殷孟倫注：《漢魏六朝百三家集題辭注》，中華書局 2007 年版。
- 張春波：〈論發現《肇論集解令模鈔》的意義〉，《哲學研究》1980 年第 3 期。
- 張風雷：《智顗佛經哲學述評》（法藏文庫「中國佛教學術論典」，第一輯第五冊），（高雄）佛光出版社 2001 年版。
- 張風雷：〈天台先驅慧思佛學思想初探：關於早期天台宗思想的幾個問題〉，《世界宗教研究》，2001 年第 2 期。
- 張風雷：〈天台智者大師對「生法論」的批判〉，中國人民大學佛教與宗教學理論研究所主辦：《宗教研究》，2008 年刊。
- 張風雷：〈慧遠、鳩摩羅什之爭與晉宋之際中國佛學思潮的轉向〉，《第三屆中日佛學會議論文集》，中國人民大學佛教與宗教理論研究所，2008 年。
- 張風雷：《論「格義」之廣狹二義及其在佛教中國化程式中的歷史地位》，李四龍主編：《佛學與國學：樓宇烈教授七秩晉五頌壽文集》，九州出版社 2009 年版。
- 張敬川：《廬山慧遠與毗曇學》，北京師範大學博士學位論文，2011 年。
- 張慶民：《魏晉南北朝志怪小說通論》，首都師範大學出版社 2000 年版。
- 張瑞龍：〈書信往來與清代學術：以清中葉學者書信往來為中心的考察〉，（香港）《九州學林》2009 年夏季 7 卷 2 期。
- 張文良：〈《楞伽經》與靈辨的《華嚴經論》〉，《佛學研究》，2009 年刊。
- 張文良：〈《華嚴經論》中的一乘思想〉：《南昌航空大學學報（社會科學版）》2011 年 03 期。

參考文獻

- 張文良：〈日本關於《大乘止觀法門》的研究〉,《鍥而不捨,金石可鏤：方立天教授從教 50 週年學術研討會論文集》(下),中國人民大學 2011 年版。
- 張文良：〈北魏靈辨的禪定思想〉,河北邢臺：第二屆河北禪宗文化論壇,2012 年 5 月。
- 張雪松：〈東晉「六家七宗」芻議〉,中國人民大學哲學院主辦：《哲學家》,2009 年刊。
- 張雪松：〈對般若思想的再認識：以早期漢譯經典《道行》為中心的考察〉,《佛學研究》,2010 年刊。
- 張雪松：〈六朝佛教書信研究〉,中國人民大學佛教與宗教學理論研究所主辦：《宗教研究》,2010 年刊。
- 張雪松：〈不順化以求宗：從《沙門不敬王者論》看三教關係〉,中國人民大學哲學院主辦：《哲學家》2010－2011 年刊。
- 張雪松：〈論東晉南朝的僧人學風〉,《中國佛學》第 30 期,2011 年刊。
- 張雪松：〈淺析晉宋之際般若學向涅槃學發展的多元化路徑〉,中國人民大學佛教與宗教學理論研究所主辦：《宗教研究》,2011 年刊。
- 張雪松：〈南朝民眾的佛教地獄信仰研究〉,《輔仁宗教研究》第 24 期,2012 年春季號。
- 張雪松：〈佛教「廬山蓮社」與「歲星紀年」〉,《中國國家天文》,2012 年第 4 期。
- 張雪松：〈對「格義」的再認識：以三教關係為視角的考察〉,《中國哲學史》(季刊),2012 年第 3 期。
- 張雪松：〈從三教關係看中國人關於死後世界信仰的建構〉,《中國文化研究》,2012 年第 3 期。

- 張雪松：〈魏晉南北朝佛教講經儀軌制度研究〉，《輔仁宗教研究》第 25 期，2012 年秋季號。
- 張勇：《傅大士研究》，巴蜀書社 2000 年版。
- 張總：《末法與佛曆關係初探》，《法源》第 17 期，1999 年。
- 張總：《末法與佛曆關聯再探》，《法源》第 21 期，2003 年。
- 齋藤達也：〈鳩摩羅什の沒年問題の再檢討〉，《國際仏教學大學院大學研究紀要》，2000 年第 3 期。
- 趙超主編：《新編續補歷代高僧傳》，社會科學文獻出版社 2011 年版。
- 趙紹祖撰，趙英明、王懋明點校：《讀書偶記》，中華書局 1997 年版。
- 鄭誠、江曉原：〈何承天問佛國曆術故事的源流及影響〉，《中國文化》2007 年秋季號。
- 鄭勇：《〈冥祥記〉補輯》，《文獻》，2007 年第 3 期。
- 鄭鬱卿：《高僧傳研究》，（臺北）文津出版社 1987 年版。
- 《中國天文學史》，科學出版社 1981 年版。
- 《中國哲學史教學數據彙編（魏晉南北朝部分）》下，中華書局 1964 年版。
- 塚本善隆編：《肇論研究》，〔日本〕法藏館 1955 年版。
- 塚本善隆著，許洋主譯：〈北魏的僧祇戶浮圖戶〉，見《日本學者研究中國史論著選譯》（第七卷：思想宗教），中華書局 1993 年版。
- 鍾泰：《中國哲學史》，遼寧教育出版社 1998 年版。
- 朱伯崑：《易學哲學史》，崑崙出版社 2009 年版。
- 朱東潤：《八代傳敘文學論述》，復旦大學出版社 2006 年版。
- 周次吉：《六朝志怪小說研究》，（臺北）文津出版社 1986 年版。

參考文獻

- 周奇：〈唐代宗教管理研究〉，復旦大學博士論文 2005 年版。
- 周叔迦：〈大乘五門十地實相論跋〉，《現代佛教》，1959 年 4 月號。
- 周一良：《魏晉南北朝史論集》，中華書局 1963 年版。
- 周一良：《周一良集》第二卷，遼寧教育出版社 1998 年版。
- 周一良：《魏晉南北朝讀史札記》，中華書局 2007 年版。
- 祝總斌：《兩漢魏晉南北朝宰相制度研究》，中國社會科學出版社 1998 年版。
- 莊宏誼：〈立志為帝王師：寇謙之的宗教理想與實踐〉，《輔仁宗教研究》第 21 期，2010 年秋季號。
- 佐藤智水：《北朝造像銘考》，《史學雜誌》86 卷 10 期，1977 年。

《中華佛教史》後記

◎湯一介

　　1999年冬，約請季羨林先生主編一套多卷本《中華佛教史》時，季先生年近九十，因身體的原因，季先生向出版社提出由他與我共同主編。我雖對中國佛教史稍有涉獵，但並無深入研究，為了幫助季先生實現編著《中華佛教史》的意願，我答應了。自2000年起，我們開始組織編寫隊伍，又花了一年多的時間經多次與作者共同討論，就《中華佛教史》的框架和編寫體例達成了共識。我們認為，現有的中國佛教史著作多為漢地佛教，而且往往只寫佛教思想，這次我們是否可以編寫出一套有特色的佛教史，把中國多個受佛教影響的民族的佛教歷史也包含在內，這樣也許更有意義。為了與過去的中國佛教史有所區別，我們把這部佛教史定名為《中華佛教史》，此點季先生在本書的總序中已有說明。

　　原來我們討論編寫的《中華佛教史》共分十三卷：一、漢魏兩晉南北朝佛教史卷；二、隋唐五代佛教史卷；三、宋元明清佛教史卷；四、近代佛教史卷；五、佛教文學卷；六、佛教美術卷；七、西藏佛教史卷；八、西夏佛教史卷；九、雲南上座部佛教史卷；十、西域佛教史卷；十一、敦煌佛教史卷；十二、中韓佛教交流史卷；十三、中國佛教東傳日本史卷。後季先生自2003年起因身體原因長期住在醫院，我又因職務調動，加之各卷作者的教學與其他研究任務繁忙，因此《中華佛教史》的進度較慢。自2004年，開始有作者交稿，至2012年已交十卷，敦煌卷、西域卷、西夏卷因各種原因而無法繼續寫作。現在完成的是以下十卷，即漢魏兩晉南北朝佛教史卷、隋唐五代佛教史卷、宋元明清佛教史卷、近代佛教史卷、佛教文學卷、佛教美術卷、雲南上座部佛教史卷、西藏佛教史卷、中韓佛

《中華佛教史》後記

教交流史卷、中國佛教東傳日本史卷。為了稍稍彌補此套《中華佛教史》之不足，我徵得季先生同意，從季先生的著作中把他所寫的中國佛教論文編成一本《佛教史論集》，把它作為本書的最後一卷，一方面希望讀者能了解季先生對「中華佛教史」總體上的把握，另一方面季先生的這本《論集》中包含著他對敦煌、吐魯番以及西域地區佛教的若干看法，這或許對敦煌佛教、西域佛教的研究有所幫助。還需要說明一事，季先生曾為西域卷寫了三萬餘字的書稿，但現在不知手稿在何處，故未及編入《論集》，希望以後能找到，供研究西域佛教的學者利用。把季先生的《佛教史論集》作為《中華佛教史》最後一卷，其他十卷順序排列，這或者也可以說仍是一套稍具規模而與其他中國佛教史著述有所不同的研究著作。

　　由於我不是專門研究佛教史的專家，加之我晚年特別關注中國儒家哲學及其現代發展的可能性問題，因此沒有可能把大力花在《中華佛教史》上，這是一件遺憾的事。學術研究是沒有止境的，我相信一定會有更好的包含中華各民族佛教信仰的佛教史研究著作出現。這對凝聚中華民族為一體也有一定的意義。

漢魏兩晉南北朝佛教史卷：
戰亂時代佛教思想、制度與信仰的多元展開

作　　　者：	張雪松
發 行 人：	黃振庭
出 版 者：	崧燁文化事業有限公司
發 行 者：	崧燁文化事業有限公司
E - m a i l：	sonbookservice@gmail.com
粉 絲 頁：	https://www.facebook.com/sonbookss/
網　　　址：	https://sonbook.net/
地　　　址：	台北市中正區重慶南路一段 61 號 8 樓
	8F., No.61, Sec. 1, Chongqing S. Rd., Zhongzheng Dist., Taipei City 100, Taiwan
電　　　話：	(02)2370-3310
傳　　　真：	(02)2388-1990
印　　　刷：	京峯數位服務有限公司
律師顧問：	廣華律師事務所 張珮琦律師

-版權聲明-

本書版權為山西教育出版社所有授權崧燁文化事業有限公司獨家發行電子書及繁體書繁體字版。若有其他相關權利及授權需求請與本公司聯繫。

未經書面許可，不得複製、發行。

定　　　價：750 元
發行日期：2025 年 07 月第一版
◎本書以 POD 印製

國家圖書館出版品預行編目資料

漢魏兩晉南北朝佛教史卷：戰亂時代佛教思想、制度與信仰的多元展開 / 張雪松 著 . -- 第一版 . -- 臺北市：崧燁文化事業有限公司 , 2025.07
面；　公分
POD 版
ISBN 978-626-416-653-9(平裝)
1.CST: 佛教史 2.CST: 漢代 3.CST: 魏晉南北朝
228.2　　　　　114008973

電子書購買

爽讀 APP　　臉書